Helmut Burkhardt

Ethik

Band III
Die bessere Gerechtigkeit

Spezifisch christliche Ethik

www.brunnen-verlag.de
Umschlaggestaltung: Ralf Simon
Umschlagmotiv: Shutterstock/perspectivestock
Satz: Die Feder GmbH, Wetzlar
Herstellung: GGP Media GmbH, Pößneck
ISBN 978-3-7655-9500-4

INHALT

I. Das Problem einer spezifisch christlichen Ethik: Ist sie überhaupt möglich?

1. Die gegenwärtige Infragestellung spezifisch christlicher Ethik

Zunächst mag vielleicht die Frage überraschen, ob überhaupt und wieweit es eine wirklich christlich zu nennende Ethik geben könne. Denn schließlich sprechen wir ganz selbstverständlich von einer bewusst nichtreligiösen, z. B. humanistischen Ethik oder von einer andersreligiösen, z. B. einer hinduistischen, buddhistischen oder islamischen Ethik. Warum sollte es dann nicht auch eine christliche Ethik geben? Die Frage ist allerdings, was denn mit einer solchen Kennzeichnung einer Ethik eigentlich gemeint sei?

Gemeint ist in all den genannten Beispielen offensichtlich eine Ethik, die aus einem bestimmten geschichtlichen Zusammenhang heraus entstanden und geprägt ist von den Überlieferungen, die jeweils in diesem kulturellen Kontext vorherrschen.

In dem Maße allerdings, in dem die Grenzen zwischen je eigentümlich geprägten Gesellschaften durchlässig werden, stellt das Neben- und Miteinander der unterschiedlichen Traditionen im Zusammenleben der von ihnen geprägten Menschen unausweichlich die Frage, ob es denn über das einander Unterscheidende hinaus möglicherweise doch auch gemeinsame Werte gibt, die für jedermann einsichtig und verbindlich sind. In unserer gegenwärtigen zunehmend multikulturellen Gesellschaft stellt sich diese Frage mit besonderer Dringlichkeit. Diese Frage steht gegenwärtig weithin im Vordergrund. Im Rahmen der vorliegenden Ethik ist sie grundsätzlich in der Einführung (Bd. I), inhaltlich in der allgemeinen Ethik (Bd. II,1 und II,2) verhandelt. Die darüber hinausgehende Frage nach einer spezifisch christlichen Ethik ist demgegenüber heute weitgehend verdrängt.

2. Zur Geschichte des Problems

Die Frage nach dem für jedermann einsichtigen Ethos stand bereits am Anfang der ethischen Reflexion in der *antiken griechischen Philosophie*, und fand eine Antwort insbesondere im Gedanken des Naturrechts (vgl. Ethik I, 39f).

Die christliche Theologie nahm, vermittelt durch das *hellenistische Judentum* (vgl. Flückiger 297f; Burkhardt, Naturrechtsgedanke 81-90), diese Frage auf, und damit auch den Gedanken des natürlich begründbaren, allgemeinverpflichtenden Ethos, insbesondere mit den vier sog. Kardinaltugenden Klugheit (*prudentia*), Gerechtigkeit (*iustitia*), Besonnenheit (*temperantia*) und Tapferkeit (*fortitudo*). Gleichzeitig gründete sie ihre Ethik auf die geschichtlich vermittelten Überlieferungen eines offenbarten Ethos, einerseits des – soweit universalisierbar – mosaischen Gesetzes, andererseits die ethische Unterweisung Jesu, zusammengefasst in den drei christlichen Tugenden Glaube (*fides*), Hoffnung (*spes*) und Liebe (*caritas,* vgl. Klein 695).

Ihre klassische Ausprägung fand solche Ethik im Mittelalter in der Theologie des *Thomas von Aquin*. Auch er stellt neben die vier aus der antiken Philosophie übernommenen Kardinal- oder „moralischen" Tugenden (*virtutes cardinales* oder auch *morales*, STh II/I q 61) die drei spezifisch christlichen „theologischen" Tugenden (*virtutes theologicae* oder *divinae*, STh II/I q 62; zur Liebe vgl. II/II q 1-44). Bei seiner Erörterung der Quellen sittlicher Erkenntnis unterscheidet er das dem natürlichen Gesetz inhaltlich entsprechende, Israel offenbarte „alte" Gesetz (*vetus lex*, II/I q 98) vom durch Christus offenbarten „neuen" Gesetz (*nova lex*, II/I q 106). Wobei bei Letzterem die Bezeichnung „Gesetz" nicht missverstanden werden darf. Denn es kommt für Thomas nicht als äußerliche Verpflichtung auf den Menschen zu, sondern ist, als integraler Bestandteil des Evangeliums, durch die Gnade des heiligen Geistes den an Christus Glaubenden ins Herz eingegeben (*inditum*). Es ist also durch die Gnade Gottes als über das natürliche Gesetz hinausgehende Möglichkeit christlichen Lebens hinzugegeben (*donum superadditum per gratiam*). Es unterwirft den Glaubenden nicht einem Zwang (*necessitas*), sondern ist ein „Gesetz der Freiheit" (*lex libertatis*, vgl. Jak 1,25; 2,12) und als dem Christen gegebener Rat (*consilium*) Gegenstand seiner Wahl (*optio*, II/I q 108 a4). Thomas erläutert dies u. a. durch Hinweis auf die in den Orden gelebten drei sog. Evangelischen

Räte (*consilia evangelica*) Armut, Enthaltsamkeit und Gehorsam. Sie werden mit dem Eintritt in den Orden freiwillig übernommen, sind dann aber bindende Verpflichtung. Sie können aber auch von Laien z. B. durch Almosen, Stiftungen oder zeitweilige Enthaltsamkeit in weniger radikaler, frei zu bestimmender Weise praktiziert werden (ebd.).

Gegenüber dieser Konzeption kam es im Protestantismus zu einer grundlegenden Änderung. In der Art und Weise, wie jene frommen Werke und Tugenden in der spätmittelalterlichen Kirche weithin gelebt wurden, sah man mit Recht die Gefahr eines verdienstlichen Missbrauchs und unevangelischer sog. „Zwei-Stufen-Ethik", also einer Unterscheidung zwischen normalen Christen und einem ihnen überlegenen Stand der „Vollkommenen". In der Folge aber schüttete man das Kind mit dem Bade aus. Das Mönchtum, das sich im Mittelalter immer wieder auch als nachhaltig wirksame Kraft geistlicher Erneuerung gezeigt hatte, wurde abgeschafft und das christliche Ethos weithin auf eine jedermann zumutbare bürgerliche Rechtschaffenheit reduziert. In einer minutiösen Untersuchung der wichtigsten ethischen Dokumente der reformatorischen Bewegung hat K. Bockmühl (1931–1989) in seinem Werk „Gesetz und Geist" gezeigt, wie mit der reformatorischen Rechtfertigungslehre zwar die evangeliumsgemäße Motivation zum christlichen Handeln neu entdeckt und bewahrt wurde. Zugleich wurde aber auch die Orientierung des Handelns weithin auf das bereits vorchristliche bzw. allgemeinmenschliche Niveau des Dekalogs beschränkt.

Über zweihundert Jahre nach der Reformation hat dann *I. Kant*, der sog. „Philosoph des Protestantismus", diese Reduktion der Ethik auf das Allgemeinverbindliche sozusagen philosophisch festgeschrieben.

Er kam zu der nach ihm weithin in philosophischer Ethik aufgenommenen These, dass es solches Allgemeingültige nicht nur (auch) gebe, sondern dass es eigentlich das allein Sittliche sei. Nur dort könne von wahrhaft sittlichem Handeln gesprochen werden, wo jemand aus eigener Erkenntnis seiner sittlichen Pflicht heraus handele. So formulierte Kant im sog. kategorischen Imperativ: „Handle so, dass die Maxime deines Willens jederzeit zugleich als Prinzip einer allgemeinen Gesetzgebung gelten könne" (Kritik der praktischen Vernunft, A 54). Dieser der Vernunft unmittelbar einleuchtende Grundsatz ist von aller immer ort- und zeitgebundenen Erfahrung unabhängig und kann jederzeit von jedermann nachvollzogen und angewendet werden. Kennzeichen aller wirklich ethischen Normen ist also ihre Universalisierbarkeit. Dagegen, im Gehorsam gegen historisch bedingte und vermittelte Normen zu handeln, ist Ausdruck von Unfreiheit und also nicht wahrhaft sittlich. Anders gesagt: Die von der Vernunft geleitete „Autonomie des Willens“ ist „oberstes Prinzip der Sittlichkeit“, alle durch spezielle geschichtliche Traditionen bestimmte „Heteronomie des Willens“ dagegen ist „Quell aller unechten Prinzipien der Sittlichkeit“ (Kant, Grundlegung BA 87f).

Dieser Grundsatz wurde in der protestantischen Ethik in besonderer Klarheit und Entschiedenheit durchgeführt von dem Neukantianer *W. Herrmann* (1846–1922). In seiner „Ethik“ fordert er schon in der Vorrede zur 1. Auflage (1901): „In unserer gegenwärtigen Lage genügt es nicht (erg.: wie noch Schleiermacher es versuchte), einfach das christlich-sittliche Verhalten zur Darstellung zu bringen. Wir müssen uns auch mit solchen, die keine Christen sein wollen, darüber verständigen, was überhaupt ein sittliches Verhalten sei“ (V). Gerade evangelische Theologen dürften „nicht vor dem Gedanken zurückschrecken, dass sittliche Forderung für sie nichts anderes sein kann als das, was sie selbst als ewig gültig einsehen“ (VI). Daraus folgert er programmatisch: Im Unterschied zur in der Theologie üblichen Unterscheidung von philosophischer einerseits und theologischer oder christlicher Ethik andererseits gilt es „diesen Begriff einer besonderen theologischen Ethik als unhaltbar aufzulösen … Gerade die christliche Gemeinde … würde am wenigsten Grund haben, eine besondere christliche Ethik zu verlangen. Dadurch würde doch die Vorstellung begünstigt, dass die in ihr herrschenden sittlichen Gedanken nur solchen Menschen einleuchten könnten, die durch die christliche Religion dazu vorbereitet waren … Mit dieser Annahme würde aber die Theologie den Boden zerstören, auf dem gerade das Christentum allein existieren kann, die Einheit des menschlichen Geschlechts, die durch die sittliche Erkenntnis erzeugt wird. Eine vermeintliche Erkenntnis des Guten, die sich nicht als allgemein menschlich ausweisen könnte, würde den Gedanken des Guten noch gar nicht erreicht haben“ (1f).

Nun entfaltet Herrmann allerdings diesen Ansatz in sehr eigenständiger Weise weiter, und zwar weder im Sinne eines naturalistisch (Utilitarismus) noch idealistisch (Kants kritischer Idealismus) verstandenen Naturrechts, sondern anthropologisch vom allgemeinmenschlichen Erlebnis des Vertrauens her, ohne das menschliches Leben und Miteinander nicht gedeihen könne. Hier führt er nun doch wieder das Element des Christlichen ein, aber nicht als etwas, das neben dem Allgemeinmenschlichen auch noch möglich oder nötig ist, sondern als notwendiges Element jeder wahren Ethik: Denn unter dem Einfluss des Selbsterhaltungstriebs, meint er, finde der Mensch nicht die Kraft dazu, Vertrauen zu erfahren und zu gewähren und darin „die Sorge für sich selbst zu überwinden" (138). Nur im Bild Jesu, das uns das Neue Testament vermittle, begegne uns eine Persönlichkeit, der wir absolut vertrauen könnten. „Nur im Erleben solchen Vertrauens kann die egoistische Reflexion durchbrochen werden, die aus dem Naturtrieb der Selbsterhaltung hervorgeht" (109). Nur so könne wirkliche Sittlichkeit nicht nur gedacht, sondern auch realisiert werden. Oder auch: Diese Sittlichkeit sei wirkliche Sittlichkeit. Anders gesagt: Nur als christliche, aus der Begegnung mit Jesus lebende und zum Handeln motivierte Ethik ist Ethik wirklich möglich. Die ethische Forderung, vor die jeder Mensch sich als Mensch gestellt wisse, bedeute nicht weniger als Selbstverleugnung (139). Was Jesus in der Bergpredigt als „Sonderliches" fordere, die Feindesliebe (60), sei also eigentlich das ethisch Normale, von jedem Menschen als solchen Geforderte.

D. h. also: Einerseits lehnt Herrmann eine spezifisch christliche Ethik im Sinne einer durch besondere Inhalte gekennzeichneten und so von anderen unterschiedene Ethik ab. Andererseits ist für ihn alle wirkliche Ethik eigentlich nur möglich als christliche, durch die Begegnung mit Jesus motivierte Ethik.

Als Schüler W. Herrmanns lehnt auch R. Bultmann (1884–1976) eine besondere christliche Ethik ab: Es sei eine Säkularisierung christlicher Verkündigung, wenn die Theologie ethische Belehrung geben wolle, denn diese gebe es genauso auch außerhalb des Glaubens, man könne sie auch bei Heiden lernen. „Es gibt, auf den Inhalt der moralischen Forderungen gesehen, keine spezifisch christliche Ethik" (Bultmann 702; vgl. schon in seinem Jesus-Buch 74f: „Der Mensch kann nicht vorher verfügen über die Möglichkeiten dessen, was zu tun ist ... jeder Moment der Entscheidung ist wesenhaft neu").

Auch der lutherische Theologe Helmut Thielicke (1908–1986) wendet sich gegen die Möglichkeit einer inhaltlich spezifisch christlichen Ethik. Dabei geht er aus von dem von ihm behaupteten Phänomen der Mehrdeutigkeit allen ethischen Handelns. Ein und dasselbe Tun kann sehr unterschiedlich motiviert sein und so auch eine äußerlich gesehen „gute" Tat" bei schlechter Motivation gar nicht gut sein (dabei verweist er in ThE I,21 zur biblischen Begründung u. a. auf Mt 23,3.28). Daraus folgert Thielicke:

„Motiv- und Tatschicht sind grundsätzlich zu unterscheiden. Spezifisch christlich kann nur die Motivschicht sein, sofern das Handeln durch die vom Handelnden geglaubte und erfahrene Liebe Gottes motiviert ist“ (ThE I, 26f). Christlich ist ein Handeln nicht durch das, was jemand tut, sondern warum er es tut. Der Mensch muss „in eine Geschichte von Gott her gestellt sein …, um ‚christlich‘ handeln zu können.“ Nur in dieser Motivschicht also tritt „das Spezifische ‚christlicher‘ Ethik in Erscheinung“ (ThE I,27; vgl. schon S. 20 u.: „Das spezifisch Christliche wird … ausdrücklich und ausschließlich in der *Motivation des Handelns* zu sehen sein“).

Ohne direkte Berufung auf Herrmann (aber unter wiederholter Bezugnahme auf R. Bultmann) vertritt der dänische Theologe K. E. Løgstrup (1905–1981) in seinem Werk „Die ethische Forderung“ eine ganz ähnliche Konzeption wie Herrmann. Auch er geht davon aus, dass es „zu unserem menschlichen Dasein (gehört), dass wir einander normalerweise mit natürlichem Vertrauen begegnen“ (6). Darin liegt die Notwendigkeit, sich selber dem anderen auszuliefern (8), zugleich aber auch die Forderung, das Leben des anderen in Obhut zu nehmen (17). Dem entspricht Jesu Liebesgebot als Inbegriff christlicher Ethik. Diese ist damit aber nach Løgstrup nicht etwas spezifisch Christliches, sondern etwas Allgemeinmenschliches. Jesus hat in seiner Verkündigung nichts inhaltlich Neues gebracht, sondern die eigentlich immer schon erkennbare und gültige „ethische Forderung“ in Vollmacht gelehrt (233). Der Christ muss, ohne jede fremde Einmischung, in allen Lebenssituationen selbst auf die auf ihn zukommende ethische Forderung antworten, und zwar „unter denselben Bedingungen … wie jeder andere“ (123). Die ausdrücklich gestellte Frage „Gibt es (erg.: neben allgemeiner) eine (besondere) christliche Ethik?“ (120) beantwortet also auch Løgstrup entschieden negativ.

Als in den 1960er-Jahren die *Societas Ethica* eine ihrer ersten Tagungen der Frage nach der Möglichkeit einer spezifisch christlichen Ethik widmete, war Løgstrup einer der beiden Hauptreferenten. Unter dem Thema „Das Proprium einer christlichen Ethik“ führte er aus, dass der Glaube dem Menschen „einen neuen Beweggrund (verleihe), die Werke zu tun, die im Verhältnis zum Nächsten gefordert werden“. Aber, fährt er fort, die andere Frage, ob der Glaube zu besonderen Normen führe, müsse mit Nein beantwortet werden. Denn: „Es gibt keine besondere christliche Materialethik“ (146). Auch der andere Hauptreferent, der katholische Theologe F. Böckle, votierte ähnlich. Zunächst schien er den Gedanken des christlichen Propriums positiv aufzunehmen, wenn er sagte: „Und wenn Sie mich nun fragen, was das Proprium des christlichen Ethos sei, dann sage ich dies mit einem Wort: die radikale Forderung der Liebe“. Dann aber fuhr er – von K. Rahners Konzept des „anonymen Christseins“ herkommend – fort: „Und wenn Sie mich weiter fragen, ob dieses Proprium denn in außerchristlichem Bereich nicht gefunden werde, dann muss ich sagen: Ich halte dies für möglich und gegeben; aber dann eben als Aufleuchten des christlichen Heils in der zwar noch in Not liegenden, aber in Christus grundsätzlich geretteten Schöpfung“ (159). Nur: Ein universales Phänomen ist eben kein Proprium mehr.

Seither ist die Reduktion der Ethik auf allgemeine Ethik zum Grundmodell protestantischer, teilweise aber auch katholischer Ethik geworden. Beispielhaft ist auf evangelischer Seite der ethische Entwurf von U. Körtner in seinem weitverbreiteten Lehrbuch „Evangelische Sozialethik“: Ethisches Handeln wird zwar – ähnlich wie bei Thielicke – von der reformatorischen Rechtfertigungslehre her spezifisch christlich motiviert, nicht aber inhaltlich bestimmt: Das Evangelium gibt „keine Begründung für ein bestimmtes moralisches Handeln …, sondern (benennt) lediglich die Motivation für dieses“ (131). Die materialethische Konkretion beschränkt sich dann auch nicht zufällig auf Themen allgemeiner Ethik.

Ähnlich verfährt der katholische Theologe F. Furger in seiner „Einführung in die Moraltheologie“: Zwar spricht er zunächst positiv von der „selbst die Kreuzesdimension nicht ausklammernde(n) Motivation unbedingter Treue (zum Ziel des Glaubens)“ als einem „spezifisch christliche(n) Moment christlicher Ethik“ (13). Wenn er dann aber als grundlegend für seine Ethik den Gedanken F. Böckles von einer „theonomen Autonomie“ christlicher Ethik aufnimmt (17) und diese nicht etwa soteriologisch-pneumatologisch und damit partikular, sondern schöpfungstheologisch und damit universal vermittelt sein lässt, so reduziert er christliche Ethik doch wieder auf das jedermann jederzeit Zugängliche und schließt spezifisch christliche Materialethik aus: „Damit liegt das spezifisch Christliche der christlichen Moraltheologie also nicht auf der Ebene der materialen oder kategorialen Aussagen, sondern auf jener der dynamisch prägenden Motivationen und Intentionen“ (25).

Zuletzt hat D. Lange sich im Rahmen einer Heidelberger Ringvorlesung über „Theologische Ethik der Gegenwart“ ausdrücklich der Frage nach einem möglichen „Proprium des Christlichen in der Ethik“ gestellt (117). Er tut dies, indem er, wie der Titel seines Beitrags lautet, „Die Radikalität der Bergpredigt in einer pluralistischen Gesellschaft“ reflektiert. Bemerkenswert ist dabei, dass das spezifisch Christliche für ihn also, so scheint es zunächst, nicht auf die Motivschicht reduziert ist, sondern auch auf das Inhaltliche (hier die Bergpredigt) zielt. Die Lösung des Problems sieht er aber nun nicht etwa darin, dass er die Geltung dieses spezifisch christlichen Ethos', das im Gebot der Feindesliebe gipfelt, auf den Kreis der Christen beschränkt – was er als angebliche „Elite-Ethik“ streng verwirft (124), sondern dass er verlangt, diese Forderungen des christlichen Ethos müssten „universal gelten“ (122). Entsprechend kommt er zu dem Ergebnis, dass „das Liebesgebot auch in einer pluralistischen Gesellschaft der oberste Maßstab ethischen Handelns bleiben muss“ (135). Eben damit ist aber der Gedanke eines christlichen Propriums von vornherein aufgegeben.

Das *Fazit* dieses kurzen Rückblicks auf die Entwicklung theologischer Ethik ist: Sog. christliche Ethik ist heute durchgehend bemüht, sich ausschließlich als allgemeine Ethik darzustellen, also als Ethik, deren Maßstäbe grundsätzlich für jedermann akzeptabel sind und die deshalb auch in unserer pluralistischen Gesellschaft Anspruch auf Geltung haben können. Eine nicht allgemein begründbare, spezifisch christliche Ethik wird durchgehend abgelehnt oder auch gar nicht erst als Möglichkeit in Erwägung gezogen. Wir haben also heute allgemein den Verlust einer wirklich spezifisch christlichen Ethik festzustellen.

Literatur:

F. Böckle, Was ist das Proprium einer christlichen Ethik?, in: ZEE Jg.11/1967, 148-159; K. Bockmühl, Gesetz und Geist. Eine kritische Würdigung des Erbes protestantischer Ethik, Gießen 1987 (2. Aufl. 2010 mit neuer Paginierung in BWA I,5); R. Bultmann, Jesus, Tübingen 1926; ders., Echte und säkularisierte Verkündigung im 20. Jahrhundert, in: Universitas Jg.10/1955, 699-706; ders., Das Evangelium des Johannes, Göttingen [17]1962; H. Burkhardt, Der Naturrechtsgedanke im hellenistischen Judentum und im Neuen Testament, in: ders. (Hg), Begründung ethischer Normen, Wuppertal 1988, 81-97; ders., Ethik jenseits von Gesetzlosigkeit und Gesetzlichkeit, in: ThBeitr 41/2010, 266-274; ders., Wie christlich darf unsere Ethik sein? Ein kritischer Buchbericht, in: ThBeitr 42/2011, 158-162; F. Flückiger, Geschichte des Naturrechts, Zürich 1954; F. Furger, Einführung in die Moraltheologie, Darmstadt 1988; W. Herrmann, Ethik, Tübingen [6]1921; I. Kant, Grundlegung der Metaphysik, Werke in 12 Bänden, hg. von W. Weischedel, Wiesbaden 1956, Bd. VII, 7-102; ders., Bd. VII, 103-302; U. Klein, Art. Kardinaltugenden, in: HWP 4, 695f; U. H. J. Körtner, Evangelische Sozialethik, UTB 2107, Göttingen 1999; D. Lange, Die Radikalität der Bergpredigt in einer pluralistischen Gesellschaft, in: F. Nüssel (Hg), Theologische Ethik der Gegenwart, Tübingen 2009, 110-135; K. E. Løgstrup, Die ethische Forderung, Tübingen

[2]1968; ders., Das Proprium des christlichen Ethos, in: ZEE Jg. 11/1967, 135-147; H. Thielicke, Theologische Ethik, Bd. 1. Prinzipienlehre, Tübingen [4]1971; Thomas von Aquin, Summa Theologica, Rom 1923.

3. Biblisch-theologische Begründung für eine spezifisch christliche Ethik

Die alttestamentliche Ethik gründet in der Tora als der Bundesordnung Gottes für Israel. Inhaltlich entspricht diese Ordnung in ihren zentralen Aussagen, wie sie insbesondere im Dekalog überliefert sind, zugleich der von der Schöpfung her vorgegebenen Anlage des Menschen. Sie ist deshalb in ihren wesentlichen Inhalten universalisierbar (nach Dt 4,8 urteilen die „Völker": „Wo ist so ein großes Volk, das so gerechte Ordnungen und Gebote hat wie dies ganze Gesetz?"; vgl. Bd. I, Einführung 53–58; 62–65).

Im Neuen Testament wird das alttestamentliche Gesetz einerseits ganz selbstverständlich als Grundlage der Ethik positiv aufgenommen und weitergegeben, sowohl in der Lehre Jesu (Mt 5,17-19; 19,17-19) als auch in der apostolischen Unterweisung der Gemeinde (Röm 13,9f; Gal 5,14.23; Eph 4,8; 6,2; vgl. Einführung 59f). Andererseits bleibt das neutestamentliche Ethos doch nicht einfach nur beim alttestamentlichen stehen, sondern stellt ihm gegenüber zugleich etwas Neues dar, das zwar die bleibende Gültigkeit des alttestamentlichen Ethos nicht infrage stellt, aber doch positiv über es hinausgeht.

3.1 Die Neuheit des christlichen Lebens im neutestamentlichen Zeugnis

Es ist auffallend, wird eigenartigerweise aber in gegenwärtiger Ethik weithin übersehen oder verschwiegen, dass in den Schriften des Neuen Testaments immer wieder ausdrücklich von der „Neuheit" des christlichen Lebens gesprochen wird. Dabei bedeutet das hier durchgehend verwendete griechische Wort *kainos* im Unterschied zum an sich wertneutralen Wort *neos* nicht „neu der Zeit nach", sondern „neu der Art nach" (Behm 450,12-12; vgl. Bockmühl 17 = BWA I/3, 194). *Kainos* ist im Neuen Testament als eschatologischer Terminus „Inbegriff des ganz Anderen, Wunderbaren, das die Heilszeit bringt" (Behm 451, 15f; vgl. das neue Jerusalem Off 3,12;

21,2; das neue Lied, das die 24 Ältesten im Himmel singen Off 5,9; 14,3; den neuen Himmel und die neue Erde Off 21,1 mit der Verheißung V. 5: „Siehe, ich mache alles neu").

Wo *neos* in diesem Zusammenhang gebraucht wird, nimmt es jeweils ebenfalls diesen Sinn an. So vergleicht Jesus nach dem Zeugnis der synoptischen Evangelien die Lebensweise der Jünger mit „neuem" (*kainos*) Tuch (Lk 5,36; Mt 9,16/Mk 2,21 haben dafür *agnaphos* = „ungewalkt") und mit „neuem" (*neos*) Wein (Mt 9,17/Mk 2,22/Lk 5,37f). J. Schniewind kommentiert diese Aussagen mit den Worten: „Mit Jesus und im Kreise seiner Jünger hebt etwas schlechthin Neues an, das alle alten Lebensformen sprengt ... ein völliges Neuwerden des ganzen Lebens" (121). Vermutlich gehört auch das Gleichnis von der königlichen Hochzeit in diesen Zusammenhang: Das hochzeitliche Gewand steht dabei für die neue Seinsweise des Jüngers und die Weigerung, das Gewand anzulegen für „das fruchtlose Verharren in der eigenen Art" (Schniewind 222).

Nach dem Evangelisten Johannes gibt Jesus mit dem Gebot der opferbereiten Bruderliebe ein „neues Gebot" (*entolä kainä* Joh 13,34; vgl. 1Joh 2,8 – wobei mit der Verneinung in V. 7 nur gemeint sein dürfte, dass es – anders als „neue" Gebote von Irrlehrern – nicht neu ist gegenüber dem von Jesus „von Anfang an" gelehrten Gebot, Behm 452,17–19; Schnackenburg 110f).

Paulus fordert die Christen in Rom dazu auf, sich in ihrem Lebenswandel dem Schema dieser Weltzeit (*aioon houtos*) nicht anzugleichen, sondern sich durch „Erneuerung des Denkens" (*anakainoosis tou noos*) umgestalten zu lassen (Röm 12,2). Wenn jemand „in Christus" ist, so ist er eine „neue Schöpfung" (*kainä ktisis*) (2Kor 5,17; Gal 6,15). Christen, in Taufe und Glaube der Sünde abgestorben, wandeln in der „Neuheit" (*kainotäs*) des Lebens, jetzt schon teilhabend am Auferstehungsleben Christi (Röm 6,4; vgl. Eckstein 20f). Der Christ dient Gott in der „Neuheit" (*kainotäs*) des Geistes, nicht in der „Altheit" (*palaiotäs*) des Buchstabens (des Gesetzes, Röm 7,6). Im Epheserbrief erinnert der Apostel die Leser daran, dass durch die im Kreuzestod Christi sich ereignende Versöhnung aus Juden und Heiden „ein neuer Mensch" (*kainos anthroopos*) geschaffen wurde (Eph 2,15), und entsprechend ermahnt er die Christen in Ephesus, sich durch den (in ihnen wohnenden, d. h. lebendig wirkenden) Geist in ihrem Denken erneuern zu lassen (*ananeousthai too pneumati tou noos*) und den „neuen Menschen" (*kainon anthroopon*) anzuziehen (Eph 4,23f; ebenso Kol 3,9f).

Diese Neuheit der Lebensgestalt des Jüngers bzw. des Christen nimmt ihren Anfang in der Umkehr (*metanoia*, Mt 4,17/Mk 2,15), zu der Jesus aufruft und zu der er ermächtigt, oder auch, in einer anderen Bildlichkeit, in einer vom Geist Gottes gewirkten „neuen Geburt“ (*anoothen gennäthänai*, Joh 3,3.7; Schniewind, Zur Erneuerung 25: „eine ganz neue Existenz“; vgl. Burkhardt, Christwerden 47-56, 140f).

Solcher inneren Erneuerung Einzelner entspricht dann die an sie gerichtete Forderung einer „besseren Gerechtigkeit“ als die der Schriftgelehrten und Pharisäer (Mt 5,20 *ean mä perisseusä hymoon hä dikaiosynä pleion toon grammateoon kai pharisaioon*). Das hier gewöhnlich mit „besser“ wiedergegebene griechische Wort *perisseuein* bedeutet genauer und bildhafter „überfließend“. Es wertet die dem Gesetz entsprechende Gerechtigkeit der Schriftgelehrten und Pharisäer nicht ab, sondern überbietet sie, und zwar nicht quantitativ, sondern qualitativ (Deines 425). Der Gedanke des neuen Lebens als „überfließend“ begegnet uns im Neuen Testament immer wieder, geradezu als „eschatologisches Leitwort“ (Hauck 59). Es ist Ausdruck „einer Fülle ..., die in der Heilszeit gegenüber dem alten Äon vorhanden ist“ (Hauck 59). Dies zeigt sich besonders anschaulich im Speisungswunder in der Fülle dessen, was übrig bleibt (Mt 14,20 = Lk 9,17; Joh 6,12f). Im gleichen Sinn spricht Paulus von der überströmenden Macht der Gnade (Röm 5,20) oder der überströmenden Herrlichkeit des Evangeliums (2Kor 3,9). Das von Christus ausgehende, überströmende Leben wirkt sich dann entsprechend aus im Verhalten des Christen (vgl. 2Kor 8,7 und 9,8.10). Jakobus charakterisiert das Neue und Eigenartige der Unterweisung Jesu durch die Begriffe des „vollkommenen Gesetzes der Freiheit“ (1,25; vgl. 2,12) und des „königlichen Gesetzes“, was doch wohl die Weisung des Messias meint (Martin 67 „given by the king“; vgl. Schrage 272).

Der im Begriff der „besseren“ oder „überfließenden“ Gerechtigkeit gleichsam programmatisch zum Ausdruck kommende Unterschied zwischen Jüngerethos und herkömmlicher Frömmigkeit wird dann in den anschließenden sog. Antithesen der Bergpredigt zugespitzt formuliert (Mt 5,21-48; vgl. Deines 429-434). Zwar ist der herkömmlich gebrauchte, als antijüdisch missverständliche Ausdruck „Antithesen“ nicht wirklich sachgerecht, da in dem „ich aber sage euch“, das jeweils die Lehraussage Jesu einleitet, das deutsche Wort „aber“ nicht für ein adversatives gr. *alla*, sondern für das eher weiterführende *de* steht (Keener 181), also nicht einen ausschließenden Gegensatz, sondern eine Überbietung markiert. Trotzdem ist der Unterschied des Neuen zum Herkömmlichen nachdrücklich herausgestellt. Dies wird besonders deutlich auch in der die sog. Antithesen abschließenden Frage Jesu an jene, die meinen, sich mit allgemeiner Nächstenliebe begnügen zu können: „Was tut ihr Sonderliches (*ti perisson poieite*)? Tun nicht dasselbe auch die Heiden?“(V. 47b). In scharfem Widerspruch gegen die bürgerliche Berufsethik des liberalen Theologen A. Ritschl kommentiert D. Bonhoeffer in seiner „Nachfolge“ zu Recht: „Wo dies Sonderliche, Außerordentliche nicht ist, da ist das Christliche nicht. Nicht innerhalb der natürlichen Gegebenheiten geschieht das Christliche, sondern in dem Über-sie-hinaus-Treten … Das ist der große Irrtum einer falschen protestantischen Ethik, dass Christusliebe aufgeht in Vaterlandsliebe, in Freundschaft oder in Beruf, dass die bessere Gerechtigkeit aufgeht in der justitia civilis. So redet Jesus nicht. Das Christliche hängt am ‚Außerordentlichen‘“ (Bonhoeffer 128).

Gemeint ist, in unterschiedlicher Akzentsetzung, überall beides: die Neuheit der in der Umkehr entstandenen existenziellen Grundverfassung des Menschen (vgl. Ethik I, 123-132) wie auch die Neuheit der Art der daraus folgenden konkreten Lebensführung (vgl. Ethik I, 132-168). „Die weit verbreitete Meinung, das Neue und Eigene, spezifisch Christliche … der neutestamentlichen Ethik tangiere gar nicht die materialen Inhalte … dürfte … zu kurz greifen“ (Schrage 17).

Literatur:

J. Behm, Art. *kainos*, in: ThWNT III, 450-456; D. Bonhoeffer, Nachfolge, München [7]1961; K. Bockmühl, Der sendende Herr – die neue Schöpfung, TuD-Flugblatt Gießen 1976 (ND in: Was heißt heute Mission?, BWA I/3, 179-199); H. Burkhardt, Christwerden. Bekehrung und Wiedergeburt – Anfang des christlichen Lebens, Gießen 1999; R. Deines, Die Gerechtigkeit der Tora im Reich des Messias, Tübingen 2004; H.-J. Eckstein, Auferstehung und gegenwärtiges Leben nach Röm 6,1-11, in: ThBeitr 28/1997, 8-23; C.S. Keener, A Commentary on the Gospel of Matthew, Grand Rapids 1999; F. Hauck, Art. *perisseuoo*, in: ThWNT, VI, 58-63; R. P. Martin, James, WBC Vol. 48, Waco/Texas 1988; R. Schnackenburg, Die Johannesbriefe, Freiburg [3]1965; J. Schniewind, Von der Neugeburt, in: ders., Zur Erneuerung des Christenstandes, Göttingen 1966, 20-32; W. Schrage, Ethik des Neuen Testaments, Göttingen 1982.

3.2 Die mit dem Kommen Jesu geschehene welthistorische Zeitenwende

Das Neuwerden des christlichen Lebens ist nicht nur ein jeweils individuelles lebensgeschichtliches Ereignis, das prinzipiell jederzeit hätte stattfinden können, wenn nur die entsprechende ethische Erkenntnis da gewesen wäre. Vielmehr ist sie, richtig verstanden, nur auf dem Hintergrund der von den neutestamentlichen Schriften einheitlich bezeugten, mit dem Kommen Jesu verbundenen geschichtlichen Wende möglich:

Nach dem Markusevangelium verbindet Jesus seine grundlegende Botschaft von der Umkehr angesichts der Nähe des Reiches Gottes (Mk 1,15b; vgl. Mt 4,17; 10,7) mit der Feststellung: „Die Zeit ist erfüllt" (*pepläroot ai ho kairos,* Mk 1,15a). D. h.: *jetzt* (oder: von jetzt an) ist die von Gott gesetzte Zeit der Umkehr (Gerhardsson 34: „These words express something central to the gospel: a decisive point in the history of redemption"). Dem entspricht es, wenn Jesus im Lukasevangelium nach seiner Verlesung der beiden Jesajaworte in der Synagoge von Nazareth erklärt: „Heute ist die Schrift erfüllt" (*sämeron pepläroot ai hä graphä,* Lk 4,21). D. h.: Jetzt ist die Zeit gekommen, für die der Prophet Jesaja die genannten Zeichen angekündigt hat, und damit das „angenehme Jahr des Herrn" (*eniauton kyriou dekton*, V. 19), also die Gott genehme, d. h. „von ihm bestimmte und mit Heil gefüllte Zeit" (Schürmann 230), eine „Zeitwende im allgemeineren Sinn", die „Ankündigung der gnädigen Zuwendung Gottes für die nahe Zukunft" (so Westermann 292 zu der von Jesus zitierten Weissagung Jes 61,1-3). Auch auf die Frage Johannes des Täufers, ob er der sei, der kommen solle, antwortet Jesus mit dem Hinweis auf die in den z. T. gleichen Worten des Propheten Jesaja angekündigten und jetzt geschehenden Zeichen (Mt 11,4f). So ordnet Jesus anschließend den Täufer geschichtlich ein als „mehr als einen Propheten" (V. 9), und zwar, wieder mit Bezug auf ein Prophetenwort (Mal 3,1), als Boten, der dem Messias den Weg bereitet (Keener 338; ebenso Rengstorf 101 zur Parallelüberlieferung Lk 7,27). Insofern gilt: „Unter allen, die vom Weibe geboren sind, ist keiner aufgestanden, der größer wäre als Johannes der Täufer" (Mt 11,11a). Trotzdem ist „der Kleinste im Himmelreich größer als er" (V. 11b), sofern nämlich der Täufer selbst noch wartet auf das, was er verkündet: die Geistausgießung und Sündenvergebung und damit „eine neue Existenz, eine neue Geburt", die erst der Messias bringt (Schniewind 143). Erst mit dessen Kommen beginnt etwas „qualitativ Neues“ (Hengel 156): „Das Gesetz und die Propheten gehen bis Johannes. Von da an (*apo tote*) wird das Reich Gottes verkündigt“ (Lk 16,16).

Alles wird schließlich von Jesus zusammengefasst in den Worten beim Abendmahl, in denen er von dem durch sein Sterben gestifteten „neuen Bund“ spricht (*kainä diathäkä*, so nach der Überlieferung von Lukas 22,20 und Paulus in 1Kor 11,25; bei Mt 26,28 und Mk 14,24 fehlt das Adjektiv *kainos*). Dieses Wort vom „neuen Bund“ greift die Weissagung des Propheten Jeremia von einem solchen neuen, vom alten qualitativ unterschiedenen Bund auf, den Gott in der letzten Zeit mit seinem Volk schließen wird (Jer 31,31: „Siehe, es kommt die Zeit … da will ich mit dem Hause Israel … einen neuen Bund schließen“; vgl. 50,5: „Wir wollen uns dem HERRN zuwenden zu einem ewigen Bund, der nimmermehr vergessen werden soll“) und der mit Vergebung der Sünden und einer inneren Ausrichtung auf Gottes Willen einhergehen soll (31,33f: „Ich will mein Gesetz in ihr Herz geben und in ihren Sinn schreiben, und sie sollen mein Volk sein und ich will ihr Gott sein … ich will ihnen ihre Missetat vergeben und ihrer Sünde nimmermehr gedenken“). Diese Verheißung des Neuen Bundes wird dann im Neuen Testament aufgrund des genannten Wortes Jesu besonders vom Autor des Hebräerbriefs aufgenommen (er ist „der neutestamentliche Theologe der neuen Diatheke“, Hübner, 97). Bei Hebr 8,13 geht dem Wort vom neuen Bund in V. 8-12 ein vollständiges Zitat von Jer 31,31-34 voraus (vgl. auch etwas gekürzt in 10,16f). In 7,22 und 8,6 ist von diesem Bund als einem „besseren“ Bund die Rede und 13,20 von einem „ewigen“ Bund. Meist steht hier der soteriologische Aspekt im Vordergrund, der ethische ist aber durchaus mit angedeutet (so bei 9,15 in V. 14 „zu dienen dem lebendigen Gott“, ebenso bei 12,24 in V. 28 mit der anschließenden Gemeindeparaklese Kap. 13).

Diese Wende vom Alten zum Neuen Bund wird man nicht mit irgendeinem einzelnen Ereignis identifizieren dürfen. Vielmehr sind die historischen Ereignisse von der Geburt Jesu und seinem Wirken in Wort und Tat bis hin zu Kreuz, Auferstehung und Himmelfahrt und schließlich auch der Ausgießung des Geistes ein großer, diese weltgeschichtliche Wende herbeiführender Geschehenszusammenhang (Apg 1,1f; 2,22-24.32f; vgl. Schlatter 22: die Apostel sahen „in der jetzt entstehenden Gemeinde die Wende der Weltgeschichte“). Paulus markiert diese Wende im Galaterbrief mit den Worten „Als aber die Zeit erfüllt war (*hote de älthen to plärooma tou chronou*), sandte Gott seinen Sohn, geboren von einer Frau und unter das Gesetz gestellt, damit er die, die unter dem Gesetz waren, erlöste, damit wir die Sohnschaft empfingen" (Gal 4,4f; vgl. 3,25: „Ehe der Glaube kam, wurden wir unter dem Gesetz verwahrt … nun aber der Glaube gekommen ist, sind wir nicht mehr unter dem Zuchtmeister"). Im Römerbrief, nachdem Paulus die Verlorenheit aller Menschen, Heiden wie Juden, angesichts des Zornes Gottes über ihre Sünde beschrieben hat, leitet er zur Wende über mit den Worten „Nun aber (*nyni de*) wurde ohne das Gesetz die Gerechtigkeit Gottes offenbart … durch die Erlösung in Christus … zu dieser jetzigen Zeit" (Röm 3,21.24.26). Ähnlich im Epheserbrief: das Geheimnis Christi „welches in vorigen Zeiten den Menschenkindern nicht kundgetan wurde, wie es jetzt offenbart ist … durch den heiligen Geist" (Eph 3,5) oder im Titusbrief „Als aber erschien (*hote de … epephanä*) die Freundlichkeit und Menschenliebe Gottes, unseres Heilands, rettete er uns … nach seiner Barmherzigkeit durch das Bad der Wiedergeburt und Erneuerung im Heiligen Geiste, den er reichlich über uns ausgegossen hat durch Jesus Christus" (Tit 3,4-6). Bezeichnend ist an der letztgenannten Stelle, dass hier die geistliche Lebenserneuerung Einzelner in der Wiedergeburt zurückgebunden ist an das für sie grundlegende historische Ereignis der Erscheinung Jesu (vgl. auch 1Petr 1,3, hier konzentriert auf die die christliche Hoffnung begründende Auferstehung Jesu).

Dies Ereignis ist für das Neue Testament nicht nur eins neben anderen, sondern ein die ganze vorangehende Geschichte von der noch kommenden bis zu ihrem Ende hin unterscheidendes. Es ist also ein eschatologisches Ereignis. Was von der alttestamentlichen Prophetie her für die Endzeit zu erwarten war, hat mit Jesus bereits begonnen: die endzeitliche Herrschaft Gottes (vgl. dazu Ethik Bd. I, 111-120: Das biblische Zeugnis von der Herrschaft Gottes). Damit ist das weltgeschichtliche Ereignis zugleich ein heilsgeschichtliches. Als solches ist es für alle kommende Zeit grundlegende Voraussetzung für die neue Gestalt des christlichen Lebens. „Mit Jesus und im Kreise seiner Jünger hebt etwas schlechthin Neues an, das alle alten Lebensformen sprengt … Weil Gottes zukünftige Welt mit Jesus erschienen ist, beginnt ein völliges Neuwerden des ganzen Lebens" (Schniewind 121).

Dabei könnte der traditionell im Anschluss an die Lutherbibel in der Übersetzung von Mt 5,20 gebrauchte Begriff der „besseren" Gerechtigkeit leicht zu einem Missverständnis veranlassen. Er könnte den Eindruck erwecken, als ginge es hier, entsprechend antijudaistischen Vorurteilen, um die Kennzeichnung der christlichen als einer „der" jüdischen überlegenen Ethik. Davon aber kann keine Rede sein. Christliche Ethik mag zwar bestimmten Ausformungen jüdischer Ethik kritisch gegenüberstehen wie denen, mit denen Jesus sich auseinanderzusetzen hatte. Sie steht deshalb aber keineswegs im Gegensatz zu jüdischer Ethik schlechthin. Denn christliche Ethik ist zunächst einmal selbst nichts anderes als eben auch eine Ausformung jüdischer Ethik. Jesus wie auch die Apostel waren Juden, und niemand von ihnen dachte an die Gründung einer neuen Religion. Vielmehr innerhalb (!) der Geschichte der jüdischen Religion wird mit dem Evangelium, und damit, wie Jesus und die Apostel überzeugt sind, von Gott selbst eine neue Etappe eröffnet: In ihr ist das im Alten Testament von Mose und den Propheten bereits angekündigte Reich Gottes und damit auch die ihm entsprechende Gerechtigkeit jetzt angebrochen. Diese Gerechtigkeit ist eine „bessere", sofern sie die bisherige überbietet. Dies geschieht aber innerhalb der einen Religion Israels; nicht so also, dass hier pauschal „die" jüdische Ethik gegenüber der christlichen abgewertet würde, sondern so, dass die jüdische Ethik aufgrund des eschatologischen Ereignisses der Sendung Jesu weitergeführt wurde. Dass die neue, von uns „spezifisch christlich" (also messianisch) genannte Ethik später allgemein nicht mehr als jüdisch verstanden wurde, hängt mit der Ablehnung des Evangeliums durch die Mehrheit der Judenschaft zusammen und entsprechend damit, dass das Evangelium dann vor allem von Heiden angenommen wurde. Aber diese begründen keine neue Religion, sondern sind, wie Paulus in einem Bild sagt, als wilde Zweige auf den Ölbaum Israel aufgepfropft (Röm 11,17; vgl. Burkhardt 18–20).

Literatur:

H. Burkhardt, Christwerden, Gießen 1999; B. Gerhardsson, The Ethos of the Bible, Philadelphia 1981; F. Hauck, Art. perisseuoo, in: ThWNT VI, 58-63; M. Hengel, Jesus und die Tora, in: ThBeitr 9/1978, 152-172; H. Hübner, Biblische Theologie des Neuen Testaments, Bd. 1 Prolegomena, Göttingen 1990; C. S. Keener, A Commentary on the Gospel of Matthew, Grand Rapids 1999; R. P. Martin, James, WBC Vol. 48, 1988; K. H. Rengstorf, Das Evangelium nach Lukas, NTD 3, Göttingen [16]1975; A. Schlatter, Die Geschichte der ersten Christenheit, Gütersloh 1926; R. Schnackenburg, Die Johannesbriefe, Freiburg [3]1965; J. Schniewind, Das Evangelium nach Matthäus, NTD 2, Göttingen [9]1960; W. Schrage, Ethik des Neuen Testaments, Göttingen 1982; H. Schürmann, Das Lukasevangelium, Teil 1, Leipzig 1971; C. Westermann, Das Buch Jesaja, Kap. 40-66, ATD 19, Göttingen 1966.

4. Zusammenfassende Sätze zur Begründung einer spezifisch christlichen Ethik als eigenständigem Teil einer heilsgeschichtlich konzipierten Ethik

a) Christliche Ethik als Bedenken der sittlichen Konsequenzen des christlichen Glaubens an Gott als den Schöpfer und Herrn der Welt hat einen *universalen Horizont*.

b) Deshalb kann und darf sie nicht nur christliche Ethik im engeren Sinn sein, d. h. Ethik unter der Voraussetzung des Christseins und der inhaltlichen Orientierung am biblischen Gebot Alten und Neuen Testaments. In Mitverantwortung für das Leben des nichtchristlichen Mitmenschen hat sie diesen auch als Subjekt von Ethik zu achten und hat nach möglicher gemeinsamer sittlicher Erkenntnis unabhängig von den Voraussetzungen des eigenen Glaubens zu fragen. Sie findet solches Gemeinsame aufgrund des gemeinsamen Menschseins in der Entsprechung von natürlicher sittlicher Erkenntnis und biblischem Gebot des Alten Bundes. Diese mögliche gemeinsame Erkenntnis entfaltet die sog. allgemeine Ethik (vgl. grundlegend Ethik I, 53-105 und die inhaltliche Konkretion in Bd. II,1 und II,2).

c) Christliche Ethik kann und darf aber nicht *nur* allgemeine Ethik sein. Sie würde sonst das mit Christus erschienene Neue und seine ethischen Konsequenzen verleugnen. „Es ist notwendig, dass der Christ nicht handelt wie irgendein beliebiger anderer. Er hat in dieser Welt eine Aufgabe, die kein anderer erfüllen kann … Ihm ist eine Sendung anvertraut, von der der natürliche Mensch keine Ahnung hat“ (Ellul 6).

d) Auch diese neue Wirklichkeit steht in einem *universalen Horizont*. Das von Jesus verkündete Reich Gottes zielt auf die universale Herrschaft Gottes und vollendet sich in der neuen Schöpfung. Aber die Realisierung der neuen Wirklichkeit vollzieht sich auf einem *partikularen Weg*.

e) Die Verwirklichung dieser endzeitlichen Erneuerung beginnt schon jetzt. Dies allerdings geschieht nur dort, wo es auf das Wort des Evangeliums hin zu einer individuellen Erneuerung Einzelner kommt. D. h., sie vollzieht sich partikular nur durch die „enge Pforte“ (Mt 7,13) von Bekehrung und Wiedergeburt hindurch (Burkhardt, Christwerden 19f).

f) Aus der individuellen Erneuerung Einzelner erwächst als ihre Frucht ein neues, spezifisch christliches Leben. Die Neuheit christlichen Lebens zeigt sich dabei nicht nur in einer *neuen Motivation* und inneren Kraft zum Tun des von jedermann Geforderten – wenn auch nicht unbedingt von jedermann Geleisteten. Vielmehr ist die neue Motivation auch verbunden mit einem „neuen Gebot“ (Joh 13,34), einer inhaltlich *neuen Weisung*, der Forderung einer „besseren“ Gerechtigkeit (Mt 5,20). Diese aber kann nicht allgemein für jedermann verbindlich gemacht werden, sondern nur für diejenigen, bei denen jene innere Erneuerung vorauszusetzen ist (vgl. Ethik I, 108-168).

g) Allgemeine und spezifisch christliche Ethik sind also zu unterscheiden, nicht aber zu trennen. Sie stehen nicht in Konkurrenz zueinander, sondern sie ergänzen sich gegenseitig: Christliche Ethik ist heilsgeschichtlich differenzierte Ethik. Sie ist eine allgemeine als von der Schöpfung her, und eine spezifisch christliche als von der kommenden vollendeten und in Christus schon gegenwärtigen Erlösung her begründete Ethik. Letztere ist im folgenden letzten Teil dieser Ethik näher zu entfalten.

h) In der spezifisch christlichen Ethik hat auch das heute viel erörterte Thema der christlichen Spiritualität seinen theologischen Ort. Man könnte Spiritualität geradezu definieren als eine vom Evangelium und damit vom Geist Gottes bestimmte theozentrische Lebensführung (Burkhardt, Spirituality 45; vgl. auch die Untersuchung von P. Zimmerling).

i) Schließlich kann die Unterscheidung von allgemeiner und spezifisch christlicher Ethik in neuer, dem biblischen Zeugnis entsprechender Weise der gegenwärtigen Situation des Christen in der modernen pluralistischen Gesellschaft gerecht werden. Im Rahmen der allgemeinen Ethik kann der Christ einerseits als Staatsbürger seine soziale Verantwortung wahrnehmen und auch dort, wo allgemeinmenschliche Werte infrage gestellt sind, für sie eintreten, ohne seinen Mitbürgern etwas ihnen wesensmäßig Fremdes überzustülpen. Zum andern kann der Christ ohne Rücksicht auf allgemeine Anerkennung die spezifisch christlichen Weisungen für die Nachfolge Jesu leben.

Literatur:

H. Burkhardt, Christ werden. Bekehrung und Wiedergeburt – Anfang des christlichen Lebens, Gießen 1999; ders., Spirituality and Ethics, in: European Journal of Theology, XIX/2010, 45-49; J. Ellul, Leben als moderner Mensch, Zürich 1958; P. Zimmerling, Evangelische Spiritualität – Wurzeln und Zugänge, Göttingen 2003.

II. Normen spezifisch christlicher Ethik

1. Exegetische Analyse spezifisch christlicher ethischer Unterweisung im Neuen Testament

1.1 Methodische Vorbemerkungen

a) Die Neuheit christlichen Lebens ist eine eschatologische Kategorie. Für die Endzeit Verheißenes wird jetzt schon Realität. Aber diese Verwirklichung ist eine anfangsweise, insofern noch verborgene. Jesus ist wirklich der Messias, der Sohn Gottes. Seine Messianität scheint auf in seinem vollmächtigen Wort und in seinen Taten. Dies geschieht aber erst noch in der Niedrigkeit des Menschensohns: Seinem Wort wird widersprochen und seine Taten als Werke Gottes geleugnet. Entsprechend ist auch das neue christliche Leben grundsätzlich zwar Realität. „So rechnet das ganze Neue Testament damit, dass die unsichtbare Wirklichkeit Gottes sichtbar wird durch die Wirkungen, die sie in der Wirklichkeit unserer menschlichen Welt und Geschichte hervorbringt“ (Bockmühl 148f). Aber das christliche Leben leidet noch unter einem sogar doppelten Widerspruch: dem, der dem Christen von der nichtgläubigen Welt her entgegenkommt, und dem, den er auch aus sich selbst heraus, von seinem neben dem „neuen“ immer noch bestehenden „alten Menschen“ her erfährt. Christliche Ethik beschreibt also nicht nur schon Wirkliches, sondern ist immer wieder auch nur Verheißung, die im Glauben ergriffen sein will. Während wir in der schöpfungstheologisch begründeten allgemeinen Ethik grundsätzlich von einer erkennbaren Übereinstimmung von biblischem Wort und Erkenntnissen der Erfahrungswissenschaften ausgehen können, sind wir bei der Begründung des eschatologisch bestimmten spezifisch christlichen Handelns in ganz anderer Weise auf das biblische Offenbarungswort angewiesen. Im christlichen Leben ist nur eine zeichenhafte, auf die kommende Vollendung hinweisende Überschneidung von Erfahrung und biblischem Verheißungswort zu finden. Unser neues Leben ist „verborgen mit Christus in Gott“ (Kol 3,3). „Meine Lieben, wir sind nun Gottes Kinder, und es ist noch nicht erschienen, was wir sein werden“ (1Joh 3,2).

Diese Tatsache hat nun eine *methodische Konsequenz*: Die Erarbeitung des spezifisch christlichen Ethos muss sich in viel höherem Maße als die des allgemeinen Ethos auf das biblische Wort stützen und diesem deshalb auch einen entsprechend größeren Raum geben (vgl. die entsprechenden methodischen Überlegungen zum Verhältnis von Dogmatik und Eschatologie bei Schlatter, Dogma 525: „Gedanken, die Zukünftiges beschreiben, … unterscheiden sich qualitativ von denen, die durch die vollzogenen Prozesse, die unsere Erlebnisse bilden, in uns entstanden sind … die Beobachtung fehlt uns … bei Gedanken, mit denen sich unsere Hoffnung ihren Inhalt gibt").

b) Die Analyse der biblischen Evangelien soll vom Matthäusevangelium ausgehen, da in ihm die ethischen Fragen, vor allem in der Bergpredigt, besonders thematisiert sind (vgl. Gerhardsson 104: „Matthäus liefert einen ethischen Beweis für Jesu Messianität"). Das Zeugnis der anderen Evangelien ist dabei nach Möglichkeit mit eingearbeitet.

c) Das Augenmerk der Analyse soll vornehmlich auf den inhaltlichen Bestimmungen des christlichen Ethos liegen. Die fundamentalethischen Fragen nach Motivation und Möglichkeit der Erkenntnis des Willens Gottes treten hier zurück (sie sind bereits ausführlicher behandelt in: Ethik I,108ff).

d) Dabei ist jeweils nach dem Proprium christlicher Ethik zu fragen nicht nur im Sinne des ihm möglicherweise analogielos Eigenen, also eines *unicums* christlicher Ethik, sondern auch im Sinne des für christliche Ethik in besonderer Weise Kennzeichnenden, also eines *characteristicums* christlicher Ethik (vgl. Bockmühl, Gesetz und Geist 10 und 261). Auch dort, wo eine gewisse Ähnlichkeit oder Parallelität besteht und man insofern nicht von einem *unicum* sprechen kann, z. B. im universalen Phänomen der Liebe, ist das spezifisch christliche Handeln vom nichtchristlichen doch charakteristisch unterschieden durch den Zusammenhang mit dem geschichtlich einzigartigen Heilsgeschehen in Christus und durch die Gewichtung innerhalb des Ethos, z. B. in der christlichen Betonung der Nächstenliebe, sowie schließlich inhaltlich durch deren radikale Zuspitzung in der Feindesliebe. Bezeichnend ist dabei, dass ein solches Handeln jeweils aus natürlicher Motivation heraus nicht erklärbar bzw. nicht jedermann zumutbar ist.

Literatur:

K. Bockmühl, Die Unwirklichkeit Gottes in Theologie und Kirche. Atheismus in der Christenheit – Anfechtung und Überwindung, Gießen [2]1985; ders., Gesetz und Geist. Eine kritische Würdigung des Erbes protestantischer Ethik, Gießen 1987 (ND in BWA I,5 2010); B. Gerhardsson, Gottes Sohn als Diener Gottes. Messias, Agape und Himmelsherrschaft nach dem Matthäusevangelium, in: Studia Theologica 27/1973, 73-106; A. Schlatter, Das christliche Dogma, Stuttgart [3]1977.

1.2 Die ethische Weisung Jesu

1.2.1 Der Ruf zur Umkehr

a) Grundlegend für die ganze ethische Botschaft Jesu ist der Ruf zur *Umkehr*, mit dem seine Verkündigungstätigkeit beginnt (so bei den Synoptikern: Mk 1,15; Mt 4,17; vgl. Lk 5,32). Sie steht in der Tradition der alttestamentlichen Prophetie, ist aber in ihrer Eigenart als Evangeliumsverkündigung begründet in der mit Jesus beginnenden Zeit des Heils („Bekehrung ist Freude“, Schniewind 12; Burkhardt 36–56). In der Umkehr (Joh 3: Wiedergeburt bzw. Geburt „von oben“, V. 3, oder „aus dem Geist“, V. 5f, vgl. Burkhardt 145-147) schafft Gott eine neue Existenz, aufgrund deren ein neues, der Umkehr entsprechendes Leben möglich wird (vgl. das begründende „… *denn* das Reich Gottes ist nahe herbeigekommen“, Schelkle 83; vgl. Ethik I, 123-126). Damit ist dem Leben auch ein neuer Inhalt, die Ausrichtung auf ein neues Ziel gegeben. Denn in der von Jesus geforderten Umkehr geht es nicht um irgendeine innere „Umbesinnung“ (so wörtlich das gr. Wort *metanoia*), sondern, in der Linie der alttestamentlichen Umkehrpredigt, um eine Um- und Hinkehr des ganzen Menschen zu Gott. Nachdem Israel als Volk, aber auch die Einzelnen in ihm, sich von Gott abgewandt hatten und dem Bund mit Gott untreu geworden waren, sollen sie wieder zurückkehren in den Bundesgehorsam. D. h., es geht letztlich um den unbedingten, vorbehaltlosen Gehorsam gegen das erste Gebot: „Ich bin der HERR, dein Gott … du sollst keine anderen Götter neben mir haben“ (Ex 20,2f) und damit, in einer Welt zahlloser religiöser wie profaner Herrschaftsansprüche, um den allein legitimen, konkurrenzlosen Herrschaftsanspruch Gottes (Michel, Umkehr 405; vgl. Schrage 45) und die dem entsprechende, sich selbst erniedrigende Haltung der kindlichen Demut des Menschen vor Gott (Mt 18,3f: „Wenn ihr nicht umkehrt und werdet wie die Kinder, so werdet ihr nicht ins Himmelreich kommen. Wer nun sich selbst erniedrigt wie dies Kind, der ist der Größte im Himmelreich“). Was Propheten des Alten Bundes als eschatologisches Handeln Gottes angekündigt hatten („Ich will euch ein neues Herz und einen neuen Geist in euch geben“, Hes 36,26; vgl. Jer 31,33), wird jetzt unter der Verkündigung Jesu Wirklichkeit.

b) Die theozentrische Bedeutung des Umkehrrufs kommt auch in seiner Verbindung mit dem parallelen Ruf zum *Glauben* zum Ausdruck. Denn Glaube als „Glaube an …“ ist in der Bibel immer unbedingtes Vertrauen, das nur Gott gegenüber angemessen ist (Ethik II,1,33f). In der bei Markus (1,15b) überlieferten Fassung des Umkehrrufs Jesu sind beide Begriffe unmittelbar einander zugeordnet, sich darin gegenseitig interpretierend: „Kehrt um und glaubt an das Evangelium“ (das *en* in der ungewöhnlichen Formulierung *en too euanggelioo* geht auf ein hebr. *be* zurück, und das kann auch heißen: „aufgrund von“, wobei das Evangelium hier die Botschaft von der Nähe des Gottesreiches ist, vgl. V. 15a). Umkehr ist danach „das Verhalten des Menschen, das im Glaubensgehorsam die Nähe der Gottesherrschaft und das Kommen des Gottgesandten anerkennt“ (Michel, Umkehr 411f).

Der Begriff des Glaubens ist in den Evangelien durchgehend von zentraler Bedeutung, ein „für Jesus charakteristisches Thema“ (Haacker 293,10). Er begegnet vor allem in Wunderberichten, und zwar fast immer im Munde Jesu selbst (Haacker 293, 3f), vor allem im wiederholten Zuspruch Jesu „Dein Glaube hat dir geholfen“ (*hä pistis sou sesooken se*, Mt 9,22 = Mk 2,5 = Lk 8,48; Mk 10,52 = Lk 18,42; Lk 17,19; vgl. auch Lk 7,50 – hier nicht im Blick auf ein Heilungswunder, sondern die zugesprochene Vergebung der Sünden; vgl. auch die Verheißung „Dir geschehe nach deinem Glauben“ Mt 8,13;9,29, oder den Zuspruch „Fürchte dich nicht, glaube nur“ Mk 5,36). Zwar geht es Jesus bei den Heilungen wirklich um Hilfe in leiblicher Not, zugleich aber auch um das Entstehen einer neuen persönlichen Beziehung zu Gott. Jesus als Geber einer Hilfe anzurufen, „die jeder Not überlegen ist“ (Schlatter 69), ist ein „personhaft bestimmter Akt“ (Schlatter 70), ein Akt vorbehaltlosen Vertrauens, das allein bei Gott Hilfe sucht und ihn so ehrt (Lk 17,18f: einer von den zehn geheilten Aussätzigen kehrt zu Jesus zurück und „gibt Gott die Ehre“, woraufhin er den Zuspruch Jesu erfährt „Dein Glaube hat dir geholfen“; vgl. auch Mt 15,31).

Das Wort Jesu „Alle Dinge sind möglich dem, der glaubt" (Mk 9,23) ist „nicht schwärmerisch gemeint … es ist eine Stärkung für die Jünger und die Angefochtenen, die in einer schweren Stunde der Not und Krise ihres Lebens zu versagen drohen. Es legt die Gewissheit der *Grenzenlosigkeit* der Macht Gottes bloß, darum auch die Gewissheit, dass auch der Glaubende an dieser Grenzenlosigkeit der Macht Gottes Anteil erhalten kann. Ein derartiger Anstoß ist den Verzagten, Machtlosen, Erfolglosen vorbehaltlos in das Herz geschrieben worden" (Michel,Was hat 198).

Die Theozentrik des Glaubensbegriffs kommt bei Jesus auch darin zum Ausdruck, dass er durchgehend eigentümlich absolut, also ohne Objekt, vom Glauben spricht, also nicht in einem allgemeinen, der Erläuterung bedürftigen Sinn, sondern in einem speziellen, festgeprägten Sinn, nach dem „es Glauben nur geben kann als Relation zu Gott" (Ebeling 239, wobei Ebeling dann doch zu einer gewissen Existenzialisierung des Begriffs neigt, wenn er absolut formuliert „Glaube … ist geradezu nichts anderes als Existenz in Gewissheit", ebd. 247, während umgekehrt für Jesus wirklicher Glaube nur unbedingtes Vertrauen in *Gott* ist).

Literatur:

H. Burkhardt, Christwerden, Gießen 1999; G. Ebeling, Jesus und Glaube, in: Wort und Glaube, Tübingen [3]1967, 203-254; K. Haacker, Art. Glaube II. Altes und Neues Testament, in: TRE 13/1984, 277-304; O. Michel, Die Umkehr nach der Verkündigung Jesu, in: EvTheol Jg 5/1938, 403-413; ders., Was hat uns heute der historische Jesus zu sagen?, in: ders., Dienst am Wort, Neukirchen 1986, 198-201; A. Schlatter, Der Glaube im Neuen Testament, Stuttgart [2]1886; J. Schniewind, Das biblische Wort von der Bekehrung, Göttingen 1948; K. H. Schelkle, Theologie des Neuen Testaments, Bd. 3: Ethos, Düsseldorf 1970; W. Schrage, Ethik des Neuen Testaments, Göttingen 1982.

1.2.2 Der Ruf in die Nachfolge

1.2.2.1 Die ersten Jünger Jesu

Mit seinem Ruf zur Umkehr wandte sich Jesus grundsätzlich an jedermann (Mt 4,17; Mk 1,15; vgl. Lk 13,3) und fand auch entsprechende öffentliche Aufmerksamkeit: Er „zog umher im ganzen galiläischen Land, lehrte in ihren Synagogen und verkündete das Evangelium vom Reich … es folgten ihm große Mengen Volks (*ochloi polloi*) aus Galiläa und der Dekapolis, aus Jerusalem, Judäa und von jenseits des Jordan" (Mt 4,23-25).

Zugleich aber berichten die vier Evangelien einhellig, dass Jesus daneben einzelne Menschen persönlich ansprach und in ein besonderes, enges Verhältnis zu sich berief, und zwar tat er dies von Anfang an. So heißt es im Matthäusevangelium im unmittelbaren Anschluss an die Notiz über das erste öffentliche Auftreten Jesu:

> „Als nun Jesus am Galiläischen Meer ging, sah er zwei Brüder, Simon … und Andreas, seinen Bruder, die warfen ihre Netze ins Meer … Und er sprach zu ihnen: Folgt mir nach (*deute opisoo mou*), ich will euch zu Menschenfischern machen" (Mt 4,18f; vgl. Mk 1,16f).

Der Berufung der ersten beiden Jünger folgt unmittelbar die zweier weiterer, der Zebedaiden Jakobus und Johannes (Mt 4,21; Mk 1,19f). Lukas konzentriert seinen Bericht im Zusammenhang mit einem wunderbaren Fischzug auf Simon Petrus, dem sich aber auch nach Lukas sogleich die beiden Zebedaiden anschließen (Lk 5,8-11). Das Johannesevangelium nennt als ersten den – von Lukas hier nicht erwähnten – Andreas sowie einen namentlich nicht Genannten (vermutlich Johannes selbst, so Zahn 132-135), dann Petrus und Philippus sowie Nathanael (Joh 1,35-50; Letzterer ist möglicherweise identisch mit Bartholomäus, einem der Zwölf, so Zahn 146f; vgl. Schnabel 267). Bei allen drei Synoptikern folgt den ersten Berufungen als nächste die des Zöllners Levi (Mt 9,9; Mk 2,14; Lk 5,27f).

Schließlich kommt es zur Konstituierung des Zwölferkreises. Markus berichtet:

> „Und er (Jesus) ging auf einen Berg und rief zu sich, welche er wollte, und die gingen zu ihm. Er ordnete (epoiäsen = „machte") zwölf, dass sie mit ihm seien und dass er sie aussende zu verkündigen und Vollmacht zu haben, die Dämonen auszutreiben"(Mk 3,13-16a).

Ähnlich heißt es bei Lukas:

> „Es begab sich aber zu der Zeit, dass er auf einen Berg ging, zu beten; und er blieb über Nacht im Gebet zu Gott. Und da es Tag wurde, rief er seine Jünger und erwählte aus ihnen zwölf, welche er auch Apostel nannte" (Lk 6,12f).

Jeweils folgt dann eine Auflistung der zwölf Namen (Mk 3,16b-19; Lk 6,14-16). Matthäus bringt diese Liste unmittelbar vor der großen Aussendungsrede Kap.10 ein (Mt 10,2-4), wobei er den Zwölferkreis als solchen schon vorauszusetzen scheint: „Und er rief seine zwölf Jünger (die Matthäus als solche Zwölfergruppe vorher noch gar nicht erwähnt hat) zu sich und gab ihnen Vollmacht über die unreinen Geister, dass sie diese austrieben, und alle Krankheit und alle Gebrechen zu heilen" (Mt 10,1 = Mk 6,7 = Lk 9,1; vgl. die Erwähnung der Zwölf in Mk 4,10; Lk 8,1; 9,12; Mt 11,1; Mt

19,28; Mt 20,17 = Mk 10,32 = Lk 18,31; Mt 26,14 = Mk 14,10 = Lk 22,3; Mt 26,20 = Mk 14,17; Mt 26,47 = Mk 14,43 = Lk 22,47; in Mt 20,24 ist neben den beiden Zebedaiden die Rede von „den Zehn“; ebenso ist in Mt 28,16, nach dem Tod des Judas, in der Formulierung „die Elf“ ein vorhergehender Zwölferkreis vorausgesetzt; vgl. im Johannesevangelium die Erwähnung der Zwölf, Joh 6,67-71 und 20,24; zur Lebensform des Zwölferkreises vgl. Riesner, Formen 13–25; speziell zur Geschichtlichkeit des Zwölferkreises: B. Rigaux 482: „Wir haben … die Einsetzung des Zwölferkreises durch Jesus selbst als eine Tatsache zu betrachten“; vgl. Gerhardsson 102; Hengel 104.113; Theissen/Merz 201).

1.2.2.2 Kennzeichen des Lebens in der Nachfolge bzw. in der Jüngerschaft

a) Der Jünger ist zur Nachfolge *berufen*. Niemand kann sich selbst zum Jünger machen. In souveräner Vollmacht erwählt (*eklexamenos ap' autoon* Lk 6,13; vgl. Joh 6,70; 15,16 „Nicht ihr habt mich erwählt, sondern ich habe euch erwählt“) und beruft (*ekalesen autous* Mt 4,21= Mk 1,20; *proskaleitai hous äthelesen* Mk 3,13; Joh 6,70 „Habe ich nicht euch Zwölf berufen“; 13,18 „Ich weiß, welche ich berufen habe“) Jesus Einzelne, ihm als seine ständigen Begleiter zu folgen (*deute opisoo mou* Mt 4,19 = Mk 1,17; *akoluthei moi* Mt 8,22 = Lk 5,59; Mt 9,9 = Mk 2,14 = Lk 5,27 und Joh 1,43). In den genannten Fällen gehorchen die Angesprochenen diesem Ruf ohne Zögern. Dass Jesus dies von den Gerufenen erwartet, wird besonders deutlich in den Nachfolgesprüchen: Einem, der bereit ist, Jesus zu folgen, aber bittet, zuerst seinen gerade verstorbenen Vater beerdigen zu dürfen, wird dies von Jesus verweigert (Mt 8,21 = Lk 9,59f); einem anderen, der nur darum bittet, zunächst sich von seinen Angehörigen verabschieden zu dürfen, antwortet Jesus: „Wer seine Hand an den Pflug legt und zurückschaut, ist nicht geschickt zum Reich Gottes“ (Lk 9,62).

b) Nachfolge ist Berufung zum *Dienst*. Der Ruf in die Nachfolge hat sein Ziel in der Berufung zur Teilhabe am Dienst Jesu in der Verkündigung des Reiches Gottes („folge mir … gehe hin und verkündige das Reich Gottes“ Lk 5,59f; vgl. 9,62 und das Wort von der Berufung zum Menschenfischer Mt 4,18 = Mk 1,17; Lk 5,10; vgl. die Aussendung der Zwölf Mt 10,5-42 = Mk 3,13-19 = Lk 9,1-6 und der Zweiundsiebzig Lk 10,1-24). Nachfolge

Jesu ist „im Grunde nur verständlich … als Dienst an der Sache des nahen Gottesreiches" (Hengel 119).

c) Nachfolge bedeutet, um der Berufung zu solchem Dienst willen, *„alles zu verlassen"* (Lk 5,11; vgl. Mt 16,21.27; Lütgert 122: „Dass der, der ihm nachfolgen will, alles preisgeben muss, hat Jesus von Anfang an gefordert") und so das ganze Leben verfügbar machen. Konkret bedeutet dies, dass sie ihren *Beruf* aufgeben (die Fischer Petrus und Andreas „verließen die Fischernetze" Mt 4,20; der Zöllner Levi verlässt seine Zollstation: „Er stand auf und folgte ihm" Mt 9,9b; die Parallelüberlieferung bei Lukas stellt voran „alles hinter sich lassend", Lk 5,28), ihre *Familie* (Mk 1,20 die Zebedaiden Jakobus und Johannes „verließen ihren Vater Zebedäus mit seinen Knechten im Boot"; Mt 10,37: „Wer Vater und Mutter mehr liebt als mich, ist mein nicht wert; wer Sohn oder Tochter mehr liebt als mich, ist mein nicht wert"; ebenso Lk 14,26; vgl. Mt 8,21f = Lk 9,59; auch der mögliche Eheverzicht „um des Reiches Gottes willen", von dem Mt 19,12 spricht, gehört hierher), ihr *Zuhause* (Mt 8,20 = Lk 9,58 „Die Füchse haben ihr Höhlen und die Vögel des Himmels ihre Nester, des Menschen Sohn aber hat nicht, wo er sein Haupt hinlege"), überhaupt allen *Besitz* („Verkauft, was ihr habt und gebt es als Almosen" Lk 12,33; „Wer nicht allem absagt, was er besitzt, kann nicht mein Jünger sein" Lk 14,33; vgl. Mt 19,21 = Mk 10,21 = Lk 18,22 das Wort an den reichen jungen Mann „geh hin, verkaufe, was du hast, und gib es den Armen … und komm und folge mir nach" und dazu V. 27 die Feststellung der Jünger: „Wir haben alles aufgegeben und sind dir nachgefolgt" und das Wort Jesu V. 29 „Wer verlässt Häuser oder Brüder oder Schwestern oder Vater oder Mutter um meines Namens willen …"; vgl. auch in der Gleichnisrede das Doppelgleichnis vom Schatz und der Perle, s.u.). Bei ihrem Verkündigungsdienst begnügen sie sich mit einem Minimum an Ausrüstung und rechnen damit, dass ihnen die lebensnotwendige Nahrung geschenkt wird (Mt 10,9f). Dabei verzichten sie auf jeden Gewinn („Umsonst habt ihr's empfangen, umsonst gebt es auch" V. 8b; vgl. die von Lukas überlieferte hellenisierte Fassung in Apg 20, 35 „Geben ist seliger als nehmen").

So stellen sich die Jünger mit ihrem ganzen Leben Jesus zur Verfügung. In letzter Konsequenz bedeutet Nachfolge Selbstverleugnung bis hin zur Martyriumsbereitschaft: „Wenn jemand mir nachfolgen will, der verleugne sich selbst und nehme sein Kreuz auf sich, und folge mir nach. Wer sein

Leben retten will, wird es verlieren, wer aber sein Leben verliert um meinetwillen, wird es finden" (Mt 16,24f = Mk 8,34f = Lk 9,23f, wobei es bei Markus zu „um meinetwillen" erläuternd heißt „und um des Evangeliums willen"; vgl. auch Mt 10,38f; Lk 14,27; 17,33 und Joh 12,26 „wer mir dienen will, folge mir nach" im Kontext des Weizenkornwortes V. 24f, der johanneischen Version von Mt 16,24).

d) Jüngerschaft ist Berufung in *eine neue Gemeinschaft*
1. Der Zwölferkreis: Der Ruf heraus aus dem normalen bürgerlichen Leben mit seinen Wohltaten und Verpflichtungen führt den Berufenen nicht in soziale Isolation. Der Ruf in die Nachfolge führt zunächst in ein gemeinsames Leben mit Jesus: Er fordert dazu auf „komm, *mir* nach" (Mt 4,19; vgl. 8,22 „folge *mir*") und beruft dazu, „dass sie *mit ihm* seien" (Mk 3,14; vgl. 5,18 die Bitte des von bösen Geistern befreiten Geraseners, „dass er mit ihm sein" dürfe). Nach J. Schniewind ist dies „mit ihm sein" und sein Leben teilen „die genaueste Bestimmung dessen, was ‚Nachfolge Jesu' bedeutete" (Schniewind 33). Aber diese Gemeinschaft mit Jesus ist zugleich Gemeinschaft der Jünger miteinander. Sie hat geradezu „familiäre(n) Charakter" (Riesner, Formen 21). Als seine Mutter und seine Brüder ihn sprechen wollen, heißt es: „Er antwortete und sprach … Wer ist meine Mutter und wer sind meine Brüder? Und reckte seine Hand aus über seine Jünger und sprach: Siehe, das ist meine Mutter und meine Brüder" (Mt 12,48f). Weil die Jüngerschaft in der Berufung durch Jesus gründet, ist auch natürliche Sympathie als Motiv für die Gemeinschaft der Jünger ausgeschlossen. Entsprechend kommen die Jünger aus ganz unterschiedlicher Herkunft und scheinbar unvereinbarer Prägung. Sie sind keine „Wahlfamilie" (Riesner 22). Schließlich dürfte auch die im alttestamentlichen Zeugenrecht wurzelnde paarweise Aussendung der Jünger („je zwei und zwei", Mk 6,7 bei der Aussendung der Zwölf; Lk 10,1 bei der Aussendung der 72; vgl. Dt 17,6 und Riesner 22f) Ausdruck des Gemeinschaftsaspekts der Jüngerschaft sein.

2. Der weitere Jüngerkreis: So sehr einerseits die Jüngerberufungen primär auf ihre Aussendung als Boten des nahen Gottesreiches zielen, so ist andererseits die Berufung zur Jüngerschaft doch nicht begrenzt auf den historischen Kreis der ersten von Jesus berufenen und ausgesandten Jünger und damit auf die Sendung als einzigen Sinn der Jüngerschaft. Das machen ge-

rade die allgemein-grundsätzlich formulierten Nachfolgesprüche deutlich: Genau genommen ist hier sogar die Sendung gar nicht im Blick, sondern das Heil des Jüngers selbst, seine eigene Anteilhabe am Reich Gottes, Gewinn oder Verlust ewigen Lebens (Mt 19,21-25; vgl. 16,25). In die gleiche Richtung weist auch die Erzählung von der Berufung des Zöllners Levi und der anschließenden Tischgemeinschaft Jesu mit „Zöllnern und Sündern“: Als die Pharisäer an ihr Anstoß nehmen, antwortet Jesus: „Ich bin nicht gekommen, Gerechte zu rufen, sondern Sünder“ (Mt 9,13b = Mk 2,17). Der Evangelist Lukas ergänzt sinngemäß „zur Umkehr“ und damit zum Heil (Lk 5,32). D. h. doch: Umkehr und Jüngerschaft gehören zusammen (vgl. Michel 655 zu Mt 18,2-6: „Das Gleichnis vom Kind gehört ebenso in die Predigt von der Umkehr wie die Jüngerbezeichnung ‚die Kleinen‘“). Hierher gehören auch Aussagen in Gleichnissen Jesu: Am Schluss des Gleichnisses von der königlichen Hochzeit heißt es, dass „viele berufen sind, wenige aber auserwählt“ (Mt 22,14 *polloi gar eisin klätoi, oligoi de eklätoi*), und parallel im Gleichnis vom Großen Abendmahl ist von den zum Mahl „Geladenen“ (*keklämenoi*) die Rede (Lk 14,17), wobei das Mahl jeweils Gleichnis für das Reich Gottes ist (vgl. Cremer 544). *Klätoi* „bezeichnet die … Heilsgenossen nach der durch die göttliche Berufung ihnen widerfahrenen Gnade“ (Cremer 547). Die dem Ruf gehorchende Umkehr führt nicht notwendig zur Berufung in den besonderen Botendienst Jesu. Aber sie schließt doch letztlich die gleiche Konsequenz einer inneren Erneuerung und Ausrichtung des ganzen Lebens auf das Reich Gottes ein. Dem entspricht es auch, wenn von Joseph aus Arimathia, der nicht zu den Begleitern Jesu gehörte, trotzdem gesagt werden kann, dass er „Jünger Jesu“ geworden war (*emathäteuthä too Iäsou*, Mt 27,57). Und der Auferstandene gibt den Auftrag, „alle Völker“ (*panta ta ethnä*, d. h. Juden und Heiden, Stuhlmacher 121) „zu Jüngern zu machen“ (*mathäteusate*, Mt 28,19). Nicht alle Jünger sind in gleicher Weise Boten, aber alle stehen gleichermaßen unter der Verheißung eines veränderten, neuen Lebens, wie es insbesondere in der Bergpredigt entfaltet wird (Mt 28,20a: „und lehret sie halten alles, was ich euch befohlen habe“; vgl. Stuhlmacher 121).

3. Anhänger und Sympathisanten Jesu: Schließlich finden wir einen noch weiteren Begriff des Jüngers, der teilweise in den des bloßen Anhängers überzugehen scheint (Rengstorf, Lukas 219). So berichtet Lukas, dass Jesus die Zwölf aus einem offensichtlich größeren Kreis „seiner“ Jünger aus-

gewählt habe (Lk 6,13). Im gleichen Zusammenhang ist von einer „großen Menge“ (*ochlos polys*) von Jüngern die Rede (V. 17), später, beim Einzug in Jerusalem, von einer „Menge“ (*pläthos*) von Jüngern (19,37; Matthäus 21,9 und Markus 11,9 sprechen parallel von „Nachfolgenden“ im nicht übertragenen, wörtlichen Sinn). Ähnlich im Johannesevangelium: Jesus macht mehr zu Jüngern als Johannes (Joh 4,1; wobei in V. 2 bei den taufenden Jüngern wieder an einen engeren Kreis zu denken ist). Nach der Brotrede nehmen „viele“ (*polloi*) Jünger an ihr Anstoß (6,60). Jesus schließt daraus, dass einige von ihnen gar nicht glauben (V. 64). Anschließend wenden sich tatsächlich „viele“ seiner „Jünger“ von ihm ab „und gingen nicht mehr mit ihm“ (V. 66), nur die Zwölf bleiben bei ihm (V. 67).

Exkurs 1: Begriffsgeschichtliche Zusammenhänge zwischen den Begriffen Nachfolge und Jünger

In ihrem Gebrauch in den Evangelien ergänzen sich die beiden Begriffe Nachfolge und Jüngerschaft schon rein sprachlich: Die Evangelien reden nie substantivisch von „Nachfolge“, sondern immer nur verbal von „nachfolgen“ (*akolouthein*). Umgekehrt sprechen sie fast nie verbal von Jüngerschaft, sondern verwenden in der Regel nur das Substantiv „Jünger“ (*mathätäs;* Ausnahmen in Mt 13,52; 27,27 und 28,19 mit *mathäteuein* im Sinne von „zu Jüngern machen“).

a) *Nachfolge:* Beide Begriffe haben ihre Vorgeschichte im Alten Testament. Das Wort „nachfolgen“ kann, neben seinem wörtlichen Grundsinn (hinter jemandem hergehen, vgl. Mt 21,9 = Mk 11,9), schon im Alten Testament im übertragenen religiösen Sinn gebraucht werden. So spricht die Bußpredigt der Propheten sehr häufig negativ davon, dass Israel anderen Göttern nachläuft (hebr. *halach achare*, gr. *poreuesthai opisoo*, vgl. Jer 11,10 „… und anderen Göttern nachfolgten und ihnen dienten“ u. ö., Kittel 211,18-25). Aber auch positiv ist Israel aufgefordert „dem HERRN nachzufolgen“ (Dt 13,5; 1Kön 18,21; 2Kön 23,3; vgl. Dt 1,36 von Kaleb; 1Kön 14,8 von David gesagt). Dabei ist dies „nachfolgen“ immer wieder interpretiert durch den Zusatz „und seine Gebote zu halten“ (so Dt 13,5; 1Kön 14,8; 2Kön 23,3). Hinter dem Bild vom „nachfolgen“ mag dort, wo vom Nachlaufen hinter fremden Göttern die Rede ist, der heidnische Ritus stehen, in dem man in einer Prozession hinter einem vorangetragenen Götzenbild herläuft (Kittel 212,4-6). Im positiven Gebrauch aber dürfte mehr allgemein zu denken sein an das Nachfolgen hinter einer Autoritätsperson (Kittel 213,7ff, unter Verweis auf Ri 9,4.49: der Krieger folgt dem Anführer; Jer 2,2: die Braut dem Bräutigam; 1Kön 19,20f: der Prophetenjünger dem Propheten). So wird dann im zeitgenössischen Judentum auch vom Toraschüler gesagt, dass er dem Schriftgelehrten „nachfolgt" (Kittel 213,16ff).

b) *Jünger:* Eben an einen solchen Schüler könnte, auch schon vom profangriechischen Sprachgebrauch her (Rengstorf 418ff), bei dem Wort *mathätäs* in den Evangelien gedacht sein. Dafür spräche allein schon, dass dem Schüler (*mathätäs,* hebr. *talmid*) als Gegenüber der Lehrer (Rabbi, *didaskalos*) zugeordnet ist. Diese Feststellung ist einerseits offensichtlich richtig: Die Jünger sind Jesus gegenüber tatsächlich vor allem Lernende. Sie werden von ihm für ihren Botendienst in die Geheimnisse des Gottesreiches eingeführt (Mt 13,11.52). Hier dürfte auch der historische Ansatz für die Entstehung der Evangelienüberlieferung zu sehen sein (vgl. Riesner, Jesus 70ff).

Allerdings ist damit die Besonderheit der Jesusjüngerschaft noch nicht ausreichend erfasst. Ein bezeichnender Unterschied ist, dass die Schüler der Rabbinen mit ihrem jeweiligen Lehrer zwar auch eine gewisse Lebensgemeinschaft bildeten – aber nur auf Zeit: Sie wählten sich selbst ihren Lehrer und verließen ihn wieder, etwa um zu einem anderen zu wechseln, während die Jünger Jesu von ihm in eine das ganze künftige Leben bestimmende (einschließlich der Teilhabe an Jesu Leidensgeschick), ja in eine selbst darüber hinaus das ewige Leben einbegreifende Beziehung berufen wurden (vgl. Mt 19,27-30). Tatsächlich wird Jesus ja nicht nur als Lehrer, sondern auch als Prophet bezeichnet (vgl. Mt 13,57 = Mk 6,4, wo Jesus von sich selbst sagt: „Ein Prophet gilt nirgends weniger als in seinem Vaterland", vgl. Joh 4,44 u. ö.; Hengel 107ff spricht von „prophetisch-charismatischen Zügen im Wirken Jesu"). So hatten auch Propheten ihre Jünger (vgl. 1Kön 19,20f Elia und Elisa; Jes 3,16; 50,4; Theissen/Merz 199: „Es besteht kein Zweifel: Die Prophetenberufungen bieten die nächste sachliche Analogie für die Jüngerschaft Jesu"; zeitlich nächstes Beispiel sind die Johannesjünger, Mt 11,2 u. ö., vgl. Rengstorf 460f). Jesu Reden in unmittelbarer, gottgegebener Vollmacht (er gebraucht nie die prophetische Botenformel „So spricht der Herr", sondern überbietet die Botenformel durch sein „ich sage euch", Hengel 114) wie auch die Besonderheit der Beziehung zu seinen Jüngern zeigen allerdings die Grenzen auch der prophetischen Analogie auf und weisen zurück auf Jesu alles bloß menschliche Maß überbietende messianische Vollmacht (Hengel 112ff.134).

Literatur:

H. Cremer, Biblisch-theologisches Wörterbuch der neutestamentlichen Gräzität, Gotha [9]1902; B. Gerhardsson, Die Boten Gottes und die Apostel Christi, in: Svensk Exegetisk Årsbok XXVII (1962), 89-131; M. Hengel, Nachfolge und Charisma, in: ders., Jesus und die Evangelien. Kleine Schriften V, Tübingen 2007, 40-138; G. Kittel, Art. *akoloutheoo*, in: ThWNT I, 210-216; W. Lütgert, Die Liebe im Neuen Testament, Leipzig 1905; O. Michel, Art. *mikros*, in: ThWNT IV, 650-661; K. H. Rengstorf, Art. *manthanoo*, in: ThWNT IV, 392-465; ders., Das Evangelium nach Lukas, NTD 3, Göttingen [16]1975; R. Riesner, Formen gemeinsamen Lebens im Neuen Testament und heute, TuD 11, Gießen 1977; ders., Jesus als Lehrer, Tübingen [3]1988; B. Rigaux, Die „Zwölf" in Geschichte und Kerygma, in: H. Ristow/K. Matthiae, Der historische Jesus und der kerygmatische Christus, Berlin [3]1964, 468-486; E. Schnabel, Urchristliche Mission, Wuppertal 2002; J. Schniewind, Das Evangelium nach Markus, NTD 1, Göttingen [9]1960; P. Stuhlmacher, Zur missionsgeschichtlichen Bedeutung von Mt 28,16-20, in: EvTheol 59/1999, 108-130; G. Theissen/A. Merz, Der historische Jesus, Göttingen 1996; Th. Zahn, Das Evangelium des Matthäus, ND der 4. Auflage, Wuppertal 1984.

1.2.3 Die Bergpredigt

Traditionell und sicher mit Recht gilt die *Bergpredigt* Jesu, insbesondere in der bei Matthäus überlieferten Fassung, als Inbegriff der Ethik Jesu.

Die Bergpredigt ist nach dem Matthäusevangelium eine öffentliche Rede Jesu (Mt 5,1; vgl. Lk 6,17). Aber anders als im Ruf zur Umkehr, der sich an jedermann richtet, wendet sich Jesus in der Bergpredigt nicht eigentlich an die anwesende Volksmenge, sondern vielmehr an die Jünger (Mt 5,1f: „seine *Jünger* traten zu ihm. Und er tat seinen Mund auf und lehrte *sie*"; vgl. Lk 6,20: „Und er hob seine Augen auf über seine *Jünger* und sprach"). Sie ist als ganze „Jüngerlehre" (Bornhäuser 9), „Einweisung der Jünger in ihren Auftrag als Boten des Himmelreiches" (Deines 178).

Die Bergpredigt gliedert sich ihrem Inhalt nach in drei Teile: Hinführende Worte (Mt 5,1-20), praktische ethische Unterweisung (5,21–7,11) und abschließende Worte (7,12-27).

1.2.3.1 Auf die inhaltliche Unterweisung Jesu hinführende Worte

a) *Die Seligpreisungen:* Der Unterweisung der Jünger sind die neun Seligpreisungen vorangestellt (Mt 5,3-12). Oft versteht man auch sie bereits ethisch (vgl. etwa Niebergall 127: „Sammlung neuer Maßstäbe"). Nach diesem Verständnis wird die jeweilige Charakterisierung der Seliggepriesenen als Begründung gedeutet: Ihnen wird der Eingang ins Himmelreich zugesagt, *weil* sie demütig, barmherzig, nach Gerechtigkeit verlangend usf. sind (Beck 205 spricht in diesem Sinn von „sittlichen Eigenschaften, die für das Himmelreich, d. h. für die Zutheilung des ewigen Lebens qualifizieren"). Das aber ist ein Missverständnis (vgl. Schniewind 45: die Seligpreisungen dulden „die weithin übliche Deutung nicht, als würde hier eine Reihe von besonderen Tugenden aufgezählt"; vgl. schon Tholuck 56f: „Nicht … als Gesetzgeber …, sondern als Seligmacher … kündigt auch hier … der Heiland sich an"). Dies zeigen besonders unmissverständlich die zweite, achte und neunte Seligpreisung (V. 4: Selig die Trauernden; V. 10: Selig, die verfolgt werden; V. 11: Selig wenn euch die Leute schmähen). Hier ist offensichtlich nicht von sittlichen Tugenden die Rede, welche die Seliggesprochenen auszeichnen, sondern ganz im Gegenteil eher von Mangelerscheinungen. Es handelt sich entsprechend eindeutig nicht um Worte der Ermahnung, sondern um Verheißungen und insofern um Worte des Trostes und der Ermutigung. Angesprochen sind dabei aber „nicht … die materiell Depossedierten schlechthin" (Jeremias 114), sondern, auch in der Parallelüberlieferung des Lukasevangliums (Lk 6, 20: „Selig sind die Armen"), die Jünger als Boten Jesu, die als solche (!) dem Widerspruch und der Verfolgung der Welt ausgesetzt sind (Mt 5,10: „um der Gerechtigkeit willen", vgl. V. 11: „um meinetwillen", Deines 155).

In diesem Sinn sind alle Seligpreisungen zu verstehen: Selig sind die geistlich Armen (*ptoochoi too pneumati*, V. 3), o*bwohl* sie als Jünger Jesu sowohl innerlich als auch, um der Wahrnehmung ihres Dienstes willen, äußerlich arm sind und deshalb „alles allein von Gott erwarten" (Schniewind 41). Selig sind die Sanftmütigen (*praeis*, wörtlich: demütig, weil von den Menschen bedrückt, gedemütigt, ohne sich dagegen wehren zu können oder auch nur zu wollen, V. 5; vgl. Cremer 912). Selig sind, die (Unrecht leiden und deshalb) hungern und dürsten nach Gerechtigkeit (*dikaiosynä*; wobei Gerechtigkeit zu verstehen ist im Sinne von Verheißungen wie Jer 23,6; 33,16; Jes 11,4 als der gerechte, heilvolle Zustand, von dem im Leben der Angesprochenen noch nichts zu sehen ist, Schniewind 44; vgl. Deines 150), Gott aber wird diesen ihren Hunger stillen (V. 6). Selig sind (trotz aller Unbarmherzigkeit, die ihnen jetzt begegnet) die Barmherzigen (*eleämones*), denn sie werden (von Gott) Barmherzigkeit erfahren (V. 7). Selig sind (trotz des Spottes der durch Unwahrhaftigkeit Erfolgreichen), die reinen Herzens sind (*katharoi tä kardia*), denn sie werden Gott schauen (V. 8). Selig sind die Friedfertigen (*eiränopoioi*, wörtlich: Friedensstifter; sie sind es, obwohl ihre Friedfertigkeit schamlos ausgenützt wird), denn sie werden Kinder Gottes heißen (V. 9), der ein „Gott des Friedens" ist (2Kor 13,11). In gewisser Weise alle bisherigen Seligpreisungen zusammenfassend werden in der 8. und 9. diejenigen selig gepriesen, die „um der Gerechtigkeit willen" (V. 10) bzw., was offenbar gleichbedeutend ist, um ihres Bekenntnisses zu Jesus und des Dienstes in seinem Auftrag willen (*heneken emou*, V. 11) verfolgt werden (Deines 158ff). Erst ganz am Schluss steht der einzige Imperativ, der aber weniger als ethische Ermahnung gemeint ist denn als Aufforderung zur Freude (V. 12).

Allerdings: So sehr zwar die Intention der Seligpreisungen keine ethische ist, so spiegeln sie doch indirekt das für Jünger Jesu charakteristische Verhalten, und zwar nicht nur, aber gerade auch angesichts der Infragestellung der von ihnen gelebten Werte durch ihre Umwelt: Dies machen besonders die fünfte bis siebente Seligpreisung deutlich: Als solche, welche die Barmherzigkeit Gottes erfahren haben, sind sie *barmherzig* (*eleämoon* V. 7; vgl. 9,13 und 12,7 die Konzentration des Gotteswillens auf das Gebot der Barmherzigkeit, vgl. Lk 10,37). Als solche, die es von der ihnen durch Jesus widerfahrenen Vergebung her nicht mehr nötig haben, sich zu verstellen, sind sie von Herzen rein (*katharos*: lauter, ohne Hintergedanken, V. 8; vgl. dazu die negative Beschreibung bei Schniewind 47: „Es ist … etwas gemeint, was dem Menschen wunderbarerweise geschenkt ist: die Unlauterkeit nicht ertragen können", vgl. in ähnlicher Bedeutung *haplous* = einfältig in 6,22). Sie sind *friedfertig* als solche, die im Frieden mit Gott leben, deshalb auch im Frieden mit allen Menschen zu leben bemüht sind und sich darin als Kinder Gottes erweisen (V. 9; vgl. den Auftrag an die Boten Jesu, mit dem Friedensgruß zu den Menschen zu kommen, Mt 10,12, und dazu Schniewind 127: „Wo sie den Frieden Gottes zusprechen, da kehrt er wirklich ein"). Die vier ersten Seligpreisungen spiegeln indirekt eine innere Haltung, die, im Bewusstsein der eigenen Bedürftigkeit, Ausdruck von *Demut* vor Gott und Menschen ist. Gerade dies letzte Verhalten ist in besonderer Weise für Jesus selbst charakteristisch und wird von Jesus seinen Jüngern als vorbildlich vor Augen gestellt (vgl. unten 1.1.5 zum Heilandsruf Mt 11,29). So klingen indirekt in den Seligpreisungen überall ethische Motive an, die sich dann auch sonst in der Unterweisung Jesu wiederfinden.

b) *Die Jünger als Salz und Licht der Welt:* Die auf die ethische Unterweisung hinführenden Worte werden fortgeführt in den Worten von Salz und Licht (5,13-16), in denen Jesus zunächst allgemein das Ziel der Sendung der Jünger in die Welt beschreibt („… dass sie eure guten Werke sehen und euren Vater im Himmel preisen", V. 16b). Die Formulierung „Ihr seid …" macht die Voraussetzung klar, von der Jesus in seiner Unterweisung der Jünger ausgeht: Damit, dass sie dem Ruf in die Nachfolge folgten und seine Jünger wurden, hat für sie eine neue Existenzweise begonnen. Sie müssen sich nicht mehr selbst zu Salz oder Licht machen, sie *sind* es. Sie müssen jetzt nur als solche leben, die sie durch Jesu Wort geworden sind.

Oft wird vor allem das Bild des Lichtes auf die Verkündigung der Jünger gedeutet (so schon im Thomasevangelium, Logion Nr. 33, wo das Wort vom „Licht der Welt" durch Zusammenstellung mit dem in Mt 10,27 überlieferten auf die Verkündigung der Jünger hin interpretiert wird, Grundmann 136; vgl. Bruce/Güting 116). Gegen diese Deutung steht allerdings, dass Jesus gerade hier stattdessen von den „guten *Werken*" der Jünger spricht (Schlatter 149: „Das Mittel, womit der Jünger den leuchtenden Eindruck auf die anderen hervorbringt, sind seine Werke"). Man wird also an die ganze, in der Bergpredigt dann inhaltlich beschriebene, neue Existenzweise der Jünger als „Salz" und „Licht" der Welt zu denken haben (Schlatter 149: „Ein Anlass zum Erstaunen liegt nur für die Gnostiker vor, die bei der Offenbarung Gottes an nichts anderes denken als an die Mitteilung von Gedanken").

c) *Jesu Stellung zum Gesetz:* Auf die Worte von der Bestimmung der Jünger als Salz und Licht folgt weiter eine Klärung der Stellung Jesu zum mosaischen Gesetz, genauer: der (vom mosaischen Gesetz grundlegend bestimmten) ganzen Offenbarung des Alten Bundes („Gesetz und Propheten", V. 17): Die Unterstellung, er sei gekommen, das Gesetz aufzulösen, weist Jesus energisch zurück und bekräftigt nachdrücklich die bleibende Gültigkeit des Gesetzes (V. 17-19).

d) *Die bessere Gerechtigkeit des Reiches Gottes:* Der praktischen ethischen Unterweisung stellt Jesus schließlich noch eine Art Proklamation der Ordnung des Neuen Bundes, der „Tora im Reich des Messias" (Deines) voran, und zwar mit dem Wort von der „besseren Gerechtigkeit", in dem wie mit einem Motto alles Folgende zusammengefasst wird: „Es sei denn eure Gerechtigkeit besser (*perisseuei pleion* = reichlich überfließend) als die der Schriftgelehrten und Pharisäer, so werdet ihr am Himmelreich keinen Anteil haben" (V. 20). Sofern sie jetzt schon am Himmelreich Anteil haben, wird sich das in einer „neuen Gerechtigkeit" (Schniewind 57) zeigen, in der sie jetzt leben sollen. Im Gleichnis vom vierfachen Ackerfeld (Mt 13,1-8) wird diese „überfließende Gerechtigkeit" beschrieben als Frucht des Wortes auf gutem Land (vgl. V. 8 und dazu das Deutewort Jesu V. 12: „Wer hat, dem wird überfließend gegeben", gr. *perisseuthäsetai*; vgl. Gerhardsson 39). Im Begriff der Gerechtigkeit als des dem guten Willen Gottes entsprechenden Verhaltens fällt hier also, anders als vorher in den Seligpreisungen (V. 6 und V. 10), der Akzent vom passiven auf den aktiven Anteil der Jünger an der Realisierung der Herrschaft Gottes. Dies Anteilhaben setzt das Ernstnehmen des alttestamentlichen Gebotes voraus, beschränkt sich aber nicht darauf. Dabei geht es nicht etwa um ein quantitatives Mehr im Sinne des pharisäischen Zaunes um das Gesetz. Vielmehr handelt es sich bei dieser neuen Gerechtigkeit um ein qualitatives Mehr (Deines 425f), um eine Vertiefung und Überbietung des alten Gebotes.

1.2.3.2. Inhaltliche ethische Weisungen Jesu

a) *Die sog. Antithesen:* Inhaltlich wird diese „bessere Gerechtigkeit" zunächst entfaltet in den nun folgenden sechs sog. Antithesen (5,21-48) als „beispielhafte(n) Konkretionen der eschatologischen Gerechtigkeit" (Deines 429-434). Alle folgen im Wesentlichen dem gleichen Aufbau: Sie beginnen in der Regel, sozusagen als These, mit einem Zitat aus dem alttestamentlichen Gesetz, z. T. durch kurze Erläuterungen ergänzt. Der These ist dann jeweils als Gegenthese die Weisung Jesu gegenübergestellt, meist zunächst in einer negativen Aussage, der dann eine positive Alternative folgt (so zumindest in der 1., 2., 4. und 5. Antithese; die 3. hat nur die Negation, die 6. stellt die Negation nach). Kennzeichnend für alle Antithesen ist das jeweils die Neuheit des Gesagten hervorhebende „Ich aber sage euch". Dabei erinnert das vorangestellte „emphatische *egoo*" an die Ich-bin-Worte des Johannesevangeliums (Jeremias 238). In ihm kommt die einzigartige messianische Autorität Jesu zum Ausdruck (vgl. auch Karner 407).

1. Erste Antithese: Unbedingte Versöhnungsbereitschaft (5,21-26): „Ihr habt gehört, dass zu den Alten gesagt ist: Du sollst nicht töten (Ex 20, 13); wer aber tötet, der soll gerichtlicher Verurteilung (d. h. nach Ex 21,12: der Todesstrafe) verfallen sein“ (Mt 5,21). Dem setzt Jesus entgegen: „Ich aber sage euch: jeder, der seinem Bruder zürnt, soll dem Gericht (d. h. der Verurteilung durch es) verfallen sein; wer zu seinem Bruder sagt: ‚du Dummkopf‘ (aram. *raka*), der soll dem Synhedrium (dem höchsten weltlichen und geistlichen Gerichtshof der Juden) verfallen sein; wer aber sagt ‚du Narr!‘ (*mooré*), der soll in das höllische Feuer geworfen werden“ (V. 22). Jesus verschärft also zunächst in diesen negativen Aussagen das Urteil des alttestamentlichen Rechts, indem er einen vertieften Maßstab anlegt: Schon das Zürnen verdient gleiche Strafe wie das Töten, erst recht das Herabsetzen und Verächtlichmachen des anderen (vgl. Ps 15,3). Die letztgenannte Strafe macht deutlich, dass wir in dem allen nicht nur vor uns selbst oder vor Menschen stehen, sondern in der Verantwortung vor Gott, der das letzte verwerfende Urteil spricht. Jesu Wort will dabei auf die für das menschliche Miteinander tödlichen Wirkungen auch von Worten und inneren Regungen als ihrer Wurzel aufmerksam machen.

Die nächsten Verse führen weiter zu einer positiven Weisung: „Wenn du deine Gabe zum Altar darbringst, und dich dort erinnerst, dass dein Bruder etwas gegen dich hat, so lass die Gabe dort vor dem Altar und geh hin, versöhne dich zuerst mit deinem Bruder, und dann komm und bringe deine Gabe dar“ (V. 23f). Der zwischenmenschliche Streit gehört als mögliche Ursprungssituation in den Zusammenhang mit dem Verbot des Tötens (vgl. Jak 4,1 die Zusammenstellung von Streit und Krieg). Auch Jünger Jesu können in eine solche Situation geraten. In ihr aber gebietet Jesus ihnen, zur Versöhnung bereit zu sein und alles zu unternehmen, was zu ihr führen könnte. Das ist eine Forderung ersten Ranges („zuerst“) selbst gegenüber dem Gottesdienst, der ohne diese Versöhnlichkeit verwerflich ist (vgl. Jak 1,26). Dabei ist in dem von Jesus geschilderten Fall nicht deutlich, auf welcher Seite die Schuld liegt. Die Formulierung „Wenn dein Bruder etwas gegen dich hat“ könnte so gemeint sein, dass die (Haupt-)Schuld beim Angesprochenen liegt. Aber eindeutig ist das nicht. D. h.: Im Wort Jesu könnte auch die Zumutung enthalten sein, dass der Jünger, der menschlich gesehen vielleicht sogar im Recht ist, trotzdem aufgefordert ist, den ersten Schritt hin zur Versöhnung zu tun, eventuell so, dass er selbst dem anderen gegenüber nur von der eigenen Schuld spricht, selbst wenn sie geringer sein sollte. Versöhnlichkeit kann Selbstverleugnung implizieren. Das anschließende Wort: „Sei willfährig deinem Widersacher, solange du mit ihm auf dem Wege bist …"(V. 25f), betont noch einmal die zeitliche Dringlichkeit der Versöhnung. Diese Versöhnungsbereitschaft aber gilt ohne Einschränkung gegenüber jedermann. Denn unter dem „Bruder" (V. 22f) ist hier (anders als später im Petrusgespräch über die Grenzen der Vergebungsbereitschaft und dem anschließenden Gleichnis vom Schalksknecht Mt 18,15-35) noch nicht der Mitjünger zu verstehen, sondern, vom alttestamentlich-jüdischen Sprachgebrauch her, der Mitisraelit oder allgemein der „Nächste" (v. Soden 145,19f; Keener, 185).

2. Zweite Antithese: Reinheit im Umgang mit dem anderen Geschlecht: „Ihr habt gehört, dass gesagt ist ‚Du sollst nicht ehebrechen' (Ex 20,14). Ich aber sage euch: Wer eine Frau begehrlich ansieht (*blepoon pros to epithymäsai*), hat schon mit ihr in seinem Herzen die Ehe gebrochen" (5,27f). Jesus knüpft an das alttestamentliche Verbot des Ehebruchs an. Es geht um die Ehe als gottgewollte Ordnung des geschlechtlichen Zusammenlebens. Diese gute Ordnung wird nicht erst dann verletzt, wenn ein Mann durch Vollzug geschlechtlichen Verkehrs in eine bestehende Ehe einbricht, sondern schon dann, wenn beim Anblick einer verheirateten Frau in einem anderen Mann Begierde in ihm wach wird. Ohne Rücksicht auf das bestehende Verhältnis zu ihrem eigenen Mann wird sie so zum Gegenstand sexueller Begierde eines anderen (vgl. Ex 20,17a). Ein solches Begehren ist in sich eine Entartung des natürlichen, die Person des anderen respektierenden geschlechtlichen Verlangens. Wie bei der ersten Antithese wird das Gebot des Dekalogs verinnerlichend ausgelegt. Schon der begehrliche Blick steht unter dem gleichen Urteil wie die äußere Tat des Ehebruchs selbst. Es geht also nicht nur um die Aufrechterhaltung einer äußeren Ordnung, sondern zugleich um die Reinheit des Herzens. Im Blick auf das vorliegende Problem könnte man auch von Keuschheit als beherrschtem Umgang mit der eigenen Geschlechtlichkeit sprechen (vgl. Apg 2,25; Gal 5,23). Dieser ist nicht durch Meidung des Umgangs mit dem anderen Geschlecht zu erreichen, sondern durch innere Absage an das Böse in sich selbst und das Richten des Blicks auf Gottes Reich (Schlatter 176). Das ist nicht ausdrücklich gesagt, wohl aber indirekt in den anschließenden strengen bildhaften Anweisungen: Wenn dir dein rechtes Auge Ärgernis bereitet, reiß es aus und wirf es von dir. Es ist dir besser, dass eins deiner Glieder verderbe und nicht der ganze Leib in die Hölle geworfen werde“ (5,29; vgl. V. 30).

3. Dritte Antithese: Verbindliche Verlässlichkeit: Das Thema der Ordnung des geschlechtlichen Lebens nimmt Jesus auch in der dritten Antithese (5,32f) wieder auf und führt es weiter zur Problematik der Ehescheidung. „Es ist (auch) gesagt: ‚Wer seine Frau (aus der ehelichen Verbindung) entlässt, soll ihr einen Scheidebrief geben‘ (Dt 24, 1). Ich aber sage euch: Wer seine Frau entlässt … macht, dass sie die Ehe bricht; und wer eine Entlassene heiratet, bricht die Ehe“ (die sog. Unzuchtsklausel kann hier unberücksichtigt bleiben, weil Markus und Lukas sie nicht haben, auch Paulus sie nicht kennt; sie wurde also wohl bei Matthäus nachträglich als Interpretation eingesetzt, um ein mögliches Missverständnis zu vermeiden, als fordere Jesus das Zusammenbleiben unter allen Umständen, vgl. Schelkle 248; weiter Ethik II,2, 96-102). Wie provozierend diese Weisung Jesu, für die es in der Umwelt Jesu keine Entsprechung gibt, in den Ohren der Zuhörer klingen musste, macht die erschrockene Reaktion der Jünger auf das im Wesentlichen gleiche Wort Jesu in einem Gespräch mit Pharisäern deutlich (Mt 19,3-12): Die Jünger sagen: „Steht die Sache eines Mannes mit der (= seiner) Frau so, dann ist es nicht gut zu heiraten“ (V. 10). Jesus deutet hier die alttestamentliche Scheidungserlaubnis als Zugeständnis an die Verhärtung des menschlichen Herzens durch die Sünde (V. 8a), setzt dagegen aber den Hinweis auf die Schöpfung vor dem Sündenfall als Ausdruck des ursprünglichen Willens Gottes: „Von Anbeginn aber ist es nicht so gewesen“ (V. 8b; vgl. V. 4-6). Wenn er also von den Jüngern erwartet, dass sie sich an die grundsätzliche Unauflöslichkeit der Ehe halten, so setzt er offensichtlich voraus, dass die neue Seinsweise, in die sie mit dem Jüngerwerden eingetreten sind, ihnen die Überwindung der „Herzenshärtigkeit“ ermöglicht – was konkret auf die in ihnen lebendige Kraft der Versöhnlichkeit verweist. Anders als bei der 2. Antithese ist die angesprochene Problematik also nicht nur eine spezifisch sexuelle, sondern eine – für die Ehe allerdings besonders relevante – allgemeinmenschliche: die, durch die Kraft zur Versöhnung auch in Krisen ermöglichte, Verlässlichkeit menschlicher Beziehungen.

4. *Vierte Antithese: Unbedingte Wahrhaftigkeit:* „Ihr habt weiter gehört, dass zu den Alten gesagt ist: Du sollst keinen falschen Eid schwören und dem HERRN deine Eide halten" (Mt 5,33; vgl. Lev 19,12; Num 30,3). Dem in Israel ganz selbstverständlich geübten Brauch des Eides setzt Jesus die Forderung entgegen, ganz auf diesen Brauch zu verzichten: „Ich aber sage euch, dass ihr überhaupt nicht schwören sollt" (V. 34a). Dieser Forderung fügt Jesus eine Reihe von Begründungen an, zunächst drei, bei denen der Name Gottes als Zeuge in verschiedener Verhüllung angerufen wird: „… weder beim Himmel, denn er ist Gottes Thron; noch bei der Erde, denn sie ist seiner Füße Schemel; noch bei Jerusalem, denn sie ist des großen Königs (= Gottes) Stadt" (V. 34b-35). Überall wird die Ehre Gottes dadurch angetastet, dass man Gottes Namen zu eigenen, unrechten Zwecken missbraucht. Das gilt ähnlich auch von der letzten Begründung: „… auch sollst du nicht bei deinem Haupte schwören; denn du vermagst nicht ein einziges Haar weiß oder schwarz zu machen" (V. 34b-36), denn hier verfügt der Schwörende in einer Weise über sich selbst, die ihm als Geschöpf nicht zusteht. Die eigentliche Zielrichtung der Antithese dürfte aber in dem sie positiv abschließenden Wort zu sehen sein: „Eure Rede sei ja, ja; nein, nein. Was darüber hinausgeht, ist vom Übel" (die Wiederholung der Worte ja und nein „macht aus der bejahenden oder verneinendenden Aussage eine mit Nachdruck und Eifer abgegebene Versicherung", Schlatter 183). Während die Lüge weithin das Handeln und Reden der Menschen bestimmt (Schniewind 65), und beim Schwur die Anrufung des Namens Gottes als Freibrief dazu genutzt wird, es ansonsten mit der Wahrheit nicht so genau zu nehmen, geht es Jesus um die unbedingte Wahrhaftigkeit seiner Jünger nicht nur gegenüber Gott, sondern – entsprechend der allgemeinen Formulierung von V. 37 – generell auch gegenüber den Menschen (vgl. Jak 5,12; vgl. auch Mt 12,36; 2Kor 1,17f; Apg 5,1ff). Schlatter spricht im Hinblick auf V. 37b (*ek tou ponärou* = vom Bösen; vgl. Joh 8,44) von einer „absoluten Abscheu vor der Unwahrhaftigkeit" (184).

5. *Fünfte und sechste Antithese: Gewaltlosigkeit und unbegrenzte Feindesliebe:* Die These „Auge um Auge, Zahn um Zahn" (V. 38 = Ex 21,24a) knüpft an einen grundlegenden alttestamentlichen Rechtssatz an, der als sog. *ius talionis* auch bei Griechen und Römern bekannt ist: Die Strafe für ein Vergehen soll immer in einem angemessenen Verhältnis zum Vergehen stehen (Dihle 13ff). Während normalerweise die Gefahr besteht, dass ein

Vergehen emotional den von ihm Betroffenen innerlich gegen seinen Gegner so aufbringt, dass die Vergeltung das Vergehen übertrifft und so eine Spirale der Gewalt ausgelöst wird, schränkt dieser Rechtssatz die Vergeltung auf ein sozial verträgliches Maß ein (er ist „Grund-Satz jeglichen denkbaren Rechts", wobei zur Zeit Jesu die körperliche Strafe weithin durch angemessene Geldzahlungen abgelöst wurde, Schniewind 88).

Jesus nun hält diesem Grundsatz der Vergeltung entgegen: „Ich aber sage euch, dass ihr dem Übel nicht widerstreben sollt; sondern, wenn dir jemand auf die rechte Backe schlägt, so reiche ihm auch die andere hin; und dem, der mit dir einen Rechtsstreit führen will, um dir dein Untergewand zu nehmen, lass auch das Übergewand; und wer dich nötigt, eine Meile (mit ihm) zu gehen, mit dem geh zwei. Dem, der dich bittet, gib; und wer von dir leihen will, von dem wende dich nicht ab" (V. 39-42). Durch angemessene Vergeltung kann ein gewisser Ausgleich stattfinden und dem, der unrecht handelt, eine Schranke gesetzt werden. Wirklich überwunden aber wird das Böse auf diese Weise nicht. Deshalb fordert Jesus von seinem Jünger nicht nur, zu seiner Selbstverteidigung auf Anwendung von Gewalt zu verzichten, sondern dem Gegner sogar entgegenzukommen (Darbieten der anderen Wange) und so die Spirale der Gewalt zu durchbrechen. Damit mutet er ihm ein scheinbar völlig unvernünftiges, dem natürlichen Selbsterhaltungstreben widersprechendes Verhalten zu. Der positive Aspekt solchen Verhaltens wird dann in der letzten Antithese mit dem Gebot der Feindesliebe noch deutlicher herausgestellt.

Mit der 6. Antithese erreicht die Reihe der Antithesen ihren Höhepunkt und ihre letzte Fokussierung in der Forderung der Feindesliebe. Die These knüpft zunächst an das alttestamentliche Gebot der Nächstenliebe an: „Ihr habt gehört, dass gesagt ist (Lev 19,18) ‚Du sollst deinen Nächsten lieben'." (V. 43a). Das Wort von der Nächstenliebe gilt gemeinhin als Inbegriff christlicher Ethik, ja, christlichen Glaubens schlechthin. Von daher überrascht es, dass Jesus in dem Zusatz „ … und deinen Feind hassen" (V. 43b) offenbar mit einem möglichen Verständnis der Nächstenliebe rechnet, nach dem sie vereinbar ist mit dem Hass gegenüber dem Feind. Ausdrückliche Aufforderungen zum Hassen des Feindes, auf die Jesus sich hier beziehen könnte, sind uns in jüdischer Überlieferung außerhalb dieses Wortes nur aus den Qumran-Texten bekannt (Hengel 162). Hier werden die Glieder der Gemeinschaft aufgefordert, „alle Söhne des Lichtes zu lieben … aber alle Söhne der Finsternis zu hassen", wobei hinzugefügt wird:

„jeden nach seiner Verschuldung in Gottes Vergeltung“ (1QS I,9f), d. h., man distanziert sich, überlässt aber die Vergeltung Gott (Lohse 185). Es geht also weniger um Gefühle des Hasses als vielmehr um entschlossene Ausgrenzung (vgl. auch Lütgert 27-30). Jedenfalls ist hier nach dem Wort Jesu der Begriff des Nächsten eingeschränkt auf den Kreis derer, die mich lieben, und denen gegenüber auch ich mich deshalb freundlich verhalte. In solcher Nächstenliebe würden die Jünger sich weder von „Zöllnern“ noch von „Heiden“ unterscheiden (V. 46f). Wer mir als Feind begegnet, steht hier selbstverständlich außerhalb meiner Liebe und Freundlichkeit.

Bekanntlich hat Jesus den Begriff des Nächsten in seinem berühmten Gleichnis vom barmherzigen Samariter (Lk 10,29-37) anders interpretiert: Der Nächste, dem meine liebevolle Fürsorge gelten sollte, ist hier der, dessen Hilfsbedürftigkeit mich zum Helfen auffordert, genauer: Jesus vollzieht gegenüber der Frage des Pharisäers „Wer ist mein Nächster?“, in der ich mir den Nächsten danach aussuche, wieweit er meiner Liebe würdig ist, einen Blickwechsel hin zu der unausweichlich verpflichtenden Frage: „Wem bin ich der Nächste?“ (vgl. Lk 10, 36).

Hier nun aber, in der Bergpredigt, geht Jesus noch einen Schritt weiter: Nicht nur dem, der mir fremd ist, der sich durch nichts als meiner Liebe würdig ausgewiesen hat, soll ich in Liebe begegnen. Denn das wäre ja noch einigermaßen verständlich und sinnvoll. Vielmehr sogar dem, der mir feindselig begegnet, soll ich mich in Liebe zuwenden. „Ich aber sage euch: Liebt eure Feinde und betet für die, die euch verfolgen“ (Mt 5,44; vgl. auch Lk 6,27f: „Tut wohl denen, die euch hassen; segnet, die euch fluchen“). Die durch die Frage nach der Qualität des anderen oder einer zu erwartenden Gegenleistung begrenzte Liebe wird absolut entgrenzt. Kennzeichen der Feindesliebe ist ihre „Grenzenlosigkeit“ (Jeremias 205). In eben dieser Forderung Jesu gipfelt alles in den Antithesen Gesagte. In der Feindesliebe erweisen seine Jünger sich als Kinder ihres himmlischen Vaters (V. 45a). Sie handeln nach dem Vorbild dessen, der seine Sonne aufgehen lässt auch über Böse und Ungerechte (V. 45b), und handeln damit seiner vollkommenen Liebe entsprechend (V. 48: „Ihr sollt nun vollkommen sein, wie euer himmlischer Vater vollkommen ist“, wobei das gr. Wort für vollkommen, *teleios*, vom hebr. *tamim* = „ganz, ungeteilt zugewandt“ her zu verstehen ist, vgl. Dt 18,13; die parallele Überlieferung bei Lukas hat statt „vollkommen“ inhaltlich umschreibend „barmherzig“, Lk 6,36). „Gottes Vollkommenheit erweist sich darin, dass sie sich selbst von einem Feind nicht abhalten lässt, diesen zu lieben“ (Deines 432). Feindesliebe – das ist das „Besondere“ (*perisson*) schlechthin (V. 47), das „spezifisch Christliche“. Feindesliebe ist ein Verhalten, das dem natürlichen Selbsterhaltungsstreben des Menschen direkt zuwiderläuft und von daher gesehen unvernünftig zu sein scheint (vgl. Schrage 78). Es kommt darin am deutlichsten der Gegensatz zu dem Verhalten zum Ausdruck, das man von jedermann aufgrund seiner natürlichen Voraussetzungen erwarten kann. Feindesliebe entsteht dagegen als eschatologische Gabe „nur aus der beständigen Abhängigkeit von der Feindesliebe (Röm 5,6-10) Gottes (Mt 18,23ff)“ (Schniewind 72). Im Gebot der Feindesliebe will Jesus „uns herausnehmen aus dem Kampf des Bösen gegen das Böse und in die Reinheit des Liebesgebots stellen. Wer aus der Gnade lebt, darf die Gnade Gottes bezeugen; wer sich der Liebe Gottes erfreut, darf auch unbegrenzt lieben“ (Michel, Was hat uns heute … 199).

Gelegentlich wird angenommen, das Gebot der Nächstenliebe impliziere die Feindesliebe (Bergmeier 47, unter Verweis auf S. Freuds Behauptung: „Es ist im Grunde dasselbe“). In gewisser Weise kann man das sagen, zumindest sofern die Intention des Gebots letztlich auch auf die Feindesliebe zielt und erstere durch letztere „vollgültig ausgelegt“ wird (Haacker 49; vgl. Bergmeier 45). Eben diese Auslegung aber ist alles andere als selbstverständlich. Zumindest der Wortlaut des Gebots der Nächstenliebe mit seinem Nachsatz „wie dich selbst“ sagt nun einmal etwas ganz anderes als das Gebot der Feindesliebe, nach dem der andere eben gerade nicht so geliebt werden soll, *wie* man sich selbst liebt, sondern *mehr als* sich selbst, ja sogar *gegen* sich selbst! Das „Ich aber sage euch“ Jesu markiert hier eben doch auch einen gewichtigen Unterschied, der das alttestamentliche Gebot nicht nur erläutert, sondern es aus der messianischen Vollmacht Jesu heraus überbietet.

Demgegenüber wird manchmal darauf verwiesen, dass Jesu Forderung der Feindesliebe keineswegs einzigartig und schlechthin neu sei. So kann man tatsächlich einige Beispiele aus dem Alten Testament anführen, die in diese Richtung zu weisen scheinen. Das sog. Bundesbuch z. B. enthält bereits die gesetzliche Bestimmung: „Wenn du dem Rind oder Esel deines Feindes begegnest, die sich verirrt haben, so sollst du sie ihm wieder zuführen. Wenn du den Esel deines Widersachers unter seiner Last liegen siehst, so lass ihn (den ‚Widersacher‘) ja nicht im Stich, sondern hilf mit ihm zusammen dem Tier auf“ (Ex 23,4f). Bemerkenswert ist auch Davids Verhalten gegenüber Saul in der Höhle von En-Gedi: Dass er Saul schont, begründet er selbst zwar mit der Ehrfurcht vor dem Gesalbten des HERRN (2Sam 24,7.11), also vom Kultrecht her, Saul aber sieht darin ein im zwischenmenschlichen Sinn „Gutes" (V. 18): „Wo ist jemand, der seinen Feind findet und lässt ihn mit Frieden seinen Weg gehen?" (V. 20). Hiob fragt in seiner Selbstverteidigung: „Habe ich mich (etwa) gefreut, wenn es meinem Feind übel ging?" (Hi 31,29). Paulus zitiert ein Wort alttestamentlicher Spruchweisheit: „Hungert deinen Feind, so speise ihn mit Brot, dürstet ihn, so tränke ihn mit Wasser" (Spr 25,21 = Röm 12,20). Ähnliche Aussagen finden wir auch in der rabbinischen und jüdisch-hellenistischen Umwelt des Neuen Testaments. Im Ps.-Aristeas-Brief (vermutlich Ende 2. Jh. v. Chr., Meisner 43) heißt es: „Alle meinen, man müsse Gunst bezeugen denen, die sich freundlich zu uns stellen, ich aber glaube, man müsse gegen die Widersacher bereitwilligst Gunst üben" (Ps.-Aristeas 227, zit. nach Lütgert 41). Ebenso finden sich in den sog. Testamenten der Zwölf Patriarchen (etwa Anfang 2. Jh. v. Chr., Becker 26) „der universalen Fassung des Liebesgebots bei Jesus vergleichbare Mahnungen, die auch den Feind einschließen" (Schrage 77f, unter Verweis u. a. auf Test Gad 6,7 und Test Jos 18,2, vgl. Becker 27f). Aber das sind in ihrem Kontext alles eher Randgedanken. Nirgends ist das Liebesgebot so konsequent bis zur uneingeschränkten Feindesliebe durchgeführt und steht als ihr Charakteristikum so im Mittelpunkt der ethischen Unterweisung wie bei Jesus. So gibt, in gewissem Selbstwiderspruch, auch J. Jeremias, der an anderer Stelle auf die Feststellung Wert legt, dass das Neue an den Forderungen Jesu primär „nicht im Stoff" liege, sondern nur im „Motiv" (Jeremias 208), andererseits doch zu, dass die grenzenlose Weite des Liebesgebots Jesu „ohne Parallele in der Zeitgeschichte" ist, und dass das Johannesevangelium insofern „völlig recht (hat), wenn es Jesus das Liebesgebot als neues Gebot bezeichnen lässt" (Jeremias 206).

b) Während der *erste Teil* der ethischen Unterweisung der Bergpredigt (5,21-48) sich mit Fragen des zwischenmenschlichen Verhaltens beschäftigt, wendet sich der *zweite Teil* (6,1-34) schwerpunktmäßig der Beziehung des Jüngers zu Gott zu. Positiv geht es auch hier um die „bessere Gerechtigkeit" des Jüngers, wie das Stichwort Gerechtigkeit am Anfang (6,1) und am Schluss (6,33) zeigt.

Jesus beginnt mit einer Warnung: „Habt acht auf eure Gerechtigkeit (*dikaiosynä*, LÜ: Frömmigkeit), dass ihr sie nicht übt vor den Leuten, damit ihr gesehen werdet" (*pros to theathänai autois*, 6,1a; V. 2 *hopoos doxasthoosin*; vgl. V. 5 und 16 *hopoos phanoosin tois anthroopois*). Die Jünger würden sich dann „wie Heuchler" *(hypokritai)* verhalten, d. h. wie Schauspieler, die, u.U. unbewusst und als Ergebnis ihrer religiösen Erziehung, sich als jemand anderes geben, als sie in Wirklichkeit sind, d. h. als Leute, die da, wo es eigentlich nur um Gott gehen sollte, die Anerkennung von Menschen suchen (Michel, Lehre 82). Dies wird von Jesus veranschaulicht durch drei Beispiele: das Verhalten beim Almosengeben (V. 1-4), beim Gebet (V. 5-15) und beim Fasten (V. 16-18). In allen kehrt am Anfang jeweils das Schlüsselwort „Heuchler" wieder (in V. 2. 5 und 16).

Das *Almosengeben* sollte etwas sein, an dem Gott Gefallen hat (V. 4b: „... und dein Vater, der in das Verborgene sieht, wird es dir vergelten"), nicht um dadurch Ansehen bei Menschen zu gewinnen (V. 2: „Wenn du nun Almosen gibst, sollst du nicht lassen vor dir posaunen wie die Heuchler in den Synagogen und auf den Gassen, damit sie von den Leuten gepriesen werden").

Ebenso beim *Beten*: Das Gebet wendet sich grundsätzlich nicht Menschen zu, sondern allein Gott. Aber auch das Gebet kann der Mensch zum Dienst an sich selbst missbrauchen, indem die Betenden sich beim Beten so postieren, dass sie dabei „von den Leuten gesehen werden" (V. 5). Auch die Länge des Gebets und die Fülle der Worte (V. 7: „plappern wie die Heiden") soll letztlich Eindruck auf die Menschen machen als Beweis hochgestimmter Religiosität. Demgegenüber soll das Beten des Jüngers schlicht Ausdruck der bereits ihnen gegebenen besseren Gerechtigkeit sein, d. h. ihrer inneren Beziehung zu Gott als ihrem himmlischen Vater.

Als positives Beispiel solchen Betens lehrt Jesus seine Jünger das „Vaterunser" (6,9-15). Bezeichnend für dies Gebet ist zunächst schon die Anrede „Vater" (V. 9). Eine vergleichbare Anrede gibt es sowohl in der griechisch-römischen Antike wie auch im zeitgenössischen Judentum (Lohse 31f). Während sie in ersterer in der Annahme einer naturhaften Verwandtschaft begründet ist, hat sie in Israel ihren Grund in dem Handeln Gottes als Schöpfer (Jes 64,7) sowie im geschichtlichen Handeln Gottes an seinem Volk (Lohmeyer 24; Lohse 32f). Die „Vater"-Anrede ist also nicht schlechthin neu, aber sie tritt bei Jesus so beherrschend in die Mitte seines Redens von Gott und zu Gott, dass damit doch ein völlig neuer Akzent gesetzt wird. Dazu kommt, dass sie bei ihm in der Gebetsanrede mit dem aramäischen Wort *abba* eine Vertrautheit annimmt, die einzigartig ist („Jesu eigenster

Sprachgebrauch“, Jeremias 191; vgl. auch im Gethsemane-Gebet Jesu Mk 14,36). Sie wurde deshalb auch von der griechisch sprechenden Christenheit in dieser aramäischen Urform in ihre Gebetssprache aufgenommen (Röm 8,15; Gal 4,6).

Dass diese Vertrautheit mit besitzergreifender falscher Vertraulichkeit nichts zu tun hat, kommt auch im Aufbau des Vaterunsers zum Ausdruck: Der Beter bittet zwar in kindlichem Vertrauen um das tägliche Brot als täglichen Mindestbedarf (entsprechend der ungesicherten Situation der Jünger als Boten Jesu, V. 11, vgl. 10,10), er bittet im Wissen um ständig neues schuldhaftes Versagen um die Vergebung der Schuld (V. 12) und um Bewahrung in Versuchung (V. 13). Solchen Bitten vorangestellt aber ist die dreifache Bitte um die Heiligung des Namens Gottes (V. 9b; vgl. 5,16), das Kommen des Reiches Gottes (V. 10a) und, als Konkretion der vorangehenden zweiten Bitte, um das Geschehen des Willens Gottes „auf Erden wie (bereits) im Himmel“ (V. 10b). Auch im Inhalt des Gebets geht es also um Gottes Sache und ihre Priorität für das Leben des Jüngers.

Gleiches gilt vom anschließenden Wort vom *Fasten*. Als „Übung der Buße und Demütigung des Menschen vor Gott“ (Schlatter 218) wird es dann missbraucht, wenn es so ausgeführt wird, dass man damit „vor den Leuten scheinen“ will (V. 16).

Das Thema der vierten Vaterunser-Bitte um das Brot für den morgigen Tag wird dann im nächsten Abschnitt wieder aufgenommen, in dem vor der Sorge um den täglichen Bedarf gewarnt und zum Vertrauen in die verlässliche Fürsorge Gottes für seine Boten ermutigt wird (6,19-34; vgl. Lk 22,35 „Habt ihr je Mangel gehabt?“). Auch hier geht es letztlich darum, die Jünger anzuleiten, dem Dienst für Gott in ihrem Leben den Vorrang vor allem anderen einzuräumen: Der „Schatz“, an dem ihr Herz hängt, soll im Himmel sein (V. 21). Wie ein gesundes Auge das Licht ungehindert einlässt, soll ihr Wille „einfältig“ (*haplous*) nur darauf ausgerichtet sein (V. 22f). Niemand kann – wozu die Sorge verleiten will – zwei Herren dienen. Der ganze Abschnitt mündet in das programmatische Wort „Trachtet zuerst (= mit absoluter Priorität) nach dem Reich Gottes und seiner Gerechtigkeit, so wird euch solches alles (= der nötige Lebensunterhalt) zufallen“ (V. 33). Durch dies „Trachten“ (*zätein* = suchen) wird das Reich Gottes nicht erst hergestellt, denn es ist Gabe Gottes (Lütgert 11). Aber mit der zugesagten Anteilhabe am Reich ist dem Leben des Jüngers ein Ziel gegeben, das sein ganzes Wollen und Tun bestimmen soll.

c) Der *dritte* und letzte Teil der praktischen Weisungen Jesu bringt zunächst noch gewissermaßen zwei Nachträge zu den ersten beiden Teilen:

Die Warnung vor dem Richten (7,1-5) knüpft an 5,22ff an. Dabei wird zwar die helfende Zurechtweisung des Mitjüngers nicht grundsätzlich verworfen (V. 5b; vgl. Mt 18), wohl aber auf die immer in uns liegende Gefahr hingewiesen, im Urteilen über den anderen sich über ihn zu erheben, und dazu gemahnt, zunächst Fehler bei sich selbst zu suchen (V. 5a) und so dem anderen im Bewusstsein der eigenen Fehlbarkeit (ohne „Heuchelei") solidarisch und deshalb barmherzig zurechthelfend zu begegnen. Wobei nicht zufällig Jesus vom Splitter im Auge des andern und vom Balken im eigenen Auge spricht. Diese Gewichtung zielt offensichtlich in die gleiche Richtung wie später die Ermahnung des Paulus: „In Demut achte einer den anderen höher (!) als sich selbst" (Phil 2,3). Andererseits verbietet es sich auch, sich anderen als Bote Jesu aufzudrängen und möglicherweise Zwang auszuüben (V. 6; vgl. Schlatter 243f).

Das anschließende Wort vom bittenden Gebet (7,7-11) ist noch einmal eine eindringliche *Ermutigung zum* vorbehaltlosen, kindlich vertrauenden Bitten: „Bittet, so wird euch gegeben, klopfet an, so wird euch aufgetan" (V. 7). Schlatter schreibt dazu: „Jetzt, nachdem dem Jünger die Überhebung untersagt ist, mit der er die anderen richten und sie mit Zwang bekehren möchte, und die Hemmungen klar erkannt sind, die seinem Wirken entgegenstehen, zeigt ihm Jesus die Quelle seiner Kraft. Nun mahnt er zum Bitten und gibt der Bitte die Verheißung in derselben Unbedingtheit, die Jesus jeder Verheißung gab" (Schlatter 245).

1.2.3.3 Abschließende bzw. grundsätzliche Aussagen

a) *Die Goldene Regel:* Zunächst fasst die sog. „Goldene Regel" („Alles nun, was ihr wollt, dass euch die Leute tun sollen, das tut ihnen auch", 7,12) in gewisser Weise die das Zwischenmenschliche betreffenden Aussagen der Bergpredigt zusammen. Allerdings fällt diese Regel insofern etwas aus dem Rahmen der Bergpredigt als Jüngerunterweisung heraus, als sie eigentlich nur eine allgemeine, in vielen Kulturen verbreitete Regel zwischenmenschlichen Verhaltens aufgreift (Hengel 59f; vgl. Dihle: „innerhalb des Judentums … eine aus dem Griechischen stammende Neuerung"). Immerhin setzt Jesus aber auch hier insofern zumindest einen ihm eigenen Akzent, als er die sonst meist negativ gefasste Regel (vgl. unser Sprichwort „Was du nicht willst, dass man dir tu, das füg auch keinem andern zu") positiv formuliert, ähnlich positiv provozierend wie bei der Deutung der Nächstenliebe im Gleichnis vom Barmherzigen Samariter (Lk 10,30-37).

b) *Enge Pforte und schmaler Weg:* Die Worte von der engen Pforte und dem schmalen Weg (7,13f) machen noch einmal die Grundentscheidung deutlich, um die es in der Verkündigung Jesu geht: um die entschlossene Abkehr von der Macht des Bösen und die vorbehaltlose Hinkehr zu Gott, wie sie grundlegend im Ruf zur Umkehr laut wurde (4,17) und im Vorangehenden insbesondere im Wort von der Unmöglichkeit, zwei Herren zu dienen (6,24), ausdrücklich angesprochen wurde.

c) *Warnung vor falschen Propheten:* Daran schließt sich eine Warnung vor falschen Propheten mit dem Hinweis, dass sie an ihren Früchten zu erkennen seien, also nicht nur an der Richtigkeit ihrer Worte („Herr, Herr", V. 21), sondern vor allem an dem, was in ihrem eigenen Leben als Frucht konsequenter Nachfolge an Gutem erkennbar wird (V. 16-18).

d) Das Haus auf dem Felsen: Damit ist bereits das Thema des Schlussgleichnisses angeschlagen: Auf das *Tun* kommt es entscheidend an, auf den praktischen Gehorsam gegenüber dem Wort Jesu: Wer nur fromm redet, baut auf Sand. Wer seinem Glauben entsprechend handelt, baut auf Felsengrund (V. 24-27).

Exkurs 2: Der ursprüngliche Sinn der Bergpredigt

Die ethischen Forderungen der Bergpredigt wurden von Anfang an als eigentlich unzumutbare Herausforderung empfunden. Schon die ersten Hörer reagierten „bestürzt" (Mt 7,28: *eplässonto*, von *plässoo* = schlagen, bestürzt machen). Immer wieder hat man daher in der Exegese versucht, der radikalen Konsequenz der Worte Jesu auf unterschiedliche Weise auszuweichen. Die meisten Versuche sind systematisch motiviert, z. B. in der vor allem in lutherischer Theologie verbreiteten These, dass die Forderungen der Bergpredigt grundsätzlich unerfüllbar seien und ihre Funktion ausschließlich darin bestehe, als „Sündenspiegel" (*speculum peccati*, Schrage 49) den Menschen zur Erkenntnis seiner Sündhaftigkeit zu führen. Oder in dem idealistischen Versuch, die „bessere Gerechtigkeit" der Bergpredigt auf eine neue Gesinnung zu reduzieren (vgl. dazu Hengel 65). Neben solchen systematischen Deutungsversuchen gibt es aber auch von historischer Beobachtung inspirierte Theorien: So verstand etwa A. Schweitzer, von der Beobachtung aus, dass Jesus und seine Botschaft wesentlich von der zeitgenössischen jüdischen Endzeiterwartung her zu verstehen sei, die Bergpredigt als eine Art „Notstandsgesetz" (J. Jeremias, Bergpredigt 13). Dieses fordere, angesichts der unmittelbar bevorstehenden Endkatastrophe, zu einer äußersten sittlichen Anstrengung heraus, einer sog. „Interimsethik", d. h. eines Ethos, das für den Zwischenzustand zwischen Jesu Auftreten und dem als bald eintretend erwarteten Weltende gedacht ist. Allerdings, so schloss A. Schweitzer, nun doch wieder als Systematiker, mit dem Ausbleiben des Endes seien heute auch die mit ihm verbundenen Vorstellungen als zeitbedingt erkannt. Für uns bedeutsam sei nur noch der Wille Jesu, der sie sich damals aneignete, um in tätiger Hingabe zu einer sittlichen Weltvollendung beizutragen (Schweitzer, Geschichte 628; Kultur 61f).

Allen drei Deutungen ist gemeinsam, dass die Weisungen Jesu entweder gar nicht auf Erfüllung angelegt oder doch, im letztgenannten Fall, als solche überholt sind. Demgegenüber ist mit Bonhoeffer daran festzuhalten, dass die Gebote der Bergpredigt so zu verstehen sind, wie sie lauten: als Aufforderung an die Jünger Jesu zum „einfältigen Gehorsam" (Bonhoeffer 53-60). Das machen insbesondere die Schlussworte der Bergpredigt unmissverständlich deutlich. Sie ist deshalb aber nicht etwa aus protestantischer Sicht „heillos ketzerisch" (Windisch VI), sondern nur zu verstehen auf dem Hintergrund des Umkehrrufs Jesu und der in der Umkehr sich vollziehenden, von Gott geschenkten Erneuerung (vgl., ein Recht dieser Sicht andeutend, auch Windisch 81). Sie ist allerdings keine „billige", sondern „teure" Gnade, aber als Konsequenz des Evangeliums eben doch wirklich Gnade (Bonhoeffer 13-27).

Literatur:

J.T. Beck, Erklärung des Briefes Pauli an die Römer, Gütersloh 1884; J. Becker (Hg), Die Testamente der zwölf Patriarchen, JSHRZ III,1, Gütersloh 1980; R. Bergmeier, „Und deinen Feind hassen", in: ThBeitr Jg.29/1998, 41-47; O. Betz/W. A. Bienert/H. Burkhardt, Art. Bergpredigt, in: ELThG,225-227; D. Bonhoeffer, Nachfolge, München [7]1961; K. Bornhäuser, Die Bergpredigt, Gütersloh [2]1927; F.F. Bruce/E. Güting, Außerbiblische Zeugnisse über Jesus und das frühe Christentum, Gießen 1991; H. Cremer, Biblisch-theologisches Wörterbuch der Neutestamentlichen Gräzität, Gotha [9]1902; R. Deines, Die Gerechtigkeit der Tora im Reich des Messias, Tübingen 2004; B. Gerhardsson, The Ethos of the Bible, Philadelphia 1981; A. Dihle, Die Goldene Regel, Göttingen 1962; W. Grundmann,

Das Evangelium nach Matthäus, Berlin ^{3}1972; K. Haacker, Feindesliebe contra Nächstenliebe?, in: F. Matthäus (Hg), Dieses Volk schuf ich mir, FS D. Vetter, Duisburg 1992, 47-51; M. Hengel, Jesus und die Tora, in: ThBeitr 9/1978, 152-172; ders., Die Bergpredigt im Widerstreit, in: ThBeitr 14/1983, 53-67; J. Jeremias, Die Bergpredigt, Stuttgart ^{5}1965; ders., Neutestamentliche Theologie, 1. Teil: Die Verkündigung Jesu, Göttingen 1971; K. Karner, Die Anrede in der Botschaft Jesu, in: H. Ristow/K. Matthiae (Hg), Der historische und der kerygmatische Christus, Berlin 31964, 403-413; C. S. Keener, A Commentary on the Gospel of Matthew, 1999; E. Lohmeyer, Das Vaterunser, Göttingen ^{2}1947; E. Lohse, Vater unser. Das Gebet der Christen, Darmstadt ^{2}2010; W. Lütgert, Das Reich Gottes nach den synoptischen Evangelien, Gütersloh 1895; ders., Die Liebe im Neuen Testament, Leipzig 1905; N. Meisner (Hg), Aristeasbrief , JSHRZ II,1, Gütersloh ^{2}1977; O. Michel, Um lautere und reine Lehre, in: ders., Dienst am Wort. Gesammelte Aufsätze, Neukirchen 1986, 72-91; ders., Was hat uns heute der historische Jesus zu sagen?, in: ders., Dienst am Wort, 1986, 198-201; F. Niebergall, Praktische Auslegung des Neuen Testaments, HzNT Bd.5, Tübingen 1909; K. H. Schelkle, Theologie des Neuen Testaments, 3. Bd: Ethos, Düsseldorf 1970; A. Schlatter, Der Evangelist Matthäus, Stuttgart ^{6}1963; J. Schniewind, Das Evangelium nach Matthäus, NTD 2, Göttingen ^{9}1960; H. v. Soden, Art. *adelphos*, in ThWNT I, 144-146; A. Tholuck, Philologisch-historische Auslegung der Bergpredigt Christi nach Matthäus, Hamburg 1835; W. Schrage, Ethik des Neuen Testaments, Göttingen 1982; A. Schweitzer, Geschichte der Leben-Jesu-Forschung, Tb-Ausgabe München/ Hamburg 1966; ders., Kultur und Ethik, München ^{9}1953; H. Windisch, Der Sinn der Bergpredigt, Leipzig 1929.

1.2.4 Die Aussendungsrede

Während die grundsätzliche Zielbestimmung der Jüngerschaft in der Verkündigung des nahen Reiches Gottes schon mit der Berufung gegeben war, gibt Jesus nach Matthäus erst in seiner Aussendungsrede (Mt 10,1-42; vgl. Lk 9,1-5; 10,1-19) sozusagen eine ausführliche Instruktion zur Ausführung dieses Auftrags, und zwar nicht nur über den Inhalt des Auftrags (Verkündigung der Nähe der Gottesherrschaft und sie bekräftigende zeichenhafte Heilungen, V. 7f), sondern vor allem auch im Blick auf das Verhalten der Boten selbst (vgl. Schnabel, 291-302).

Dies Verhalten soll zunächst gekennzeichnet sein durch äußerste Bescheidenheit in der äußeren Ausrüstung, also durch eine Beschränkung auf das Allernötigste (V. 9f), verbunden mit dem Verzicht auf jedes Streben nach persönlichem Gewinn („Umsonst habt ihr es empfangen, umsonst gebt es auch", V. 8b).

Unterwegs steht am Anfang jeder Begegnung der Friedensgruß (V. 12f; vgl. die inhaltliche Ausführung in Lk 10,5: „Friede diesem Hause"). Dies Wort steht nicht im Gegensatz zu dem anderen, dass Jesus „nicht gekommen (ist) den Frieden zu bringen, sondern das Schwert“ (V. 34). Denn sein Wort (gerade auch das Angebot des Friedens) ist wie ein scharfes Schwert, das in die Entscheidung führt und so im Ergebnis Menschen voneinander scheidet (Schniewind 135).

In der Begegnung selbst ist Unaufdringlichkeit zu wahren: Wo man die Botschaft nicht hören will, soll man unverzüglich weitergehen (V. 14; vgl. oben zu Mt 7,6).

Mit dem allen ist schon angedeutet, womit nun der größte Teil der Missionsrede sich beschäftigt, damit nämlich, dass die Boten Jesu mit Widerstand gegen ihr Zeugnis rechnen müssen, bis hin zu Verfolgung und möglichem Martyrium (V. 21). Sie werden gesandt „wie Schafe unter die Wölfe“ (V. 16a) und müssen dabei „klug wie die Schlangen“ sein, aber doch „ohne Falsch wie die Tauben“ bleiben (V. 16b). Gerade im Blick auf möglicherweise naheliegende familiäre Rücksichten wird sich dabei die Priorität der Liebe zu Jesus erweisen („Wer Vater oder Mutter mehr liebt als mich, ist mein nicht wert“, V. 37). Andererseits ermutigt Jesus, wie schon in der Bergpredigt, zum vorbehaltlosen Vertrauen in Gottes Fürsorge (V. 28-31).

Literatur:

E. J. Schnabel, Urchristliche Mission, Wuppertal 2002; J. Schniewind, Das Evangelium nach Matthäus, Göttingen [9]1960.

1.2.5 Der Heilandsruf

Auf die durch Johannesjünger übermittelte Frage des Täufers an Jesus hin, ob er der sei, „der kommen soll“ (Mt 11,3), antwortet Jesus nicht direkt, sondern verweist, in Anlehnung an Worte des Propheten Jesaja (Jes 29,18.f; 35,5f; 61,1), auf die jetzt geschehenden Wunder und die Verkündigung des Evangeliums („was ihr seht und hört“, V. 4). An Worte über die Bedeutung des Täufers, die ausmünden in den Hinweis auf das Missverständnis bzw. die Ablehnung, die der Täufer wie auch Jesus selbst erfahren (V. 18f), schließen sich bei Matthäus Weherufe an über galiläische Städte, die Jesu Taten gesehen haben und doch nicht Buße taten (V. 20-24). Darauf folgt aber nicht etwa eine Klage über das eigene Geschick, sondern ganz im Gegenteil ein Lobpreis Gottes, dessen Offenbarung den Klugen und Weisen (den Schriftgelehrten) in ihrem Wissensstolz verborgen bleibt, sich den

„Unmündigen“ aber erschließt (V. 25; vgl. die „Armen im Geist“ Mt 5,3, vgl. Schniewind 149). Das Wort von den „Unmündigen“ erinnert auch an Jesu Jüngerbezeichnung „die Kleinen“ (10,42; vgl. 18,6.10.14, dazu Michel 653–656). Diesem Lob Gottes korrespondiert nun bei Matthäus (nur er überliefert dies Wort) die Einladung Jesu an diese „Unmündigen“, die „sich abplagen an der Last, mit der sie beladen sind“ (V. 28), d. h. mit der Zumutung beladen, aus eigener Kraft das Gesetz mit den pharisäischen Auflagen (zu *zygos* für das Gesetz vgl. Apg 15,10 sowie Gal 5,1 und 1Tim 6,1) erfüllen zu sollen und doch zu wissen, dass sie es nicht können (Schniewind 153f). Ihnen sagt Jesus: „Nehmt auf euch mein Joch (d. h. das „Joch“, das er ihnen auflegt, also das ins Herz geschriebene neue Gebot, die Tora des Messias,) und lernt von mir; denn ich bin sanftmütig (*praüs*) und von Herzen demütig (*tapeinos*)“ (V. 29). *Praüs* neben *tapeinos* ist alttestamentlicher Sprachgebrauch (hebr. *anaw*). Der *praüs* widerstrebt dem ihm auferlegten Leiden nicht, sondern geht „den untersten Weg“ (Cremer 913). Ebenso ist *tapeinos* „Bezeichnung dessen, der unterdrückt und bedrängt nicht widerstrebt, sondern in Gottesfurcht und Glauben seine Hoffnung auf Gott setzt“ (Cremer 987). Jesus selbst, dem vom Vater alle Dinge übergeben sind (V. 23), ist zugleich der, der bereit ist, den Weg der Verborgenheit und Niedrigkeit zu gehen. Seine Jünger aber lädt er ein, ihm auf diesem Weg zu folgen. Demut als Bereitschaft, diesen Weg der Niedrigkeit und Selbstverleugnung mitzugehen, ist damit wesentliches Kennzeichen christlicher Existenz. Jesus bringt damit „ein neues Gebot … das Gesetz des Messias, das ins Herz geschrieben wird“ (Schniewind 154). Dabei ist die den Jüngern verheißene „Ruhe“ (*anapausis*) „nicht quietistisch gedacht“ (Schlatter 386), sondern ein inneres Ruhen in der Gewissheit der Güte Gottes, das bereit und fähig macht, das „Joch“ der Niedrigkeit Jesu und seiner Nachfolger zu tragen.

Literatur:

H. Cremer, Biblisches Wörterbuch der Neutestamentlichen Gräzität, Gotha [9]1902; O. Michel, Art. *mikros*, in: ThWNT IV, 650-661; A. Schlatter, Der Evangelist Matthäus, Stuttgart [6]1963; J. Schniewind, Das Evangelium nach Matthäus, Göttingen [9]1960.

1.2.6 Die Gleichnisrede

Unter den einzelnen Gleichnissen dieser Rede, deren durchgehendes Thema das Kommen des Reiches Gottes ist, ist im Zusammenhang unserer Frage nach christlicher Ethik vor allem das Doppelgleichnis vom Schatz im Acker und der kostbaren Perle (Mt 13,44-46) von Interesse. Ähnlich wie in der Bergpredigt das Wort vom Schatz im Himmel (6,20f) bringt es die absolute Priorität der Sache Gottes für den Jünger zum Ausdruck: So wie der Mann, der den verborgenen Schatz findet, „alles verkauft", um diesen Acker kaufen zu können, und ebenso der Kaufmann, um die kostbare Perle erwerben zu können, so ist auch der Jünger bereit, „alles zu verlassen" um des Reiches Gottes willen. Beide Bilder „beschreiben die Preisgabe des ganzen Lebens und Seins, die zur Jüngerschaft gehört" (Schniewind 173). Wobei für die Botschaft vom Reich als Evangelium bezeichnend ist, dass dies Geschehen das Merkmal der Freude trägt („in seiner Freude ging er hin", V. 44).

Literatur:

J. Schniewind, Das Evangelium nach Matthäus, Göttingen [9]1960.

1.2.7 Die Gemeinderede

Die Rede Matthäus 18 thematisiert in besonderer Weise das Verhältnis der Jünger untereinander und setzt ein mit der Frage der Jünger, wer denn „der Größte im Himmelreich" sei (V. 1). Jesus antwortet, indem er ein Kind vor sie stellt und dazu sagt: „Wenn ihr nicht umkehrt und wie Kinder werdet, werdet ihr nicht ins Himmelreich kommen" (V. 3; zur Verwandtschaft mit dem Wort von der Wiedergeburt in Joh 3,3 vgl. Schniewind 198). Wie ein Kind werden aber heißt: sich selbst erniedrigen (*tapeinoun heauton*, V. 4). Großsein im Himmelreich ist das genaue Gegenteil dessen, was man normalerweise unter den Menschen als Größe versteht, nämlich auf Kosten anderer sich selbst erhöhende Größe. Diese Aussage berührt sich eng mit der in Kap. 20, die eine ähnliche Situation voraussetzt, die Bitte der Mutter der Zebedaiden um einen Ehrenplatz für ihre Söhne im Reich Gottes. Hier weist Jesus ausdrücklich darauf hin, wie es normalerweise unter Menschen zugeht „Ihr wisst: Die Fürsten halten ihre Völker nieder und die Mächtigen tun ihnen Gewalt“ (V. 25) und fährt fort: „ So soll es nicht sein unter euch; sondern wer groß sein will unter euch, sei euer aller Diener, und wer der Erste sein will unter euch, sei euer Knecht“ (V. 26f). Auch hier spricht Jesus, wie im Heilandsruf, von sich selbst in seiner ganzen Sendung als Vorbild solchen Dienstes: „Gleichwie des Menschen Sohn nicht gekommen ist, dass er sich dienen lasse, sondern dass er diene und gebe sein Leben zur Erlösung für viele“ (V. 28). Dienstbereitschaft aneinander ist danach die positive Gestalt der Demut.

Solche Demut aber hat sich vor allem im Konfliktfall zu bewähren, im Umgang mit Fehlverhalten innerhalb der Jüngergemeinschaft. Das zeigt besonders Jesu Antwort auf die Frage des Petrus, wie oft man einander vergeben solle, ob siebenmal genug sei? Worauf Jesus antwortet: „Nicht siebenmal, sondern siebzigmal siebenmal“ (18,22), d. h. „Die (genannte) Zahl geht absichtlich über alle Erfahrung hinaus und befreit dadurch das Vergeben von jeder Schranke“ (Schlatter 559). Mit dieser Aussage kann das anschließende Gleichnis vom Schalksknecht (V. 23-35) nach Matthäus geradezu als „Schlüsseltext“ zum Verständnis der „besseren Gerechtigkeit“ und damit der Ethik Jesu überhaupt bezeichnet werden (Eckstein 307).

Literatur:

H. J. Eckstein, Die ‚bessere Gerechtigkeit‘. Zur Ethik Jesu nach dem Matthäusevangelium, in: ThBeitr 32/2001, 299-316; A. Schlatter, Der Evangelist Matthäus, Stuttgart 61963; J. Schniewind, Das Evangelium nach Matthäus, Göttingen 91960.

1.2.8 Das Doppelgebot der Liebe

Auf den ersten Blick scheint Jesu Doppelgebot der Liebe wenig geeignet als Beispiel spezifisch christlicher Ethik. Denn Jesus beantwortet die Frage der Pharisäer nach dem „ersten“ (= wichtigsten) Gebot einfach damit, dass er zwei Worte des alttestamentlichen Gesetzes zitiert:

„Du sollst den HERRN, deinen Gott, lieben von ganzem Herzen, ganzer Seele und ganzem Gemüt“ (Dt 6,5 = Mt 22, 37; vgl. Mk 12,30; Lk 10,27), und „Du sollst deinen Nächsten lieben wie dich selbst“ (Lev 19,18 = Mt 22,39; vgl. Mk 12,31; Lk 10,27; vgl. auch Mt 19,19b und die „Goldene Regel“ Mt 7,12 = Lk 6,31).

Als Worte des Alten Bundes sind sie an sich zunächst nichts spezifisch

Christliches. Bezeichnend ist, dass im Markusevangelium die Antwort Jesu von den schriftgelehrten Gesprächspartnern mit teilweiser Wiederholung der Zitate ausdrücklich bestätigt wird (Mk 12,32f). Im Lukasevangelium beantwortet Jesus sogar die ihm gestellte Frage gar nicht, sondern stellt eine Gegenfrage, die dann der Schriftgelehrte mit den beiden Schriftzitaten beantwortet (Lk 10,26f).

Auch sonst ist im zeitgenössischen Judentum die besondere Herausstellung gerade dieser beiden Gesichtspunkte, der Pflichten gegenüber Gott und dem Mitmenschen, nicht neu. Sie findet sich im Judentum der Zeit Jesu z. B. in den sogen. Testamenten der zwölf Patriarchen: „Liebet den Herrn und den Nächsten" (Test. Iss. 5,2; vgl. Hengel 170; vgl. Lütgert 24) oder auch bei Philo: „Der Frömmigkeit (*eusebeia*) ist ganz nahe verwandt und geradezu Zwillingsschwester von ihr die Menschenliebe (*philanthroopia*)" (Virt 51). Sie sind die „vornehmsten Tugenden" (Virt 95, vgl. Lütgert 43). An anderer Stelle sagt Philo: „Es gibt sozusagen zwei Grundlehren, denen die zahllosen Einzellehren und -sätze untergeordnet sind: in Bezug auf Gott das Gebot der Gottesverehrung (*eusebeia*) und Frömmigkeit (*hosiotäs*), in Bezug auf Menschen das der Menschenliebe (*philanthroopia*) und Gerechtigkeit (*dikaiosynä*)" (Spec Leg II,63; vgl. Schrage71). So wird man, zumindest im Blick auf die Parallelüberlieferungen bei Markus und Lukas, in denen die pharisäischen Gesprächspartner die beiden alttestamentlichen Gebote nennen, eigentlich nicht einmal sagen können, dass wenigstens die Zusammenstellung dieser beiden Zitate ein „absolutes Novum" sei (Hengel 170; aufgenommen von Schrage 72). Obgleich dies die einzige Stelle in den synoptischen Evangelien ist, die ausdrücklich von einem Gebot der Liebe zu Gott spricht, wird man dies nicht als Hinweis auf dessen marginale Bedeutung interpretieren dürfen. Immerhin ist bemerkenswert, dass es vom Gebot der Nächstenliebe zwar heißt, dass es jenem „gleich" sei (V. 39a). Das Gebot der Liebe zu Gott wird ihm aber nicht nur vorangestellt, sondern auch ausdrücklich als das „größte und vornehmste" Gebot bezeichnet (V. 38). Insofern kann man doch wohl sagen, dass das Gebot der Liebe zu Gott in der Verkündigung Jesu „unauswechselbar den Primat behält" (Bornkamm 101; vgl. Gerhardsson 46: „The idea that love of God is the most important of all demands placed on human beeings governs most of what is said in the Gospel of Matthew").

Angesichts dessen, dass das Doppelgebot aus alttestamentlichen Zitaten besteht, wie angesichts der Parallelen im zeitgenössischen Judentum haben wir es hier zwar, ähnlich wie bei der Goldenen Regel, nicht wirklich mit einem *unicum* christlicher Ethik zu tun. Im Kontext der ganzen Unterweisung Jesu verstanden aber wird man allerdings doch zumindest von einem *characteristicum* christlicher Ethik sprechen dürfen, vor allem wenn man bedenkt, in welch radikale Konsequenzen das Gebot der Gottes- und Nächstenliebe etwa in den Nachfolgesprüchen und in der Forderung der Feindesliebe führt. „Der Einzigkeit Gottes (von der der Beginn des *Schema Israel* Dt 6,5 spricht, H.B.) entspricht allein die ganzheitliche Hingabe („… von ganzem Herzen, von ganzer Seele und aller deiner Kraft“), die wir mit dem Wort ‚lieben‘ bezeichnen“ (Bockmühl 231; vgl. auch Lütgert, der S. 116 vom Liebesgebot sagt: „Das Eigentümliche am Gebot Jesu ist sein absoluter Charakter“).

Literatur:

Klaus Bockmühl, Das größte Gebot, in: ders., Leben nach dem Willen Gottes, BWA II/3, Gießen 2006, 210-248; G. Bornkamm, Jesus von Nazareth, Stuttgart [6]1963; B. Gerhardsson, The Ethos of the Bible, Philadelphia1981; M. Hengel, Jesus und die Tora, in: ThBeitr 9/1978, 152-172; W. Lütgert, Die Liebe im Neuen Testament, Leipzig 1905 (ND Gießen 1986); W. Schrage, Ethik des Neuen Testaments, Göttingen 1982.

1.2.9 Der Missionsbefehl des Auferstandenen

Jesus wusste sich gesandt zur Verkündigung des Evangeliums als Botschaft vom nahen Gottesreich. Als Menschen, die seine Krankenheilungen miterlebt hatten und ihn bei sich festhalten möchten, sagt er: „Ich muss auch den anderen Städten das Evangelium vom Reich Gottes verkündigen“ (Lk 4,43; vgl. Mk 1,38). Hauptsinn seiner Berufung von Jüngern war der Auftrag an sie, diese Botschaft durch das ganze Land zu tragen (Lk 5,59f, vgl. oben unter 1.1.2.2). Dem entspricht es schließlich, dass Jesus, nach den Überlieferungen aller vier Evangelien über die Begegnungen mit dem Auferstandenen, diesen Auftrag jetzt erneuert, wenn auch mit inhaltlich unterschiedlichen Akzenten: Bei Matthäus wird der Auftrag auf die Hinführung zur Jüngerschaft und damit zu einem neuen, den Weisungen Jesu entsprechendem Ethos fokussiert (Mt 28, 28,19f „macht zu Jüngern alle Völker … indem ihr sie lehrt, alles zu halten, was ich euch befohlen habe“; vgl. Stuhlmacher 121). Der Markusschluss spricht ohne nähere inhaltliche Erläuterung von Verkündigung des Evangeliums (Mk 16, 15), während Lukas den

Inhalt der Botschaft umschreibt mit „Umkehr zur Sündenvergebung" (Lk 24,47; vgl. das Motiv der Sündenvergebung auch in Joh 20,23). Matthäus und Markus erwähnen die Taufe, bei Letzterem verbunden mit dem Motiv des rettenden Glaubens (Mk 16,16). Allen drei Synoptikern gemeinsam ist die Ausweitung des Missionsbefehls auf alle Völker (Mt 28,19/Lk 24,27 *panta ta ethnä*; Mk 16,15 *pasä tä ktisei*; vgl. Mt 24,14, wo Jesus, allerdings nicht in der Form eines Befehls, sondern einer prophetischen Ankündigung davon spricht, dass „das Evangelium vom Reich verkündet wird in der ganzen Welt, allen Völkern zum Zeugnis"). Bei Johannes, der die Sendung Jesu und die Sendung der Jünger in einer Aussage zusammenstellt (Joh 20,21: „Gleichwie mich der Vater gesandt hat, so sende ich euch"; vgl. Schnabel 373f), dürfte der weltweite Horizont aber ebenfalls vorauszusetzen sein (vgl. Joh 17,18: „Gleichwie du mich gesandt hast in die Welt, so sende ich sie auch in die Welt").

Literatur:

E. Schnabel, Urchristliche Mission, Wuppertal 2002; P. Stuhlmacher, Zur missionsgeschichtlichen Bedeutung von Mt 28,16-20, in: EvTheol 59/1999, 108-130.

1.3 Die apostolische Paraklese

1.3.1 Grundvoraussetzungen der apostolischen Paraklese

Die ersten Jünger hatten von Jesus nicht nur Weisung für ein der Gegenwart des Reiches Gottes entsprechendes Leben empfangen, sondern Jesu vollmächtiger Ruf zur Umkehr und in die Nachfolge hatte ihr ganzes Leben bis in die Grundlagen ihrer Existenz hinein verändert. Das war die Voraussetzung dafür, dass sie dann auch den konkreten Weisungen Jesu folgen konnten.

Mit dem Tod Jesu, den zeitlich begrenzten Begegnungen mit dem Auferstandenen und schließlich dem Ereignis von Pfingsten war eine neue Situation entstanden. Jesus war jetzt nicht mehr leiblich unter ihnen. Stattdessen war, in Erfüllung alttestamentlicher Verheißung (Joel 3,1-5 = Apg 2,17-21) und entsprechend der Ankündigung Jesu (Joh 14,15-26; 16,7-15; Apg 1,8; 2,33) der „Tröster", der Heilige Geist, in ihr Leben hineingekommen. Er soll sie „in alle Wahrheit leiten" (*hodägäsei*; Joh 16,13; wobei zur Erkenntnis der „Wahrheit“ auch die seines Willens gehört: vgl. Schlatter, Johannes 307: „... der Geist ... ist im Besitz der vollen Klarheit, und leitet darum Herz und Willen des Jüngers so, dass es der ganzen Wahrheit entspricht“; vgl. Bockmühl 118; allgemein zur Leitung durch den Heiligen Geist: Ethik I, 157-162). Und er vermittelt die Kraft zum christlichen Leben, insbesondere zum Zeugnis für Jesus (Apg 1,8). Das Erfülltsein mit dem Heiligen Geist wurde jetzt Grundvoraussetzung allen christlichen Lebens. Entsprechend konnte Paulus später kategorisch sagen: „Wer Christi Geist nicht hat, der ist nicht sein“ und fortfahren: „Welche der Geist Gottes treibt, die sind Gottes Kinder“ (Röm 8,9.14). Der Geist Gottes, der zugleich der Geist Christi ist, vermittelt den Glaubenden die Frucht des Lebens Jesu und gibt ihnen Anteil an allen Gaben des Heils.

Dabei kommt es aber, entsprechend der veränderten Situation, nicht nur zu einer Fortführung, sondern zugleich auch zu einer reichen theologischen Entfaltung und Neuformulierung des vorösterlichen Evangeliums.

a) Als Ausdruck für den *Beginn der neuen Existenz* wird zwar nach wie vor der Begriff der Umkehr gebraucht, vor allem, im Kontext der Missionspredigt, in der Apostelgeschichte (*metanoein* bzw. *metanoia* in Apg 2,38; 3,19; 5,31; 17,30; 20,21; 26,20; *epistrephoo* bzw. *epistrophä* in 3,19; 9,35; 14,15; 15,3.19; 26,18.20; vgl. auch 1Thess 1,9; 1Petr 2,25). Aber zunehmend tritt der Begriff des Glaubens im Sinn von *„gläubig werden“* an seine Stelle (vgl. Burkhardt 22-25.31f), während der Begriff der *metanoia* vor allem in den Sendschreiben der Johannesoffenbarung (Kap. 2-3) im Sinn einer erneuten Umkehr im Leben des Christen gebraucht wird (vgl. auch 2Kor 7,9; 12,21; 2Tim 2,25). Der Glaube aber ist jetzt, entsprechend der allgemeinchristlichen Erkenntnis, dass Gott sich in seinem Sohn in endgültiger, heilbringender Weise offenbart hat, vor allem Glaube an Jesus Christus, den für uns gekreuzigten und auferstandenen Herrn (vgl. Apg 3,16; 5,14; 16,15.31; vgl. Röm 10,9-13).

b) Auch das in den Evangelien für das Verständnis des Evangeliums zentrale Motiv der Vergebung der Sünden bleibt wesentlicher Bestandteil der apostolischen Verkündigung (Apg 2,38; 13,28; vgl. Röm 3,25; Eph 1,7; 1Joh 1,9; 2,12), wird jetzt aber in einem größeren heilsgeschichtlichen Kontext weiter theologisch entfaltet in der Lehre von *Rechtfertigung und Versöhnung,* vor allem in den Briefen des Apostels Paulus. Seit seiner

Bekehrung vor Damaskus (Apg 9,1-9; 22,6-11; 26,12-18; Gal 1,15-17; Cremer 301; vgl. Haacker 11ff) steht im Mittelpunkt seines Denkens die Botschaft von Christus, der „um unserer Sünden willen dahingegeben und um unserer Rechtfertigung willen auferweckt" wurde (Röm 4,25). Paulus wusste jetzt: Gerechtigkeit als Leben im Einklang mit Gott („Friede mit Gott", Röm 5,1) ist nicht etwas, das der Mensch aus eigener Kraft herstellen kann, sondern das dem Glaubenden um Jesu willen aus Gnade geschenkt wird. Die Versöhnung des von sich aus Gott gegenüber feindlich eingestellten Menschen („als wir noch Feinde waren", Röm 5,10; vgl. 8,7) ist dabei nicht Reaktion Gottes auf ein Tun des Menschen („Werke"). Vielmehr hat sie ihren Grund ausschließlich in der Feindesliebe Gottes, wie sie sich in der Sendung des Sohnes manifestiert („Denn Gott versöhnte in Christus die Welt mit ihm selber und rechnete ihnen ihre Sünden nicht an", 2Kor 5,19).

c) Die geistliche Erneuerung in Bekehrung und Wiedergeburt wird beschrieben als *neue Schöpfung* (*kainä ktisis*), die ihren Wirkgrund darin hat, dass *Christus in uns* ist und wir *in Christus*.

Wo ein Mensch die Botschaft von Rechtfertigung und Versöhnung für sich im Glauben annimmt, wird durch den Heiligen Geist die Liebe Gottes im menschlichen Herzen umgestaltend wirksam („ausgegossen", Röm 5,5). Er ist jetzt *„in Christus"* und damit eine „neue Schöpfung" (2Kor 5,17). Die Formel „in Christus" ist bei Paulus eine ständig (164-mal, vgl. Goppelt 433) gebrauchte Beschreibung der neuen Situation des Glaubenden. Dabei steht die mit „in" verbundene räumliche Vorstellung vom „Sein in Christus" für ein durch den Geist Gottes gewirktes Bestimmt- und Getragensein durch das Heilsgeschehen von Tod und Auferstehung Jesu (Goppelt 434). Ähnlich spricht Johannes vom „bleiben in ihm (= Jesus)" (1Joh 2,6 u.ö.; vgl. Schnackenburg 105ff; vgl. die grundlegende Studie von F. Neugebauer).

Neben dem Wort vom „Sein (des Glaubenden) in Christus" spricht Paulus auch umgekehrt von einem *„Wohnen" Christi* (Gal 2,20; 2Kor 13,5; Eph 3,17; Röm 8,10; vgl. die Fassung des Evangeliums in die Formel „Christus in euch, die Hoffnung der Herrlichkeit", Kol 1,27) oder auch des Geistes Christi (Röm 8,9) bzw. des Geistes Gottes *im Glaubenden* (Röm 8,9.11; vgl. 1Kor 2,12; 3,16; 6,19).

d) Auch das Motiv der Nachfolge und Jüngerschaft wird in der apostolischen Verkündigung aufgenommen, aber in bezeichnend veränderter sprachlicher Gestalt. Damit, dass Jesus nicht mehr leiblich unter den an ihn Glaubenden war, verloren die Begriffe Nachfolge und Jüngerschaft ihre ursprüngliche konkrete Anschaulichkeit. Deshalb überrascht es nicht, dass sie bald aus dem frühchristlichen Sprachgebrauch verschwanden. Von „nachfolgen" ist außerhalb der Evangelien nur noch an einer einzigen Stelle die Rede: In der Johannesoffenbarung heißt es von den 144.000 Erlösten vor dem Thron Gottes, dass sie „dem Lamm nachfolgen" (Off 14,4). Von „Jüngern" spricht zwar noch öfter (26-mal) die Apostelgeschichte des Lukas, aber nur im Sinne einer allgemeinen Bezeichnung für Christen (Rengstorf 462; vgl. Haenchen 279 zu Apg 9,25). In der ganzen Briefliteratur des Neuen Testaments dagegen fehlt der Begriff. Entsprechend der neuen Situation, in der das Leben mit dem historischen Jesus abgelöst war von der Beziehung zum erhöhten Herrn, kamen andere sprachliche Umschreibungen für sie auf:

So kann Paulus in Verbindung mit der Taufe den Vorgang der Rechtfertigung auch beschreiben als *Anteilbekommen am Geschick Jesu*, als „mit Christus sterben" und, in Entsprechung zur Auferstehung Jesu, durch seinen Geist *zu einem neuen Leben erweckt* werden (Röm 6,8; Kol 2,12; vgl. Goppelt 430) – offensichtlich eine Umformung des Nachfolgemotivs der Evangelien (vgl. Mt 16,24f; vgl. Riesner, Taufkatechese 316ff). Nahe bei diesem Gedanken liegt auch der des „Gleichgestaltetwerdens seinem Tode" (*symmorphizomenos*, Phil 3,11) und des „*Umgestaltetwerdens* (*metamorphoumetha*) in sein Bild (der Auferstehungsherrlichkeit)" (2Kor 3,18), des „Anziehens" Christi (Röm 13,14; vgl. Kol 3,12f; Eph 4,24) sowie der „Nachahmung" Jesu („Werdet meine *Nachahmer* wie ich *des Christus* (Nachahmer) bin" (1Kor 11,1; vgl. 4,16f; 1Thess 1,6; vgl. Eph 5,1: Nachahmer Gottes).

e) Ähnlich wie Umkehr und Jüngerwerden in den Evangelien in der berufenden Anrede Jesu ihren Grund haben, so wird der Zuspruch des Evangeliums von der Rechtfertigung aus Gnade zum Akt der *Berufung*: Christen werden angesprochen als „berufene Heilige" (1Kor 1,2) bzw. „Berufene (*klätoi*) Jesu Christi" (Röm 1,6). Dies Motiv zieht sich durch alle apostolischen Schriften des Neuen Testaments hindurch (vgl. Cremer 454; Frische 236). An den meisten Stellen ist es mit einer Zielbestimmung verbunden, vor allem der Berufung zur Erlangung des ewigen Heils: Berufen zur Gemeinschaft seines Sohnes (1Kor 1,9), zu seinem Reich (1Thess 2,12), zur Rettung (2Thess 2,13), zur (eschatologischen) Herrlichkeit (2Thess 2,14), zum ewigen Leben (1Tim 6,12), zu seinem (Gottes) herrlichen Licht (1Petr 2,9), den Segen (= das Heil, Schelkle 95) zu erben (1Petr 3,9), zu einer Hoffnung (Eph 4,4), zu einem ewigen Erbe (Hebr 9,15).

Daneben finden sich aber auch ethische Zielbestimmungen: nicht nur die Berufung dazu, Leiden für das Tun des Guten geduldig auf sich zu nehmen (1Petr 2,21; vgl. Cremer 545), sondern auch dazu, den Frieden Christi im Herzen herrschen zu lassen (Kol 3,15), zur Freiheit, in der Christen einander in Liebe dienen (Gal 5,13) und zur Abwendung von heidnischer Unreinheit durch Heiligung (1Thess 4,7; vgl. Schlatter, Thessalonicher 25). Aber eine zumindest indirekte ethische Zielbestimmung liegt auch vor, wenn von Christen erwartet wird, dass sie „würdig ihrer Berufung, zu der sie berufen sind, ihr Leben führen" (Eph 4,1) bzw. „würdig des Gottes, der euch berufen hat" (1Thess 2,12), dass sie heilig werden „gemäß dem Heiligen, der euch berufen hat" (1Petr 1,15). Als Berufene sind alle Christen das „auserwählte Geschlecht", das die Wohltaten dessen, der sie berufen hat, verkündigen soll (1Petr 2,9), also berufen zur Verkündigung des Evangeliums.

Wie es bei Jesus neben der allgemeinen Berufung ins Reich Gottes auch den Ruf in die Nachfolge im engeren Sinn gibt, so kennen die apostolischen Schriften innerhalb solcher allgemeinen Berufung auch eine persönliche Berufung zu einem speziellen Dienst. So nennt ein Offenbarungswort Jesu an Ananias den Paulus sein „auserwähltes Werkzeug (*skeuos eklogäs*), dass er meinen Namen trage vor Heiden und Könige und das Haus Israel" (Apg 9,15). Entsprechend bezeugt Paulus selbst von sich, Gott habe ihn „ausgesondert und berufen durch seine Gnade ... damit ich ihn durchs Evangelium verkünden sollte unter den Heiden" (Gal 1,15) und bezeichnet sich in Briefpräskripten als „berufener Apostel Christi Jesu durch den Willen Gottes" (1Kor 1,1; Röm 1,1: „berufener Apostel, ausgesondert für das Evangelium Gottes").

f) In der Verkündigung Jesu war „Reich Gottes" der entscheidende, umfassende Zielbegriff für Glauben und Leben (Goppelt 95: „Jesu Wirken kreist um einen faszinierenden Begriff ... diese Mitte ist das Reich Gottes"; vgl. Ethik I, 115-120). Einerseits blieb dies so in gewisser Weise auch in der apostolischen Verkündigung (vgl. vor allem 1Thess 2,12; 2Thess 1,5; 1Kor

4,20; 1Kor 6,9; 15,24; Röm 4,17; Eph 5,5; Kol 1,13). Andererseits wird das Motiv des Reiches Gottes jetzt zunehmend vertreten durch das des Herrseins Christi (vgl. Röm 14,9; Schmidt 591) und, im Blick auf die Auswirkung im Leben der Glaubenden, durch das Motiv der *Heiligung*. So stellen die Apostel das ganze christliche Leben unter diesen Zielbegriff (1Thess 4,3; 2Kor 7,1; Röm 6,19.22; 1Petr 1,2.15; Hebr 12,10.14; vgl. Ethik I,130.133-136). Stärker als in allen anderen genannten apostolischen Beschreibungen des neuen Lebens kommt hier schon im Begriff das theozentrische Motiv zum Ausdruck: Das neue Leben ist wesentlich Leben durch und unter Gott, mit und für Gott (vgl. Burkhardt, Rechtfertigung 41-43).

Literatur:

K. Bockmühl, Hören auf den Gott, der redet, in: BWA I,6, Gießen 1998, 77-180; H. Burkhardt, Christwerden, Gießen 1999; ders., Rechtfertigung und Heiligung – eine biblisch-dogmatische Verhältnisbestimmung, in: JETh 20/2006, 25-46; H. Cremer, Die paulinische Rechtfertigungslehre, Gütersloh [2]1900; R. Frische, Art. Berufung a. biblisch, in: ELThG[1] 236; L. Goppelt, Theologie des Neuen Testaments, Göttingen 1975/1976; K. Haacker, Die Berufung des Verfolgers und die Rechtfertigung des Gottlosen, in: ThBeitr 6/1975, 1-19; E. Haenchen, Die Apostelgeschichte, Göttingen [4]1961; F. Neugebauer, In Christus. Eine Untersuchung zum Paulinischen Glaubensverständnis, Göttingen 1961; K. H. Rengstorf, Art. *manthanoo*, in: ThWNT IV, 392-465; R. Riesner, Taufkatechese und Jesus-Überlieferung, in: Logos-Logik-Lyrik, FS K. Haacker, Leipzig 2007, 305-339; K. H. Schelkle, Die Petrusbriefe. Der Judasbrief, Freiburg [2]1964; A. Schlatter, Das Evangelium des Johannes, Stuttgart 1899; ders., Die Briefe an die Thessalonicher, Philipper, Timotheus und Titus, Stuttgart 1964; K. L. Schmidt, Art. *basileus/basileia*, in: ThWNT I, 570-595; R. Schnackenburg, Die Johannesbriefe, Freiburg [3]1965.

1.3.2 Allgemein-ethische Normen in der apostolischen Paraklese

Mit dem Neuwerden des Lebens im Übergang zum Christwerden eines Menschen ist die natürliche Grundlage seines Lebens mit ihren Verbindlichkeiten nicht ausgelöscht. Die neue Schöpfung hebt die alte nicht auf, weder in dem, was in ihr als Schöpfung Gottes nach wie vor gut und deshalb zu bewahren ist, noch auch in dem, was durch die Sünde zerstört und was deshalb, auch und gerade im Leben des Christen, zu bekämpfen und zu überwinden ist. Der Christ hat seine Integrität und Glaubwürdigkeit auch im Rahmen allgemeiner Ethik zu bewähren. Deshalb findet sich in der apostolischen Paraklese grundsätzlich beides, allgemeine wie spezifisch christliche Weisung.

Zu ersterer ist zunächst auf das im allgemeinmenschlichen Kern nach wie vor gültige alttestamentliche Gebot auch in der apostolischen Unterweisung zu verweisen (vgl. Ethik I, 103-105). Das bestätigen nicht zuletzt die ausdrücklichen Bezugnahmen auf Gebote des Dekalogs (Röm 13,9a; Eph 6,2f; vgl. auch die inhaltliche Anknüpfung in 4,28; Jak 2,11) sowie auf das Gebot der Nächstenliebe als Erfüllung des Gesetzes (Röm 13,8.9b.10b; Gal 5,14; vgl. Jak 2,8: das „königliche Gesetz" der Nächstenliebe „vollenden").

Neben die bleibende Gültigkeit der offenbarten Gebote tritt bei Paulus die Begründung ethischer Normen aus der in der Schöpfung gegebenen Ordnung: So ist gleichgeschlechtlicher Verkehr „gegen die Natur" (*para physin*, Röm 1,26). Und wenn Heiden, ohne das Gesetz zu kennen, doch tun, was im Gesetz gefordert ist, so tun sie es „von Natur" (*physei,* Röm 2,14a), d. h., weil sie sich als auf solches Tun hin geschaffen erkennen (in diesem Sinn sind sie „sich selbst Gesetz" 2,14b). Der Apostel knüpft hier bis hinein in die Begrifflichkeit an den Naturrechtsgedanken der hellenistischen Philosophie an, wie er ihm vermutlich durch das hellenistische Judentum vermittelt wurde, und zwar bereits in einer durch den biblischen Schöpfungsglauben umgeformten Gestalt (Burkhardt 90ff). Im Kontext dieser für die theologische Ethik des Apostels grundlegenden Aussagen ist auch die an vielen Stellen zu beobachtende Übernahme außerbiblischer ethischer Normen zu verstehen wie in den sog. Haustafeln (bes. Kol 3,18-25 und Eph 5,22-6,9; vgl. Herr 34-72) und sog. Tugend- und Lasterkatalogen (vgl. z. B. die Aufzählung von Tugenden in Phil 4,8; oder Lasterkataloge wie Röm 1,28-31 und 1Kor 6,9f; Herr 87-115). Wobei solche Übernahme ebenfalls keineswegs unkritisch geschieht, sondern in von biblischer Überlieferung bestimmter Auswahl, Ergänzung (vor allem durch Begriffe wie Liebe, Demut, Langmut, Barmherzigkeit) und inhaltlicher Umprägung (Herr 102f). Wenn Paulus dabei wiederholt hinzufügt, dass solches Tun „im Herrn" geschehen solle (Kol 3,18.20; vgl. V. 22: „in der Furcht des Herrn"), so wird es dadurch nicht etwa inhaltlich als spezifisch christlich gekennzeichnet. Vielmehr kommt dadurch nur zum Ausdruck, dass auch ein Verhalten, das man an sich von jedermann erwarten könnte, vom Christen von der persönlichen Verbindung mit dem himmlischen Herrn und der Verantwortung ihm gegenüber her erst recht zu erwarten ist.

Ein besonders eindrückliches Beispiel für das Nebeneinander von allgemeinethischen und spezifisch christlichen Normen bietet Paulus zu

Beginn des zweiten, parakletischen Teils des Römerbriefs. Er setzt ein mit einem Rückblick auf die in Christus offenbarte Barmherzigkeit Gottes (Röm 12,1) und mit der Aufforderung an die Gemeinde, sich nicht der Welt gleichzustellen, sondern durch Erneuerung der Gesinnung (des *nous*) sich umgestalten zu lassen (V. 2). Aber mitten in die darauffolgenden Anweisungen zu einem dieser Voraussetzung entsprechenden Verhalten in der christlichen Gemeinde ist eine Reihe Ermahnungen angefügt, die zwar auch der Gemeinde, ausdrücklich aber nicht nur der Gemeinde, sondern jedermann gilt: „Jedermann (*pasa psychä*) ordne sich den Trägern der (öffentlichen) Gewalt unter …“ (Röm 13,1). Dieser Abschnitt Röm 13,1-7 ist eine „selbständige Einlage“, in der „jede christliche Einstellung … fehlt“ und „deren Elemente im AT und im Spätjudentum vorgebildet sind“ (Michel 312f; vgl. 289; vgl. Bergmeier 341.354; zur grundsätzlichen Bedeutung von Röm 13 und ähnlichen Aussagen in 1Petr 2,13-17 für die politische Ethik vgl. Ethik II,1, S. 210-213). Auch die kurze anschließende Paraklese 13,8-10 mit ihrem Bezug auf die zweite Tafel des Dekalogs und deren Zusammenfassung im Gebot der Nächstenliebe gehört noch zum Ethos für jedermann (vgl. Bergmeier 354f: V. 8 schließt sich nahtlos an V. 7 an, nicht an 12,21). Für christliches Ethos ist höchstens die Konzentration auf das Motiv der Liebe charakteristisch (vgl. hier die Häufigkeit des Begriffs *agapä*: 5-mal in drei Versen). Darin deutet sich an, dass die Liebe hier „nicht nur Zusammenfassung (ist), sondern auch Überbietung aller Einzelgebote“ (Michel 327).

Literatur:

R. Bergmeier, Die Loyalitätsparänese Röm 13,1-7 im Rahmen von Römer 12 und 13, in: ThBeitr 27/1996, 341-357; H. Burkhardt, Der Naturrechtsgedanke im hellenistischen Judentum und im Neuen Testament, in: ders., (Hg), Begründung ethischer Normen, Wuppertal 1988, 81-97; Th. Herr, Naturrecht aus der kritischen Sicht des Neuen Testamentes, Paderborn 1976; O. Michel, Der Brief an die Römer, Göttingen [3]1963.

1.3.3 Spezifisch christliche Normen in der apostolischen Paraklese

Neben solchen jedermann gleichermaßen verpflichtenden Anweisungen für das Verhalten des Menschen und damit auch des Christen gibt es in der frühchristlichen Gemeinde nun aber doch auch solche Verhaltensweisen und Normen, die den Rahmen des jedermann Zumutbaren sprengen und die nicht nur in ihrer Motivation (s. oben 1.3.1), sondern auch im Inhalt spezifisch christlich zu nennen sind.

1.3.3.1 Christliches Ethos in der frühen Christenheit nach der Apostelgeschichte

a) *Apostelgeschichte 2,42.44-46:* Unmittelbar nach der Pfingstpredigt des Petrus (Apg 2,14-36) entsteht aus der auf sie folgenden Erweckung die erste christliche Gemeinde („Als sie das hörten, ging es ihnen durchs Herz und sie sprachen zu Petrus und den anderen Aposteln: Was sollen wir tun?" V. 37; vgl. V. 41 „Die nun das Wort annahmen, ließen sich taufen, und wurden hinzugetan an dem Tage bei 3000 Seelen"). Sie waren alle Juden (vgl. die Anrede des Petrus: „Ihr Männer aus Israel", 2,22), die als solche grundsätzlich mit dem Gesetz und jüdischem Leben vertraut waren. Trotzdem setzten sie nun nicht einfach ihre alten Lebensformen fort, sondern es entstanden aufsehenerregend neue. Sie sind charakterisiert durch vier Merkmale: „Sie blieben aber beständig in der Apostel Lehre (*didachä toon apostoloon*) und in der Gemeinschaft (*koinoonia*) und im Brotbrechen (*klasis tou artou*) und im Gebet (*proseuchä*)" (V. 42). In diesen Merkmalen kommt zum Ausdruck, dass hier, wurzelnd im gemeinsamen Glauben an Jesus Christus („Alle aber, die gläubig geworden waren ..." V. 44a), eine neue Gestalt menschlicher Gemeinschaft im Entstehen ist:

1. Grundlegend ist das ausdauernde Festhalten (*proskarterountes*) an der *„Lehre der Apostel"* (vgl. auch der Apostel „Dienst am Wort", 6,2.4 – wobei bemerkenswert auch hier die Verbindung mit anhaltendem Gebet ist). Konkret dürfte zu denken sein an Unterrichtung über Wort und Weg Jesu, wie sie dann später in unsere Evangelien eingegangen ist (Riesner, Jesus 58f), eventuell auch – wie schon in der Predigt des Petrus – an eine erste Einführung in eine von dieser Erkenntnis bestimmte Auslegung des Alten Testaments (Stählin 56; Riesner aa0).

2. Bei *„Gemeinschaft"* könnte man an Tischgemeinschaft bei gemeinsamem Essen denken (vgl. etwa 11,3; Stählin 56), eher aber doch wohl noch über sie hinaus allgemein an teilnehmende Fürsorge füreinander (Stählin 56; vgl. Röm 12,13 *tais chreiais toon hagioon koinoonountes*). Dafür sprechen auch die Notizen in V. 44f, die diese Fürsorge füreinander, unter besonderer Berücksichtigung der sozial Schwachen in der Gemeinde, konkre-

ter ausführen: Alle, die gläubig geworden waren, „waren beieinander (*epi to auto*) und hatten alle Dinge gemeinsam (*eichon hapanta koina*)". Konkret sah das so aus, dass einzelne Gläubige ihre Güter und Habe verkauften und unter alle verteilten „je nachdem einer in Not war (*kathoti an tis chreian eichen*)" (vgl. auch 4,32-37 und die „tägliche Versorgung der Witwen" 6,1f). Was schon in der Ordnung des Alten Bundes für Israel angestrebt war („Es soll überhaupt kein Armer unter euch sein", Dt 15,4) und auch andernorts als Wunschvorstellung angedacht war (die Formel *panta koina*, also „(allen) alles gemeinsam", findet sich als soziale Leitidee auch schon in der antiken griechischen Philosophie, vgl. Hauck 792; Hengel 13), das wurde hier Realität (vgl. auch Ethik II,2 159f). Dabei konnte die Urgemeinde an die jüdische Armenfürsorge anknüpfen (vgl. Billerbeck 643-647; Goppelt 33; Stählin 97), überbot diese aber aus ihrer neuen Motivation heraus an Intensität, dabei die Bedürfnislosigkeit und Bereitschaft zu individuellem Besitzverzicht in der Jüngergemeinde fortführend (Riesner, Formen 39).

3. Unsicher sind die Ausleger in der Deutung des *„Brotbrechens"*: Teilweise wird dabei an normale gemeinsame Mahlzeiten gedacht, die nach jüdischer Sitte (Billerbeck 619f) mit dem „Brechen des Brotes" eröffnet wurden (vgl. Lk 24,30; Apg 27,35). Dieser Eröffnungsritus konnte dann – nach der Regel, dass ein Teil für das Ganze stehen kann – als technischer Terminus für die ganze Mahlzeit gelten (Stählin 56). Offen ist, welche Bedeutung diese gemeinsame Mahlzeit hatte. War sie, in der Tradition der gemeinsamen Mahlzeiten Jesu mit seinen Jüngern, nur Ausdruck ihrer Gemeinschaft – oder gründete sich das gemeinsame Essen speziell auf das letzte Mahl Jesu mit den Jüngern? In die letztgenannte Richtung scheint zu deuten, wenn es bei Paulus heißt: „Der gesegnete Kelch, welchen wir segnen, ist der nicht die Gemeinschaft des Blutes Christi? Das Brot, das wir brechen, ist das nicht die Gemeinschaft des Leibes Christi?" (1Kor 10,16b; vgl. 11,23-29). Allerdings war in Korinth die kultische Feier des Herrenmahls (*kyriakon deipnon*, 11,20) offensichtlich mit einer allgemeinen Mahlzeit verbunden, wobei in fragwürdiger Weise soziale Unterschiede ans Licht traten (V. 21). Ob diese Verbindung nur in Korinth üblich war, oder die immer schon übliche Verbindung in Korinth nur zu Missbräuchen führte, ist schwer zu entscheiden (für letzteres Goppelt 32.145f; vgl. auch Schlatter 49). Paulus rät jedenfalls aufgrund der Missbräuche in Korinth zur Trennung von allgemeiner Mahlzeit, die der Sättigung dient, einerseits,

und der Feier des Herrenmahls andererseits (V. 22; vgl. Apg 20,7.11, wo von einer allgemeinen Mahlzeit keine Rede ist).

4. Das *„Festhalten am Gebet"* schließlich meint hier vor allem das gemeinsame Gebet, sei es im Tempelbereich (V. 46a; vgl. 5,12), sei es – wie auch beim Brotbrechen (V. 46b) – in Privathäusern (Apg 4,23-31; 12,5.12; vgl. Gehring 133.144-146).

So entstand von Anfang an unter den Christen eine einzigartige innere Einheit („Die Menge der Gläubigen war ein Herz und eine Seele", *kardia kai psychä mia*, 4,32), die sich spontan in einem intensiven gemeinsamen Leben Ausdruck gab (sozusagen eine „kommunitäre" Gemeinde, Riesner, Formen 35-40).

b) *Apostelgeschichte 4,19f:* Neben der Beschreibung des inneren Lebens der Gemeinde (allerdings auch seiner nicht direkt intendierten Außenwirkung, vgl. 4,47) steht das Wortzeugnis nach außen, sowohl im Rechenschaftablegen vor den religiösen Autoritäten des jüdischen Volkes (4,8-20; 5,29-32) wie aus eigener Initiative. Ausgehend vom Sendungsauftrag der Auferstandenen: „Ihr … werdet meine Zeugen sein zu Jerusalem und in ganz Judäa und Samarien bis an das Ende der Erde" (Apg 1,8; vgl. Schnabel 381-384), kann die ganze lukanische Apostelgeschichte als Missionsgeschichte verstanden werden, von der Predigttätigkeit des Petrus an (Apg 2-3 und 10) über die des Stephanus (Apg 6) und des Philippus (Apg 8) bis zu der des Paulus (Apg 13ff). Dies missionarische Zeugnis ist einerseits von Gott auferlegte Pflicht (Schlatter 72), andererseits aber auch innere Notwendigkeit. Vor dem Hohen Rat bekennt Petrus: „Wir können es nicht (*ou dynametha*) lassen zu sagen, was wir gesehen und gehört haben" (4,20).

c) *Apostelgeschichte 4-7:* Die Apostel bekennen sich zu Jesus, auch wenn sie damit Leiden und Verfolgung riskieren: Petrus und Johannes werden verhaftet, müssen sich vor dem Hohen Rat verantworten und erhalten Verkündigungsverbot, an das zu halten sie sich nicht bereit erklären (4,18f). Als sie erneut verhaftet werden und nach wie vor nicht bereit sind, dem Verbot Folge zu leisten, möchte man sie eigentlich töten (5,13), aber auf den Rat des Gamaliel hin verzichtet man darauf, lässt sie aber schlagen und vermahnt sie noch einmal, von Jesus nicht mehr öffentlich zu reden (V. 40). Sie aber gingen „fröhlich" davon, weil sie „würdig gewesen waren, um

Seines Namens willen Schmach zu leiden“ (V. 41), und setzten, unbekümmert um alle Drohungen, ihre Verkündigung fort (V. 42). Gleich der nächste Konflikt aber zeigt, wie ernst die Bedrohung ist: Stephanus wird wegen seiner wirkungsvollen Verkündigung verleumdet, vor Gericht gestellt und als vermeintlicher Gotteslästerer getötet (7,56). In besonderer Weise bezeichnend christlich aber ist sein letztes Wort, wenn er nach dem Vorbild Jesu (Lk 23,34) für seine Mörder bittet: „Herr, behalte ihnen diese Sünde nicht“ (7,59).

d) *Apostelgeschichte 11,27-30:* Als in Antiochien von dem Propheten Agabus eine große Hungersnot angekündigt wurde, die offenbar besonders die Christen in Jerusalem bedrohte (Riesner, Frühzeit 113.117-119), da „beschloss ein jeder unter den Jüngern, nach seinem Vermögen den Brüdern, die in Judäa wohnten, eine Gabe zu senden“ (V. 29), die dann auch durch Barnabas und Paulus überbracht wurde. Damit bewährte sich die im gemeinsamen Glauben an Christus gegebene brüderliche Verbundenheit, wie sie sich schon im Anfang in Jerusalem gezeigt hatte, nun auch über weite Distanzen hinweg als Dienst (*diakonia*) in freiwilliger Hilfsbereitschaft (*hoos euporeito tis* = wie jemand vermochte). „So erwies sich das Band, das nicht nur in jeder Gemeinde die Glaubenden, sondern auch die Gemeinden untereinander vereinigte, in neuer Weise wirksam. Man beugte der kommenden Not durch gemeinsame Hilfe vor“ (Schlatter 179).

Literatur:

P. Billerbeck, Kommentar aus Talmud und Midrasch, 2. Bd., München [3]1961; F. Hauck, Art. *koinos*, in: ThWNT III, 789-798; R. W. Gehring, Hausgemeinde und Mission, Gießen 2000; L. Goppelt, Die apostolische und nachapostolische Zeit, Göttingen 1962; M. Hengel, Eigentum und Reichtum in der frühen Kirche, Stuttgart 1973; R. Riesner, Formen gemeinsamen Lebens im Neuen Testament und heute, TuD 11, Gießen 1977; ders., Jesus als Lehrer, Tübingen [3]1988; ders., Die Frühzeit des Apostels Paulus, Tübingen 1994; A. Schlatter, Die Apostelgeschichte. Erläuterungen z. NT, 8.Teil, Stuttgart 1902; E. Schnabel, Urchristliche Mission, Wuppertal 2002; G. Stählin, Die Apostelgeschichte, NTD 5, Göttingen 1970.

1.3.3.2 Christliches Ethos in den Paulusbriefen

a) *Galaterbrief:* Der Galaterbrief des Paulus ist das erste Zeugnis seiner Auseinandersetzung mit einer in christlichen Gemeinden neu aufkommenden Gesetzlichkeit (und möglicherweise auch der erste uns überlieferte

Paulusbrief überhaupt, vgl. Riesner, Frühzeit 257-259; Carson/Moo 564). Dabei macht er von Anfang an klar, dass die von ihm leidenschaftlich proklamierte Freiheit vom Gesetz als Weg zum Heil nicht libertinistisch missverstanden werden darf. Der Christ ist, im Glauben an den für ihn Gekreuzigten, „durch das Gesetz (im Sinne des *usus elenchticus*) dem Gesetz gestorben", aber nicht um nun der eigenen Willkür überlassen zu sein, sondern damit er nun für Gott lebt (Gal 2,19; vgl. 2Kor 5,15). Die so verstandene Freiheit und das in ihr sich entfaltende Leben hatte sich spontan schon in der einstigen Liebe der Galater zu Paulus als dem Bringer des Evangeliums geäußert: „Denn ich bezeuge euch, dass ihr wenn möglich (sogar) eure Augen ausgerissen und mir gegeben hättet" (4,15). Dies neue Leben mit Christus wird dann in Kap. 5-6 entfaltet: Christus hat uns zur Freiheit (*tä eleutheria*) von der Knechtschaft unter dem Gesetz befreit (5,1), und zwar zu einem Leben, in dem, unter der Leitung des Geistes Gottes (V. 5; vgl. 5,16), der auf die Gerechtigkeit Gottes hoffende Glaube sich auswirkt in der Liebe (5,6 *pistis di' agapäs energoumenä*), in der einer dem andern zum Diener wird (5,13 *dia täs agapäs douleuete allälois*). Damit wird auch das Gesetz erfüllt, wie es im alttestamentlichen Gebot der Nächstenliebe zum Ausdruck kommt (V. 14). Aber der in der Gemeinde geübte selbstlose Dienst aneinander geht über das „wie dich selbst" des Gebots noch hinaus.

Das macht auch die Beschreibung der „Frucht des Geistes" deutlich, die besteht in „Liebe, Freude, Friede, Geduld, Freundlichkeit, Gütigkeit, Glaube, Demut, Keuschheit (*enkrateia* = zuchtvoller Umgang mit der Sexualität)" (5,22). Es handelt sich hier um einen sog. „Tugendkatalog", wie wir solche ähnlich auch in stoischer Popularpilosophie finden. Bei Paulus unterscheidet er sich von diesen aber inhaltlich durch einige Begriffe, die stoischen Tugendkatalogen fremd oder geradezu entgegengesetzt sind und darin charakteristisch christliche Züge aufweisen, wie hier Liebe (*agapä*), Friede (*eiränä*), Langmut (*makrothymia*), Güte (*agathosynä*), Glaube (*pistis*), Demut (*praytäs*) (Herr 102f.106).

Anschließend gibt Paulus ein praktisches Beispiel: Brüder, die sich verfehlen, sollen zurechtgewiesen werden im Bewusstsein eigener Fehlsamkeit und deshalb im „Geist der Demut" (*praytäs*, 6,1; „Demut und Bescheidenheit gegenüber Gott ... und den Menschen", Oepke 142 z.St.; vgl. 2Tim 2,25) und so in brüderlicher Liebe „einer des andern Last tragen" (6,2a). Dieser Grundsatz wird, im Unterschied zum mosaischen Gesetz (5,14), ausdrücklich als „Gesetz Christi" bezeichnet (6,2b), was darauf hinweisen könnte, dass diese Weisung sich bewusst auf Jesus-Tradition gründet (Mt 18,15; Riesner, Paulus 363). Solchem Geist der Demut entspricht generell eine Haltung, in der man sich nicht „einbildet, etwas zu sein“, vielmehr gerade in solcher Einbildung „nichts ist“ (V. 3).

Die Reihe der Ermahnungen wird in V. 9f abgeschlossen durch die Aufforderung, im Tun des Guten nicht müde zu werden: „Lasst uns Gutes tun an jedermann, allermeist aber an des Glaubens Genossen“ (V. 10; vgl. die gleiche Reihenfolge auch in 1Thess 3,12; 5,15) – wobei für das christliche Verständnis der Liebe wieder bezeichnend der Akzent ist, der einerseits auf der grundlegenden Bruderliebe („allermeist“) liegt, andererseits die Liebe aber doch auch offen ist „für alle“ (*pros pantas*), d. h. ohne Grenzziehung, auch nicht zum Feind hin.

b) *Erster Thessalonicherbrief:* Der erste Brief an die Gemeinde in Thessalonich ist im Jahr 50 n. Chr. bald nach der Gründung der Gemeinde geschrieben worden (Riesner, Frühzeit 323-325; 659). Paulus erinnert in seinem Brief an die Erstunterweisung, die er der Gemeinde gegeben hatte (4,2), und die er nun um noch Fehlendes ergänzt (3,10).

Gleich in den nach dem Gruß folgenden Eingangsworten, dem Dank an Gott für das, was er in den Thessalonichern wirkte, fallen in 1,3 drei Begriffe, in denen vor allem Paulus (vgl. neben 1Thess 5,8 noch 2Thess 1,3f; Gal 5,5f; 1Kor 13,13; Röm 5,1.2.5; Kol 1,4f und Eph 1,15.18; vgl. aber auch 1Petr 1,3.5.8; Hebr 6,10-12 und 10,22-24) immer wieder das Entscheidende im christlichen Ethos in einer Trias zusammenfasst: Er dankt Gott für „euer Werk im *Glauben* und eure Arbeit in der *Liebe*, und eure Geduld in der *Hoffnung*“. Nach von Dobschütz (66) meint Paulus mit dem „Werk des Glaubens“ (*ergon pisteoos*) die „gesamte Lebensführung, soweit sie durch den Glauben bestimmt ist“. Es könnte allerdings sein, dass der Apostel dabei doch in besonderer Weise an die missionarische Weitergabe des Evangeliums denkt, von der dann in V. 8 ausdrücklich die Rede ist („Denn von euch aus ist erschollen das Wort des Herrn nicht allein in Mazedonien und Achaja, sondern an allen Orten ist euer Glaube (sic) an Gott bekannt geworden“). Entsprechend könnte im Hinweis auf die erfahrenen Trübsale (V. 6; vgl. 2,14) das Motiv der geduldigen Hoffnung (V. 3c) wieder aufgenommen sein, das der Liebe in 3,2.12 und 4,9 (s.u.).

Das von dieser Trias bestimmte christliche Leben hat begonnen in der Bekehrung der Thessalonicher als ihrer Abkehr von den Götzen und ihrer Hinwendung zu Gott. Wobei diese Hinwendung zu Gott zugleich das ganze Leben unter ein umfassendes Ziel stellte: dem „lebendigen und wahren Gott zu dienen" (1,9). In dieser Zielbestimmung zeigt sich wieder der theozentrische Grundsinn der Umkehr und von daher der ganzen christlichen Existenz. Sie nimmt ein altes Motiv alttestamentlicher Umkehrpredigt auf (vgl. Jos 24,14 mit den zwei Grundelementen Abkehr von den Göttern und Hinwendung zu Jahwe, jeweils mit dem Dienstmotiv verbunden: „So fürchtet nun den Herrn und dient ihm aufrichtig und treu, und lasst fahren die Götter, denen eure Väter gedient haben jenseits des Euphratstroms und in Ägypten, und dient dem HERRN"; vgl. auch 1Sam 7,3; die endzeitliche Erwartung einer Umkehr von Heiden rückt in den Blick bei Jesaja, wenn er im Namen Gottes sagt: „Die Fremden, die sich dem HERRN zugewandt haben, ihm zu dienen und seinen Namen zu lieben, … die will ich zu meinem heiligen Berg bringen", Jes 56,6f). Dabei ist das „dienen" zwar auch kultisch zu verstehen (vgl. Jes 56,7b: „mein Haus wird ein Bethaus heißen für alle Völker"), aber nicht nur. Im Unterschied zu *latreuein* und *leitourgein* ist *douleuein* der weitere, das ganze Leben umfassende Begriff („Ausdruck für den Gottesdienst, und zwar im Sinne totaler Bindung an die Gottheit", Rengstorff 270,37f). Entsprechend wird „dienen" in Jes 56,6 parallel als „seinen Namen lieben" beschrieben. Das Motiv des Dienstes ist dabei sozusagen der subjektive Aspekt des Herrschaftsanspruchs Gottes (1Sam 8,7; vgl. 1Thess 2,12: „würdig zu wandeln des Gottes, der euch berufen hat zu seinem Reich").

In 2,1-20 wehrt der Apostel den Vorwurf ab, aus Habsucht (*pleonexia*) zu predigen (2,5). Als Gegenbeweis erinnert er daran, dass er von sich aus auf Unterhalt durch die Gemeinde verzichtete und sich mit seiner Hände Arbeit selbst ernährte: „Tag und Nacht arbeiteten wir, um niemand von euch beschwerlich zu fallen" (2,9; vgl. 2Thess 3,8). Er hat sich um sie gemüht nicht wie jemand, der eigenen Gewinn oder Ehre sucht, sondern wie eine Mutter (V. 7) und ein Vater (V. 11) sich selbstlos um ihre Kinder mühen.

In 3,12 beschreibt Paulus das zentrale Lebensziel der Christen in Thessalonich, indem er ihnen wünscht, dass „der Herr euch überfließend reich (*perisseuein*; vgl. die „überfließende" Gerechtigkeit von Mt 5,20) wachsen lässt in der Liebe untereinander und gegen jedermann" (vgl. oben zu Gal 6,10). Und er wünscht, dass ihre „Herzen gestärkt werden … in der Heiligkeit (*hagioosynä*) vor Gott unserem Vater" (3,13). Damit kommt ein Motiv zur Sprache, unter das Paulus die ganze nun folgende ethische Unterweisung 4,1-12 stellt: „Denn das ist der Wille Gottes, eure Heiligung" (*hagiasmos*, 4,3). Dabei versteht Paulus Heiligkeit als Resultat der Heiligung (v. Dobschütz 151). Worum es dabei geht, ist vorweg (4,1) schon angedeutet, wenn es heißt, dass sie ihr Leben so führen sollen, dass es Gott gefällt (*theoo areskein*) und sie darin „immer völliger werden" (*perisseuein* = überfließen). „Wille Gottes" ist dabei der weiteste ethische Oberbegriff. „Heiligung" füllt ihn insofern inhaltlich, als das Wort einen theozentrischen Akzent setzt, der aber auch noch sehr weit gefasst ist und im Folgenden an einigen Beispielen konkretisiert wird: sexualethisch negativ im Meiden von Unzucht bzw. positiv in einem von „Heiligung (*hagiasmos*) und Ehrerbietung (*timä*)" geprägten, zuchtvollen ehelichen Leben (4,4f), sowie in fairem Verhalten im Geschäftsleben, zumal innerhalb der Gemeinde (*mä hyperbainein kai pleonektein ton adelphon* 4,6; vgl. 1Kor 6,8; v. Dobschütz 168). In beiden Fällen geht es zwar nicht eigentlich um spezifisch christliche, sondern allgemeinethische Normen, die deshalb auch Heiden zumutbar sind. Wenn die Unzucht „heidnisch" genannt wird (V. 5: „nicht in gieriger Lust wie die Heiden"), dann nur deshalb, weil solches Verhalten unter Heiden zumindest weit verbreitet und insofern „typisch" heidnisch ist, während es für christliche Lebensführung kennzeichnend ist, sich von solchem Verhalten strikt fernzuhalten. Insofern gilt: „... christlicher *hagiasmos* ist Anderssein als die Heiden" (v. Dobschütz 166). V. 7 formuliert noch einmal grundsätzlich die Heiligung als Berufung des Christen („Denn Gott hat uns nicht berufen zur Unreinigkeit, sondern zur Heiligung"). Darin kommt wieder das theozentrische Motiv zur Geltung: „Wer sie verwirft, verwirft nicht Menschen, sondern Gott, der seinen heiligen Geist in euch gibt" (V. 8; vgl. 1Kor 6,19).

Die ethische Unterweisung von Kap. 4 schließt in V. 9-12 mit zwei weiteren Beispielen: Bruderliebe und Arbeitsamkeit. Letztere spricht wieder eine an sich allgemeinethische Norm an. Deshalb wird sie auch außerhalb der Gemeinde als „ehrbar wandeln" anerkannt (V. 12). Anders bei der Bruderliebe (*philadelphia,* V. 9). Sie muss der Apostel allerdings gar nicht erst anmahnen: Die Christen in Thessalonich wissen um Bruderliebe, weil Gott selbst sie gelehrt hat, einander zu lieben (*eis to agapan allälous*), und sie es auch tun (V. 9f; vgl. 2Thess 1,3). Die Bruderliebe äußert sich praktisch z. B. darin, dass die Christen sich untereinander (tröstend) ermahnen (*parakalein* 4,18; 5,11a) und einer den anderen „aufbaut" (5,11b, d. h. zu seiner geistlichen Festigung beiträgt), dass sie denjenigen gegenüber, die in der Gemeinde besondere Verantwortung übernommen haben (*kopioontes* = sich abmühend, evtl. auch in Armen- und Krankenpflege innerhalb der Gemeinde, vgl. 1,3 und Apg 20,35; ähnlich *prohistamenoi* = Fürsorge übend; vgl. Röm 16,2; v. Dobschütz 216; aber auch als *nouthetountes* = seelsorgerliche Zurechtweisung übend), Achtung erweisen und ihnen um ihrer Arbeit willen in ganz besonderer Weise (*hyperekperissoos*) mit Liebe begegnen (5,12), dass sie Frieden untereinander halten (5,13), dass sie (alle in der Gemeinde, nicht nur die besonderen Verantwortungsträger) „Unordentliche" (die keiner geregelten Arbeit nachgehen, vgl. 4,11; 2Thess 3,6.11) ermahnen, Kleinmütige aufmuntern, Schwache tragen und gegen alle Geduld üben (*makrothymein*, V. 14). Grundsätzlich formuliert Paulus dann die „Grundregel christlicher Ethik" (v. Dobschütz 221): „Seht zu, dass keiner Böses mit Bösem vergelte (vgl. Röm 12,21), sondern jagt allezeit dem Guten nach untereinander und gegen jedermann" (5,15; vgl. 3,12). Paulus erwartet also, darin ganz dem Wort Jesu entsprechend (Mt 5,38-42), dass Christen für sich selbst auf alle Vergeltung verzichten und stattdessen bemüht sind, nur das (für den anderen) Gute zu tun, und zwar nicht nur in der Gemeinde, sondern „gegen jedermann" – also auch denen, die ihnen Böses tun (vgl. oben zu Gal 6,10). Die Forderung „geht über alles hinaus, was griechische und jüdische Moralweisheit geleistet hat" (v. Dobschütz 221). Wir haben es hier also besonders deutlich mit einem spezifisch christlichen Gebot zu tun. „Ce qui est propre au Christianisme, c'est que le précepte est absolu, qu'il est central dans sa morale, qu'il est sanctionné par l'exemple du Maître" (Rigaux 586). „Es gehörte die Heilsfreudigkeit … des Christen dazu, diese Forderung überhaupt zu verstehen" (v. Dobschütz 222). Auffallend dabei ist, dass Paulus dies Gebot nicht direkt an die Gemeinde richtet („Vergeltet nicht Böses mit Bösem …"), sondern sie bittet, selbst darauf zu achten, dass diese Regel in der Gemeinde eingehalten wird („Seht zu, dass keiner …"). In dieser seelsorgerlichen Verantwortung aller füreinander kommt wieder die von Bruderliebe (vgl. oben zu 4,9) geprägte enge Verbundenheit aller Glieder der christlichen Gemeinde untereinander zum Ausdruck.

An diese Grundregel schließt Paulus in 5,16-18 eine parakletische Trias an (v. Dobschütz 223): „Freut euch allezeit, betet ohne Unterlass, seid dankbar in allen Dingen." Da Freude an sich kein möglicher Gegenstand eines Befehls ist, wird man diesen Imperativ wohl als Aufforderung zur Besinnung auf den christlichen Grund zur Freude, auf das Heil in Christus, verstehen dürfen (v. Dobschütz 223). Es gibt zugleich in besonderer Weise Motivation zum anhaltenden Gebet und Anlass zur Dankbarkeit. Die Bedeutung der Trias unterstreicht Paulus durch die Aussage, dass ein solches Verhalten dem Willen Gottes für das Leben des Christen entspreche (vgl. 4,3). Der Zusatz „in Christus Jesus" macht deutlich, dass diese dreifache Forderung eine „spezifisch christliche" ist (v. Dobschütz 224). Der abschließende Gebetswunsch V. 23 lässt noch einmal das Heiligungsmotiv anklingen und deutet an, dass die Heiligung nicht nur, wie in 4,3, zur *voluntas signi* zu rechnen ist, sondern gleichzeitig auch zur *voluntas Dei beneplaciti* (vgl. Ethik I, 147f): Gott selbst ist es, der den Christen (durch Wirken des heiligen Geistes, 2Thess 2,13) „durch und durch" (*holoteleis*) heiligt.

c) *Zweiter Thessalonicherbrief:* Am Anfang des vermutlich bald nach dem ersten Thessalonicherbrief geschriebenen zweiten Briefes (Kümmel 189; Riesner, Chronology 25; Carson/Moo 659) steht der Dank des Apostels dafür, dass der Glaube der Thessalonicher wächst (1,3b; vgl. 2,13.15) und die brüderliche Liebe untereinander zunimmt (1,3c). Neben Glaube und Liebe tritt auch hier (wie in 1Thess 1,3) die durch alle Verfolgungen hindurch im Festhalten am Glauben bewährte Geduld (1,4), d. h. das geduldige Warten auf die Wiederkunft Christi (1,7). Eben diese Geduld könnte gemeint sein, wenn später von der „Geduld Christi" möglicherweise im Sinne eines Genitivus objectivus die Rede ist (3,5). Dafür könnte 1Thess1,3 sprechen („eure Geduld in der Hoffnung auf unseren Herrn Jesus Christus", so v. Dobschütz 309). Damit haben wir es hier wieder mit der für christliches Leben kennzeichnenden Trias Glaube – Liebe – Hoffnung zu tun.

Neben den Dank tritt die Fürbitte des Apostels, dass Gott die Christen in Thessalonich würdig mache ihrer Berufung, „auf dass der Name unseres Herrn Jesus unter euch verherrlicht werde" (1,12). Das ganze Leben der Glaubenden ist so theozentrisch auf dieses Ziel ausgerichtet. Dafür nehmen sie auch Verfolgung und Leiden in Kauf (vgl. auch schon V. 5: „würdig erachtet des Reiches Gottes, für das ihr auch leidet").

Die noch einmal (vgl. schon 1Thess 4,11) aufgenommene Ermahnung der „Unordentlichen" zur Arbeit in 3,6-16 spricht wieder eine allgemeinethische Norm an (die nicht zufällig einst, allerdings ohne Quellenangabe, in die Verfassung der Sowjetunion aufgenommen werden konnte). Die Art, wie man mit den Betroffenen in der Gemeinde umgehen soll, ist dagegen, trotz aller Konsequenz in der Sache (3,14), charakteristisch christlich: Man soll sich durch ihr Fehlverhalten nicht dazu verleiten lassen, sie wie Feinde zu behandeln, sondern sie brüderlich zurechtweisen (3,15).

d) *1. Korinther 3,9–4,1:* Paulus nimmt in beiden Briefen an die Korinther Bezug auf konkrete in der Gemeinde bzw. ihrem Verhältnis zu ihm aufgetretene Probleme.

Das erste Problem, das er anspricht, ist die durch Anschluss an bestimmte, gegeneinander ausgespielte geistige Führungspersönlichkeiten bedrohte Einheit der Gemeinde (1Kor 1,10-13). Dieser Verherrlichung von Menschen aufgrund ihrer angeblichen Qualitäten setzt Paulus zunächst das Wort vom Kreuz entgegen, an dem alle menschliche Größe zuschanden wird (1,18ff). Christus ist der alleinige Grund, auf den die Gemeinde gebaut ist (3,11). Eben deshalb aber sind nun alle anderen, auch die Apostel, jeder nach seiner Berufung und Gabe, nur „Gottes Mitarbeiter (*synergoi*, 3,9), Christi Diener (*hypäretai,* vgl. V. 5 *diakonoi*) und Haushalter (*oikonomoi*) der Geheimnisse Gottes“ (4,1; 2Kor 1,24; 3,6; 4,5; 6,4). Der Dienstgedanke ist nicht nur für die Christologie des Paulus (vgl. Röm 15,8; Phil 2,7), sondern auch für das Selbstverständnis des Paulus als Apostel (Röm 1,1 *doulos*; 15,16 *leitourgos*; V. 25 und 31 *diakonos;* vgl. 1Kor 9,19) wie für sein Verständnis des Christseins überhaupt von zentraler Bedeutung (vgl. Röm 6,19; 14,18; 16,18; auch in den Bildern vom „lebendigen Opfer“ und wortgemäßen „Gottesdienst“ Röm 12,1 ist der Dienstgedanke enthalten; vgl. auch oben zu 1Thess 1,9). „Indem Paulus mit ‚Diener‘ sagt, was ein Bote Jesu sei, hat er jede selbstische Absicht von seinem Wirken entfernt. Der Diener arbeitet nicht für sich, sondern für den, dem er dient“ (Schlatter 129).

e) *1. Korinther 6,1-8:* In Kap. 5 behandelt Paulus mit dem Inzestfall in Korinth ein Problem allgemeiner Ethik, d. h. ein Verhalten, das auch heidnischer Ethik widerspricht („… dass Unzucht unter euch ist … von der auch die Heiden nicht zu sagen wissen“ 5,1). Dabei betont er allerdings insofern einen über nichtchristliche Beurteilung hinausgehenden Gesichtspunkt, als nach seinem Urteil ein solches Vergehen aus der Gemeinde ausschließt („ihr sollt nicht mit einem zu schaffen haben, der sich Bruder nennen lässt und ein Unzüchtiger … ist“ V. 11). Beim nächsten Problemfall allerdings erwartet er von den Korinthern ein allgemeine Sittlichkeit eindeutig überbietendes Handeln: Bei Streit um Eigentumsfragen sollen Christen nicht, wie sonst üblich, vor Gericht gehen, sondern das Unrecht lieber hinnehmen: „Warum lasst ihr euch nicht lieber übervorteilen? Stattdessen tut ihr Unrecht und übervorteilt, und das unter Brüdern!“ (6,7f). Mit der Anweisung, in solchen Angelegenheiten nicht vor heidnische Richter zu gehen, entspricht Paulus wohl jüdischer Sitte („Die jüdischen Gemeinden sahen in der Verwaltung des Rechts eine ihnen gegebene Pflicht, die sie an niemand abtreten konnten“, Schlatter 193f; vgl. V. 5; vgl. auch ähnliche Bestrebungen im griechischen Vereinswesen, v. Dobschütz 317). Mit der Frage „Warum lasst ihr euch nicht lieber übervorteilen?“ (V. 7) geht er aber über solche Sitte hinaus zu einer grundsätzlichen Bereitschaft zum Rechtsverzicht. Damit setzt er einen Maßstab, der sicher nicht zu verallgemeinern ist, sondern eine besondere, christliche Motivation voraussetzt (vgl. V. 11). Dabei geht es allerdings nicht um prinzipielle Verneinung des Eigentumsrechts, sondern um einen Verzicht nur im Konfliktfall, d. h. um des Friedens und damit um der brüderlichen Liebe willen (vgl. Jesu Weisung in Mt 5,40), wobei der Verzicht als solcher die grundsätzliche Anerkennung des Rechts voraussetzt.

f) *1. Korinther 7:* Für unsere Fragestellung nach einer spezifisch christlichen Ethik ist dieser Text insofern besonders aufschlussreich, als Paulus sich hier nachdrücklich gegen (!) eine vermeintlich spezifisch christliche Forderung wendet, nämlich die von einigen in der Gemeinde von Korinth offenbar vertretene Forderung eines allgemeinen Verzichts auf eheliche Gemeinschaft (vielleicht aufgrund des als Lebensideal missverstandenen Jesuswortes von den Eunuchen um des Himmelreichs willen). Paulus wendet sich aber nun nicht gegen diese Forderung, weil sie schlechthin falsch wäre, sondern weil eine grundsätzlich gute christliche Möglichkeit des Verzichts zur allgemeinen Norm erhoben wird. Damit würde nicht nur eine neue Gesetzlichkeit eingeführt, sondern vor allem schöpfungsgemäße Gegebenheiten und Ordnungen würden schwärmerisch übersprungen. Paulus kann dem Satz: „Es ist dem Menschen gut, eine Frau nicht zu berühren“ (d. h. Geschlechtsgemeinschaft mit ihr zu haben, 7,1) zustimmen – aber nicht für jeden. Mancher könnte durch den Eheverzicht nämlich in große Anfechtung geraten („… dass euch der Satan nicht versuche, weil ihr euch nicht enthalten könnt“ V. 5). So könnte er von seinem natürlichen geschlechtlichen Verlangen „verzehrt“ und innerlich zerstört werden. Für ihn ist es deshalb besser zu heiraten (V. 9). Wo dies aber nicht gegeben ist, sondern eine innere Freiheit zum Verzicht besteht, da empfiehlt Paulus diesen Weg als eine gute Möglichkeit christlicher Lebensführung. Der Grund dafür ist für Paulus nicht, wie möglicherweise für die Propagandisten der Ehelosigkeit in Korinth, eine die Schöpfung verachtende Askese. Vielmehr führt er zwei Argumente ins Feld: Der Verzicht auf die Ehe ist einmal hilfreich angesichts der kommenden eschatologischen Drangsal, die leichter zu bestehen sein wird, wenn man ungebunden ist (V. 26-28; vgl. Schrage, Stellung 131); zum andern und vor allem liegt in der Ehelosigkeit die Möglichkeit, sich in besonderer Weise um „die Sache des Herrn" zu kümmern (V. 32). Aber diese Möglichkeit kann angesichts der natürlichen Unterschiedlichkeit der Menschen wie der individuellen Wegführung Gottes nicht zur allgemeinen Regel erhoben werden. Vielmehr hat jeder seine eigene Gabe (*charisma*) von Gott (V. 7): der eine, um sich als Eheloser mit seinem ganzen Leben ungehindert für die Mitarbeit im Reich Gottes einsetzen zu können, der andere, um sich als Verheirateter mit speziell ihm verliehenen und mit seiner Lebenssituation verträglichen Gaben einzubringen (Schlatter 219). Wenn man bedenkt, dass Paulus in seinem anschließenden Wort zur Ehescheidung sich ausdrücklich auf ein Wort Jesu beruft (V. 10; vgl. Mk 10,11 = Lk 16,18) und für den Fall, dass es doch zur Trennung kommt, Wiederheirat ausschließt (V. 11), wäre erwägenswert, ob nicht auch der vorher von ihm grundsätzlich bejahte Eheverzicht auf Jesus-Überlieferung fußt (vgl. Mt 19,12, dort mit dem vergleichbaren Motiv „um des Himmelreichs willen", wobei Paulus vielleicht eine Traditionsstufe des von Matthäus verwendeten Materials voraussetzt, bei der im Wort gegen die Ehescheidung Mt 19,9 die interpretierende sog. Unzuchtsklausel *mä epi porneia* noch nicht aufgenommen war, vgl. Ethik II,299f). Wir haben es hier also sowohl mit einem apokalyptischen wie mit einem, vom Evangelium her begründeten, antithetischen Vorbehalt gegenüber den schöpfungsmäßig gegebenen Möglichkeiten zu tun (zum theologischen, apokalyptischen und antithetischen Vorbehalt neutestamentlicher Ethik vgl. Michel, Herr der Welt 900).

g) *1. Korinther 9:* Was Paulus anderen empfiehlt, lebt er selber. An sich hätte er als Apostel das Recht, sich von den Gemeinden, denen er dient, materiell versorgen zu lassen – womit er auch, wie andere Apostel, die Möglichkeit hätte, verheiratet zu sein (V. 4f; mit Berufung u. a. auf ein

Jesuswort V. 14; vgl. Lk 10,7). Paulus verzichtet auf beides. Er tut dies aber nicht, wie einige in Korinth ihm anscheinend unterstellen (V. 2f), weil er kein richtiger Apostel wäre. Vielmehr tut er es, wie er in V. 12 und 15-27 ausführlich begründet, um des Evangeliums willen: Er leistet den Verzicht, um auch nur den Anschein zu vermeiden, er nutze seinen Dienst zur persönlichen Bereicherung (V. 12.18.23). Als Apostel ist er nicht Herr über die Gemeinde, sondern hat sich jedermann zum Knecht gemacht (der als solcher keinen Lohn zu erwarten hat), „damit ich ihrer viele gewinne“ (V. 19; vgl. V. 23 „damit ich auf alle Weise etliche rette“; vgl. 1Thess 2, 9 „damit wir niemand unter euch beschwerlich wären und predigten unter euch das Evangelium Gottes“). Sein Apostelдienst ist ihm vom Herrn auferlegter Dienst und insofern Pflicht. Dass er dabei freiwillig auf die ihm eigentlich zustehende Versorgung als Lohn für seine Arbeit verzichtet, ist sozusagen ein „überpflichtiges Handeln“ (Schlatter 277) – eben das aber ist sein „Ruhm“ (V. 15f) und sein „Lohn“ (V. 18), wie er, doch wohl eher ironisch, im Blick auf jene sagt, die sich apostolischer Vollmachten und Rechte rühmen (vgl. 2Kor 12,1.5f.11; vgl. auch Schlatter 277f).

h) *1. Korinther 12:* Wieder greift Paulus ein Problem auf, das in der Gemeinde offenbar die Gemüter bewegte. Die unterschiedlichen Geistesgaben waren zum Anlass dafür geworden, dass die Träger bestimmter Gaben sich über die anderer Gaben erhoben und so das brüderliche Miteinander (Kap. 12) und die Ordnung des Gottesdienstes (Kap. 14) gefährdet waren. Dagegen betont Paulus zunächst, dass alle durch das geistgewirkte Bekenntnis zum Herr-Sein Jesu miteinander verbunden sind (12, 3) und auch der eine Geist es ist, der jedem seine Gabe zuteilt (V. 11). Wie später in Römer 12 verweist der Apostel auch hier schon auf das Bild von der Gemeinde als einem Leib mit vielen Gliedern, von denen alle ihre besondere Bedeutung für das Ganze haben und nicht eins gegen das andere abgewertet werden darf (vgl. die von Livius überlieferte alte Fabel des Menenius Agrippa, Livius II, 32,9-12). Über diesen Gedanken geht Paulus nun aber in für christliche Ethik bezeichnender Weise hinaus, indem er nicht, wie sonst wohl üblich, Gaben nach Wichtigkeit unterscheidet und den wichtigeren größere Ehre zuweist (vgl. Röm 13,7: „Ehre, wem Ehre gebührt“), sondern diese Rangordnung auf den Kopf stellt und fordert, denen, die allgemein für geringer gehalten werden, umso höhere Ehre zu geben (V. 24), „damit nicht eine Spaltung im Leibe entstehe, sondern die Glieder gleichermaßen füreinander sorgen“ (V. 25). Dieser Gedanke führt dann konsequent zum Höhepunkt der Argumentation, dem Hinweis auf den „(alles normale Maß) überschreitenden Weg“ (*kath' hyperbolän hodon*; 12,31b), die Liebe (*agapä*).

i) *1. Korinther 13:* Was Paulus unter „Liebe“ versteht, entfaltet er nun in seinem sog. „Hohenlied der Liebe“ (1Kor 13,1-13). Es gliedert sich in drei Abschnitte:

1. V. 1-3 zeigt auf, dass selbst eindrückliche Äußerungen der Frömmigkeit und Mitmenschlichkeit ohne Liebe nichts wert sind: Das gilt vom Reden „mit Menschen- und Engelszungen“ (V. 1, mit ersterer ist wohl die vorher diskutierte sog. Zungen- oder Sprachenrede gemeint, Schlatter 354; Wendland 103) ebenso wie von der prophetischen Rede (V. 2a), vom gleichsam Berge versetzenden Glauben (V. 2b; vgl. Mt 17,20); von der Hingabe sogar des ganzen Besitzes für die Armen (V. 3a) wie dem Martyrium um des Glaubens willen („den Leib brennen lassen“, V. 3b; vgl. Wendland 104). Dies sind zwar durchwegs Phänomene, die in der christlichen Gemeinde zu beobachten sind und mit denen sie sich in auffallender Weise von normalem menschlichem Verhalten unterscheidet. Aber grundsätzlich sind sie zumindest ähnlich auch bei Heiden festzustellen. Wirklich spezifisch christlich werden sie erst, wenn sie von der christlichen Liebe motiviert und bestimmt sind.

2. V. 4-7 charakterisiert nun die Eigenart solcher christlichen Liebe in einer Reihe von Verhaltensweisen. Die Reihe beginnt mit einem positiven Begriffspaar, das auch sonst immer wieder zusammen steht: Die Liebe ist „langmütig“ (*makrothymei*; vgl. Gal 5,22; 2Kor 6,6; Eph 4,2; Kol 3,12; 2Tim 3,10) und „freundlich“ (*chrästeuetai*) (V. 4a; vgl. Gal 5,22; 2Kor 6,6; Eph 4,32; Kol 3,12).

Es folgen in V. 4b-6a acht Negationen: Die Liebe „eifert nicht“ (vgl. Mt 5,22), wobei *zäleuein* bzw. *zälos* als Begriff an sich ethisch neutral ist und auch Gottes Eifer (2Kor 11,2; Röm 10,2) und Eifer für das Gute (Gal 4,18; vgl. 1Petr 3,13) bezeichnen kann; wo es negativ bewertet ist, wird es meist entsprechend näher gekennzeichnet (Gal 4,17: *zälousin ou kaloos*) oder ist durch Zusammenstellung mit Streitsucht (*eris*) als negativ besetzt erkennbar (Röm 13,13; 1Kor 3,3; 2Kor 12,20; vgl. Jak 3,14.16). Die nächsten beiden Glieder in V. 4b gehören wieder zusammen: Die Liebe prahlt nicht (*ou perpereuetai*, nur hier im NT) und bläst sich nicht auf (*ou physioutai*, vgl.1Kor 4,6.18f; 5,2; 8,1 – schon hier aufgeführt als im ausdrücklichen Gegensatz zur Liebe stehend; Kol 2,18). V. 5: Die Liebe verhält sich nicht unschicklich (*ouk aschämonei*; vgl. Röm 1,27: *aschämosyne* = Schande), sie ist nicht auf eigenen Vorteil bedacht (*ou zätei ta heautäs*, vgl. 1Kor 10,24.33; Phil 2,4), sie lässt sich nicht (zum Zorn) reizen (*ou paroxynetai*) und rechnet das Böse nicht an (trägt es nicht nach). V. 6: Sie freut sich nicht an Ungerechtigkeit, sondern, und damit wird an die letzte Negation eine Position angehängt, sie freut sich mit (*sygchairei*) an der Wahrheit.

Den Abschluss dieses Teils bilden in V. 7 vier jeweils mit „alles" (*panta*) eingeleitete positive Aussagen: Die Liebe trägt alles (ist bereit, Last auf sich zu nehmen, Schlatter 361), glaubt alles, hofft alles (Paulus sieht im Menschen „immer Gottes Werk, das zum Eigentum des Christus geworden ist. Der Glaube und die Hoffnung, die sich auf das beziehen, was aus einem Menschen wird, sind daher auf Gott gerichtete Zuversicht und nach seiner Hilfe verlangende Erwartung"; Schlatter aa0.), duldet alles („Begrenzt bleiben das Glauben und Hoffen nur dadurch, dass Gottes Wille frei über uns steht", Schlatter aa0. 361f).

In all diesen Äußerungen der Liebe kommt das Neue der christlichen Existenz zum Ausdruck. Besonders deutlich ist das in der fünften und siebenten Negation: Die Liebe „sucht nicht eigenen Vorteil", und sie „rechnet das Böse nicht zu". In beidem stellt der Liebende das Interesse des andern nicht (wie im Gebot der Nächstenliebe) neben sein eigenes, sondern über sein eigenes. In beidem kommt die Bereitschaft zur Selbstverleugnung zugunsten des anderen zum Ausdruck, bis hin zur Feindesliebe („die Liebe zum andern schließt die Selbstverleugnung in sich", Lütgert 223). Darin steht sie im Widerspruch zum natürlichen Selbsterhaltungswillen des Menschen. Sie ist deshalb nicht universalisierbar, sondern erwartbar und sinnvoll nur unter der Voraussetzung des Christseins, das von der voraussetzungslosen Liebe Gottes getragen ist. Ebenso übersteigt auch die vierfache „alles-Formel" (V. 7) das normalerweise zumutbare Maß.

3. Die Verse 8-13 schließlich stellen die alles überragende Bedeutung der Liebe im Licht der eschatologischen Erwartung heraus: Die Liebe hört nie auf (V. 8). Alle Charismen dagegen wie Prophetie, Zungenrede und gegenwärtige Erkenntnis sind nur Stückwerk (V. 9). Sie vergehen, wenn „das

Vollkommene" kommt, d. h. die Vollendung des Werkes Gottes in der neuen Schöpfung. Von dem, was uns jetzt (*nyni*) gegeben ist, behalten nur Glaube, Hoffnung und Liebe auch in der Ewigkeit Bedeutung (V. 13). Alle drei charakterisieren – wie auch sonst oft bei Paulus (vgl. zu 1.Thess 1,3) – die neue persönliche Beziehung des Christen zu Gott. Während die drei Glieder dieser Trias sonst aber mehr nur nebeneinandergestellt sind, gibt Paulus hier eine Verhältnisbestimmung: Die Liebe „kann ohne den Glauben und die Hoffnung nicht bestehen" (Schlatter 365). Sie selbst glaubt und hofft (V. 7). Und doch ist sie insofern „größer" als Glaube und Hoffnung, als sie eigentlicher Gegenstand und Inhalt des Empfangens und Erwartens ist. Sie ist „Gottes größtes Geschenk … das Ziel der Gnade … Vollendung dessen, was der Christus durch den Geist gegenwärtig in der Menschheit schafft" (Schlatter aa0.). Dabei spricht Paulus eigenartig absolut von „der" Liebe, ohne nach Subjekt und Objekt zu fragen. Sie ist beides: Grundlegend ist sie Gottes Liebe in Christus. Diese aber weckt in uns die Liebe zu Gott wie zum Nächsten. Sie ist eine endzeitliche Wirklichkeit, die durch die Gegenwart Gottes im Geist jetzt schon zu den Menschen kommt (vgl. Wendland 108). Sie soll das ganze Leben der Christen bestimmen: „Alle eure Dinge lasst in der Liebe geschehen!" (16,14).

j) *1. Korinther 15,58:* Das große Kap. 15 über die Auferstehung Jesu und die sich darauf aufbauende Auferstehungshoffnung der Christen schließt mit einer doppelten Aufforderung an die Gemeinde: einerseits „fest und unbeweglich" in solchem Glauben zu bleiben und an dieser Hoffnung festzuhalten, sowie andererseits deshalb auch „zuzunehmen (*perisseuontes* = überfließend sein) im Werk des Herrn" (*ergon kyriou*), mit der Begründung, dass sie wissen, dass ihre „Arbeit im Herrn nicht vergeblich ist" (V. 58). Der Genitiv „des Herrn" ist Genitivus possessivus: Das Werk gehört ihm. Dabei schwingt aber der Gedanke an einen Genitivus subjectivus mit: Er ist der primär Handelnde. Eben das aber, was der Herr tut, wird im gleichen Atemzug bezeichnet als „eure Arbeit" (*kopos* = Mühe, mühselige Arbeit). So kann Schlatter mit Recht sagen: „Weil der Herr der beständig Wirkende ist, sind sie zur Teilnahme an seinem Werk … berufen" (Schlatter 447). Konkret ist bei dieser Arbeit gedacht an die Mühe um den missionarischen Aufbau der Gemeinde. In diesem Sinn nennt Paulus selbst die Gemeinde „mein Werk im Herrn" (*to ergon mou en kyrioo*, 9,1) und von Timotheus sagt er: „Er treibt das Werk des Herrn wie ich" (16,10; vgl. Röm 14,20; Phil

2,30; vgl. Eph 4,12: Die Heiligen sollen zugerüstet werden zum „Werk des Dienstes“, und nach Apg 13,2 gibt der heilige Geist Weisung, Barnabas und Paulus abzuordnen „zu dem Werk, zu dem ich sie berufen habe“). Sofern diese Arbeit „im Herrn“ getan wird, ist sie zugleich sein Werk. In solcher Arbeit nun soll die Gemeinde „zunehmen“, ihr soll sie in ihrer Lebensführung Vorrang einräumen, und sofern es das „Werk des Herrn“ ist, hat sie dabei als Gottes Mitarbeiter (vgl. 3,9) Anteil an seinem Heilswerk. Das aber ist offensichtlich eine Aufgabe nicht für jedermann, sondern spezifisch nur für Christen.

k) *2. Korinther 5:* Das 5. Kap. des 2. Korintherbriefes enthält nicht nur Spitzenaussagen der neutestamentlichen Soteriologie (vor allem V. 19: „Gott versöhnte in Christus die Welt mit ihm selber und rechnete ihnen ihre Sünden nicht zu, und hat unter uns aufgerichtet das Wort von der Versöhnung“), sondern in eben diesem Zusammenhang auch einen Kernsatz christlicher Ethik: „Die Liebe Christi drängt uns zu dem Urteil, dass, wenn einer gestorben ist, so sind sie alle gestorben. Und er ist darum für alle gestorben, damit die, die leben, nicht mehr sich selbst leben, sondern dem, der für sie gestorben und auferstanden ist“ (V. 14f). Ausgangspunkt des Argumentationsgangs ist der Hinweis auf die alles initiierende Liebe Christi, wie sie sich vor allem in seinem Tod offenbart hat (V. 14). Diese Liebe Christi aber hat, jedenfalls nach diesem Wort des Apostels, *ein* Ziel: dass Menschen nicht mehr für sich selbst leben, sondern für Christus (und damit für Gott; vgl. Gal 2,19) – damit ist präzise umschrieben, was für Paulus christliche Liebe ist: als Antwort auf die Liebe Christi sein natürliches Eigeninteresse zugunsten eines andern (Christus) zurückzustellen und ihm sein Leben zur Verfügung zu stellen. So wirkt sich die in der Versöhnung mit Gott Ereignis gewordene „neue Schöpfung“ (V. 17) im Leben des Glaubenden aus. Für den Apostel selbst heißt das konkret dann primär, dass ihm als mit Gott Versöhntem der „Dienst der Versöhnung“ (V. 18) anvertraut ist, d. h. das „Wort von der Versöhnung“ (V. 19) zu allen Menschen zu tragen. Sofern aber alle Christen zur Beteiligung am „Werk des Herrn“ aufgerufen sind (vgl. 1Kor 15,58), haben auch alle, je nach ihren Gaben und Berufungen, Teil an diesem Dienst als Ausdruck dessen, dass sie „nicht mehr sich selbst leben“, sondern Christus.

Diese Liebe ist auch, ungeachtet aller Angriffe und verletzenden Unterstellungen vonseiten der Gemeinde, das Motiv für den seelsorgerlichen

Umgang des Apostels mit ihr (2,4), auch dort, wo er hart zu ihr reden muss (7,8), nicht um zu verletzen, sondern um zur Umkehr zu helfen: „… dass ihr seid betrübt worden zur Reue (*metanoia*)" (7,9). So soll auch die Gemeinde dem, der Buße tut für sein Vergehen, Liebe erweisen und ihm vergeben (2,8.10).

l) *2. Korinther 8–9:* Ein praktisches Beispiel christlicher Liebe bringt Paulus in 2Kor 8–9 zur Sprache, und zwar im Zusammenhang mit der Kollekte für „die Armen unter den Heiligen zu Jerusalem" (Röm 15,26), die durchzuführen er sich verpflichtet hatte (Gal 2,10). Er hatte schon in einem früheren Brief um sie gebeten (1Kor 16,1-3). Aber nach der gerade erst einigermaßen überwundenen Krise im Verhältnis zwischen ihm und der Gemeinde (Kap. 1–7) wiederholt er die Bitte noch einmal, und zwar mit sorgsam abwägender Begründung. Zunächst erzählt er, wie die Gemeinden Mazedoniens sich bereits an der Kollekte beteiligt haben. Trotz aller Bedrängnis und Armut, in der sie leben, ist doch „ihre überströmende Freude" (*perisseia charas*) in „den Reichtum ihrer lauteren Hingabe hinübergeflossen" (*eperisseusen*, 8,2). Sie haben „nicht nach Möglichkeit, sondern über (ihre) Möglichkeit hinaus (*para dynamin*) darum gebeten, an der Gabe für Jerusalem und an dem gemeinsamen Dienst an den Heiligen (dort)" sich beteiligen zu dürfen (V. 2f). Dann knüpft Paulus daran an, wie doch die Christen in Korinth selbst so reich beschenkt wurden, dass sie „überfließend" reich sind (*perisseuete*) im Glauben, im Wort, in der Erkenntnis und, nicht zuletzt, „in der Liebe, die wir in euch geweckt haben" (*tä ex hämoon en hymin agapä*, V. 7). Deshalb bittet er sie, nun ihrerseits in dieser Kollektensache sich als „überfließend" zu erweisen (*hina en tautä tä chariti perisseuäte*) und so ihre Liebe als echt zu erweisen (V. 8). Seine Bitte unterstreicht Paulus, indem er auf das Vorbild Jesu hinweist: „Denn ihr wisst um die Gnade unseres Herrn Jesus Christus, in der er, obwohl er reich war, um euretwillen arm wurde (vgl. Phil 2,6-8), um euch durch seine Armut reich zu machen" (V. 9). So sollte auch der Überfluss der Korinther (*to perisseuma*) dazu dienen, dem Mangel der Jerusalemer abzuhelfen (V. 14). Das soll nicht gezwungen geschehen, sondern aus freiem Entschluss des Herzens heraus: „Einen fröhlichen Geber hat Gott lieb" (9,7). So kann „Gott machen, dass alle Gnade euch überströme (*perisseusai*), damit ihr allezeit in allem genug habt und überfließt (*perisseuäte*) zu allem guten Werk" (9,8). Auch wenn Paulus an einer Stelle das rationale Argument geltend macht, dass die Korinther dabei ja nicht in Trübsal gestürzt werden sollen, sondern nur ein gewisser Ausgleich (*isotäs*) hergestellt werden soll (8,13f), so ist doch charakteristisch für den ganzen Gedankengang das ständig wiederkehrende Bild des „Überfließens", die Überbietung des normalerweise von Menschen zu erwartenden Handelns im Sinne selbstloser Liebe (8,7f.24). Kennzeichnend dafür im Verhalten der Mazedonier ist, dass sie nicht nur entsprechend ihrem Vermögen handelten, sondern „über ihr Vermögen hinaus" gingen (8,3), ein Handeln, das rational nicht begründbar, sondern nur in der Heilserfahrung in Christus und durch das Vorbild Christi (8,9) zu begründen und darin als spezifisch christlich gekennzeichnet ist. Kennzeichnend für christliche Ethik ist schließlich, dass über den Dienst an Menschen hinaus das letzte Ziel ist, dass diese darüber zum Lob Gottes motiviert werden (9,12-15; vgl. Wendland 199: „Die Danksagung … bedeutet die Verherrlichung Gottes, und die Ehre und Herrlichkeit Gottes ist das letzte Ziel und der letzte Sinn allen christlichen Empfangens oder Handelns"; vgl. 8,5: Indem die Mazedonier sich, mehr als Paulus zu hoffen gewagt hatte, an der Kollekte für Jerusalem beteiligten, haben sie sich zugleich „dem Herrn" gegeben).

m) *2. Korinther 10,1f:* Im anschließenden Kap. 10 wendet sich Paulus noch einmal der in der Gemeinde geäußerten Infragestellung seiner Autorität als Apostel zu und bittet darum, dass man ihn doch nicht dazu nötige, „fleischlich" gegen sie vorzugehen und sich selbst zu rühmen. Dabei verweist er auf die vorbildliche „Sanftmütigkeit" (*praytäs*) und „Lindigkeit" (*epieikeia*) des Christus (V. 1). Dieser Hinweis erinnert offensichtlich an das Wort Jesu im sog. Heilandsruf (s. oben zu Mt 11,29; vgl. Riesner, Paulus 364).

n) *Römer 5:* In seiner Entfaltung der Rechtfertigungslehre im Römerbrief stößt Paulus in Kap. 5 zum Kern und Ziel des Heilshandelns Gottes vor: In der Rechtfertigung des Gottlosen (*asebäs*, 4,5) wird „die Liebe Gottes ausgegossen in unser Herz" (5,5). Dabei bezeichnet der Genitiv „Gottes" zunächst das Subjekt dieser Liebe. Von dieser aber wird nun gesagt, dass sie „in unser Herz ausgegossen" wird. Auch damit ist zunächst noch die Liebe Gottes selbst gemeint, d. h., dass der Heilige Geist (Michel 133: „Das Bild des ‚Ausgießens' verbindet sich oft mit dem Begriff des Geistes Gottes") in uns die Erkenntnis dieser (vom Menschen her unbegreiflichen) Liebe Gottes weckt. Aber diese Erkenntnis bleibt nun nicht wirkungslos. Sie erfasst auch Gefühl und Willen, wird uns innerlich zugeeignet und weckt so unsererseits Liebe zu Gott (Liebe Gottes als Genitivus objectivus). Nicht zufällig entsteht damit hier die typisch paulinische Trias: Glaube (V. 1), Hoffnung (V. 2) und Liebe (V. 5; vgl. oben zu 1Kor 13,13; in anderer Reihenfolge in 1Thess 1,3; 5,8 und Kol 1,4: Glaube, Liebe, Hoffnung; vgl. Gal 5,5f: Hoffnung, Glaube, Liebe). Die Liebe Gottes verwandelt unsere Feindschaft gegen Gott in Liebe zu Gott (Beck 385: Die Liebe Gottes „bedeutet allerdings die Liebe Gottes zu den Menschen, wie V. 8 … deutlich zeigt. V. 5 ist aber die Liebe Gottes gedacht als etwas den *dikaiothentes* zu eigen Gewordenes, als Liebe in uns, nicht bloß für uns"; vgl. oben zu 2Kor 5,14f). Aus der in Christus dem Menschen erwiesenen Liebe Gottes erwächst als Antwort seine Liebe zu Gott, die sich in der Bereitschaft bekundet, seinerseits in selbstloser Hingabe für Gott zu leben. Von solch liebender Hingabe spricht Paulus dann wiederholt im anschließenden 6. Kap. des Römerbriefs: „… und lebt Gott in Christus Jesus" (V. 11), „ergebt euch selbst Gott … und eure Glieder Gott zu Waffen der Gerechtigkeit" (V. 13; vgl. V. 17.19.22).

o) *Römer 8*: In nahezu allen Religionen wird gebetet. Aber zu beten „wie es (von Gott her gesehen) sein soll (*katho dei*)", vermag der Mensch nicht (V. 26a). Denn dem steht seine „Schwachheit" (V. 25), d. h. die Schwachheit des „Fleisches", seine Feindschaft gegen Gott (V. 7) entgegen (Schniewind 82f). Die neue Lebenssituation der Christen aber, die als Kinder Gottes „der Geist treibt" (V. 14), ermöglicht ein neues Beten, indem der Geist vor Gott für sie eintritt (V. 26b), sodass das Gebet „Gott gefällt" (*kata theon*, V. 27; Schniewind 82).

p) *Römer 12:* Die konkrete Entfaltung dessen, was Liebe zu Gott und zum Nächsten meint, beginnt im Römerbrief in seinem zweiten, parakletischen Teil mit Kap. 12. Noch einmal steht am Anfang der theozentrische Aspekt des christlichen Ethos: Die erfahrene Barmherzigkeit Gottes führt dazu, dass der Christ sein Leben Gott zur Verfügung stellt („zum lebendigen Opfer" gibt) in „vernünftigem" (*logikä* = wortgemäß, Michel 290.292) Gottesdienst, d. h. nicht in Anpassung an die Maßstäbe der gegenwärtigen, vergehenden Welt, an den Zeitgeist, sondern in einem erneuerten, an der Frage nach dem Willen Gottes orientierten Leben (12,1f).

Es folgen zwei Abschnitte mit praktischen Ermahnungen: V. 3-8 handelt vom Umgang mit einzelnen in der Gemeinde von Gott gegebenen Charismen (V. 6), V. 9-21 von der persönlichen Lebensführung des Christen.

In V. 3 ist zunächst eine allgemeine Klugheitsregel vorangestellt. Angesichts der Gefahr, dass die Träger eines bestimmten Charismas durch dieses dazu verleitet werden könnten, sich seinetwegen über andere zu stellen, mahnt der Apostel, in der Selbsteinschätzung das rechte Maß einzuhalten: „(Von sich) nicht über das hinaus zu denken, was man denken darf, sondern (von sich) zu denken mit dem Ziel besonnen zu denken (*soophronein*), entsprechend dem von Gott jedem anvertrauten Maß“ (V. 3; Paulus versteht *soophronein* „zugespitzt als Demut in der Selbsteinschätzung; vgl. 12,16; Phil 3,2“; diese Selbsteinschätzung „ist dem Gnaden- und Dienstcharakter gemäß“, Michel 296). Diese Regel bekräftigt Paulus durch das von ihm auch sonst (1Kor 12) verwendete Bild vom Leib der Gemeinde, in dem viele Glieder mit ihren unterschiedlichen Gaben (*charismata*) und Aufgaben (*praxeis*) aufeinander angewiesen sind (V. 4-6). In V. 7f sind dann sieben Gaben mit der ihnen gemäßen Verwendung aufgezählt:

1. die Prophetie werde dem Glauben entsprechend ausgeübt (Michel 298: der Prophet darf „weder seine eigenen Interessen vertreten, noch sich in Enthusiasmus oder Spekulation hineinsteigern, die der nüchternen Selbstbesinnung des Glaubens widersprechen“; vgl. 1Kor 14,29 die Aufforderung zur Prüfung von Prophetien);
2. der Dienst geschehe im Dienst (an der Gemeinde, Haacker 256; vgl. 16,2);
3. der Lehrende betätige sich in der Unterrichtung (der Gemeinde);
4. der Ermahnende in der (seelsorgerlichen) Ermahnung;
5. der (Bedürftigen an seinem Besitz) Anteilgebende tue es in Einfalt (Michel 299: „ohne Hintergedanken, in Selbstlosigkeit“);
6. der (für andere) fürsorglich Verantwortliche sei es mit Eifer;
7. wer sich (anderer) erbarmt, tue es fröhlich.

Die einzelnen Anweisungen zum Umgang mit den aufgeführten Charismen zeigen inhaltlich nicht unbedingt spezifisch christliche Züge. Alle aber sind sie vom Geist gegeben, setzen hier also das Christsein voraus und weisen den Einzelnen an zu selbstlosem Dienst in einer von Christus her begründeten Gemeinschaft (V. 5: „ein Leib in Christus“). Insofern sind sie auf jeden Fall charakteristisch für christliches Leben.

Wesentlich deutlicher spezifisch christliche Züge trägt die anschließende

Spruchreihe in V. 9-21. Sie wird in V. 9 gleichsam programmatisch unter das Stichwort „Liebe“ gestellt. In ihr kommt die eigentliche Neuheit des christlichen Lebens inhaltlich zum Ausdruck (Michel 301). Sie ist „mit Christus in die Welt gekommen“ (Michel 302). Diese Liebe soll „ungeheuchelt“ (*anhypokritos*) sein, also nicht als äußere Fassade geübt werden (vgl. 2Kor 6,6; 1Tim 1,5; entsprechend 2Kor 8,8 *gnäsios* = echt). Sie ist das „Gute“, dem der Christ „anhängen“ soll (V. 9b). Innerhalb der Gemeinde bewährt sie sich als Bruderliebe (*philadelphia*), und zwar „in einer Herzlichkeit, wie sie sonst nur im Familienkreis zu finden ist“ (Michel 303 zu *philostorgoi* V. 10a). Praktisch drückt sie sich darin aus, dass „einer dem anderen in Ehrerbietung zuvorkommt“ (*proägoumenoi*, V. 10b). Damit wird die Mahnung von V. 3, angemessen von sich zu denken (vgl. auch 13,7: „Ehre, wem Ehre gebührt“), noch überboten durch die eigentlich unzumutbare Zumutung, den anderen, ungeachtet sachlicher Abwägungen, über sich zu stellen (vgl. unten zu Phil 2,3). V. 11f wendet sich der Beziehung zu Gott zu: Sie soll (negativ) „in der Einsatzbereitschaft (*spoudä*) nicht träge“, sondern (positiv) „brennend im Geist“ sein, d. h. von „verzehrender Entschiedenheit des Glaubens“ (Michel 303), „dem Herrn (nicht sich selbst) dienend“ (die andere – schlechter bezeugte – Lesart „der Zeit dienend“, also *kairoo* statt *kyrioo*, ist zwar *lectio arduor*, was textkritisch für sie spräche, sie gibt aber, trotz aller Deutungsversuche etwa bei Beck 199 und Michel 303, m.E. keinen einleuchtenden Sinn – es sei denn, man sieht in ihr einen Nachklang der Jesus-Überlieferung von Mt 24,45f, wo dem *doulos phronimos* aufgetragen wird, die Mitknechte *en kairoo* zu versorgen).

Das Nebeneinander von Hoffnung und Trübsal in V. 12a-b greift auf Kap. 5 zurück. Im Blick auf die künftige Herrlichkeit ist die Hoffnung Anlass zur Freude (V. 12c, wobei nach 5,5 die Hoffnung ihren letzten Grund in der in unsere Herzen „gegossenen“ Liebe Gottes hat), und Trübsal gibt Anlass zur Geduld. V. 12b („am Gebet festhaltend“) erinnert ebenso wie V. 13a („nehmt Anteil an den Bedürfnissen der Heiligen“) eigentümlich an zwei der vier Merkmale des urgemeindlichen Lebens in Jerusalem. Gastlichkeit gegenüber Fremden (V. 13b) ist zwar nichts im engeren Sinn spezifisch Christliches, aber doch für die frühe Christenheit in besonderer Weise charakteristisch: „Die Mahnung zur Gastfreundschaft steht in einer breiten urchristlichen Tradition (Hebr 13,1), und zeugt ebenfalls für konkrete Bruderliebe“ (Michel 305). Eindeutig spezifisch christlich ist aber in V. 14 die Forderung: „Segnet, die euch verfolgen, segnet und flucht nicht“ (Michel

305 verweist dazu auf Mt 5,44/Lk 6,28 und nimmt eine „targumartige Paraphrase des Jesuswortes" an). Die allgemeine Aufforderung zur Liebe von V. 9 wird hier, wie in der Bergpredigt, zur Feindesliebe hin zugespitzt. Die Verse 15f fordern, als Ausdruck brüderlicher Liebe, einfühlsames Verhalten im Miteinander in der Gemeinde („Freut euch mit den Fröhlichen, weint mit den Weinenden"; vgl. 1Kor 12,26), Bemühen um Einmütigkeit (als „Antithese zu Streit und Spaltung", Michel 306; vgl. auch Apg 4,32) und, der Sache nach V. 10 wieder aufgreifend, Demut („Trachtet nicht nach hohen Dingen, sondern haltet euch herunter zu den geringen"). Das sich Halten zu den geringen Dingen (*tois tapeinois synapagomenoi*) erinnert an ein typisches Motiv der Jesusüberlieferung (vgl. Mt 11,29;18,4; 23,12). V. 17 und V. 19f nehmen mit dem Verzicht auf Vergeltung erneut das Motiv der Feindesliebe auf. Durch diese Haltung wird es möglich, Frieden selbst da zu halten, wo uns Feindschaft begegnet (V. 18). Auch damit greift der Apostel wieder ein Motiv auf, „das in die Verkündigung Jesu gehört" (Michel 308f; vgl. Mt 5,9; Mk 9,50). Das Wort legt „dem christlichen Partner eine höhere Verantwortung (für den Frieden) auf, als sie der Nichtchrist hat" (Michel 309). Mit der Aufforderung: „Lasst euch nicht vom Bösen überwinden (indem ihr euch zur Vergeltung verleiten lasst), sondern überwindet das Böse mit dem Guten" (d. h., im Sinn von V. 9, durch die Liebe) ist V. 21 „Abschluss und Höhepunkt des ganzen Zusammenhangs von Röm 12" (Michel 308). Dabei ist auffallend, dass der ganze „Traditionsstoff, aus dem Paulus in V. 17ff schöpft, … in die Jesusüberlieferung zurück(weist)" (Michel 310; vgl. Stuhlmacher 248; Riesner, Handeln 12f; ders., Paulus 358; Kamlah 291).

q) *Römer 13,11-14:* Nachdem Paulus bereits in Röm 13,8-10, nach dem allgemeinethischen Exkurs von 13,1-7, wieder das Stichwort Liebe aufgenommen hatte (V. 8 „Seid niemand etwas schuldig, außer dass ihr euch untereinander liebt, denn wer den andern liebt, der hat das Gesetz erfüllt"; vgl. V. 10; Michel 327: als Erfüllung des Gesetzes ist die Liebe „Überbietung aller Einzelgebote"), unterstreicht er abschließend die Dringlichkeit des Gebots der Liebe der Christen untereinander durch den Hinweis auf den heilsgeschichtlichen Kairos: „Das Heil (dessen endliche Verwirklichung die Wiederkunft Jesu bringt) ist jetzt näher, als da ihr gläubig wurdet" (V. 11). Deshalb sollen die Christen die „Waffen des Lichts anlegen" (V. 12) bzw. „den Herrn Jesus Christus anziehen"(V. 14; zur positiven inhaltlichen Füllung vgl. Kol 3,12f und Eph 4,24).

r) *Römer 14–16:* Während Paulus im Briefabschnitt Kap. 12–13 mehr grundsätzlich entfaltet, was Gottes Wille für das Leben des Christen ist (12,2), nimmt der Apostel im letzten Abschnitt seiner Paraklese zu einem bestimmten Problem Stellung, das die Gemeinde in Rom offenbar aktuell beschäftigte: der Frage des Genusses von Fleisch (14,2) und Wein (V. 21) bzw. des durch besonders strenge Gesetzlichkeit motivierten Verzichts auf ihren Genuss (vgl. Haacker 278). Dabei kam es dazu, dass diejenigen, die im Genuss von Fleisch und Wein kein Problem sahen, die anderen als „Schwache" verachteten (V. 3a.10b), während umgekehrt diese die Liberalität der „Starken" verurteilten (V. 3b.10a). Paulus argumentiert beiden gegenüber zunächst mit dem Hinweis, dass jeder in eigener Verantwortung vor Christus lebt: „Er steht oder fällt seinem Herrn" (V. 4).

In der Entfaltung dieses Gedankens kommt Paulus nun zu einer überraschenden grundsätzlichen Aussage: Dass jeder in Verantwortung vor Christus steht, heißt (negativ) „keiner lebt *sich selber*, und keiner stirbt *sich selber*, (sondern, positiv) leben wir, so leben wir *dem Herrn;* sterben wir, so sterben wir *dem Herrn*. Darum: wir leben oder wir sterben, so sind wir des Herrn" (V. 7f). Diese Aussagen münden in einen Lehrsatz, in dem geradezu das ganze Heilswerk Christi die eine ethische Zielbestimmung hat: dass sich seine Herrschaft in Menschen realisiert: „Denn dazu ist Christus gestorben und wieder lebendig geworden, dass er über Tote und Lebendige Herr sei" (V. 9). Auf das vorliegende Problem angewendet bedeutet das: Solange wir den andern noch verachten oder richten, sind wir uns selbst Mittelpunkt unseres Lebens, leben „uns selber". Christus aber ist gestorben und auferstanden, damit wir von dieser Selbstzentriertheit loskommen und frei werden „dem Herrn zu leben", d. h. ihm zur Verfügung zu stehen und also nicht mehr über den Bruder zu richten (V. 13), sondern „nach der Liebe wandeln" (V. 15). Dabei beruft sich Paulus in seiner Relativierung der Reinheitsgebote (V. 14: „Ich weiß und bin gewiss im Herrn Jesus, dass nichts unrein ist an sich selbst") ausdrücklich auf die Autorität Jesu. Das *en* bei *kyrioo* kann so viel bedeuten wie „aufgrund von", sodass hier zu denken ist „an eine Weitergabe des Lehrsatzes Jesu … (Mk 7,15; Mt 15,11)" (Michel 342, Anm. 5).

Die ganze Argumentation gipfelt in V. 17 in der ausdrücklichen Aufnahme des Motivs der Gottesherrschaft: „Denn das Reich Gottes ist nicht Essen und Trinken, sondern Gerechtigkeit und Friede und Freude im heiligen Geist". Dabei ist die Trias Gerechtigkeit – Friede – Freude primär nicht ethizistisch als Tugendreihe zu interpretieren. Vielmehr handelt es sich, wie besonders am letzten Glied (Freude) deutlich wird, um Gaben des Geistes, in denen sich die eschatologische Gottesherrschaft als bereits gegenwärtiges Geschehen manifestiert (Michel 346f; vgl. auch 15,13: „Der Gott der Hoffnung erfülle euch mit *Freude* und *Friede* im Glauben, dass ihr völlige Hoffnung habt durch die Kraft des *heiligen Geistes*"). Aber dies Geschehen an den Glaubenden gestaltet zugleich ihre Beziehung zum Bruder neu: „Gerechtigkeit" ist das der neuen Existenz des Glaubenden entsprechende neue Verhältnis zu Gott, von dem her aber auch das Verhältnis zum Bruder umgestaltet wird, indem man ihm Gerechtigkeit widerfahren lässt. „Friede" ist die Versöhnung mit Gott (vgl. 5,1), „die auch den Unfrieden mit dem Bruder beseitigt" (vgl. V. 19). Freude ist Gabe des heiligen Geistes (vgl. 1Thess 1,6), die das Betrüben des Bruders unmöglich macht (Michel 346f). Wer darin Christus dient, gefällt Gott und ist bewährt (*dokimos*, Michel 347: erprobt) bei den Menschen (V. 18). Mit dem Zusatz: bei „den" Menschen wird der Bereich der Gemeinde überschritten: Die Gaben des Reiches Gottes werden, vermittelt durch das Verhalten der Christen, auch von Menschen außerhalb der Gemeinde als lebensförderlich erfahren und anerkannt.

Kap. 15 führt diese Orientierung weiter: Für christliches Verhalten ist charakteristisch, dass Starke ihre Stärke nicht für sich ausnutzen, sondern dazu einsetzen, die Schwachen zu tragen (15,1; vgl. 14,1; 1Thess 5,14; 1Kor 12,22-25;). Überhaupt soll „jeder unter uns", d. h. jeder Christ, nicht sich selbst zu Gefallen leben, sondern zur Förderung („zum Guten, zur Auferbauung") des andern (V. 1f). Dieser Grundsatz wird anschließend auch spezifisch christlich vom Beispiel des Christus her begründet, der auch nicht sich selbst zu Gefallen lebte (V. 3), sondern ein Diener der Juden und Heiden wurde (8f). „Darum nehmt einander an, wie Christus uns (die Starken wie die Schwachen) angenommen hat" (V. 7). Seine missionarische Arbeit unter den Heiden beschreibt Paulus dann als priesterlichen Dienst, in dem er sein eigenes Leben als Opfer Gott darbringt (V. 16; Haacker 304; vgl. Bockmühl 17).

Im Blick auf diesen Dienst bittet Paulus die Gemeinde, ihm in seinem Kampf durch ihre Fürbitte zu helfen, und zwar „durch die Liebe des Geistes", d. h. in der vom Geist gewirkten (Genitivus auctoris, Michel 372) Liebe (15,30).

Ein besonderes Beispiel selbstloser christlicher Liebe nennt Paulus schließlich in der Grußliste von Kap. 16: Prisca und Aquila haben „für mein Leben ihren Hals hingehalten“, d. h. für das Leben des Paulus ihr eigenes riskiert (16,4). Ähnlich dankbar erwähnt Paulus neben anderen auch den Dienst, den Phöbe für die Gemeinde, aber auch für ihn selbst getan hat (16,1f).

s) *Kolosserbrief:* Gleich am Anfang dieses Briefes des Apostels (zur in der neutestamentlichen Wissenschaft heute umstrittenen paulinischen Autorschaft vgl. Kümmel 245-248; Carson/Moo 626-629), und zwar im Dank an Gott für die Gemeinde (1,3-8), begegnet uns wieder die bei Paulus so häufig zu findende Trias Glaube – Liebe – Hoffnung (V. 4; vgl. oben zu 1Thess 1,3 und 1Kor 13,13), mit welcher der Apostel hier das geistliche Leben der Gemeinde beschreibt. Das Motiv der Liebe ist am Schluss des Dankes (V. 8) noch einmal aufgenommen. Der Zusatz „im Geist“ macht deutlich, dass sie etwas ist, was der Mensch nicht aus sich heraus zustande bringt, sondern was der Geist Gottes im Menschen wirkt. In ihr kommt konkret zum Ausdruck, dass die Glaubenden jetzt schon „in den Herrschaftsbereich des Sohnes seiner (Gottes) Liebe versetzt“ sind (V. 13; vgl. Lohse 75: in „die Christusherrschaft, die hier und jetzt Leben und Wandel der Getauften bestimmt“).

Der anschließende sog. Christushymnus (1,15-20) geht über in die Erinnerung an den durch Christus herbeigeführten grundlegenden Wechsel im Leben der Kolosser (V. 21-22a: „die ihr *einst* fremd und feindlich gesinnt wart in bösen Werken, hat er *nun* versöhnt … durch den Tod“) und den Ausblick auf das letzte Gericht („dass er euch darstellte heilig und unsträflich vor seinem Angesicht“, V. 22b; vgl. Lohse 108), in der Erwartung, dass sie am Glauben und an der durch das Evangelium vermittelten Hoffnung festhalten (V. 23), womit auch die beiden anderen Glieder der Trias noch einmal aufgegriffen werden (vgl. alle drei noch einmal: Hoffnung in 1,27; Liebe in 2,2 und Glaube in 2,5f).

Als Diener des Evangeliums (V. 23b) erfährt Paulus Verfolgungen und damit Leiden (*pathämata*). Diese „Trübsale (*thlipseis*) Christi“ (1,24) sind zu verstehen als Teil der „Wehen des Messias“, denen seine Gemeinde in der letzten Zeit vor dem Kommen des Messias ausgesetzt ist (vgl. Billerbeck I, 950; Lohse 114). Aber, und das ist das im Zusammenhang der Frage nach spezifisch christlichen Verhaltensweisen Bemerkenswerte: Über diese Leiden klagt Paulus nicht etwa – was man natürlicherweise erwarten sollte, vielmehr freut er sich (*chairoo*), an ihnen Anteil zu haben (vgl. schon 1Thess 1,6). Denn der Dienst am Evangelium, um dessentwillen er als Apostel leidet, ist Dienst an der Gemeinde des Christus (V. 25), und deshalb kommen seine Leiden ihr zugut (V. 24: „die ich für euch leide"). Das letzte Ziel seiner Mission ist dabei wieder im Blick auf das letzte Gericht hin formuliert mit der Zielsetzung, „jeden Menschen vollkommen in Christus darzustellen" (1,28; vgl. die inhaltliche Entfaltung in 1,22b: „heilig, makellos, untadelig", vgl. die Tugendliste 3,12-14).

Das dritte Kap. bringt dann die eigentliche ethische Paraklese des Briefes und damit auch eine inhaltliche Füllung der genannten Zielsetzung: Paulus beginnt mit einem soteriologischen Rückblick auf das Gestorbensein mit Christus und das Leben mit ihm und durch ihn (3,3f), woraus die praktische Forderung abgleitet wird: „So tötet nun die Glieder, die auf der Erde sind", verdeutlicht an einem doppelten sog. Lasterkatalog in V. 5 („Unzucht, Unreinheit, (zügellose) Leidenschaft, böse Begierde und die Habsucht") und V. 8 („Zorn, Wut, Bosheit, Lästerung, Verunglimpfung, Lüge"). Diesem „Ausziehen des alten Menschen" (V. 9) wird das „Anziehen des neuen Menschen" gegenübergestellt (V. 10a.12-15) und in einer christlichen Tugendliste konkretisiert: Barmherzigkeit, Freundlichkeit, Demut, Sanftmut, Langmut (V. 12), sich gegenseitig vertragen und einander vergeben („gleichwie der Herr euch vergeben hat", V. 13), alles zusammengefasst in der Liebe (V. 14), sodass, ihrer Berufung entsprechend, „der Friede Christi" in ihren Herzen herrscht (V. 15; vgl. Lohse 215: „Der ganze Mensch also wird vom Frieden Christi erfasst, sodass die *eiränä tou Christou* geradezu den Bereich darstellt, in dem er als der neue Mensch existiert"). Während der Lasterkatalog (V. 5 und 8) allgemeine menschliche Untugenden beschreibt, fallen die im Tugendkatalog aufgezählten Tugenden eher aus dem Rahmen des auch außerhalb christlicher Unterweisung den Menschen Zugemuteten. Vor allem die in besonderer Weise Selbstlosigkeit verlangende Demut (*tapeinophrosynä*) und die von Christen erwartete Vergebungsbereitschaft sucht man in zeitgenössischen Tugendkatalogen vergeblich (Herr 102). In stoischem Ethos gilt sie geradezu als des freien Menschen unwürdiges Laster (Herr 106; Schrage 192). Alle genannten Tugenden aber werden noch übertroffen (*epi pasin tois toioutois*) durch die alle in sich zusammenfassende und sie durchdringende Liebe (das „Band der Vollkommenheit", 3,14).

Auch die sog. Haustafel (3,18–4,1), die sich auf eine natürliche Ordnung bezieht und als solche Entsprechungen in nichtchristlichem hellenistischem Ethos hat (s. oben S. 71) sprengt wenigstens an einer Stelle diesen Rahmen, wenn dem Mann im Umgang mit seiner Frau (selbstlose) Liebe (*agapä*) geboten wird (V. 19).

Gegen Schluss des Briefes (4,2-4) bittet der Apostel die Gemeinde um Fürbitte für seine Verkündigung des Evangeliums – praktischer Ausdruck der Liebe der Christen untereinander, selbst wo sie sich persönlich gar nicht kennen (die Gemeinde war nicht von Paulus, sondern von Epaphras gegründet worden, 1,7). Zugleich erinnert er sie an ihre eigene missionarische Verantwortung (wobei Paulus den dialogischen Charakter des Zeugnisses herausstellt: „dass ihr wisst, wie ihr einem jeden zu antworten habt", 4,6).

t) *Brief an Philemon:* Onesimus, entlaufener Sklave seines christlichen Herrn Philemon, war zu Paulus gekommen und bei ihm Christ geworden („mein Sohn, den ich gezeugt habe", V. 10). Obgleich er ihm in seiner Situation im Gefängnis sehr behilflich war (V. 13), respektiert Paulus das geltende Sklavenrecht und damit den Besitzanspruch des Philemon und schickt Onesimus zu diesem zurück. Normalerweise wurden entlaufene Sklaven schwer bestraft. Um das hier zu verhindern, schreibt Paulus diesen Brief. Er appelliert an die christliche Liebe des Philemon (V. 4.7.9) und bittet ihn (*parakaloo*), Onesimus „nicht wie einen Sklaven, sondern … wie einen geliebten Bruder aufzunehmen" (V. 16), wie wenn er selbst, Paulus, es wäre (V. 17). Damit erwartet er nicht unbedingt (ohne es allerdings auszuschließen) die Freilassung des Onesimus, auf jeden Fall aber, dass das Verhältnis zwischen beiden von der durch den gemeinsamen Glauben begründeten brüderlichen Liebe her völlig verändert wird (Paulus spielt in V. 15 mit „dass du ihn ewig wieder hättest" auf eine Regel des israelitischen Sklavenrechts Dt 15,17 an, nach der ein Sklave nach Ende seiner Dienstzeit sich freiwillig weiter an seinen Herrn binden konnte, Sasse 209,22; de Vaux I, 139.144).

u) *Epheserbrief:* Wie andere Briefe des Neuen Testaments ist auch der Epheserbrief zweiteilig aufgebaut mit einem dogmatischen (Eph 1–3) und einem darauf folgenden ethischen Teil (Eph 4–6). Aber auch ersterer enthält bereits ethisch relevante Aussagen. So setzt Paulus (mit Schlier 27 und Carson/Moo 589 gehe ich im Unterschied zur gegenwärtigen Mehrheitsmeinung von paulinischer Autorschaft aus) am Anfang einen durch

Wiederholung stark gewichteten theozentrischen Akzent: Er erinnert die Adressaten daran, dass der Wille Gottes mit ihrer durch Christus realisierten und in der Vergebung der Sünden persönlich zugeeigneten Erwählung darauf ausgerichtet ist, dass sie als Kinder Gottes „heilig und untadelig vor ihm sein sollen" (1,4) und so ihr ganzes Leben unter das eine Ziel gestellt ist, dass sie „etwas seien zum Lob seiner Herrlichkeit" (1,12; vgl. schon V. 6 und dann wieder V. 14).

Bei dem anschließenden Gebet für die Gemeinde knüpft Paulus an die Nachrichten über ihren „*Glauben* an den Herrn Jesus" und ihre „*Liebe* zu allen Heiligen" an (1,15), wenn er Gott für sie bittet, dass ihnen gegeben wird zu erkennen, „zu welcher *Hoffnung* ihr von ihm berufen seid" (1,18) – womit wir es auch hier wieder mit der in der Sicht des Apostels für das christliche Leben zentralen ethischen Trias Glaube – Liebe – Hoffnung zu tun haben.

Das 2. Kap. beschreibt die Wende vom Tot-sein in Sünden (2,1) hin zum Leben in Christus (2,5f) und ihre Bedeutung für das neue Miteinander von Juden und Heiden, indem Christus mit der Gemeinde „einen neuen Menschen" schafft (2,15).

Der erste Briefteil schließt wieder mit einem Gebet ab, und zwar darum, dass „Christus wohne durch den Glauben in euren Herzen und ihr in der Liebe eingewurzelt und begründet werdet" (3,17). Bei dem absolut gebrauchten Wort „Liebe" wird hier zunächst nicht, parallel zu „Glauben", die Liebe der Christen gemeint sein (Schlier 170), sondern, wie in V. 19, die Liebe Christi, die dann allerdings in uns unsere Liebe wirkt (Beck 169: „In der Verbindung mit dem vorausgehenden Einwohnen Christi im Herzen ist … die Liebe als etwas zu denken, das aus Christus selbst in uns sich verinnerlicht … Indem seine eigene Liebe durch den Glauben und den Geist immer mehr innerlich wird, bildet sie den inneren Grund und Boden, worin wir eingewurzelt und eingegründet sind und es immer mehr werden"; vgl. Röm 5,5; 2Kor 5,14f).

Die Paraklese beginnt dann mit der Aufforderung, der Berufung entsprechend zu leben (4,1). Diese Lebensweise wird, ähnlich wie in Kol 3, inhaltlich mit einem kleinen christlichen Tugendkatalog konkretisiert: „mit aller Demut (*tapeinophrosynä*) und Sanftmut (*praytäs*), mit Langmut (*makrothymia*), einander in Liebe (*agapä*) tragend" (4,2) und so die geistliche Einheit der Gemeinde fördernd (V. 3-6). Alle vier Glieder der Liste haben keine Parallele in zeitgenössischen stoischen Katalogen (vgl. auch oben zu

Kol 3,12f). Anders die kurze Liste in 4,32: Zumindest das erste Glied: freundlich (*chrästoi*) ist in hellenistischen Tugendlisten geläufig (Herr 90), weniger schon das zweite: gutherzig (*eusplanchnoi*), spezifisch christlich aber ist wiederum das dritte: vergebensbereit (*charizomenoi*), ebenfalls wie Kol 3,13 mit dem begründenden Verweis auf die Vergebung Gottes in Christus.

Bezeichnend christlich ist schon vorher (V. 28), dass die Aufforderung nicht zu stehlen, sondern mit eigenen Händen zu arbeiten, noch überboten wird mit der Zielsetzung, etwas zu haben, mit dem man Bedürftigen helfen kann.

An das Wort von der Vergebungsbereitschaft schließt direkt die Aufforderung an, dem Vorbild Gottes selbst zu folgen („werdet Gottes Nachahmer", 5,1) und „in der Liebe" zu wandeln, also das ganze Leben von einer zur Selbstaufopferung bereiten Liebe bestimmt sein zu lassen: „Wie Christus euch geliebt und sich selbst für uns Gott hingegeben hat als Gabe und Opfer" (5,2).

Als Gegensatz zu solchem Wandel als „Kinder des Lichts" (V. 9) folgt u. a. in einem Lasterkatalog (5,5) eine Beschreibung des früheren Lebens „in der Finsternis" (V. 8).

Daran schließt sich ähnlich wie in Kol 3 eine sog. Haustafel an (Eph 5,22–6,9), die aber im Unterschied zu der im Kolosserbrief noch stärker christlich umgeprägt ist. Das zeigt sich besonders in der Anweisung an Frauen und Männer (5,22-33), die jeweils christologisch untermauert wird. Besonders die Forderung an die Männer, ihre Frauen zu lieben (so auch Kol 3,19), wird hier (vgl. schon 4,32) inhaltlich gefüllt durch den Vergleich mit der selbstlosen Liebe Christi zur Gemeinde („wie auch Christus die Gemeinde geliebt hat und sich selbst für sie hingegeben hat", V. 25).

v) *Philipperbrief:* Schon als ganzer ist der Philipperbrief ein eindrückliches Zeugnis der Liebe des Apostels zu Christus („Ich habe Lust abzuscheiden und bei Christus zu sein", 1,23) wie auch der gegenseitigen Verbundenheit mit der Gemeinde in Philippi („Mich verlangt nach euch allen von Herzensgrund in der Liebe Christi", 1,8; vgl. 4,15f: nur von ihr nimmt er materielle Unterstützung an).

Paulus schreibt den Brief aus dem Gefängnis und nutzt ihn, um, gleich nach den einleitenden Worten von V. 1-11, die mit ihm so eng verbundenen Philipper über sein eigenes Ergehen zu informieren (V. 12a: „Ich lasse euch aber wissen, liebe Brüder, wie es um mich steht"). Dabei ist für ihn bezeichnend, dass er in solcher Mitteilung sofort von sich selbst weglenkt hin zu der Bedeutung, die seine Gefangenschaft für die Verkündigung des Evangeliums bedeutet: Sie wirkt gerade nicht, wie man erwarten würde, Behinderung, sondern ganz im Gegenteil „Förderung (*prokopä*) des Evangeliums" (V. 12b). Sein ganzes Leben ist auf dies eine Ziel ausgerichtet: das Evangelium zu bezeugen (V. 16 „Verantwortung des Evangeliums"; vgl. V. 7).

Ein besonders deutliches Beispiel spezifisch christlicher Ethik aber bietet die auf den sog. Christushymnus (2,5-11) hinführende Ermahnung zur Einheit (2,1-4): die Bitte, eines Sinnes zu sein, (miteinander) von der gleichen Liebe erfüllt zu sein, einmütig alle auf eins bedacht, frei von Streitsucht (*eritheia*) und Geltungssucht (*kenodoxia*), mündet in die Aufforderung „in Demut (*tapeinophrosynä*) achte einer den andern höher als sich selbs, indem jeder nicht auf das Seine sehe, sondern vor allem auf das des andern" (V. 3f). Diese Erwartung an den Christen spiegelt sich auch in der kritischen Feststellung: „Alle suchen das Ihre, nicht das des Christus" (2,21), nur hier nicht auf den Bruder, sondern theozentrisch auf Christus bezogen. Diese selbstlose Dienstbereitschaft zeigt auch der Mitarbeiter des Apostels, Timotheus, im gemeinsamen Dienst an der Verkündigung des Evangeliums (*syn emoi edouleusen eis to euangelion*, V. 22). In dieser Grundtendenz christlicher Existenz, Demut und selbstloser Dienstbereitschaft kommt eine Haltung zum Ausdruck, die dem natürlichen Streben des Menschen nach Selbstverwirklichung direkt zuwiderläuft und nur verständlich und realisierbar ist als Ausdruck einer durch Christus im Menschen gewirkten selbstlosen Liebe, geweckt durch die dann in dem anschließenden Christushymnus beschriebene Liebe Jesu Christi, aus der heraus er im Gehorsam gegen den himmlischen Vater „sich selbst entäußerte" (V. 7) und „sich selbst erniedrigte (*etapeinoosen heauton*), … bis zum Tod am Kreuz" (V. 8). Dem Vorbild Christi entsprechend ist Paulus bereit, sein Leben als Opfer für den Glauben der Gemeinde hinzugeben, d. h. für sein ihren Glauben ermöglichendes Zeugnis (*ei kai spendomai epi tä thysia kai leitourgia täs pisteoos hymoon*), und das sogar mit Freude (2,17f; vgl. schon 1Thess 1,6; Kol 1,24).

In den Dienst der Konkretion solcher ethischen Grundhaltung kann dann im praktischen Schlussteil des Briefes auch noch einmal ein kurzer sog. Tugendkatalog gestellt werden, der allerdings rein begrifflich, bis hin zum hellenistischen Oberbegriff der Tugend (*aretä*), im Vergleich zu zeitgenössischen Tugendkatalogen eigentlich nichts enthält, was über sie hinausginge (4,8: „Was wahrhaftig, was ehrbar, was gerecht, was rein, was angenehm, was wohllautend ist, wenn es sonst eine Tugend oder etwas Lobenswertes gibt, dem denkt nach"; vgl. Herr 101: Es sind „teils Grundbegriffe der stoischen Tugendlehre … und (sie) bezeichnen einzeln und miteinander das klassische Ziel der stoischen Ethik").

w) *Pastoralbriefe:* Die Pastoralbriefe unterscheiden sich darin von allen anderen Briefen des Neuen Testaments, dass sie sich nicht an eine Gemeinde wenden (bzw. wie bei Philemon an ein einzelnes Gemeindeglied), sondern an Mitarbeiter in gemeindeleitender Verantwortung. Sie bieten ihnen pastoraltheologisch Hilfen zur Wahrnehmung dieser Verantwortung und keine direkt an die Gemeinde gerichtete Unterweisung.

Immerhin findet sich in dem Zusammenhang doch eine umfassende Zielangabe für christliches Leben: „Die Hauptsumme (*to telos*) aller Unterweisung ist Liebe aus reinem Herzen, aus gutem Gewissen und aufrichtigem (*anhypokritos* = ungeheucheltem) Glauben" (1Tim 1,5; vgl. Röm 12,9). Und entsprechend findet sich auch sonst auffallend häufig das Stichwort Liebe: „Es ist aber desto reicher geworden die Gnade unseres Herrn samt dem Glauben und der Liebe, die in Christus Jesus ist" (1,14; Marshall 395: „*pistis* and *agapä* together describe the authentic Christian life"; das „in Christus Jesus" bezeichnet den Wirkgrund solchen Lebens, vgl. Beck 71f); in 2,15 wird das Ziel christlicher Erziehung inhaltlich damit beschrieben, dass die Kinder (der Plural *meinoosin* meint eindeutig sie, nicht die Mutter; gegen Marshall 471) „im Glauben bleiben und in der Liebe und Heiligung, alles verbunden mit Besonnenheit (*meta soophrosynäs*)". Timotheus wird, trotz seines jugendlichen Alters, dazu ermutigt, den Gläubigen ein Vorbild zu sein „im Wort, im Wandel, in der Liebe, im Glauben, in der Reinheit" (2Tim 1,7; 2,22; 3,10).

Ein praktisches Beispiel für die christliche Liebe in den Gemeinden ist der Dienst der „echten" Witwen (1Tim 5,3), d. h. der Witwen, die bewusst auf Wiederheirat verzichteten, um sich ganz dem Dienst an Hilfsbedürftigen zu widmen. Worin der Dienst bestand, kommt in den Voraussetzungen für ihre Berufung zum Ausdruck: Sie hatte sich in der Erziehung von Kindern bewährt, war gastfrei, hatte „den Heiligen Füße gewaschen" (Marshall 597: „the most humble of tasks in service of the needy"), hatte Bedrängten (*thlibomenois* = in Trübsal Lebenden) beigestanden" (5,10;

Holtz 118 denkt an diakonische „Hilfeleistung bei Todesfällen, schwerer Krankheit, großen materiellen Verlusten, Verfolgungen"). Verheiratete junge Witwen sollten ihrerseits dafür sorgen, dass die nicht für sich selbst arbeitenden „echten" Witwen" ihren Lebensunterhalt haben (5,16). Auf solche Weise vollzog sich ganz praktisch innerhalb der Gemeinde christliche Liebe im Bedachtsein „nicht auf das Seine, sondern auf das des andern" (Phil 2,4; vgl. 1Kor 13,5). Riesner rechnet im Blick auf Apg 9,36-43 mit der Möglichkeit einer Witwenkommunität in Joppe, „von der aus Verbindungen zur Witwenordnung der Pastoralbriefe (1Tim 5,3-16) reichen könnten" (Riesner, Zwischen Tempel und Obergemach 77).

Wie weit die Pastoralen von einer oft behaupteten angepassten „Bürgerlichkeit" (Bultmann 533; Kümmel 278) entfernt sind, zeigt nicht nur ihre lebendige eschatologische Erwartung im Hinweis auf die Bedrängnisse der letzten Zeit (3,1-9), die jetzt schon erkenbar sind (V. 6f), und auf das Kommen Christi zum Gericht (4,1) sowie in der Kennzeichnung der Christen als solcher, „die sein (Jesu) Erscheinen (bei der Wiederkunft) lieben" (2Tim 4,8), sondern auch in der Bereitschaft zum missionarischen Zeugnis („Darum schäme dich nicht des Zeugnisses von unserem Herrn", 2Tim 1,8a) und der damit ganz selbstverständlich verbundenen Bereitschaft zum Leiden („Leide mit mir für das Evangelium nach der Kraft Gottes", 1,8b; vgl. 2,3: „Leide mit als ein guter Streiter Christi Jesu"; 2,10.12: „Darum dulde ich alles ...dulden wir, so werden wir mit ihm herrschen"; 3,10f: „Du bist mir nachgefolgt in ... der Geduld, in Verfolgungen, in Leiden"; 4,5: „Du aber ... leide willig, tu das Werk eines Predigers des Evangeliums"; und ganz grundsätzlich 3,12: „Alle, die gottesfürchtig leben wollen in Christus Jesus, werden Verfolgung leiden müssen").

Die Listen der von einem Bischof (1Tim 3,1-7), Diakon (3,8-13) und Ältesten (Tit 1,5-9) zu erwartenden sittlichen Qualitäten enthalten kaum spezifisch christliche Aussagen. Sie haben auch nicht den Zweck, ihre spezifische Aufgabe in der christlichen Gemeinde zu charakterisieren, sondern nur zu sichern, dass sie, nach allgemein anerkannten sittlichen Maßstäben, in ihrem Verhalten nach außen keinen Anstoß erregen („the aim is to have leaders who will not bring the church into disrepute", Marshall 473).

Literatur:

J. T. Beck, Erklärung der zwei Briefe Pauli an Timotheus, Gütersloh 1879; ders., Erklärung des Briefes Pauli an die Epheser, Gütersloh 1881; ders., Erklärung des Briefes Pauli an die

Römer, Gütersloh 1884; P. Billerbeck, Kommentar zum Neuen Testament aus Talmud und Midrasch; Bd.1, München [3]1961; K. Bockmühl, Leben mit dem Gott, der redet, BWA I,6, Gießen 1998; R. Bultmann, Theologie des Neuen Testaments, Tübingen [4]1961; D. A. Carson/D. J. Moo, Einleitung in das Neue Testament, Gießen 2010; E. v. Dobschütz, Die Thessalonicher-Briefe, Göttingen 1909 (ND 1974); K. Haacker, Der Brief des Paulus an die Römer, Leipzig 1999; Th. Herr, Naturrecht aus der kritischen Sicht des Neuen Testamentes, Paderborn 1976; G. Holtz, Die Pastoralbriefe, Berlin 1965; E. Kamlah, Prophetie und Paränese, in: H. Lindner (Hg), „Ich bin ein Hebräer". Zum Gedenken an Otto Michel, Gießen 2003, 288-298; W. G. Kümmel, Einleitung in das Neue Testament, Heidelberg [13]1964; T. Livius, Römische Geschichte, lat./dt. hg. von H. J. Hillen, Darmstadt 1987; E. Lohse, Die Briefe an die Kolosser und an Philemon, Göttingen 1968; W. Lütgert, Die Liebe im Neuen Testament, Leipzig 1905; I. H. Marshall, The Pastoral Epistles, Edinburgh 1999; O. Michel, Der Herr der Welt, in: Universitas 2/1947, 897-908; ders., Der Brief an die Römer, Göttingen [3]1963; A. Oepke, Der Brief des Paulus an die Galater, Berlin [2]1964; K. H. Rengstorf, Art. *doulos*, in: ThWNT II, 264-283; R. Riesner, Handeln aus dem Geist. Thesen zu Römer 12, Gießen 1977; ders., Die Frühzeit des Apostels Paulus, Tübingen 1994; ders., Paulus und die Jesus-Überlieferung, in: Evangelium–Schrift–Kirche, FS P. Stuhlmacher, Göttingen 1996, 347-365; ders., Pauline Chronology, in: St. Westerholm (ed), The Blackwell Companion to Paul, Oxford 2011, 9-29; ders., Zwischen Tempel und Obergemach – Jerusalem als erste messianische Stadtgemeinde, in: R.v.Bendemann/M. Tiwald (Hrsg), Das frühe Christentum und die Stadt, Stuttgart 2012, 89-91; H. Sasse, Art. *aioon*, in: ThWNT I,197-209; A. Schlatter, Paulus der Bote Jesu, Stuttgart [3]1962; B. Rigaux, Saint Paul. Les Epitres aux Thessa Ioniciens, Paris 1956; H. Schlier, Der Brief an die Epheser, Düsseldorf [6]1968; J. Schniewind, Das Seufzen des Geistes. Röm 8,26-27, in: ders., Nachgelassene Reden und Aufsätze, Berlin 1952, 81-103 (ND Gießen 1987); W. Schrage, Die Stellung zur Welt bei Paulus, Epiktet und in der Apokalyptik, in: ZThK Jg.61/1964, 125-154; ders., Ethik des Neuen Testaments, Göttingen 1982; P. Stuhlmacher, Jesustradition im Römerbrief?, in: ThBeitr 14/1983, 240-250; R. de Vaux, Das Alte Testament und seine Lebensordnungen, Freiburg 1960; H. D. Wendland, Die Briefe an die Korinther, NTD 7, Göttingen [9]1963.

1.3.5.3 Christliches Ethos in den Petrusbriefen

Der 1. Petrusbrief ist in besonderer Weise von lebendiger Enderwartung durchzogen. Ausdrücklich wird diese Erwartung in den Worten ausgesprochen: „Das Ende aller Dinge aber ist nahe gekommen" (4,7). Aber auch sonst wird die eschatologische Hoffnung immer wieder thematisiert (1,4 das unvergängliche Erbe im Himmel; 1,5 das Offenbarwerden der Rettung „zu der letzten Zeit", vgl. 1,9; 1,7f die Offenbarung Jesu Christi, d. h. seine Wiederkunft, vgl. 1,13; 5,1.4; 4,12f die endzeitliche Drangsal, vgl. auch sonst Hinweise auf Leiden, die die Christen erfahren bzw. zu erwarten haben: 2,20f; 3,14.17; 4,13f.19 und 5,10; 4,17f der warnende Hinweis auf das jetzt schon „am Haus Gottes", d. h. der Gemeinde, beginnende letzte Gericht). Entsprechend steht als Frucht der Auferstehung Jesu die Wiedergeburt zu einer „lebendigen Hoffnung" gleichsam als Thema am Anfang des Briefes (1,3; vgl. 1,13.21; 3,5.15). „So kann Petrus recht verstanden … der Apostel der Hoffnung heißen“ (Beck 35).

Mit der Hoffnung verbinden sich wie bei Paulus der Glaube, der zur Seligkeit bewahrt (1,5), auf dem Weg zu ihr sich bewährt (1,7) und in ihr sein Ziel hat (1,9), und schließlich auch die Liebe, die sich „in unaussprechlicher und herrlicher Freude“ auf den wiederkommenden Christus richtet (1,8). Die christliche Liebe äußert sich in der Gemeinde zugleich als in der gemeinsamen Erfahrung der Wiedergeburt (1,23) geweckte Bruderliebe (*philadelphia*): „Haltet rein eure Seelen im Gehorsam gegenüber der Wahrheit zu aufrichtiger Bruderliebe, und habt euch untereinander beständig von Herzen lieb“ (1,22; vgl. 2,17; 4,8; vgl. die Betonung der Gastlichkeit unter Christen und die Bereitschaft einander zu dienen, als „gute Haushalter der vielfältigen Gnade Gottes“, 4,9f). Die in der Wiedergeburt sich realisierende Erwählung (1,2) ist zugleich Berufung, als „königliches Priestertum“ die Heilstaten Gottes zu verkündigen (2,9).

Die christliche Liebe hat sich aber auch im Verhältnis zu allen anderen Menschen zu bewähren. So werden christliche Sklaven aufgefordert, auch Unrecht, das ihnen von „wunderlichen“ Herren widerfährt, hinzunehmen (2,18). Dabei wird auf das Vorbild Jesu verwiesen (2,21), „welcher keine Sünde getan hat … welcher nicht wiederschalt, da er gescholten wurde, nicht drohte, als er litt“ (2,22f) und so Feindesliebe übte. Das Verhalten gegen jedermann wird dann in einer christlich geprägten kleinen Tugendliste beschrieben (Herr 101): „Schließlich (*to telos*) aber seid gegen alle gleichgesinnt (*homophrones*), mitfühlend (*sympatheis*), brüderlich (*philadelphoi*, im weiteren Sinn der Humanität aufgrund einer Bruderschaft aller Menschen), barmherzig (*eusplanchnoi*), demütig (*tapeinophrones*), vergeltet nicht Böses mit Bösem, Beschimpfung mit Beschimpfung, stattdessen segnet“ (3,8f). Dabei schließen besonders die letzten, verbal formulierten Glieder der Liste sich an spezifisch biblisch-christliche Überlieferung an (vgl. Röm 12,14-20), aber auch die beiden Adjektive (vgl. zu *tapeinophroon* noch in 5,5 die Aufforderung an alle zur Demut gegeneinander und gegen Gott).

Die ganze Paraklese mündet in die Aufforderung, Christus in den Herzen zu heiligen und jederzeit bereit zu sein zur Verantwortung (*apologia*; vgl. Phil 1,7.16) des Grundes der in ihnen lebendigen Hoffnung, wie er mit der Auferstehung Christi gegeben ist (3,15; vgl. 1,3). Dies missionarische Zeugnis (vgl. auch 2,9) soll geschehen frei von der Arroganz des Besserwissenden, vielmehr in Demut (*praütäs*) und Furcht Gottes (3,16a), unterstützt durch einen das Zeugnis beglaubigenden „guten Lebenswandel in Christus“ (V. 16b). „Neben der Apologie des Worts soll der Wandel der Christen eine Apologie sein“ (Beck 186).

Auch im 2. Petrusbrief zielt in 1,5-7 eine Auflistung von Tugenden, in denen sich der Glaube bewährt, und zwar von allgemeinen, auch der stoischen Popularphilosophie vertrauten Tugenden (*gnoosis* = Erkenntnis, *egkrateia* = Mäßigkeit, *hypomonä* = Geduld; *eusebeia* = Frömmigkeit; *philadelphia* = Bruderliebe, vgl. Herr 101), als ihren Höhepunkt hin auf die christliche Liebe (*agapä*) – wobei auch die Geduld und vor allem die Bruderliebe schon im spezifisch christlichen Sinn verstanden sein dürften (Schelkle 190).

Literatur:

J. T. Beck, Erklärung der Briefe Petri, Gütersloh 1896; Th. Herr, Naturrecht aus der kritischen Sicht des Neuen Testamentes, Paderborn 1976; K. H. Schelkle, Die Petrusbriefe. Der Judasbrief, Freiburg [2]1964.

1.3.5.4 Christliches Ethos im Judasbrief

Der kleine Brief des Judas hat vor allem Warnung vor falscher Lehre zum Inhalt (3-19). Die Weisungen des kurzen anschließenden ethischen Abschnitts (20-23) sind sehr knapp gehalten. Sie thematisieren zunächst (V. 20f) die eigene Frömmigkeit der Christen: Sie sollen sich im (überlieferten) Glauben „auferbauen“ (*epoikodomountes*; vgl. ähnlich Kol 2,7, wo das gleiche Wort verwendet ist: „in ihm“, d. h. Christus, „gegründet und fest eingewurzelt im Glauben“), „im heiligen Geist“ beten, sich in der Liebe Gottes bewahren (d. h.: darauf achten, dass man nicht aus der Liebe Gottes herausfällt, sich von ihr nicht abwendet) und auf die Barmherzigkeit (*to eleos*) des Herrn Jesus Christus (in seiner Wiederkunft zum Gericht) warten. Dann wird (V. 22f) der Blick auf Mitchristen gewendet: Zweifelnder soll man sich barmherzig annehmen (*eleate*) und ihnen zurechthelfen („reißt sie aus dem Feuer und rettet sie“).

1.3.5.5. Christliches Ethos im Jakobusbrief

Gleich zu Anfang des letzten Aufenthalts des Paulus in Jerusalem trifft er sich mit Jakobus und den Ältesten der Gemeinde. Er berichtet von seinem Missionsdienst unter den Heiden, während jene ihrerseits ihn darüber informieren, dass in Jerusalem viele Juden gläubig geworden sind. Diese seien auch als Christen noch „Eiferer für das Gesetz“, d. h., sie lebten nach jüdischer Sitte. Da aber das Gerücht gehe, dass Paulus Juden zur Abkehr von jüdischer Sitte verleite, bitten sie ihn, dadurch, dass er an der Durchführung eines Nasiräatsgelübdes teilnimmt, auch öffentlich zu dokumentieren, dass dies Gerücht nicht der Wahrheit entspricht (Apg 21,18-24; vgl. Stählin 278). In dieser kleinen Episode spiegelt sich die Grundhaltung des Jakobus: Er möchte, dass Juden Christen werden, aber ohne dass sie dabei aufhören, nach jüdischer Sitte zu leben (Schlatter, Geschichte 69).

Dementsprechend stellt er auch in der ethischen Unterweisung seines an die christlichen Juden der Diaspora gerichteten Briefes („den zwölf Stämmen in der Zerstreuung“,1,1) das Juden und Christen gemeinsame Erbe in den Vordergrund: ein aufgrund der Güte Gottes (1,5; vgl. den Hinweis auf die Wiedergeburt durch das Wort der Wahrheit 1,18) in Geduld (1,3; 5,7-12) und Demut vor Gott (3,13; 4,6-10.13-16) sowie in der Liebe zum Nächsten (2,8) geführtes Leben (Letzteres konkretisiert in der Tugendliste 3,17f und vor allem im Eintreten für die Armen bzw. in der scharfen Kritik an den ungerechten Reichen, vgl. 2,1-17; 5,1-6), so wie es von den Geboten der Schrift vorgezeichnet ist (vgl. die Zitate aus Lev 19,18 und dem Dekalog in 2,11, sowie die Hinweise auf alttestamentliche Vorbilder wie Abraham 2,23; Rahab 2,25; Propheten 5,10; Hiob 5,11; Elia 5,17f).

Daneben finden sich zwar keine Zitate von Jesusworten, wohl aber zahlreiche Bezugnahmen auf sie (vgl. die Auflistungen bei Schlatter, Jakobus 19-21; Maier 7f; Martin LXXVf). Sie sprengen allerdings inhaltlich nicht unbedingt den Rahmen jüdischer Sitte, sondern drängen nur auf ein vertieftes Verständnis des Gesetzes im Sinne des Doppelgebots der Liebe (vgl. 2,5, wo Jakobus, wie schon in 1,12, von Liebe zu Gott, und 2,8, wo er von Liebe zum Nächsten spricht), insbesondere aber auf seine Verwirklichung (1,22: „Seid Täter des Worts und nicht Hörer allein“ und 2,14: „Was hilft es, …, wenn jemand sagt, er habe Glauben und hat doch keine Werke?“; vgl. Mt 7,15ff). Über traditionelles jüdisches Ethos geht er, auch hier in den Spuren Jesu, inhaltlich am ehesten hinaus etwa in der an das Gebot der Feindesliebe erinnernden Feststellung, dass Christen, wenn sie verurteilt und getötet wurden, nicht Widerstand leisteten (5,6; vgl. Mt 5,29), in der Mahnung an die Brüder „Seufzt nicht gegeneinander, damit ihr nicht gerichtet werdet“ (5,9; vgl. Schlatter, Jakobus 274: Das allgemeine Verbot des Richtens übereinander in 4,11 „verstärkt er für die, die auf den Christus warten, zur Warnung vor dem Seufzen, das über die Brüder klagt“; vgl. Mt

7,1-5) oder auch in dem an ein Wort aus der Bergpredigt anknüpfenden Verbot des Eides und damit der Forderung unbedingter Wahrhaftigkeit (5,12; vgl. Mt 5,34-37). Bezeichnend für das Verständnis der Nächstenliebe ist das Motiv der Barmherzigkeit (2,13; 3,17; vgl. Schrage 279: „Entscheidendes Merkmal christlicher Existenz ist die Barmherzigkeit“) und als ihr Ausdruck die besondere Fürsorge für sozial nicht Abgesicherte: Waisen und Witwen (1,27: „Ein reiner und unbefleckter Gottesdienst vor Gott, dem Vater, ist der: auf Waisen und Witwen in ihrer Trübsal Acht haben“; vgl. 2,15f) und allgemein Arme (2,5: „Hat nicht Gott erwählt die Armen in dieser Welt, dass sie am Glauben reich seien und Erben des Reiches …?“, mit deutlichem Anklang an die erste Seligpreisung Mt 5,3). Praktischer Ausdruck einer von der Gnade bestimmten spezifisch christlichen Frömmigkeit ist schließlich die Bereitschaft, einander gegenseitig seine Sünden zu bekennen und füreinander zu beten, auch wenn zunächst nur das Vergehen des einen von beiden Anlass für das Bekenntnis der Sünde ist (5,16).

Literatur:

G. Maier, Der Brief des Jakobus, HTA, Wuppertal 2004; R. P. Martin, James, Waco/Texas 1988; A. Schlatter, Die Geschichte der ersten Christenheit, Gütersloh 1926; ders., Der Brief des Jakobus, [2]1956; W. Schrage, Ethik des Neuen Testaments, Göttingen 1982; G. Stählin, Die Apostelgeschichte, Göttingen [4]1970.

1.3.5.6. Christliches Ethos im Hebräerbrief

Der Brief an die Hebräer will als Ganzes eine „Mahnrede“ (*logos parakläseoos,* 13,22) sein, mit welcher der Autor von außen und von innen angefochtene Christen zu ausdauerndem Glauben ermutigen will („Die Spitze des theologischen Gedankens liegt in den paränetischen Teilen, die den Hörer zum Gehorsam aufrufen und die Gemeinde zum Leiden bereit machen wollen“, Michel 5).

Ein grundlegender theozentrischer Akzent ist gesetzt, wenn das Ziel des Opfers Jesu darin liegt, „unsere Gewissen zu reinigen von den toten (d. h. zum Tod führenden, vgl. auch 6,1) Werken, zu dienen (*latreuein*) dem lebendigen Gott“ (9,14; vgl. Röm 12,1). Indem so das ganze Leben des Christen unter den Dienstgedanken gestellt ist, vollzieht sich Heiligung, der die Christen „nachjagen“ (*diookein*) sollen (12,14).

Inhaltlich kann das christliche Leben wie bei Paulus zweimal durch die Trias Glaube – Hoffnung – Liebe charakterisiert werden. So geschieht es in lockerer Form in 6,10-12: „Denn Gott ist nicht ungerecht, dass er vergäße eures Werks der *Liebe* … Wir möchten aber, dass jeder unter euch denselben Eifer erweise, die *Hoffnung* festzuhalten bis ans Ende, damit ihr … Nachahmer werdet derer, die durch *Glauben* und Geduld die Verheißung erben." Formal noch deutlicher formuliert der Autor die Trias in den drei parallelen Mahnungen von 10,22-24: „Lasst uns hingehen … in völligem *Glauben* … Lasst uns halten am Bekenntnis der *Hoffnung* … und lasst uns aufeinander achthaben, uns anzureizen zur *Liebe* und guten Werken." Unmittelbar angeschlossen an diese Aufforderung zur Liebe ist die Mahnung, die gemeindliche Versammlung (*episynagoogä*) nicht zu vernachlässigen (V. 25), und zwar vor allem als Ort solcher gegenseitigen brüderlichen Ermahnung zu Glaube, Hoffnung und Liebe. Sie ist umso wichtiger, als sich „der" Tag naht: „Der ganze Christenstand ist für Hebr … eschatologisch geprägt" (Michel 231). Dabei ist diese Liebe im Hebräerbrief nicht nur zu verstehen als brüderliche Liebe, sondern auch als Liebe zu Gott: So ist von dem „Werk der Liebe" (6,10a) gesagt, dass es „seinem (= Gottes) Namen" erzeigt wird, die Liebe sich also zunächst auf Gott selbst richtet. Sie gibt sich allerdings mit innerer Notwendigkeit in der Bruderliebe Ausdruck („indem ihr den Heiligen dientet und noch dient", V. 10b). Beides ist nicht identisch, aber unlöslich miteinander verbunden (Michel 154: „Im Dienst an den ‚Heiligen' bewährt sich das Bekenntnis zu Gott").

Die innere Erneuerung („nachdem ihr erleuchtet wurdet", 10,32a), die zu einem von Glaube, Hoffnung und Liebe bestimmten Leben führte, macht auch bereit dazu, um des Bekenntnisses willen selber Leiden zu erdulden (V. 32b), auch „den Raub eurer Güter" ohne Gegenwehr hinzunehmen (vgl. Mt 5,40), sogar (in der Erwartung „einer besseren und bleibenden Habe") „mit Freude", und, als Ausdruck brüderlicher Verbundenheit, auch mit andern mit zu leiden, denen es ebenso geht (V. 33f).

Den abschließenden Ermahnungen 13,1ff ist dann wieder die Aufforderung zur Bruderliebe (*philadelphia*) vorangestellt. Neben allgemeinen Tugenden wie der ehelichen Treue (V. 4) und der Genügsamkeit (V. 5) wird vor allem die Gastfreiheit (V. 2) und noch einmal das Mitleiden mit (um ihres Glaubens willen) Leidenden (V. 3) als Merkmal christlicher Lebensführung genannt.

Literatur:

O. Michel, Der Brief an die Hebräer, Göttingen [5]1960.

1.3.5.7 Christliches Ethos in den Johannesbriefen

Der 1. Johannesbrief enthält einen Spitzensatz neutestamentlicher Theologie überhaupt: „Gott ist Liebe“ (4,8.16). Die sich durch das ganze Neue Testament hindurchziehenden Aussagen über die Liebe Gottes als Grund der Erlösung (Joh 3,16: „Also hat Gott die Welt geliebt …“) werden hier zu einer Aussage über sein Wesen vertieft: Gott liebt nicht nur je und dann, sondern er „ist“ Liebe. Nur wird man dies Bekenntnis nicht statisch im Sinn einer umkehrbaren Definition verstehen dürfen („Liebe ist Gott“), sondern dynamisch als Grundmerkmal seines Wesens (vgl. Lütgert 239: „Liebe ist nicht eines seiner Ziele, eine seiner Eigenschaften, sondern sein ganzer Wille ist nichts als Liebe“). Diese seine Liebe und damit sich selbst in seinem Wesen hat er zuletzt und unüberbietbar offenbart in Jesus Christus (1Joh 4,9f: „Darin ist erschienen die Liebe Gottes unter uns, dass er seinen Sohn gesandt hat … zur Sühnung für unsere Sünden“; vgl. 2,2). Diese Liebe hat das Leben derer, die an ihn glauben, grundlegend verändert. Sie sind jetzt Gottes Kinder (3,1: „Seht, welch eine Liebe hat uns der Vater erzeigt, dass wir Gottes Kinder heißen sollen, und es auch sind“) und halten als solche seine Gebote (2,3: „Und an dem merken wir, dass wir ihn kennen, wenn wir seine Gebote halten“). Daraus folgert Johannes: „Wer aber sein Wort (d. h. seine Gebote) hält, in dem ist wahrhaft die Liebe Gottes ans Ziel gekommen“ (*teteleiootai*, 2,5; ebenso 4,17: „weil die Liebe *Gottes* in uns zum Ziel gekommen ist, haben wir Zuversicht im Blick auf den Tag des Gerichts“; eben diese Liebe wird in V. 18 die alle Furcht austreibende *teleia agapä* genannt). Dabei ist „Gottes“ jeweils Genitivus subjectivus: In unserem Halten der Gebote, also in *unserer* Liebe, kommt *Gottes* Liebe zum Ziel. Unsere Liebe ist also nicht etwas, das wir von uns aus tun könnten, sondern zunächst einmal ein Wirken Gottes bzw. des Geistes (3,24; 4,13) in uns: Er weckt durch seine Liebe zu uns und in uns die Antwort unserer Liebe (Lütgert 238: Jesus hat „die Liebe nicht nur geboten, sondern geübt, und nicht nur geübt, sondern geweckt“).

Diese im Christen geweckte Liebe ist zunächst *Liebe zu Gott*. Allerdings liegt bei Johannes der Ton auf der mit ihr unlöslich verbundenen Bruderliebe, sodass von der Liebe zu Gott jeweils vor allem im Kontext von Ermahnungen zur Bruderliebe gesprochen wird: Wer von sich sagt, er liebe Gott, seinen Bruder aber nicht liebt, lügt (4,20). Es bleibt aber, in der gebotenen Reihenfolge, die Differenzierung, in der „wer Gott liebt, auch seinen Bruder liebe“ (V. 21). Denn sofern unsere Liebe durch Gottes Liebe geweckt wird, ist sie zunächst ein Geschehen zwischen Gott und dem Menschen, das sich dann erst auf das Verhältnis zum Mitmenschen auswirkt. Und auch dies wird durch dessen Verhältnis zu Gott vermittelt: „Wer da glaubt, dass Jesus der Christus ist, der ist von Gott geboren; und wer da liebt den, der ihn geboren hat (also Gott), der liebt auch den, der von ihm geboren ist" (5,1). Wobei dann doch auch wieder eigenartig ist, dass nicht nur die jedermann sichtbare Liebe zum Bruder die Echtheit der Liebe zu Gott bezeugt (vgl. 3,10.14), sondern auch umgekehrt, dass an der nicht in gleicher Weise jedem wahrnehmbaren Liebe zu Gott zu erkennen ist, „dass wir die Kinder Gottes lieben" (5,2).

Gelegentlich wird daran Anstoß genommen, dass neben der Liebe zu Gott nur von *Bruderliebe* bzw. Liebe zu den Kindern Gottes die Rede ist, nicht aber allgemein von Nächstenliebe. Man spricht von einer partikularistischen „Verengung" des Liebesgebots (vgl. die differenzierte Auseinandersetzung mit diesem Vorwurf bei Schrage 298-301).

Tatsächlich fällt auf, wie betont Johannes immer wieder von der Gegenseitigkeit der Liebe der Christen untereinander spricht – das sei von Anfang an (d. h. von der Verkündigung Jesu an) zentraler Inhalt der Botschaft gewesen, dass „wir uns untereinander" lieben sollen (3,11; vgl. 3,23; 4,7.11f; vgl. 2Joh 5; vgl. auch 1Joh 1,7 die „Gemeinschaft untereinander").

Dabei ist aber zweierlei zu bedenken:

Einmal darf man nicht im Sinne des *argumentum e silentio* aus der Nichterwähnung der Nächstenliebe darauf schließen, dass die Gemeinden, an die Johannes schreibt, weltfremd nur ihr funktionierendes soziales Binnenleben genießen sollten. Das Problem ist nicht, dass sie die Welt verachten und nur die Brüder lieben. Sie stehen ganz im Gegenteil in der Gefahr, die Welt zu lieben („Habt nicht lieb die Welt noch was in ihr ist", 2,15) und den Bruder zu verachten („Wenn aber jemand weltliches Vermögen hat und seinen Bruder Mangel leiden sieht, sein Herz aber vor ihm verschließt, wie kann da die Liebe Gottes in ihm bleiben?", 3,17). Dieser Neigung will Johannes bewusst entgegensteuern und konzentriert deshalb seine Paraklese auf die Bruderliebe.

Aber auch abgesehen von solchen möglicherweise anzunehmenden (und bis heute tatsächlich immer wieder unter Christen zu beobachtenden) aktuellen fragwürdigen Entwicklungen entspricht diese Konzentration des Liebesgedankens auf den der Bruderliebe schon dem Zeugnis des Johannesevangeliums. Auch dort fehlt der Begriff der Nächstenliebe, während das

Gebot an die Jünger „einander zu lieben" als „das" Gebot Jesu bezeichnet wird (Joh 13,34; 15,12.17). So spricht Jesus nach dem Zeugnis des Johannesevangeliums auch von dieser Liebe als der „größten" („Niemand hat größere Liebe als die, dass er sein Leben lässt für seine Freunde", Joh 15,13; vgl. 1Joh 3,16).

Dass solche christliche Liebe sich nicht etwa grundsätzlich auf die Glieder der Gemeinde beschränkt, ist daran zu sehen, dass die Liebe Gottes selbst nicht nur der Gemeinde, sondern der ganzen Menschheit gilt: Jesu Sühne für unsere Sünden ist zugleich Sühne für die Sünden „der ganzen Welt" (*peri holou tou kosmou*, 1Joh 2,2), und der Vater hat den Sohn gesandt als „Heiland der Welt" (*sootär tou kosmou*, 4,14). Wie die Liebe Gottes, so gilt danach auch die Liebe der Christen selbstverständlich jedermann. Zunächst aber hat sie sich im nächsten Umkreis zu bewähren, in der Gemeinde („Es ist darum ungerechtfertigt, von einer Einengung der ‚Nächstenliebe' auf die ‚Bruderliebe' bei Joh zu sprechen", so Schnackenburg 121 mit Verweis auch auf Paulus in 1Thess 4,9f; 5,15 und vor allem Gal 6,10: „Lasst uns Gutes tun an jedermann, allermeist (*malista*) aber an des Glaubens Hausgenossen").

Über diese Aussagen zur Grundstruktur der Liebe hinaus finden sich in den Johannesbriefen wenig Konkretionen, am ehesten in 3Joh 5-8 mit dem Lob der Gastfreiheit, vor allem auch fremden, als Wandermissionaren tätigen Brüdern gegenüber: sie sind um „seines" (d. h. Christi, Schnackenburg 324) Namens willen unterwegs, und wer sie aufnimmt, wird so „Mitarbeiter in der (Verbreitung der) Wahrheit" (V. 7f).

Literatur:

W. Lütgert, Die Liebe im Neuen Testament. Ein Beitrag zur Geschichte des Urchristentums, Leipzig 1905; R. Schnackenburg, Die Johannesbriefe, Freiburg [3]1965; W. Schrage, Ethik des Neuen Testaments, Göttingen 1982.

1.3.5.8 Christliches Ethos in der Johannesoffenbarung

Zweck der von Johannes empfangenen „Offenbarung Jesu Christi" ist, „seinen Knechten zu zeigen, was in Kürze geschehen soll" (1,1). Die „Knechte" sind die Christen, hier speziell die Glieder der sieben Gemeinden, an welche die Sendschreiben von Kapitel 2–3 gerichtet sind. Was „in Kürze geschehen soll" (vgl. 1,19c: „was geschehen soll danach") ist Inhalt der Kapitel 4–22. Dem sind vorangestellt die Christusvision Kapitel 1

(„was du gesehen hast", 1,19a) und die Sendschreiben Kap. 2–3 (mit der kritischen prophetischen Analyse dessen, „was ist", und zwar in den Gemeinden, 1,19b; vgl. Lohse 19). Sofern es also vor allem um einen Blick auf kommende Geschehnisse geht, die Gerichte Gottes und das letzte Sich-Aufbäumen der gottfeindlichen Mächte gegen ihn und seine Gemeinde, ist der Inhalt zwar vordergründig kein ethischer, wohl aber indirekt: Denn die Weissagung der Gerichte und des endlichen Sieges des Christus über den Antichristus sollen die angefochtene Gemeinde stärken im Glauben und „Ausharren bei Jesus" (*hypomonä en Jäsou*, 1,9; vgl. das immer wiederkehrende Stichwort *hypomonä* in 2,2; 3,10; 13,10; 14,12; vgl. den Aufruf zur Treue bis zum Martyrium in 2,10; vgl. 2,26; 3,11 und 12,11: „und haben ihr Leben nicht geliebt bis an den Tod"). Dies „Ausharren bei Jesus" ist das zentrale ethische Motiv der Offenbarung Johannes (Burkhardt 246). Zugleich aber ruft er zunächst die Christen zur Umkehr (2,5.16.21f; 3,2f.19), dann aber auch, durch die über die Welt kommenden Gerichte, die übrige Menschheit (9,20f; 16, 9.11, jeweils mit der Feststellung, dass die Menschen *nicht* Buße taten).

In diesem Zusammenhang ist nun bezeichnend, welche ethischen Inhalte jeweils angesprochen werden: In den Worten an die Gemeinden ist es vor allem „die erste Liebe" (*hä prootä agapä,* 2,4), also die Liebe, von der die Zeit des Anfangs nach der Bekehrung zu Christus geprägt war. Lohse verweist dazu auf Mt 24,12 und meint, es sei hier gedacht an die „Bruderliebe, deren Erkalten zu den Zeichen der letzten Notzeit gehört" (Lohse 22). Richtiger deutet aber doch wohl Lütgert: „Denn der Liebe Christi, wie sie in der Apokalypse beschrieben ist, entspricht die Liebe, die von der Gemeinde erwartet wird. Was bei ihr gesucht wird, ist die erste Liebe … d. h. die Liebe zu Jesus, die seiner Liebe entspricht" (Lütgert 262, vgl. Maier 140).

Im Schreiben nach Thyatira wird neben der (betont vorangestellten) Liebe (*agapä*) noch lobend erwähnt der Glaube (*pistis*), der Dienst untereinander (*diakonia*) und die Geduld (*hypomonä)* (2,19). Von der Gemeinde in Pergamon heißt es: „Du hältst fest an meinem Namen und hast den Glauben an mich nicht verleugnet" (2,13). Negative Konsequenz des Glaubens ist die Absage an den Synkretismus (2,14.20.22). Alles das sind Werte, die spezifischer Ausdruck christlichen Glaubens sind.

Anders verhält es sich mit den allgemeinen Gerichtsansagen: Hier werden in 9,20f neben dem Götzendienst (also 1. und 2. Gebot; vgl. 16,9.11:

Gotteslästerung) noch genannt: Mord (6. Gebot), Zauberei (3. Gebot), Unzucht (7. Gebot) und Diebstahl (8. Gebot), in 21,8 und 22,15 kommt noch die Lüge hinzu (9. Gebot), mithin dem Dekalog entsprechende Werte der allgemeinen Ethik.

Literatur:

H. Burkhardt, Ausharren bei Jesus. Überlegungen zum theologischen Verständnis der Johannesoffenbarung, in: ThBeitr 17/1986, 234-247; E. Lohse, Die Offenbarung des Johannes, NTD 11, Göttingen 1960; W. Lütgert, Die Liebe im Neuen Testament, Leipzig 1905 (ND Gießen 1968); G. Maier, Die Offenbarung des Johannes. Kap. 1-11; HTA, Witten 2009

2. Die Liebe als Grundnorm christlicher Lebensführung

„Reich Gottes" ist das Stichwort, das die ganze Verkündigung Jesu bestimmt, wie sie programmatisch zusammengefasst ist in der Erstbotschaft Jesu: „Kehrt um, denn das Reich der Himmel (= Gottes) ist nahe herbeigekommen" (Mt 4,17; vgl. Ethik I, 111ff). Was Jesus unter „Reich Gottes" versteht, deutet er im Vaterunser an, wenn er die Bitte um das Kommen des Reiches als Geschehen des Willens Gottes „auf Erden wie im Himmel" interpretiert (Mt 6,10). Worin aber der Wille Gottes inhaltlich besteht, wird von Jesus im Liebesgebot zusammengefasst (Mt 22,36-40). Herrschaft Gottes ist also Herrschaft seiner Liebe.

2.1 Liebe als allgemeinmenschliches Phänomen

2.1.1 Das Wort Liebe

Das Wort „Liebe" ist ein Wort mit vielen sehr unterschiedlichen Assoziationen. J. Pieper stellt deshalb ernsthaft die Frage, ob die verschiedenen Bedeutungsvarianten nicht so Verschiedenes bezeichnen, dass der einheitliche Begriff „Liebe" eigentlich irreführend ist. Pieper verweist dazu auf die Tatsache, dass es in anderen Sprachen für das deutsche Wort Liebe verschiedene, völlig unterschiedliche Worte gibt und dass Sprachwissenschaftler hier deshalb schon eine gewisse Armut der deutschen Sprache behauptet haben (Pieper 15f). In der Theologie hat sich deshalb auch neben dem allgemeinen Begriff Liebe (der im Wesentlichen mit der Vorstellung der Selbstliebe verbunden wird) das aus der griechischen Sprache entlehnte Fremdwort „Agape" eingebürgert (insbesondere seit A. Nygrens großem zweibändigem Werk „Eros und Agape" von 1930; in katholischer Theologie tritt an die Stelle von „Agape" oft das der lateinischen Sprache entlehnte Wort *caritas,* vgl. Pieper 20f). Dafür könnte sprechen, dass die griechische Profanliteratur das Wort *agapä/agapaoo* tatsächlich fast nicht kennt, während das Neue Testament diesen Begriff eindeutig bevorzugt. Daraus schließt man dann, dass dies sonst kaum gebräuchliche Wort besonders geeignet gewesen sein könnte, etwas zu bezeichnen, was sonst auch der Sache nach noch gar nicht bekannt und neu war.

Aber dieser Eindruck täuscht: einmal insofern, als das Wort *agapaoo* zumindest nicht nur neutestamentlich ist, sondern vorher schon in der griechischen Übersetzung des Alten Testaments, der *Septuaginta*, bevorzugt gebraucht ist. Zum andern insofern, als im Neuen Testament nicht nur dies Wort, sondern auch das sonst im Griechischen übliche *phileoo* verwendet wird, zwar wesentlich weniger häufig, aber ohne eindeutig erkennbaren Bedeutungsunterschied (vgl. Joh 21). Rein sprachlich ist es also keineswegs gerechtfertigt, das Wort „Agape" so selbstverständlich als Bezeichnung für ein spezifisch christliches Verständnis von Liebe einzusetzen (vgl. auch Ethik II/1, 108).

Damit ist die Frage des richtigen Sprachgebrauchs wieder offen und man wird wohl oder übel doch bei dem guten alten deutschen Wort „Liebe" bleiben müssen – natürlich abgesehen von Grenzfällen wie etwa dem Missbrauch eines anderen Menschen als bloßem Objekt eigener Lustbefriedigung, wofür das Wort „Liebe" in keiner Weise geeignet ist. Allerdings sieht Pieper darin, dass die deutsche Sprache hier so einsilbig ist, d. h. für so viele verschiedene Inhalte nur das eine Wort kennt, nicht nur eine Schwäche, sondern auch die Chance dazu, einerseits nach etwa möglicherweise doch Gemeinsamem in den verschiedenen Varianten zu fragen (Pieper 17), andererseits aber auch unterschiedliche Verständnisse von Liebe ohne Verabsolutierung oder diskriminierende Abwertung in ihrer Eigenart näher zu kennzeichnen.

2.1.2 Beschreibung und Deutung des allgemeinmenschlichen Phänomens Liebe

Zum *Gemeinsamen* ist zu sagen: Liebe ist generell eine *positive* Beziehung oder Einstellung zu einem anderen Menschen, in der jemand, wie Pieper es formuliert, sagen kann: „Gut, dass du da bist“ (Pieper 47; vgl. schon S. 38ff).

Sofern in solcher Aussage nicht nur (allerdings auch!) ein Gefühl zum Ausdruck kommt, sondern vor allem ein Wille, bedeutet sie: „Ich will, dass es dich gibt“ (39), und zwar so, dass es um diesen Menschen „ganz und gar gut bestellt sei“ (72). Liebe ist also immer *Wohl*wollen (so schon Aristoteles, in der lat. Übersetzung des Thomas II/II 27,2: *amare est velle alicui bonum,* nach Pieper 78; vgl. Lütgert, Liebe 215: „Liebe ist ihrem Wesen nach … Wohlwollen. Eine Wohltat ohne Wohlwollen ist keine Liebe“).

Als Wohlwollen ist Liebe ein „an der Person des anderen tief beteiligter, auf ihn *selbst* zielender Willensimpuls“ (Pieper 80), der sich als echt darin erweist, dass er auch dann noch wirksam sein kann, wenn schwinden sollte, was am andern zunächst als besonders anziehend empfunden wurde.

Dies Wohlwollen enthält im Blick auf den andern immer auch „den Wunsch bei ihm zu sein, sich mit ihm zu verbünden“ (Pieper 80). Sie ist eine *vereinigende* Kraft (*vis unitiva*, Pieper 139). Als solche bewährt sie sich besonders in der geschlechtlichen Liebe, aber auch in allen anderen, etwa familiären oder freundschaftlichen Beziehungen (vgl. Pieper 171f; Fromm 69-89), gegebenenfalls auch in kurzzeitigen Beziehungen, wie sie sich etwa im Falle von nötigen Hilfeleistungen ergeben, die nicht unbedingt auf Dauer angelegt sind (wie etwa bei der Krankenpflege). In allen solchen Beziehungen verwirklicht sich, in unterschiedlicher Intensität, das, was die Bibel Nächstenliebe nennt.

Anthropologisch gesehen hat das allgemeine Phänomen Liebe seine natürliche Grundlage in der dem Menschen eigenen Sozialität, seinem natürlichen Angelegtsein auf Gemeinschaft (Aristoteles 1169b: „Der Mensch ist … von Natur zum Zusammenleben geschaffen“; vgl. Fromm 36: „Das Verlangen nach zwischenmenschlicher Vereinigung ist das stärkste Streben im Menschen“). Diese Anlage kann sich aber nur zur Liebe entwickeln, wenn sie durch die Erfahrung dem Menschen von außen entgegengebrachter Liebe geweckt wird. Andernfalls verkümmert sie, was u. U. sogar zum Tod führt (Pieper 50ff). Dabei geht der Mensch in dieser Beziehung nicht so auf, dass er sich in ihr gleichsam selbst aufgäbe. Wahrung der eigenen Individualität wie vor allem Respektierung der/des andern ist Grundelement der Liebe. Der Liebende bleibt also er selbst, und gerade so ist das den anderen bejahende Offensein für ihn ein wahrhaft menschliches und entspricht der Doppelpoligkeit des Menschen als Individuum und Sozialwesen (vgl. Ethik I, 69). Theologische Anthropologie bleibt allerdings nicht bei den Phänomenen stehen, sondern erkennt, gerade durch die Erfahrung des Geschenkcharakters der Liebe darin bestärkt, im zu bejahenden Gutsein der Existenz des andern letztlich das schöpferische Ja Gottes zu ihm und allem Seienden. Menschliche Liebe ist also, bewusst oder unbewusst, „ein Nachvollzug und eine Art Wiederholung dieser … kreatorischen Liebe Gottes" (Pieper 48). Jeder Mensch hat, als Gottes Ebenbild, unverlierbar seinen Wert in sich. Von daher ist „das Wesen der Liebe die Hochschätzung der Persönlichkeit um ihrer selbst willen" (Lütgert, Ethik 89).

Literatur:

Aristoteles, Die Nikomachische Ethik, dt. von O. Gigon, Zürich [2]1967; E. Fromm, Die Kunst des Liebens, Frankfurt/Berlin 1977; W. Lütgert, Die Liebe im Neuen Testament, Leipzig 1905; ders., Ethik der Liebe, Gütersloh 1938; J. Pieper, Über die Liebe, München [7]1992.

2.2 Die christliche Liebe

2.2.1 Die Voraussetzung der christlichen Liebe in der Liebe Gottes

Nach einhelligem neutestamentlichem Zeugnis ist die Offenbarung der Liebe Gottes der Kern der neutestamentlichen Offenbarung. In ihr hat die Sendung Jesu ihren Grund, in ihrer Verwirklichung ihr Ziel.

a) Den *Grund* der Sendung Jesu in der Liebe Gottes bezeugt begrifflich am klarsten das Johannesevangelium: „Also hat Gott die Welt geliebt, dass er seinen eingeborenen Sohn gab, damit alle, die an ihn glauben, nicht verloren werden, sondern das ewige Leben haben" (Joh 3,16). Im 1. Johannesbrief wird dies Geschehen in einer Art Definition des in diesem Geschehen sich zeigenden Wesens Gottes auf den Begriff gebracht: „Gott ist Liebe" (1Joh 4,8.16). Entscheidendes Merkmal dieser Liebe ist, dass sie, in der Hingabe des Sohnes, sich selbst aufopfernde Liebe ist: „Wenn das Weizenkorn nicht in die Erde fällt und stirbt, so bleibt es allein; wenn es aber stirbt, so bringt es viel Frucht“ (Joh 12,24; vgl. die entsprechende Selbstaussage Jesu nach dem Matthäusevangelium: „Des Menschen Sohn ist nicht gekommen, dass er sich dienen lasse, sondern dass er diene und gebe sein Leben zur Erlösung für viele“, Mt 20,28). Entsprechend schreibt Paulus: „Gott erweist seine Liebe gegen uns darin, dass Christus für uns gestorben ist“ (Röm 5,8a; Lütgert 186). Gottes Liebe offenbart sich in Christus als sich für seine Feinde aufopfernde Liebe („als wir noch Sünder“, d. h. „als wir noch Feinde waren“ V. 8b.10). Gerade in solcher Liebe erweist sich Gottes Zuwendung zum Menschen als schlechthin freie, durch keine Qualität seines Gegenübers bedingte gnädige Zuwendung. Das kommt auch in einem Begriff zum Ausdruck, der das konkrete Geschehen dieser Liebe näher beschreibt, im Begriff der sich zum Menschen in seiner Not herabneigenden Barmherzigkeit (vgl. *eleos/elleeoo* z. B. in 2Kor 4,1; Tit 3,5; bzw. *splangchnizesthai* in Mt 9,23; 14,14; 15,32; 20,34; Lk 7,13; 15,20).

b) Diese Liebe Gottes, im Glauben angenommen und in der Hoffnung festgehalten, prägt nun das Leben des Christen („die Liebe Gottes ist ausgegossen in unser Herz durch den Heiligen Geist“, Röm 5,5). Diese Prägung zeigt sich in vielen, im Unterschied zu nichtchristlichem Leben auffallenden Besonderheiten. Aber die Liebe ist gleichsam das Salz oder der Sauerteig, durch welche diese Besonderheiten eigentlich zu spezifisch christlichen werden. Am Anfang seines „Hohenlieds der Liebe“ (1Kor 13) zählt Paulus einige an sich beeindruckende Tätigkeiten auf, die auch (wenn auch nicht nur) in der christlichen Gemeinde vorkommen, also auch vom Geist Gottes gewirkt und Ausdruck der Liebe sein können (Kenntnis aller Geheimnisse, Berge versetzender Glaube, Geben aller Habe an Arme, für seine Überzeugung „seinen Leib brennen“ lassen), die aber, eben wenn die Liebe als ihr Motiv und als prägende Kraft fehlt, alle völlig wertlos sind (1Kor 13,1-3). Dass diese Liebe im Menschen entsteht, ist das eigentliche *Ziel* der göttlichen Gnade (Schlatter 365).

Als Antwort auf die Liebe Gottes kann die Liebe zu Gott auch als Freundschaftsliebe bezeichnet werden. Obgleich sie einseitig von Gott ausgeht, ist ihr doch das für die Freundschaft charakteristische Merkmal der Gegenseitigkeit eigen (vgl. Joh 15,14). Gegenseitigkeit bedeutet dabei allerdings nicht Selbstbezogenheit, denn sie schließt die Bereitschaft zur Lebenshingabe ein (V. 13).

So ist der *Glaube* an die in Christus erschienene Liebe Gottes der Nährgrund christlichen Lebens. Die *Hoffnung* auf die endgültige Durchsetzung der Liebe Gottes über alles ihr Widerstrebende und damit die Vollendung der Herrschaft Gottes gibt christlichem Glauben sein Fernziel. Die von Gott gewirkte *Liebe* des Menschen aber ist das gegenwärtige und in alle Zukunft bleibende Zentrum christlichen Lebens.

Literatur:

W. Lütgert, Die Liebe im Neuen Testament. Ein Beitrag zur Geschichte des Urchristentums, Leipzig 1905 (ND Gießen 1986); A. Schlatter, Paulus der Bote Jesu, Stuttgart [3]1962.

2.2.2 Gestalten der christlichen Liebe

2.2.2.1 Christliche Liebe als Liebe zu Gott

Als Wirkung der Liebe Gottes im Leben des Christen ist die christliche Liebe primär das Entstehen einer neuen Beziehung zu Gott. Aus Feindschaft wird durch Versöhnung eine Beziehung der Liebe.

Die *synoptischen Evangelien* sprechen zunächst noch wenig in ausdrücklicher Begrifflichkeit von der Liebe zu Gott. Immerhin, wenn Jesus im Gespräch mit Pharisäern das alttestamentliche Gebot zitiert, dass man Gott lieben solle „von ganzem Herzen, ganzer Seele und ganzem Gemüt" (Mt 22,37 = Dt 6,5), so macht er es doch insofern zu etwas Neuem, als er es als „vornehmstes und größtes" Gebot über alle anderen stellt.

Aber auch eigene Worte Jesu von Liebe zu Gott werden in den synoptischen Evangelien überliefert. So heißt es bei Lukas in einem Gespräch mit Pharisäern: „… ihr verzehntet die Minze und Raute … und geht vorbei an dem Gericht (d. h. „Gottes Maßstäbe(n) in der Beurteilung von Recht und Unrecht", Rengstorf 154) und an der Liebe zu Gott" (Lk 11,42; vgl. Schrage 85; die Parallele in Mt 23,5 hat dafür *pistis* = Glaube). Auch die einzigartige Vertrautheit der Gebetsanrede „Abba" (Mt 6,9) dürfte nur als Ausdruck einer von Liebe geprägten Beziehung zu Gott zu verstehen sein (Lütgert 194; vgl. dazu auch Jeremias 73). Daneben verdienen schließlich auch zwei Aussagen über das Verhältnis zu *Jesus*, dem Gesandten Gottes, als Ausdruck der Liebe zu Gott Beachtung: Gegen Schluss der Aussendungsrede sagt Jesus: „Wer Vater oder Mutter mehr liebt (*philei*) als mich, ist mein nicht wert" (Mt 10,37). Und über die „Sünderin", die Jesu Füße mit Salbe salbt, mit Tränen (der Reue) netzt und küsst, sagt er: „Ihr sind viele Sünden vergeben; darum hat sie mir viel Liebe erzeigt" (*ägapäsen polü*, Lk 7,47; vgl. dazu auch in dem den V. 41-43 vorangehenden Gleichnis von den zwei Schuldnern Jesu Frage: „Welcher unter denen wird ihn am meisten lieben?").

Johannes spricht einmal von der Liebe Jesu zu seinem Vater (Joh 14,31), häufiger aber von der Liebe der Jünger zu Jesus. Sie ist das entscheidende Merkmal der Beziehung der Jünger zu ihm, so vor allem in den Abschiedsreden (Joh 14,15.21.23f.28; 16,27 jeweils mit dem gr. Wort *agapaoo*, nur an der letzten Stelle auch mit *phileoo*) und in dem Gespräch des Auferstandenen mit Petrus (21,15-17, wobei beide gr. Begriffe gebraucht werden; *phileoo* immer von Petrus, bei der dritten Frage auch von Jesus, allerdings ohne dass ein Bedeutungsunterschied erkennbar würde, Stählin 133).

Wiederholt von Liebe zu Gott spricht *Paulus*, allerdings nur einmal in eigenen Worten: „Das Wissen bläht auf, die Liebe baut auf ... Wenn jemand Gott liebt, der ist von Gott erkannt" (1Kor 8,1.3), zweimal in traditioneller formelhafter Wendung: „Wir wissen, dass denen, die Gott lieben, alle Dinge zum Besten dienen" (Röm 8,28; Michel 210: ein „überlieferter Lehrsatz", der bis auf den Dekalog zurückgeht; vgl. Ethik I,37; vgl. auch 1Kor 2,9; Jak 1,12; 2,5). Allerdings wird man doch wohl auch in der vor allem bei Paulus, aber auch sonst im Neuen Testament (s. oben zu S. 78) begegnenden sog. Trias Glaube – Hoffnung – Liebe wie die beiden ersten Glieder so auch das dritte zunächst auf Gott zu beziehen haben, auch wenn Paulus die Liebe im „Hohen Lied der Liebe" nur auf die Beziehung zum Mitmenschen hin konkretisiert (1Kor 13,4-7; vgl. den ausdrücklichen Einbezug der Liebe zu Gott in Polykarp in Phil 3,3: der Glaube ist ja „unser aller Mutter, wobei die Hoffnung folgt, die Liebe zu Gott und zum Nächsten vorangeht. Denn wenn jemand in diesen lebt, hat er das Gebot der Gerechtigkeit erfüllt").

Besonders nachdrücklich spricht Paulus in einem eigenhändig an den 1. Korintherbrief angefügten Grußwort von der Liebe zu Jesus: „Wenn jemand den Herrn (Jesus) nicht lieb hat (*philei*), der sei ausgeschlossen" (1Kor 16,22; das wörtlich mit „verflucht" zu übersetzende *anathema* ist, vermutlich vor allem im Zusammenhang mit dem Abendmahl, als Ausschlussformel zu verstehen, Stählin 134). Die Liebe zu Jesus ist also wichtiges Kriterium der Zugehörigkeit zur Gemeinde. Ähnlich ist im 2. Timotheusbrief die Rede von denen, „die seine (Jesu) Erscheinung lieb haben (*agapäkosi*)" (2Tim 4,8).

Gelegentlich wird darauf verwiesen, dass Paulus andererseits eine gewisse Zurückhaltung gegenüber dem Motiv der Liebe zu Gott zu üben scheint. Denn in Röm 13,9f und Gal 5,14 nennt er nur das Gebot der Nächstenliebe als Zusammenfassung des Gesetzes. Man könnte das aus der Lebensgeschichte des Apostels erklären, der vor seiner Bekehrung aus fanatischem Eifer für das Gesetz und damit aus – allerdings irregeführter – Liebe zu Gott heraus zum Verfolger der Gemeinde geworden war (Haacker 17). Ähnlich beschränkt allerdings auch Jesus im Gespräch mit dem sog. reichen Jüngling in seiner Aufzählung der Gebote des Dekalogs sich auf die der zweiten Tafel (Mt 19,18f), vielleicht in bewusstem Gegensatz zu kultischer Gesetzlichkeit bei den Pharisäern (vgl. Mt 12,1-7; 15,1-7). Er gerät damit aber offensichtlich keineswegs in einen Gegensatz zum Motiv der Liebe zu Gott (vgl. Lk 11,42, wo gesetzlicher Frömmigkeit die Liebe zu Gott *positiv* entgegengesetzt wird; zur Liebe zu Gott als Problem der neueren Theologiegeschichte vgl. Ethik II/1, 35f.39f).

Wie in 2Tim 4,8 heißt es im *1. Petrusbrief* im Blick auf die Wiederkunft Jesu: „Ihn (Christus) habt ihr nicht gesehen und habt ihn doch lieb" (1Petr 1,8). Der *Hebräerbrief* spricht einmal von der „Liebe, die ihr seinem (= Gottes) Namen (und damit Gott selbst) erzeigt habt" (Hebr 6,10).

Die Liebe zu Gott drückt sich konkret darin aus, dass in allen Bereichen menschlichen Lebens Gottes Sache Priorität bekommt, christliche Spiritualität also eine theozentrische Spiritualität ist:

a) Dies zeigt sich grundlegend im Beginn der christlichen Existenz, in der *Bekehrung*. Sie ist eine radikale, entschlossene Hinwendung zu Gott. Am Anfang des Wirkens Jesu steht, gleichsam als Summe seiner Botschaft, das Wort: „Kehrt um, denn die Herrschaft der Himmel (= Gottes) ist nahe herbeigekommen" (Mt 4,17). Die Herrschaft Gottes ist dabei beides zugleich: Ermöglichungsgrund der Umkehr als in Jesus Christus schon gegenwärtige Wirklichkeit, und letzter Zielpunkt in der noch ausstehenden Vollendung des Reiches. Jesu Ruf zur Umkehr wird dann auch in der apostolischen Verkündigung wieder aufgenommen (Apg 2,28; 20,21; 1Thess 1,9a; vgl. 1Petr 2,25; Hebr 6,1). Umkehr ist dabei nicht nur Neubelebung oder Intensivierung natürlicher Frömmigkeit, oder, im Sinne pharisäischer Gesetzesfrömmigkeit, der Entschluss, künftig das Gesetz in seinen einzelnen Geboten konsequenter zu befolgen, also Umkehr zur Tora (Behm 992). Sie ist auch nicht die Einrichtung oder Wiedereinrichtung einer Sparte Religion und/oder Moral neben anderen Bereichen unseres Lebens. Vielmehr ist sie im Kern Hinwendung des ganzen Menschen zum lebendigen Gott selbst.

Diese Wendung spiegelt sich in vielen Worten Jesu: Wer den Schritt durch die „enge Pforte" tut (Mt 7,13), hält sich nicht mehr alle Optionen für sein Leben offen, sondern gibt einer Option, der Sache Gottes, den unbedingten Vorrang. Von der gleichen Grundentscheidung spricht auch das Wort, dass der Jünger nicht zwei Herren dienen kann (Mt 6,24), aber auch das Doppelgleichnis vom Schatz im Acker und der köstlichen Perle, für deren Erwerb man bereit ist, „alles zu verkaufen" (Mt 13,44-46), wie es ja bei den Jüngern konkret geschieht (Mt 19,27: „Wir haben alles verlassen"). Von der Priorität Gottes und seines Willens spricht auch das Vaterunser in der Vorordnung der ersten drei Bitten. Die Bitten um die Heiligung des Namens Gottes, das Kommen des Reiches Gottes und das Geschehen seines Willens (Mt 6,9f) haben selbstverständlichen Vorrang vor allen anderen, das eigene Leben betreffenden Bitten – wobei es auch bei ihnen, vor allem in der Bitte um Vergebung der Sünde und Bewahrung vor dem Bösen, ebenfalls um die Beziehung zu Gott geht. Selbst die Bitte um das tägliche Brot setzt die besondere Situation des Jüngers voraus, der um seiner Berufung willen auf die eigene Absicherung und Vorsorge verzichtet. So vollzieht sich in dieser grundlegenden Hinwendung zu Gott eine individuelle Verwirklichung der Herrschaft Gottes.

b) In diesem Sinn sagt auch Paulus: „Denn dazu ist Christus gestorben und wieder lebendig geworden, dass er über Tote und Lebende Herr sei" (Röm14,9; nicht zufällig taucht im Kontext V. 17 das Motiv des Reiches Gottes auf; vgl. auch Kol 1,13). Das Motiv der Verfügbarkeit für Gott wird in der apostolischen Paraklese im Motiv der *Heiligung* aufgenommen (1Thess 4,3; Röm 6,19.22 u. ö.; vgl. Ethik I, 132ff). Sie beginnt in der Umkehr, muss aber im Lauf des Lebens immer neu vollzogen und konkretisiert werden. Die Aufforderung der apostolischen Paraklese: „Jaget nach der Heiligung" (Heb 12,14) entspricht dabei der Sache nach der Weisung Jesu: „Trachtet zuerst nach dem Reich Gottes" (Mt 6,33). Es geht in der Heiligung letztlich also nicht um das eigene Heiligwerden, sondern darum, dass durch das Leben des Jüngers der Name Gottes geheiligt wird. „Heiligung des Namens Gottes" aber ist „Ausdruck der Liebe zu Gott" (Lütgert 140).

c) Die Hinwendung zur Verfügbarkeit für Gott ist verbunden mit einem Akt *vorbehaltlosen Vertrauens* in die fürsorgende Macht und Güte Gottes („Trachtet zuerst nach dem Reich Gottes, so wird euch solches alles (d. h. hier: der notwendige Lebensunterhalt) zufallen" (Mt 6,33; vgl. 6,25ff; 10,28ff; Lk 22,35; 1Petr 5,7; vgl. auch Ethik II/1, 33f; Lütgert, Ethik 25: „Vertrauen ist schon Liebe, die erste Stufe der Liebe").

d) Zugleich ist die Bekehrung in sich ein Akt der *Demut* vor Gott (*praytäs; tapeinophrosynä*). Die Sünde ist wesentlich Verneinung der Herrschaft Gottes und äußert sich in der vom Hochmut genährten Illusion, selbst etwas zu sein (Gal 6,3) und sein Leben im Griff zu haben (Jak 4,13f). In der Begegnung mit dem Evangelium wird der Mensch sich seiner wahren Situation bewusst. Als Geschöpf weiß er sich völlig abhängig von der Schöpfermacht Gottes, und als Sünder weiß er sich schlechthin angewiesen auf die freie Vergebung Gottes (vgl. Ethik II/1, 31f). Umkehr heißt deshalb, „sich selbst (vor Gott) erniedrigen (*tapeinoon heauton*) und „werden wie die Kinder" (Mt 18,3f), d. h. „geistlich arm" (Mt 5,3: *ptoochos too pneumati*), „sanftmütig" (V. 5: *prays*) und „von Herzen demütig" (Mt 11,29: *tapeinos*). Paulus bekennt von sich, dass er „dem Herrn gedient habe mit aller Demut" (*tapeinophrosynä*, Apg 20,19; vgl. Jak 4,10 und 1Petr 5,6). „Liebe ist … Demut" (Lütgert, Liebe 273; vgl. auch Ethik II/1,31f).

e) Wie schon das eben genannte Pauluswort andeutet, heißt verfügbar zu sein praktisch, dass das ganze Leben des Jüngers bzw. des Christen unter dem Zeichen steht, *Dienst für Gott* zu sein (vgl. auch unten III 4 zur Diakonie). Dies spiegeln etwa Gleichnisse Jesu, in denen die Jünger mit Knechten eines Herrn verglichen werden (Mt 24,45ff; 25,14ff; Lk 17,10). Paulus beschreibt als Ziel der Umkehr, „zu dienen dem lebendigen und wahren Gott" (1Thess 1,9b; vgl. 1Kor 4,1; Hebr 9,14; 12,28). Christen leben „für Gott" (Gal 2,19; Röm 6,11; vgl. 14,7 „leben wir, so leben wir dem Herrn"). Als „Knechte der Gerechtigkeit" (6,18) bzw. „Knechte Gottes" (6,22; vgl. 1Petr 2,16) sollen sie ihr Leben „Gott zur Verfügung" stellen (6,13) bzw. „zum Dienst der Gerechtigkeit geben" (6,19). Sie sollen ihr Leben geben „zu einem lebendigen, Gott wohlgefälligen Opfer" (Röm 12,1). Sie sind „Mitarbeiter Gottes" (1Kor 7,34) und Teilhaber am „Werk des Herrn" (1Kor 15,58). Und das in leidenschaftlicher Hingabe („brennendem Geist", Röm 12,11). So sind sie vor allem anderen besorgt „um die Sache des

Herrn“ (1Kor 7,34). Ihr Leben orientiert sich nicht am Eigeninteresse (vgl. Phil 2,21a, wo kritisch von einigen gesagt wird, „sie suchen alle das Ihre“), sondern an dem, „was Christi Jesu ist“ (V. 21b). So leben sie nun „nicht (mehr) sich selbst, sondern dem, der für sie gestorben und auferstanden ist“ (2Kor 5,15).

f) Diese Prägung christlichen Lebens kann beim einzelnen Christen in sehr unterschiedlicher Weise praktische Gestalt annehmen:

Grundsätzlich bedeutet sie für *jeden* die Bereitschaft zum Zeugnis für Christus (Kol 4,6; 1Petr 3,15). Aquila und Priscilla hatten nicht nur durch ihre Unterstützung des Paulus (Röm 16,3: so weit, dass sie sogar ihr Leben für ihn riskiert haben), sondern auch durch ihr eigenes Zeugnis große Bedeutung für die Verbreitung des Evangeliums (vgl. Apg 18,26). Trotzdem blieb Aquila schwerpunktmäßig in seinem Beruf tätig. Die Purpurhändlerin Lydia wurde mit ihrem Haus zum Kristallisationspunkt der ersten Gemeinde auf dem europäischen Kontinent (Apg 16,14f; Gehring 239f).

Die Bestimmung christlichen Lebens zum Dienst kann aber auch infolge besonderer Berufung tatsächlich das *ganze Leben* für die Verkündigung des Evangeliums beanspruchen (vgl. die Berufung der Jünger, insbesondere der Zwölf; vgl. Apg 6,3; vgl. die Berufung des Paulus in Apg 9,15 und seine Selbstbezeichnung als „Knecht Jesu Christi, berufen zum Apostel, ausgesondert, das Evangelium Gottes zu verkünden“, Röm 1,1; vgl. Gal 1,1 und 1Kor 9,16; vgl. Jak 1,1).

Paulus geht sogar noch einen Schritt weiter: Sein Dienst ist nicht, wie heute „Berufstätigkeit“ zunehmend verstanden wird, mehr oder weniger geliebtes Mittel zum Zweck des Lebensunterhalts („Job“), sondern umgekehrt: Um seinen Dienst für Gott unmissverständlich als solchen tun zu können, *verzichtet er* auf das ihm eigentlich zustehende Recht *auf Entgelt* für diesen Dienst (1Kor 9,12) und nimmt eine zusätzliche Broterwerbsarbeit auf sich. So steht er in einer wirklich sein ganzes Leben umfassenden Weise („Tag und Nacht“, 1Thess 2,9; 2Thess 3,8) im Einsatz für Christus.

Diese Dienstbereitschaft setzt eine innere Freiheit von den weltlichen Gegebenheiten und ihrer Nutzung voraus. Man kann hier von einem dreifachen Vorbehalt des Christen gegenüber den weltlichen Gegebenheiten sprechen, einem *theologischen* (Apg 5,29), einem *apokalyptischen* (1Kor 7,29-32) und, in der Verkündigung Jesu besonders in den sog. Antithesen hervortretend, einem *antithetischen* Vorbehalt (Mt 5,21ff; 1Kor 7,35; vgl.

Michel 908). Das betrifft etwa das Verhältnis zum Eigentum (vgl. Ethik II/2,157ff), zum ehelichen Leben (vgl. Ethik II/2,111ff) oder auch zu religiösen und staatlichen Autoritäten (vgl. Ethik II/1,216).

g) Die Ganzheitlichkeit der Hingabe zeigt sich nicht zuletzt darin, dass der Jünger bereit ist, um seines Dienstes für Gott willen die Feindschaft der nichtglaubenden Welt und damit *Leiden* auf sich zu nehmen (Mt 5,10-12; 10,16-25.32; 16,24; 24,9; Joh 15,18-21). Paulus wird schon bei seiner Berufung in einem durch Ananias vermittelten Wort des erhöhten Herrn angekündigt: „Ich will ihm zeigen, wie viel er leiden muss um meines Namens willen" (Apg 9,16; vgl. durchgehend durch das ganze Neue Testament: z. B. Gal 5,11; 1Thess 1,6; 2,14; 2Thess 1,4; 1Kor 15,32; 2Kor 1,8; 4,8-11; 11,23-25; Kol 1,24; Phil 2,17f; 1Tim 1,8; 2Tim 2,8.10.12; 3,10.12; 4,5; 1Petr 2,20f; 3,14.17; 4,12-14.19; 5,10; Hebr 10,32-34; Off 2,10; 12,11). Diese Bereitschaft zum Leiden schließt auch die zur Hingabe des eigenen Lebens ein (Mt 16,24f; Apg 20,24). Auffallend ist dabei, dass von solchem Leiden wiederholt gesagt wird, dass es „mit Freude" angenommen wird (Mt 5,12; 1Thess 1,6; Kol 1,24; Phil 2,17; Hebr 10,32).

Die Distanz zu den Dingen der Welt, wie sie in der Dienstbereitschaft bis hin zur Leidensbereitschaft um Gottes willen zum Ausdruck kommt, hat nichts zu tun mit prinzipieller Weltverneinung. Vielmehr befähigt sie positiv, im Gegensatz zu eigenmächtiger, egoistisch verbrauchender Nutzung der Welt, zu ihrem Gebrauch zur Ehre Gottes. Es wird in ihr etwas sichtbar von den Wirkungen der in Menschen lebendigen Liebe Gottes. Jesus bringt dies am Anfang der Bergpredigt zum Ausdruck in dem Doppelgleichnis von der Stadt auf dem Berge und dem Licht auf dem Leuchter: „… damit sie (die Menschen) eure guten Werke sehen und euren Vater im Himmel preisen" (Mt 5,16). Entsprechend wird bei Paulus das christliche Leben unter die Zielsetzung gestellt: „… damit wir etwas seien zum Lob seiner Herrlichkeit" (Eph 1,12; vgl. V. 14). „So rechnet das ganze Neue Testament damit, dass die unsichtbare Wirklichkeit Gottes sichtbar wird durch die Wirkungen, die sie in der Wirklichkeit unserer menschlichen Welt und Geschichte hervorbringen" (Bockmühl 148f).

Literatur:

J. Behm, Art. *metanoeoo* A und C-F, 972-976.985-1004; K. Bockmühl, Atheismus in der Christenheit. Anfechtung und Überwindung, 1. Teil: Die Unwirklichkeit Gottes in Theologie und Kirche, Wuppertal 1969; Die Apostolischen Väter, hg. von J. A. Fischer, Darmstadt 1998; R. W. Gehring, Hausgemeinde und Mission, Gießen 2000; K. Haacker, Die Berufung des Verfolgers und die Rechtfertigung des Gottlosen, in: ThBeitr 6/1975, 1-19; J. Jeremias, Neutestamentliche Theologie, Gütersloh 1971; W. Lütgert, Die Liebe im Neuen Testament, Leipzig 1905; ders., Ethik der Liebe, Gütersloh 1938; O. Michel, Der Herr der Welt, in: Universitas 2/1947, 897-908; ders., Der Brief an die Römer, Göttingen [3]1962; K. H. Rengstorf, Das Evangelium nach Lukas, NTD 3, Göttingen [16]1975; W. Schrage, Ethik des Neuen Testaments, Göttingen 1982; G. Stählin, Art. *phileoo*, in: ThWNT IX, 112-169.

2.2.2.2 Christliche Liebe als Liebe zum Mitmenschen

Falsch verstandene Theozentrik des Ethos kann in Fanatismus und zerstörerische Intoleranz hineinführen. Alles hängt deshalb daran, dass alle Hingabe an die Sache Gottes verwurzelt ist und bleibt in der Liebe zu dem Gott, der selbst die Liebe ist. Dann aber kann es keinen Gegensatz geben zwischen der Liebe zu Gott und der Liebe zum Mitmenschen. Im Gegenteil: Wirkliche Liebe zu Gott führt mit innerer Konsequenz auch zur Liebe zum Mitmenschen, weil Gott selbst ja ein Menschen liebender Gott ist (Tit 3,4: die in Christus erschienene *philanthroopia theou*; vgl. Ethik II/1,40f). Und zwar gilt diese Liebe ungeteilt dem ganzen Menschen, in seiner jetzigen irdischen inneren und äußeren Existenz wie im Blick auf das ewige Heil. Sicher hat Letzteres grundsätzliche Priorität. Das zeigt eindrücklich die Erzählung von der Heilung des Gichtbrüchigen: Auf die Erwartung, dass Jesus den zu ihm gebrachten Kranken heilt, reagiert Jesus zunächst „nur" mit dem Zuspruch: „Sei getrost, mein Sohn, deine Sünden sind dir vergeben"; erst als er den Widerspruch der anwesenden Schriftgelehrten bemerkt, heilt er ihn, zum Erweis seiner Vollmacht zur Sündenvergebung (Mt 9,2.6). Ähnlich weist er die Beschwerde der diensteifrigen Martha über ihre Schwester Maria, die Jesu Unterricht zuhört, zurück mit den Worten: „Eins ist not; Maria hat das gute Teil erwählt". Beide Aspekte aber, irdisches Wohl und ewiges Heil, sind von Gott her unlösbar miteinander verbunden (vgl. 1Joh 3,17f; Jak 2,15f; vgl. Ethik I,40f).

a) *Nächstenliebe:* Grundlegend ist der Anschluss des Neuen Testaments an das alttestamentliche Gebot der Nächstenliebe: „Du sollst deinen Nächsten lieben wie dich selbst" (Lev 19,18; vgl. Mt 5,43; 19,19 = Mk 10,19 = Lk 18,20; 22,39 = Mk 12,31 = Lk 10,27b; Gal 5,14; Röm 13,9; Jak 2,8).

Scheint das alttestamentliche Gebot im Begriff des „Nächsten" zunächst noch eine gewisse Beschränkung auf den Mitisraeliten zu enthalten, so widerspricht dem schon im Gesetz selbst, dass gleiches Verhalten auch dem Fremdling in Israel gegenüber gefordert wird (Lev 19,34). In der Deutung, die Jesus nach dem Lukasevangelium dem Gebot gibt (Lk 10,36f), wird solche mögliche Beschränkung durch den von ihm vorgenommenen Blickwechsel grundsätzlich aufgehoben. Es wird nicht mehr gefragt, ob der Hilfsbedürftige der Hilfe würdig ist, sondern wer als möglicher Helfer dem Hilfsbedürftigen der Nächste ist. Auch die Goldene Regel kennt keine Beschränkung: „Alles nun, was ihr wollt, dass die Menschen euch tun, tut auch ihr ihnen“ (Mt 7,12). Mit dem Nachsatz des Gebots „wie dich selbst“ wird eine allgemeine anthropologische Gegebenheit zum Mindestmaß des Handelns: das natürliche Selbsterhaltungsstreben jedes Menschen. Der ethische Impuls des Gebots besteht in der Aufforderung, diese Strebung in jedem Menschen zu respektieren. Damit ist eindeutig, dass das Gebot der Nächstenliebe eine Forderung allgemeiner, jedem grundsätzlich einsichtig zu machender und zumutbarer Ethik ist. Das gilt besonders auch von der Goldenen Regel („Alles nun, was ihr wollt, dass die Menschen euch tun, tut auch ihr ihnen“, Mt 7,12), die tatsächlich ja auch in vielen Kulturen der Menschheit zu finden ist. Selbst für die bei Jesus gebrauchte positive Fassung gibt es außerbiblische Parallelen (Stauffer 55; Dihle 80ff; zu indischen und chinesischen Analogien vgl. Dihle 10). Bezeichnend für die Universalität des Wortes ist, dass Jesus hier nicht vom „Nächsten“ spricht, sondern von „den Menschen“ (Stauffer 173, Anm. 20).

Die Weise, wie Jesus das Gebot der Nächstenliebe aufnimmt, setzt nun aber doch für ihn charakteristische Akzente: Zum einen ist bezeichnend, dass er das Gebot aus der Fülle der alttestamentlichen Gebote als – neben dem Gebot der Liebe zu Gott – wichtigstes heraushebt, ihm damit einzigartiges Gewicht gibt und das ganze alttestamentliche Gesetz wie ein Magnet die Eisenspäne auf dies Gebot ausrichtet. Zum andern, dass er die Nächstenliebe mit dem Motiv der Barmherzigkeit verbindet („der die Barmherzigkeit an ihm tat“, Lk 10,37; vgl. die Seligpreisung der Barmherzigen Mt 5,7 und Mt 9,13 und 12,7 das Zitat Hos 6,6: „Ich habe Wohlgefallen an der Barmherzigkeit und nicht am Opfer“; vgl. Röm 12,10; 1Petr 3,8; Jak 2,13; Jud 22). Damit akzentuiert er das Gebot auch inhaltlich neu, indem er die Aufmerksamkeit besonders dem schwachen, hilfsbedürftigen Menschen zuwendet (vgl. Mt 9,12; 25,35f; vgl. Apg 20,25; 1Thess 5,14; 1Kor 8,9; 9,22; 12,22; Röm 14,1; 15,1).

b) *Feindesliebe:* Wirklich kennzeichnend im Sinne eines Spezifikums der Unterweisung Jesu aber ist, dass er das Gebot der Nächstenliebe zur Feindesliebe hin überschreitet: „Ihr habt gehört, dass gesagt ist: Du sollst deinen Nächsten lieben. Ich aber sage euch: Liebt eure Feinde, segnet, die euch fluchen, tut wohl denen, die euch hassen und verfolgen" (Mt 5,43f). Damit geht Jesus nicht nur über die Universalisierung im Blick auf den Gegenstand der Liebe hinaus (vgl. auch Gal 5,14: *pros pantas*; 1Thess 5,15 *eis pantas*). Er hebt für das Handeln der Jünger bewusst auch die Grenze auf, die in dem zugestandenen Mindestmaß der Selbstliebe lag: Der Jünger soll gerade nicht nur so lieben, *wie* er sich selbst liebt, sondern *mehr* als sich selbst, ja u. U. sogar *gegen* sich, d. h. unter Aufgabe seiner selbst. Das ist nun doch ein Verhalten, das zu den natürlichen Strebungen des Menschen im Gegensatz steht und nicht jedermann einsichtig und zumutbar ist, sondern nur dem, der als Jünger unter den Verheißungen der Seligpreisungen steht, dessen Horizont das gegenwärtige Leben überschreitet hin zum Reich Gottes. „Wie sich selbst" lieben auch Zöllner und Heiden (V. 46f). Die „überströmende" Gerechtigkeit des Himmelreichs (Mt 5,20), das „Sonderliche", das Jesus vom Jünger erwartet (V. 47), leuchtet erst da auf, wo dieser vorbehaltlos und unbeirrt selbst da liebt, wo ihm Feindschaft entgegenschlägt und er dabei u. U. sein eigenes Leben riskiert. Solche Liebe „sucht *nicht* das Ihre" (1Kor 13,5; Phil 2,4). Sie betet für ihre Verfolger und segnet sie (Mt 5,44; vgl. Röm 12,14; 1Kor 4,12; 1Petr 3,9; vgl. das Vorbild Jesu selbst in Lk 23,34 und danach Stephanus in Apg 7,39). Sie vergilt Böses nicht mit Bösem (Röm 12,17), lässt sich vom Bösen nicht überwinden, sondern überwindet das Böse mit dem Guten (V. 21; 1Thess 5,15). Mit dem Verzicht auf Vergeltung verzichtet der Jünger überhaupt auf Anwendung von Gewalt (Mt 5, 38-43). Er ist bereit zum Frieden mit jedermann (Mt 5,9; vgl. 10,12 den Friedensgruß der Jünger; vgl. Gal 5,22; Röm 12,18; 14,17; 15,13; Jak 3,17f; Hebr 12,14). Solche Friedensbereitschaft setzt im Konfliktfall grenzenlose Bereitschaft zur Vergebung und Versöhnung voraus (Mt 18,22; vgl. 5,23-26; vgl. 2Thess 3,15; 2Kor 2,5-10; Kol 3,13; Eph 4,32), auch die Bereitschaft, den ersten Schritt auf den anderen zuzugehen (Mt 5,23f). Die Bereitschaft, sein eigenes Interesse dem des anderen gegenüber zurückzustellen, zeigt sich auch in der Demut (*praytäs* oder *tapeinophrosynä*) als wichtiger Eigenschaft des Jüngers (Mt 5,5; vgl. 11,29; 18,4; 20,26f; vgl. Gal 5,22; 6,1; 1Kor 12,24; 13,4; 2Kor 10,1; Röm 12,3.10.16; Phil 2,3f; 1Petr 3,8; 5,5).

Alle solche Verhaltensweisen selbstloser Liebe haben sich aber nicht nur in der extremen Situation der Feindschaft zu bewähren, sondern sind auch im täglichen Leben ständig erforderlich, um bei aufkommenden Meinungsverschiedenheiten oder unterschiedlichen Interessen aufkommenden Streit zu verhindern oder bestehenden zu überwinden. Hierher gehören etwa Jesu Worte gegen das Zürnen (Mt 5,22; vgl. Eph 4,31) oder das Richten (7,1-5; vgl. 1Kor 4,5; Röm 14,13), aber auch allgemeine Aufforderungen, „in der Liebe zu wandeln" (Röm 14,13; Eph 5,2, hier mit dem bezeichnenden Hinweis auf die selbstlose Liebe Jesu als Maßstab: „... wie Christus euch geliebt hat und sich selbst hingegeben hat als Gabe und Opfer"). Auch zwischen Ehepartnern ist, über die (hoffentlich) natürlich gegebene Zuneigung hinaus, auch (nach damals herrschenden sozialen Gegebenheiten offenbar besonders für den Mann) immer wieder die Mahnung nötig, den andern zu lieben „wie Christus die Gemeinde geliebt hat" (Eph 5,25a.28), d. h. mit vergleichbarer Selbstlosigkeit als Maßstab (V. 25b: „und hat sich selbst für sie gegeben").

Wie der Kontext von 1Kor 13 (bes. V. 5) deutlich macht, ist auch in der Trias Glaube – Hoffnung – Liebe Letztere hier, aber doch wohl auch sonst, in diesem Sinn zu verstehen (1Kor 13,13; vgl. 1Thess 1,3; 2Thess 1,3; Kol 1,4; Eph 1,15.18; Hebr 6,10-12; 10,22-24). Sie ist der „alles übertreffende Weg (*kath'hyperbolän*)" (12,31). Sie ist in dieser Trias „die größte" (V. 13).

c) *Bruderliebe:* Neben der jedermann gegenüber zu bewährenden selbstlosen Liebe des Christen ist im Neuen Testament die Liebe der Christen untereinander, die Bruderliebe (*philadelphia*), von besonderer Bedeutung. Zwar gibt es natürlich auch in der Gemeinde Konflikte, die in Liebe zu bewältigen sind. Aber christliche Liebe erschöpft sich nicht negativ in Konfliktverhinderung oder -bewältigung, sondern hat positiv ihr Ziel in der gegenseitigen brüderlichen, den andern fördernden Gemeinschaft der Christen miteinander. In ihr gewinnt die Liebe unter Menschen ihre eigentlich von Gott gewollte Gestalt.

Dies lehren mit besonderem Nachdruck die johanneischen Schriften. Das Gebot der Nächstenliebe tritt in ihnen ganz hinter der Bruderliebe zurück (s.o. 1.2.2.2f). Letztere ist hier nach dem Wort Jesu Inhalt des „neuen Gebots" für seine Jünger (Joh 13,34: „Ein neues Gebot gebe ich euch, dass ihr euch untereinander liebt, wie ich euch geliebt habe, damit auch ihr einander lieb habt"; vgl. 15,12.17). Die Aussage „wie ich euch geliebt habe" wird unmittelbar vorher in der Geschichte von der Fußwaschung illustriert (Joh 13,1-17; vgl. V. 14: „So sollt auch ihr euch untereinander die Füße waschen“). Jesus, ihr „Meister und Herr“ (V. 13), wird zum Diener seiner Jünger (Barrett 367: „the natural relationship is reversed in an act of ....striking humility“). Aber die Geschichte weist zugleich über sich hinaus auf den eigentlichen Erweis der Liebe Jesu: seine Lebenshingabe am Kreuz (vgl. die anschließende Ankündigung des Verrats durch Judas, 13,18.21; vgl. Mt 20,28). Solche selbstlose Liebe ist die „größte“, über die hinaus es größere nicht gibt („Niemand hat größere Liebe als die, dass er sein Leben lässt für seine Freunde“, 15,13). In ihr ist alles selbstische Eigeninteresse überwunden, gleichsam gestorben, um des andern willen. In solcher Liebe Jesu sollen die Jünger ein Vorbild für ihr eigenes Verhalten sehen: „Ein Beispiel habe ich euch gegeben, dass ihr tut, wie ich euch getan habe“ (13,15).

Die von diesem Vorbild Jesu geprägte Bruderliebe ist unabhängig von allen natürlichen Gegebenheiten wie Sympathie und Antipathie. Sie entsteht nicht aus dem heraus, was andere an schätzenswerten Eigenschaften haben. Sie wird im Christen geweckt ausschließlich durch die im Glauben an Jesus Christus erfahrene Liebe Gottes und in der darin geschehenden inneren Erneuerung in der Wiedergeburt (Joh 3,3; vgl. Burkhardt 153). Sie ist es, welche die tiefste Verbindung zwischen den Christen herstellt: „Wer da glaubt, dass Jesus sei der Christus, der ist von Gott geboren, und wer da liebt den, der ihn geboren hat, der liebt auch den, der von ihm geboren ist“ (1Joh 5,1). D. h.: Aus dem Glauben an Christus erwächst als seine Frucht die Liebe der Jünger zueinander und damit ihre Gemeinschaft miteinander (Lütgert 161: „Durch die Erweckung der Liebe wird aus der Vereinzelung und Zersplitterung die in sich einige Gemeinde“). Dies Einssein der Jünger und seine Bewahrung ist das zentrale Anliegen Jesu im sog. hohepriesterlichen Gebet (Joh 17): „Heiliger Vater, erhalte sie in deinem Namen, den du mir gegeben hast (d. h. in der Erkenntnis Gottes, V. 3), dass sie eins seien gleich wie wir“ (V. 11). Dabei geht der Blick zugleich über den Jüngerkreis hinaus auf die künftige Gemeinde: „Ich bitte nicht für sie (= die Jünger) allein, sondern auch für alle, die durch ihr Wort an mich glauben werden, auf dass sie alle eins seien“ (V. 20.21a). Eben an diesem Einssein in der Liebe wird die Welt erkennen, „dass du mich gesandt hast (d. h. dass Jesus der Christus, der Heiland der Welt ist, vgl. 4,42) und sie liebst (die Jünger), gleichwie du mich liebst“ (V. 23; vgl. Lütgert 161: „Die Einheit der Gemeinde ist für die Welt der Beweis der göttlichen Sendung Jesu“). Wie die

Einheit zwischen Jesus und Gott, so ist dabei die Einheit der Jünger keine mystische Verschmelzung, sondern Willenseinheit. Dieser Wille aber ist Liebe (vgl. Lütgert 215: „Liebe ist ihrem Wesen nach Wille"; vgl. Cremer 13: Im Neuen Testament wird „*agapaan* überall da eingesetzt, wo es auf die Willensrichtung ankommt").

Dieser gemeinschaftsstiftende Charakter der Bruderliebe kommt im Evangelium wie in den Briefen immer wieder in Formulierungen der Gegenseitigkeit der Liebe zum Ausdruck: „Denn das ist die Botschaft, die ihr von Anfang an gehört habt, dass wir uns untereinander lieben sollen" (1Joh 3,11.23; 4,7.11f; 2Joh 5; vgl. Joh 13,14.34; 15,12f.17). In dem Zusammenhang mit solcher gegenseitigen Liebe kann anstelle von Bruderliebe auch von Freundschaftsliebe gesprochen werden: Wie Jesus seine Jünger seine Freunde nennt (Joh 15,14f), so sind sie auch untereinander Freunde (V. 13b). „In unserer Zeit … bekommt das Thema der Freundschaft in Christus eine neue Dringlichkeit. Die Gemeinschaft mit Christus, *Seine Freundschaft*, versöhnt nicht nur den Menschen mit Gott …, sie heilt auch – wenn auch nur mit viel Geduld – die Beziehungen untereinander. Die *Freundschaft* … ist heute durch alle möglichen Fehlformen gefährdet, Oberflächlichkeit, generelle Erotisierung, Sexualisierung, emotionale Verarmung. Umso deutlicher zeigt sich die Schönheit und die Heilkraft der christlichen Freundschaft" (Schönborn 133).

Der Gedanke und die Erfahrung der Bruderliebe sind auch sonst im Neuen Testament auf Schritt und Tritt zu finden. Das zeigt sich allein schon im *Brudernamen*, mit dem sich Christen anreden. Zwar gibt es neben der Verwendung im wörtlichen Sinn der leiblichen Verwandtschaft bereits in alttestamentlich-jüdischer Tradition den übertragenen Gebrauch des Wortes für den Mitisraeliten bzw. Mitjuden (vgl. Wolff 272f), im Neuen Testament etwa in der Rede des Petrus nach der Heilung des Lahmen (Apg 3,17) neben der vorangehenden Anrede „Männer von Israel" (V. 12). Auch Paulus kann in diesem Sinn von den Juden, seinen „Stammverwandten nach dem Fleisch", als seinen „Brüdern" sprechen (Röm 9,3). In der Regel aber ist mit „Bruder" nur der Mitchrist gemeint, wobei das Wort die von Liebe zueinander geprägte enge geistliche Verbundenheit im Glauben an Christus zum Ausdruck bringen soll (vgl. auch Gal 6,10b: die „Hausgenossen des Glaubens").

Im Blick auf das Verhältnis der Christen untereinander ist, wie bei Johannes, immer wieder grundlegend von der *Liebe der Christen untereinander* die Rede: „Einer trage des andern Last, so werdet ihr das Gesetz Christi erfüllen“ (Gal 6,2). „Euch aber lasse der Herr zunehmen und überfließend werden in der Liebe untereinander“ (1Thess 3,12a). „Von der brüderlichen Liebe brauche ich euch nicht zu schreiben, denn ihr seid selbst von Gott gelehrt, euch untereinander zu lieben“ (4,9). „Darum ermahnt euch untereinander und erbaue einer den andern, wie ihr auch tut“ (5,11). „Wir müssen, Brüder, Gott allezeit danken um euretwillen ... Denn... die Liebe eines jeglichen unter euch gegeneinander nimmt zu“ (2Thess 1,3). Gott hat den Leib zusammengefügt, damit „die Glieder füreinander sorgen“ (1Kor 12,24f). „Die Bruderliebe (*philadelphia*) gegeneinander sei herzlich. Einer komme dem andern mit Ehrerbietung zuvor“ (Röm 12,10). Im Blick auf seine Beziehung zur Gemeinde in Philippi schreibt Paulus: „Gott ist mein Zeuge, wie mich nach euch allen verlangt von Herzen in der Liebe Christi Jesu“ (*en splangchnois Christou,* Phil 1,8). Und von den Galatern sagt er: „Ich bin euer Zeuge, dass, wenn es möglich gewesen wäre, ihr eure Augen ausgerissen hättet und mir gegeben“ (Gal 4,15). In dieser Liebe untereinander kommt die innere Einheit der Christen zum Ausdruck: Sie sind „ein Herz und eine Seele“ (Apg 4,32). „Habt untereinander einerlei Sinn“ ermahnt Paulus die Römer (Röm 12,16), und die Philipper bittet er: „... macht meine Freude vollkommen und seid eines Sinnes, habt gleiche Liebe, seid einmütig und einhellig“ (Phil 2,2). Von den Ephesern hat er gehört von ihrer „Liebe zu allen Heiligen“ (Eph 1,15; vgl. Röm 12,13a: „Nehmt euch der Nöte der Heiligen an“). Petrus schreibt: „Haltet rein eure Seelen im Gehorsam der Wahrheit zu ungeheuchelter Bruderliebe (*philadelphia*) und habt euch gegenseitig von Herzen lieb“ (1Petr 1,22; vgl. 2Petr 1,7). „Vor allem habt innige Liebe gegeneinander“ (4,8). Der Autor des Hebräerbriefs ermahnt: „Bleibet fest in der brüderlichen Liebe (*philadelphia*)“ (Hebr 13,1).

Solche Liebe findet ihre praktische Bewährung im *Dienst aneinander*. Die Jünger werden von Jesus angewiesen, seinem Vorbild folgend, einander Diener (*diakonos*) zu sein (Mt 20,26f; 23,11). Paulus ermahnt die Gemeinde: „Durch die Liebe dient (*douleuete*) einander“ (Gal 5,13), ebenso Petrus: „Dient (*diakonountes*) einander, ein jeder mit der Gabe, die er empfangen hat (1Petr 4,10). Die Adressaten des Hebräerbriefs haben ihre Liebe zu Gott gezeigt, indem sie den Heiligen dienten (*diakonäsantes*) (Hebr 6,10). In der selbstlosen Fürsorge der frühen Christen für der Hilfe bedürftige Gemeindeglieder nimmt der Dienst aneinander von Anfang an konkrete Gestalt an (Apg 4,34f; 6,1-8; vgl. später die Kollekte für die Gemeinde in Jerusalem, Apg 11 und 2Kor 8f).

Ein für die urchristlichen Gemeinden kennzeichnender praktischer Ausdruck der Bruderliebe ist auch die oft erwähnte, untereinander geübte *Gastlichkeit*, besonders gegenüber reisenden Glaubenszeugen. So heißt es in dem kleinen Brief an Gaius: „Mein Lieber, du tust treulich, was du tust an den Brüdern, zumal an den fremden, die deine Liebe bezeugt haben vor der Gemeinde, und du wirst wohl tun, wenn du sie weitergeleitest, wie es sich ziemt vor Gott. Denn um seines Namens willen sind sie ausgezogen und nehmen von den Heiden nichts. So sollen wir nun solche Männer aufnehmen und so Gehilfen der Wahrheit werden" (3Joh 5-8; vgl. die Weisung des Paulus in Röm 12,13 „Herbergt gern"; vgl. 1Petr 4,9; Hebr 13,2; eine Witwe, die für das Witwenamt in der Gemeinde angenommen wird, sollte sich vorher als gastfrei erwiesen haben, 1Tim 5,10).

Dabei darf die Bruderliebe, wie auch die Liebe zu Gott, nicht in Konkurrenz zur Nächstenliebe geraten. Das zeigt gerade auch christliche Gastlichkeit, die sich nicht auf Mitchristen beschränkt, sondern grundsätzlich auch für andere Fremde offen ist. Bezeichnend dafür ist die seit den frühen Zeiten des Mönchtums von den Klöstern geübte Gastlichkeit gegen jedermann (vgl. Kap. 53 der Benediktregel, das beginnt mit der Aussage: „Alle Gäste, die zum Kloster kommen, sollen wie Christus aufgenommen werden", vgl. auch Vorländer 38-41).

Aber es gibt nicht nur eine fragwürdige Art der „Bruderliebe", die gleichgültig ist gegenüber der Not derer, die „draußen" sind, und sich selbstgenügsam im eigenen Kreis abkapselt, sondern umgekehrt auch eine unglaubwürdige Liebe, die öffentlichkeitswirksam sich der fernen „Nächsten" annimmt, aber gegenüber den Menschen der unmittelbaren Umgebung lieblos versagt. Deshalb hat es seinen guten Sinn, wenn Johannes die Bruderliebe so akzentuiert herausstellt und wenn Paulus die Gemeinde nicht nur ermahnt: „Lasst uns Gutes tun an jedermann", sondern hinzufügt: „… allermeist aber an des Glaubens Genossen". Damit anerkennt er doch, um der Wahrung der Echtheit und Glaubwürdigkeit christlichen Lebens willen, letztlich auch um der Nächstenliebe selbst willen, eine gewisse Vorordnung der Bruderliebe vor der Nächstenliebe (Gal 6,10; vgl. 1Thess 3,12; 5,15).

Literatur:

C. K. Barrett, The Gospel according to St. John, London 1967; H. Burkhardt, Christwerden, Gießen 1999; Die Bedediktus-Regel, Lat./dt. hg. von B. Steidle, Beuron [2]1975; H. Cremer, Biblisch-theologisches Wörterbuch der neutestamentlichen Gräzität, Gotha [9]1902; A. Dihle, Die Goldene Regel, Göttingen 1962; W. Lütgert, Die Liebe im Neuen Testament, Leipzig

1905; C. Schönborn, Leben für die Kirche, Freiburg [3]1999; E. Stauffer, Die Botschaft Jesu damals und heute, Bern/München 1959; W. Vorländer, Vom Geheimnis der Gastfreundschaft, Gießen 2007; H.W. Wolff, Anthropologie des Alten Testaments, München 1973.

2.2.3 Charakteristische Merkmale christlicher Liebe

Auch die *christliche Liebe* steht zunächst in gewisser Kontinuität zur allgemeinen Liebe. Alle genannten Merkmale von Liebe treffen auch auf sie zu. Und doch ist sie zugleich etwas schlechthin anderes, Neues.

Es sind vor allem zwei Merkmale, die sie von der allgemeinen Liebe unterscheiden: ihre *Voraussetzungslosigkeit* im Blick auf den Gegenstand der Liebe und die *Selbstlosigkeit* des Liebenden im Blick auf sich selbst (vgl. Ethik II/1, 106ff).

a) Christliche Liebe ist *voraussetzungslos*: Sie liebt auch und gerade da, wo nichts Liebenswertes mehr erkennbar ist, sogar dort, wo der natürliche Wert in Unwert verkehrt zu sein scheint und statt natürlicher Gutheit nur noch Bosheit begegnet (Mt 5,44:„Liebt eure Feinde“).

b) Christliche Liebe ist *selbstlos*: Sie ist bereit, das eigene Interesse ganz hinter dem des anderen zurückzustellen, notfalls bis hin zur Selbstaufgabe (Mt 16,25: „Wer sein Leben erhalten will, wird es verlieren“; Phil 2,4: „Ein jeder sehe nicht auf das Seine, sondern auf das des andern“).

Während die allgemeine Nächstenliebe das natürliche Selbsterhaltungsstreben nicht nur beim andern, sondern auch bei sich selbst voraussetzt und respektiert (vgl. Mt 5,46: „Wenn ihr die liebt, die euch lieben“), widerspricht die christliche Liebe diesem Prinzip der gleichen Ebene: sie liebt den andern nicht mehr nur „*wie* sich selbst“, sondern *mehr* als, ja *gegen* sich selbst. Dabei ist weder von der Qualität des andern noch von der Rücksicht auf mich selbst her eine Grenze gesetzt (Mt 18,22: „Siebzigmal siebenmal“). Die Liebe „überfließt“ alle von der (mangelnden) Qualität des anderen oder meinem Selbstinteresse sonst gesetzten Grenzen (Mt 5,47: „Was tut ihr denn Sonderliches?“, wörtlich: „Überfließendes“; vgl. Mt 5,20 das Wort von der „überfließenden“ Gerechtigkeit).

Ein solches, den natürlichen Strebungen des Menschen direkt widersprechendes Verhalten ist eben deshalb dem „natürlichen“ Menschen nicht zumutbar.

Es ist nur zumutbar unter einer doppelten Voraussetzung:
a) In ernüchternder Erkenntnis der Macht der Sünde, in der das natürliche Selbsterhaltungsstreben der Menschen immer wieder verkehrt wird in Selbstsucht und damit die Beziehung zu Gott und zum Mitmenschen verdirbt.

b) In der Erkenntnis der Liebe Gottes, in der er uns, seine Geschöpfe, die ihm und die wir uns untereinander zu Feinden wurden, nicht dem daraus folgenden Gericht und Verderben überlassen will, sondern seinen Sohn gesandt hat, um uns mit sich und so auch uns miteinander zu versöhnen.

Im Vertrauen in die Wahrheit solcher Erkenntnis und in der zuversichtlichen Hoffnung auf die letztendlich das Böse überwindende Macht der Liebe Gottes wird es möglich, zwischen dem Menschen und der uns in ihm begegnenden Bosheit zu unterscheiden und so die Bosheit dem Gericht Gottes zu überlassen, den Menschen selbst aber voraussetzungs- und selbstlos zu lieben, selbst wenn es das eigene Leben kosten sollte. Die Besonderheit solcher Liebe als eschatologischer Gabe Gottes in Christus kommt auch darin zum Ausdruck, dass das Neue Testament gelegentlich in eigentümlich absoluter Weise und ohne Objekt von „der“ Liebe spricht (1Kor 13; 1Joh 4,10.16f), dabei die Liebe zu Gott wie die zu Freund und Feind unter Menschen zusammenschließend in die eine der christlichen Offenbarung entsprechende Liebe.

2.2.4 Christliche Liebe und Selbstliebe

In den letzten Jahrzehnten hat es sich, wie schon erwähnt, in der Theologie weithin eingebürgert, das Thema Liebe unter den beiden griechischen Begriffen Eros und Agape zu erörtern. Dabei ist für die Debatte kennzeichnend, dass man beide Begriffe in der Regel so versteht, dass sie in einem ausschließenden Gegensatz zueinander stehen. Eros ist dabei verstanden als (für sich) begehrende Liebe, Agape als (selbstlos) schenkende Liebe. Letztere entspricht dann dem christlichen Glauben, während erstere als Sünde, ja geradezu als Sünde schlechthin einem theologischen Verdammungsurteil verfällt. Unter dies Urteil fällt also auch jede Art von Selbstliebe (zur Kritik des *amor sui* bei Augustin, in der mittelalterlichen Mystik, in der Reformation und bei Kant vgl. Dietz 4-7; zum Gegensatz von Eros und

Agape bei A. Nygren und K. Barth vgl. Pieper 96ff; Barth hat diesen Gegensatz auch im letzten Kapitel seiner „Einführung in die evangelische Theologie“ noch einmal durchgeführt, allerdings in sehr differenzierter Abwägung).

Aber ganz so einfach scheinen die Dinge doch nicht zu sein. Als der britische Literaturwissenschaftler, Philosoph und Laientheologe C. S. Lewis seine Untersuchung zum Thema Liebe begann, ging er, wie er später in der Einleitung seines Buches erzählt, ganz selbstverständlich von diesem Gegensatz aus (Lewis 9 spricht von „need-love“ und „give-love“, bedürfender und gebender Liebe; vgl. Pieper 95.191f), merkte allerdings bald, dass an dieser Entgegensetzung etwas nicht stimmte. Denn die Erfahrung sagt uns, dass es gebende „Liebe“ gibt, die verletzt und erniedrigt, während umgekehrt das Verlangen nach Erlösung und Gemeinschaft mit Gott doch kaum verwerflich genannt werden kann.

Als theologisch fragwürdig zeigt sich diese Entgegensetzung aber vor allem, wenn man bedenkt, dass das pauschale Nein zur Selbstliebe konsequent auch dem natürlichen Selbsterhaltungsstreben gilt und sich so schließlich zum Nein gegen die Schöpfung und damit den Schöpfer steigert. Es ist kein Zufall, dass man sich dabei auf den von der Alten Kirche als Häretiker verworfenen Marcion berufen kann und sagt, Marcion habe, als Verfechter des Agape-Gedankens, mit Recht darauf bestanden, dass der christliche Gott „nichts mit der Schöpfung zu tun habe“ (Nygren II,110; vgl. dazu Pieper 106).

Demgegenüber ist festzuhalten:

Alles menschliche Empfinden, Wollen und Tun kann Medium der Sünde werden. „Es ist doch unser Tun umsonst auch in dem besten Leben“ (Luther) – aber eben solch „bestes“ oder doch jedenfalls moralisch gutes Leben gibt es durchaus (Ethik I, 77). Und dazu gehört auch gelebte Nächstenliebe. Selbstverständlich ist im biblischen Gebot der Nachsatz „wie dich selbst“ kein eigentliches Gebot; vielmehr soll der Blick auf sich selbst (vgl. Mt 7,12: „Was ihr wollt, dass euch die Leute tun“) nur das Mindestmaß für unser Verhalten gegenüber dem Nächsten andeuten und insofern auch von der Selbstliebe her motivieren. Aber die hier vorausgesetzte Selbstliebe wird doch offensichtlich als etwas natürlich Gegebenes, dem Schöpfungswillen Gottes Entsprechendes bejaht. Von diesem Schöpferwillen Gottes her kann man also durchaus auch, neben der Pflicht der Gottes- und Nächstenliebe, von einer Pflicht zur Selbstliebe sprechen (vgl. Augustin, der in

De Civitate Dei XIX,14 von „drei Gegenständen der Liebe" spricht, „Gott, sich selbst und den Nächsten"; vgl. dazu, allerdings kritisch, Dietz 3).

Als natürlich gegeben ist das Selbsterhaltungsstreben ein allgemeinmenschliches Phänomen. Deshalb ist es auch nicht überraschend, dass die aus ihm abgeleitete Selbstliebe nicht nur im biblischen Gebot angedeutet wird, sondern, unabhängig davon, sich auch in der außerbiblischen antiken Philosophie findet. Aber das spricht nicht gegen seine Wahrheit, sondern entspricht nur der Möglichkeit allgemeiner ethischer Erkenntnis auch außerhalb der Offenbarung (Ethik I,62ff). So schreibt Aristoteles in seiner Nikomachischen Ethik: „Das freundschaftliche Verhalten (*ta philika*) … scheint aus dem Verhalten zu uns selbst abgeleitet zu werden … Das Übermaß der Freundschaft (*philia*) ist der Freundschaft zu sich selbst ähnlich" (Nik. Eth. 1166a, zit. nach Aristoteles 263). Und bei Cicero heißt es in einer Darstellung der stoischen Ethik: Sobald ein Mensch geboren ist, macht er sich mit sich selbst vertraut und achtet darauf „sich und seine Verfassung (*status*) zu bewahren, seine Verfassung und das, was seine Verfassung zu bewahren vermag, zu lieben (*diligere*) … Daraus muss man folgern, dass die Selbstliebe den Ausgangspunkt (ethischen Denkens, H.B.) bildet" (*De finibus* III,16; zit. nach Cicero 191). Auch der Eudämonismus (vgl. Ethik I,35), der in allerdings fragwürdiger Einseitigkeit das Streben nach (natürlich zunächst eigenem) Glück zum Prinzip der Ethik macht, hat darin sein Wahrheitsmoment, dass Glück zu einem guten Leben gehört und das Verlangen danach zunächst einmal ganz natürlich und insofern dem Schöpferwillen Gottes entsprechend ist (Pieper 112f). Selbst Kant, an sich Vertreter einer rigorosen, auf das Pflichtmotiv reduzierten Ethik und erklärter Feind alles Eudämonismus', kann sagen: „Den Nächsten lieben, heißt, alle Pflicht gegen ihn *gerne* ausüben" (KpV A 148; zit. nach Kant 205). Im Lieben selbst also liegt bereits ein Moment der Freude und damit auch des Glücks (Pieper 122).

Wir machen allerdings immer wieder die Erfahrung, dass es bei dieser berechtigten besonnenen Selbstliebe nicht bleibt, sondern dass sie ständig in der Gefahr ist und ihr auch erliegt, zur Selbstverliebtheit, ja zur Selbstsucht zu werden, zu einem alles Denken und Handeln beherrschenden Verlangen nach Selbstverwirklichung. Man dreht sich egoistisch um sich selbst, in dem man, auch auf Kosten anderer, nur seinen eigenen Vorteil sucht. Insbesondere in dem Maße, in dem ein Mensch seine Aufmerksamkeit sich selbst zuwendet, wächst die Gefahr, dass das natürliche Eigeninteresse zur Selbstsucht mutiert. Sie kann dann die verschiedensten Formen annehmen wie Narzismus und Überheblichkeit, oder Selbstmitleid, Neid und Missgunst. Aber: „Selbstsucht ist nicht Selbstliebe. Der selbstsüchtige Mensch liebt überhaupt nicht, auch nicht sich selbst" (Lütgert, Ethik 17). Selbstliebe ist dagegen ein „Widerhall der Liebe Gottes … Gott liebt den Menschen als sein Geschöpf und Ebenbild, und darum ist alle Selbstliebe darin begründet, dass wir Gottes Geschöpf und Ebenbild sind" (Lütgert, Ethik 18).

Es kommt also alles darauf an, beides streng zu unterscheiden: Einerseits die Selbstliebe als Ausdruck eines natürlichen, gottgewollten Selbsterhaltungsstrebens, und andererseits die Selbstsucht als Frucht der im Menschen wirkenden Sünde, die ihn von Gott und dem Mitmenschen löst und letztlich ihn selbst zerstört. Die fragwürdige Entgegensetzung von Selbstliebe und christlicher Liebe dürfte ihren Grund in einer grundsätzlichen Nichterkenntnis des Unterschieds (nicht Gegensatzes) von allgemeiner und spezifisch christlicher Ethik haben. Die christliche Liebe steht nicht *prinzipiell* im Gegensatz zur Selbstliebe, sondern nur, in der konkreten Herausforderung durch die Selbstsucht, *faktisch* im Widerspruch zu ihr: Die Aufforderung, das Böse mit dem Guten zu überwinden (Röm 12,21), kann in letzter Konsequenz tatsächlich in die Alternative führen, *nicht* auf „das Seine", *sondern* „das des Andern" zu sehen (Phil 2,4).

Literatur:

Aristoteles, Die Nikomachische Ethik, dt. von O. Gigon, Zürich [2]1967 (gr. Textausgabe: Aristotelis Ethica Nicomachea, ed. L. Bywater, Oxford 1894); Augustinus, Vom Gottesstaat, dt. von W. Thimme, Tb-Ausgabe München 1978; K. Barth, Einführung in die evangelische Theologie, Tb-Ausgabe Gütersloh [3]1980; M. T. Cicero, De finibus bonorum et malorum, lat./dt., hg. von O. Gigon, München/Zürich 1988; Th. Dietz, Selbstliebe, in: Ichthys, Jg. 14/1998, 2-15; I. Kant, Kritik der praktischen Vernunft, Theorie-Werkausgabe, hg. von W. Weischedel, Frankfurt 1956; C. S. Lewis, Was man Liebe nennt, Basel [2]1979; W. Lütgert, Ethik der Liebe, Gütersloh 1938; J. Pieper, Über die Liebe, München [7]1992.

2.2.5 Auswirkungen des christlichen Ethos' auf das allgemeine Ethos

Insbesondere in seiner Überzeugung von der Gottebenbildlichkeit jedes Menschen und dem von daher verstandenen Gebot der Nächstenliebe war das alttestamentlich-jüdische Ethos dem durchweg eudämonistisch orientierten gemeinantiken Ethos auch in Griechenland und Rom überlegen.

Dass es dann zur Grundlage des Ethos der späteren europäischen Kultur wurde, dürfte allerdings aus seiner tatsächlich gegebenen allgemeinen Kommunizierbarkeit (vgl. Ethik I,103-105) allein nicht zu erklären sein. Dem standen zu starke Kräfte im Menschen entgegen (vgl. Ethik I,305f). Möglich war es letztlich nur durch den historischen Sieg des christlichen Glaubens über die spätantike griechisch-römische Religiosität. Mit dem christlichen Glauben und dem spezifisch christlichen Ethos waren nicht nur neue religiöse Anschauungen und ethische Ideale auf den Plan getreten, sondern zugleich die Kraft zu einem neuen Leben, wie es der Welt so noch nicht bekannt war. W. Lütgert schreibt in den Vorbemerkungen zu seinem bis heute beachtenswerten Werk über „Die Liebe im Neuen Testament", es handle sich in seiner Arbeit „nicht bloß um eine Geschichte des Liebesgebots oder der Liebesgedanken, sondern um eine Geschichte der Liebe selbst" (Lütgert VII). Es geht, wohlgemerkt, in dieser Geschichte natürlich auch um Liebesgedanken, und zwar nicht nur um alte, sondern durchaus auch neue, die alten überbietende. Aber sie bleiben nicht Gedanken, sondern werden zugleich Leben und Wirklichkeit: Im Christentum ist die Liebe „zu einer geschichtlichen Macht … geworden durch die Geschichte Jesu und in der ersten christlichen Gemeinde" (Lütgert VI). Dieses im Glauben der Christen verwurzelte neue Leben war es, das die Kraft hatte, die in der Gesellschaft noch lebendigen Widerstände gegen das biblische Ethos zu überwinden. So war mit der christlichen Liebe „in der christlichen Gemeinde ein Neues in die Geschichte eingetreten" (Lütgert VII; vgl. auch G. Uhlhorn, der sein berühmtes Werk über die Geschichte der christlichen Liebestätigkeit einleitet mit einem Kapitel über die antike heidnische Kultur als „Eine Welt ohne Liebe"). Aus Kräften des Glaubens gespeist, strahlte die in der Christenheit gelebte Liebe auch auf die aus, die vielleicht nur dem Namen nach Christen waren, aber unter dem Eindruck der christlichen Erziehung doch wenigstens Zugang zu den alttestamentlichen Grundlagen des christlichen Ethos fanden, ja u. U. sogar Motive eines spezifisch christlichen Ethos wie das der Barmherzigkeit übernehmen konnten. So hat Lütgerts Lehrer H. Cremer in seiner kleinen Schrift über den „Einfluss des christlichen Prinzips der Liebe auf die Rechtsbildung und Gesetzgebung" besonders an der sozialen Gesetzgebung seit dem ausgehenden 19. Jh. aufgezeigt, „wie mächtig diese Grundanschauung des Christentums (also von Gerechtigkeit und Barmherzigkeit gegenüber Schwachen, HB) durchgedrungen ist" und dass „die ganze heutige zivilisierte Welt auch dort, wo man das Christentum kaum noch mit reservierter kühler Achtung behandelt, dennoch mit Grundanschauungen rechnet, die man nur dem Christentum und seinem Evangelium von der Liebe Gottes in Christus verdankt" (Cremer 26). Als Beispiel nennt Cremer die Überwindung des römischen absoluten Eigentumsbegriffs durch ein neues, den Gedanken der Sozialpflichtigkeit integrierendes Eigentumsverständnis (Cremer 31f). Dabei wird zwar das spezifisch christliche Ethos dem Nichtchristen und auch dem Namenschristen immer fremd bleiben. Trotzdem vermag es als von Christen gelebtes Leben doch eine Faszination auszuüben, die auch für sie eine bleibende Herausforderung ist (vgl. Ethik I, 167f). In dem Maße allerdings, in dem der Einzelne sich bewusst vom christlichen Glauben trennt, wird er mit der Zeit sich auch vom christlichen Ethos und seinen alttestamentlich-jüdischen Wurzeln lösen. Und in dem Maße, in dem in unserer Gesellschaft Christen zur Randerscheinung werden, wird nicht nur das spezifisch christliche Ethos in ihr zum Fremdkörper, sondern letztlich auch das aus der alttestamentlich-jüdischen Tradition kommende allgemeine Ethos an Überzeugungskraft verlieren.

Literatur:

H. Cremer, Über den Einfluss des christlichen Prinzips der Liebe auf die Rechtsbildung und Gesetzgebung (1889), in: ders., Arbeit und Eigentum in christlicher Sicht, hg. von H. Burkhardt, Gießen 1984, 23-34; W. Lütgert, Die Liebe im Neuen Testament, Leipzig 1905; G. Uhlhorn, Die christliche Liebestätigkeit in der alten Kirche, Stuttgart 1882.

3. Gesetz oder Geist

Die alternative Formulierung „Gesetz *oder* Geist" mag überraschen. Nicht zuletzt von K. Bockmühls in seinem großen Werk über „Gesetz *und* Geist" so nachdrücklich vertretener These her, dass beide zusammengehören, ist eher die beide zusammenfügende Formel geläufig. Sie wendet sich mit Recht gegen einen heute verbreiteten, alle Ethik letztlich auflösenden Antinomismus und betont die bleibende Bedeutung des Gesetzes in der allgemeinen Ethik. Auf eben diese Beschränkung aber kommt alles an. Das jedermann verpflichtende Gesetz, insbesondere in seinem Kern, den Zehn Geboten, ist und bleibt die Grundsäule *allgemeiner* Ethik. In *spezifisch christlicher* Ethik dagegen hat es nichts verloren (1Tim 1,9: „Wir wissen aber, dass dem Gerechten kein Gesetz gegeben ist"; vgl. Rengstorf 1504,32-36: Paulus baut „die neue Sittlichkeit vom Kreuze Jesu und von seiner *agapä* aus auf … und nicht von dem Gesetz her"). Auch nicht im Sinne des sog. *Tertius usus* (vgl. Bockmühl 434-498). Er lehrt zwar die Bedeutung des Gesetzes im Leben der Wiedergeborenen – bei ihnen aber in ihrer Verantwortung im Felde *allgemeiner* Ethik. Es ist ein weithin zu beobachtender Fehler gegenwärtiger Ethik, dass man, im Gefolge Kants, nur allgemeinverbindliche Normen für ethisch verantwortbar hält und deshalb versucht, solche Allgemeingültigkeit auch für Normen spezifisch christlicher Ethik wie die Bergpredigt in Anspruch nehmen zu müssen (Lange 134f; vgl. dazu Burkhardt 159.162). Eben damit macht man auch das spezifisch christliche Ethos zum jedermann verpflichtenden Gesetz.

Man mag einwenden, dass doch das Neue Testament selbst vom „*Gesetz* der Freiheit" spreche (Jak 1,25; 2,12). Die Frage ist allerdings, was hier mit „Gesetz" gemeint ist. Inhaltlich denkt Jakobus an das Gebot der Nächstenliebe (2,8). Dies versteht er offensichtlich im Zusammenhang mit der Jüngerunterweisung Jesu, wie die zahlreichen Anspielungen vor allem an die Bergpredigt zeigen. In gleiche Richtung weist auch der eigenartige Begriff des „königlichen" Gesetzes (2,8). „Königlich" heißt es, „weil es vom König des Gottesreiches kommt" (Schrage 272; vgl. Martin 67). Wenn Jakobus vom alttestamentlichen Gesetz spricht, verwendet er einfach den Begriff Gesetz (*nomos*); meint er aber das christliche Ethos, so fügt er erläuternd „königlich" oder „der Freiheit" hinzu (Martin 67). Gemeint ist hier also jeweils die Tora des Messias (Martin 67: „the entire will of God, especially as revealed in the teaching of Jesus"). Mit „Gesetz" ist deshalb hier nicht eine *jedermann* unter ihre Ordnung zwingende Autorität gemeint, sondern, im Sinne des ursprünglichen Sinnes von Tora, eine Anweisung zum Leben nur für die *Jünger Jesu*, die durch das Evangelium, das „Wort der Wahrheit", zu „Erstlingen seiner Kreaturen" (neu) Geschaffenen (1,18). Dieses „Gesetz" führt nicht in die Knechtschaft der Gerechtigkeit aus Werken, sondern als „Gesetz der Freiheit" in die „herrliche Freiheit der Kinder Gottes" (Röm 8,31). Selbstverständlich folgt der Jünger Jesu den Geboten Gottes. Aber er bleibt nicht bei ihnen stehen (Mt 19,21). Die Gerechtigkeit, die in seinem Leben Gestalt gewinnt, ist nicht durch Gesetze festgelegt und beschränkt, sondern sie ist „überfließende" Gerechtigkeit (Mt 5,20; vgl. V. 48; vgl. das gleiche Motiv auch immer wieder in den Briefen des Neuen Testaments, besonders eindrücklich bei Paulus in 2Kor 8–9). In diesem

„Überfließenden" aber liegt die Freiheit, zu der Christus uns befreit hat (Gal 5,1). Empirisch gesehen sind wir selbst frei in der Entscheidung, wo und wie weit wir das Maß des jedermann Zumutbaren überschreiten (Thomas von Aquin spricht von unserer freien „Option", II/I q 108 a 4). Theologisch gesehen aber ist es die Liebe Christi, die uns „drängt" (*synechei*, 2Kor 5,14). Eben dies aber geschieht durch den Heiligen Geist, von dem die Kinder Gottes „getrieben werden" (*agontai*, Röm 8,14). Als Weisungen des Geistes sind sie für das Gewissen des Christen verpflichtend. Sie sind dabei zwar nicht eigentlich objektivierbar, wohl aber überprüfbar und auch, sofern die Stimme des Geistes nicht selten mit der des eigenen Herzens verwechselbar ist, der Überprüfung durchaus bedürftig (1Thess 5,21; 1Kor 14,29; Röm 12,2b; Eph 5,10). Solche Überprüfung im äußeren Rahmen der Zehn Gebote und dem engeren des Reiches Gottes vollzieht jeder Glaubende für sich selbst und im brüderlichen Gespräch (vgl. Ethik I,160f).

In dem Zusammenhang ist zu beachten, worauf W. Lütgert aufmerksam macht, dass nämlich Jesus seine Aufgabe nicht eigentlich nur in der *Verkündigung* des Liebesgebots sieht, sondern vielmehr in der *Erzeugung* der Liebe (Lütgert, Liebe 234). „Jesus spricht nicht nur als einer, der die Liebe fordert, sondern als der, der sie durch seine eigene Liebe weckt" (Lütgert, Liebe 127). Paulus nennt in 2Kor 5,15 „die Erweckung der Liebe als Ziel des Sterbens Jesu" (Lütgert, Liebe 188). „Für sich selbst zu leben – das gilt ihm als selbstverständlich, die Überwindung der Selbstsucht als etwas Wunderbares, und zwar als das Ergebnis eines positiven geschichtlichen Faktums" (Lütgert ebd.; vgl. ders., Ethik 17: „Christliche Liebe ist eine Wirkung des Todes und der Auferstehung Jesu Christi, darum ist sie selbst ein Sterben und Auferstehen, eine Wiedergeburt, eine Bekehrung"; vgl. Schlatter, Ethik 117: „Denn die Wendung zu Gott hin, die im Glauben geschieht, bringt der eigensüchtigen Gestaltung des Lebens unmittelbar den Tod").

Am Anfang der spezifisch christlichen Ethik steht also kein Imperativ, keine Aussage über etwas, was erst noch – durch uns – wirklich werden soll, sondern ein Indikativ, eine Aussage über etwas, das bereits wirklich geworden ist: „Die Liebe Gottes ist ausgegossen (*enkechytai*) in unsere Herzen durch den heiligen Geist, welcher uns gegeben ist" (Röm 5,5). Aus der im Glauben angenommenen bedingungslosen Liebe Gottes (Röm 5,1: „Nun wir denn gerecht geworden sind durch den Glauben") erwächst spontan die vorbehaltlose dankbare Liebe zu dem, der uns zuerst geliebt hat

(5,10: „als wir noch Feinde waren“; vgl. 1Joh 4,21). Diese Liebe ist unsere *eigene* innere und sich dann im Leben auch äußerlich betätigende Aktivität. Aber eben diese Aktivität ist Geschenk *Gottes*, gewirkt durch den heiligen Geist. „Gottes Lieben ist erst dann zum Ziel gelangt, wenn wir ins Lieben gesetzt sind“ (Schlatter, Dienst 57). Nicht eigene natürliche Kraft und ein allgemeines Gesetz bestimmen das christliche Leben, sondern, ausgehend vom Faktum der geistlichen Erneuerung des von Selbstsucht bestimmten „alten Menschen“ hin zur Liebe des „neuen Menschen“, ist es der in jedem einzelnen Christen individuell wirkende heilige Geist, der ihm Motivation und Orientierung gibt für das, was er zu tun hat (1Thess 4,9: „Von der brüderlichen Liebe ist nicht not euch zu schreiben; denn ihr seid selbst von Gott gelehrt, euch untereinander zu lieben“, vgl. V. 8: „… der seinen heiligen Geist in euch gegeben hat“). Noch einmal: Das Liebesgebot soll eigentlich nicht etwas hervorbringen, was noch gar nicht da ist, sondern an etwas erinnern, was bereits existierende Realität wurde und nun praktisch umzusetzen und fortzusetzen ist. Hier hat der Imperativ seine Funktion. Die Antwort des Petrus auf Jesu Frage, ob er ihn lieb habe, ist nicht: „Ja, ich weiß, dass ich versagt habe. Aber in Zukunft will ich dich wirklich lieb haben“. Vielmehr sagt er, trotz des Wissens um sein Versagen: „Herr, du weißt, dass ich dich (jetzt schon, oder besser: immer noch) lieb habe“ (Joh 21,15-17).

Worin konkret die „überfließende Gerechtigkeit“ besteht, das ist, unter der individuellen Führung des Geistes, der Freiheit des Einzelnen anheimgestellt. Generell, bei jedem Christen, ist dies zunächst das leitende Prinzip Liebe (wobei „Prinzip“ etwas meint, das von Anfang gegeben ist und nun die Richtung bestimmt). Dies hat sich in allen Bereichen des Lebens, auf den Feldern allgemeiner wie spezifisch christlicher Ethik zu bewähren. In welchem Maße das geschehen sollte, unterliegt nur dem Gewissen des Einzelnen und ist durch kein Gesetz von außen her zu bestimmen oder zu beurteilen (Röm 14). Der Glaubende rechnet dabei aber mit der inneren Führung durch den heiligen Geist, der er folgen – oder auch widerstreben kann (deshalb die Mahnung in 1Thess 5,19: „Den Geist dämpfet nicht“; vgl. ausführlicher zum Thema der Geistesleitung: Ethik I,157ff).

Über diese Grundorientierung hinaus gibt es dann aber auch besondere geistbestimmte Lebensführungen, die den Rahmen des normalen bürgerlichen Lebens sprengen und eigene Formen der Verwirklichung christlichen Lebens finden. Traditionell spricht man in diesem Zusammenhang von sog.

opera supererogatoria, also Werken, die über das von jedermann zu Fordernde hinausgehen, wie in mittelalterlicher Zeit oder auch noch heute im Bereich der katholischen Kirche Stiftungen, Fasten, Wallfahrten etc. In protestantischer Theologie werden solche „überpflichtigen Werke" allgemein abgelehnt als Ausdruck vermeintlich verdienstvoller Werkgerechtigkeit (CA XXVII nach BELK 119; J. Wolleb II, Cap I Canon VIII: *Nec bona opera sunt, quae Pontifici supererogationis nominant*). Als verdienstlich werden sie angesehen, sofern sie freiwillig über die Pflicht hinausgehen. Aber diese Überschreitung allgemeiner Pflicht entspricht aus biblischer Sicht nur dem „überfließenden" Charakter des christlichen Ethos, das, ohne Schielen auf Verdienst oder Lohn, die gesetzliche Gerechtigkeit überbietet. Auch der Einwand, angesichts dessen, dass der Mensch Gott gegenüber doch zu vollständigem Gehorsam verpflichtet sei, bestehe gar keine Möglichkeit, etwas über diese Pflicht Hinausgehendes zu tun (Søe 130; wobei allerdings Søe 131f die Frage wenigstens nach einem möglichen Wahrheitsmoment der Lehre von den *opera supererogationis* vorsichtig bejaht; vgl. ebenfalls positiv Afflerbach 229-233), trifft die Sache nicht: Der Begriff der überpflichtigen Werke hat seinen Sinn nur auf dem Hintergrund der Unterscheidung von allgemeiner und spezifisch christlicher Ethik. Dabei ist er relativ gemeint im Verhältnis zu dem, was billigerweise von jedermann erwartet werden kann. K. Bockmühl hat in seiner Studie zur reformatorischen Ethik „Gesetz und Geist" detailliert nachgewiesen, wie sehr die traditionell protestantische Ablehnung der „überpflichtigen Werke" der evangelischen Ethik geschadet hat (Bockmühl, vor allem 305-329). Denn sie hat wesentliche Bereiche biblischer Ethik völlig ausgeblendet und die protestantische Ethik auf das Maß bürgerlicher Anständigkeit reduziert (vgl. Burkhardt 273).

Im Zusammenhang der *opera supererogationis* spricht katholische Theologie seit dem Mittelalter auch von sog. *consilia evangelica*, vor allem als Grundsätzen mönchischen Lebens (Armut, Ehelosigkeit und Gehorsam vgl. oben S. 10 f.). Auch diese „evangelischen Ratschläge" („evangelisch", weil aus den in den Evangelien überlieferten Weisungen Jesu abgeleitet) werden in evangelischer Theologie ziemlich einhellig zurückgewiesen, eben um ihrer angeblich unvermeidlichen gesetzlichen Verdienstlichkeit willen. Dieser Kritik steht aber die biblische Begründung solchen Verhaltens entgegen (zur Ehelosigkeit um des Reiches Gottes willen vgl. Ethik II/2, 111-115; zum freiwilligen Eigentumsverzicht Ethik II/2,157-164).

Literatur:

H. Afflerbach, Christliche Ethik, Wuppertal 2002; K. Bockmühl, Gesetz und Geist. Eine kritische Würdigung des Erbes protestantischer Ethik, BWA I/5, Gießen [2]2009; H. Burkhardt, Ethik jenseits von Gesetzlosigkeit und Gesetzlichkeit bei Klaus Bockmühl, in: ThBeitr 41/2010, 266-274; ders., Wie christlich darf unsere Ethik sein?, in: ThBeitr 42/2011, 158-162; D. Lange, Die Radikalität der Bergpredigt in einer pluralistischen Gesellschaft, in: F. Nüssel (Hg), Theologische Ethik der Gegenwart, 119-135; W. Lütgert, Die Liebe im Neuen Testament, Leipzig 1905; R. P. Martin, James, WBC 48, Waco/Texas, 1988; K. H. Rengstorf, Art. *didaskoo*, in: ThWNT II, 138-168; A. Schlatter, Der Dienst des Christen in der älteren Dogmatik, BFChTh 1/1897, Heft 1, 1-81 (ND in: A. Schlatter, Der Dienst des Christen. Beiträge zu einer Theologie der Liebe, hg. von W. Neuer, Gießen 1991, 19-93); ders., Die christliche Ethik, Stuttgart [5]1986; W. Schrage, Ethik des Neuen Testaments, Göttingen 1982; N.H. Søe, Christliche Ethik, München [3]1965; J. Wolleb, Christianae Theologiae Compendium, ed. E. Bizer, Neukirchen 1935.

III. Felder spezifisch christlicher Ethik

Es hat sich gezeigt, dass das neutestamentliche Zeugnis uns zu spezifisch christlichen Normen des Verhaltens führt, sei es im Sinne ethischer Inhalte, die sich so nur im christlichen Ethos finden und nur von spezifisch christlichen Voraussetzungen her verständlich sind, sei es wenigstens im Sinn von für christliches Verhalten doch in besonderer Weise charakteristischen Normen. Von diesen geleitet hat der Christ sich als solcher bis in alltägliche Situationen und soziale Bezüge hinein, in denen er sich vorfindet, zu bewähren.

In diesem Zusammenhang gibt es nun allerdings auch bestimmte Tätigkeiten und Lebensgestaltungen, in denen christliches Leben sich in einer charakteristischen, ihm eigenen Weise Ausdruck gibt, sog. „Felder" spezifisch christlicher Ethik.

Als solche Tätigkeit springt vom Zeugnis der Evangelien her der für die Jüngerschaft bestimmende Auftrag der Verkündigung des Evangeliums in die Augen: In ihm sieht Jesus selbst seine primäre Aufgabe, dazu ist er „gekommen" (Mk 1,38; Lk 4,43). Dieser Auftrag ist aber auch der primäre Zweck der Jüngerberufungen (vgl. oben II 1.2.2 und 1.2.4). Neben dem Verkündigungsauftrag steht die Berufung zum helfenden Heilen (Mt 10,8). Nach Jesu Tod und Auferstehung wird der Auftrag zur Verkündigung erneuert (vgl. II 1.2.9), zugleich mit der Vollmacht zum Heilen als „nachfolgendem Zeichen", Mk 16,17.

Nach Pfingsten bildet sich die erste christliche Gemeinde mit für ihr Leben kennzeichnenden Ausdrucksformen: „Sie blieben aber beständig in der Apostel *Lehre* und in der *Gemeinschaft* und im *Brotbrechen* und im *Gebet*" (Apg 2,42). Man wird diese Viererkette sicher nicht anachronistisch systematisierend pressen dürfen und in ihr präzise die vier Felder spezifisch christlicher Ethik *koinoonia, leitourgia, martyria* und *diakonia* wiederfinden wollen (zu dieser traditionellen Viererkette vgl. Wendland 444 und Bosch 603f). Und doch wird man sagen können, dass der Versuch solcher systematischen Einteilung der Felder spezifisch christlicher Ethik in der in Apg 2,42 gegebenen Beschreibung christlichen Gemeindelebens einen gewissen Anhalt oder doch ein Vorbild hat. Für die genannte Reihenfolge spricht die Sachlogik, nach der das Leben der Christen miteinander (*koinoonia*) und mit Gott (*leitourgia*) der Sendung nach außen in Mission (*martyria*)und Diakonie (*diakonia*) vorausliegt.

Literatur:

D. J. Bosch, Mission im Wandel. Paradigmenwechsel in der Missionstheologie, Gießen 2011; H.-D. Wendland, Die dienende Kirche und das Diakonenamt, in: H. Krimm (Hg), das diakonische Amt der Kirche, Stuttgart 1953, 443-476.

1. Christliche Gemeinschaft *(koinonia)*

Der Begriff der christlichen Gemeinschaft knüpft an den biblischen Begriff *koinonia* (= Gemeinschaft) an. Daneben wird, ebenfalls in Anlehnung an biblischen Sprachgebrauch, der Begriff der Gemeinde (*ekkläsia*) aufgenommen. Kirche, der herkömmliche Name für die Gemeinde, ist dagegen erst in nachbiblischer Zeit aufgekommen. Im Neuen Testament findet sich zweimal das Adjektiv *kyriakos* = dem Herrn gehörend (1Kor 11,20: *kyriakon deipnon* = Herrenmahl; Off 1,19: *kyriakä hämera* = Tag des Herrn, d. h. der Sonntag). Nach dem Wörterbuch von F. Kluge entstand das Wort Kirche aus dem gr. *kyriakos oikos* (Haus des Herrn), wobei *oikos* mit der Zeit fortfiel und in Anlehnung an die weibliche Form *ekkläsia* aus *kyriakos* schließlich *kyriakä* und daraus in der gotischen Kirchensprache „Kirche“ wurde (Kluge 369). Gemeint ist mit „Kirche“ also: die Gemeinde als die, die „dem Herrn gehört“ (vgl. Wenz 47), eine theologisch sehr sinnvolle Bezeichnung, die eigentlich noch besser als der auch im säkularen Bereich verwendete Begriff *ekkläsia* bzw. Gemeinde dazu geeignet ist, den spezifisch christlichen Charakter dieses sozialen Phänomens zu bezeichnen.

1.1 Begründung christlicher Gemeinschaft

1.1.1 Die Sozialität des Menschen als natürliche Voraussetzung christlicher Gemeinschaft

Die allgemeine Anthropologie lehrt die Doppelpoligkeit des Menschen einerseits in seiner Individualität, seiner unauswechselbaren jeweiligen Einmaligkeit, und anderserseits in seiner Sozialität, seiner Offenheit zum anderen Menschen hin (vgl. Ethik I, 68f). Auch die Bibel bestätigt diese Sicht des Menschen: „Es ist dem Menschen nicht gut, dass er allein sei“ (Gen 2,18). Jeder Mensch ist auf Gemeinschaft hin angelegt. Diese doppelpolige

Personalität des Menschen ist die Grundlage aller allgemeinen sozialen Ordnungen, angefangen von Ehe und Familie bis hin zum Staat. An diese schöpfungsgemäße Gegebenheit knüpft die Lehre von der christlichen Gemeinschaft an. So sagt etwa W. Löhe in seiner berühmten Schrift über die Kirche in der Überschrift zum ersten Kapitel: „Wir sind zur Gemeinschaft und zur Kirche geboren“ (Löhe 1; ebd.: „Von Anfang her ist der Mensch so beschaffen, dass er allein nicht *glücklich* sein kann“). Ebenso stellt auch Bonhoeffer an den Anfang seiner Untersuchung zur Soziologie der Kirche eine für seine Arbeit grundlegende Erörterung des Personbegriffs (Bonhoeffer 16ff). „Die Welt ist immerzu auf der Suche nach Gemeinschaft“, heißt es bei K. Bockmühl (Bockmühl 20).

Christliche Anthropologie weiß allerdings auch, dass die Sünde des Menschen die Verwirklichung dieser Anlage zur Gemeinschaft hindert, dass deshalb alle menschliche Gemeinschaftsbildung unzulänglich bleibt und in Tyrannei und Knechtschaft missbraucht werden kann und auch immer wieder missbraucht wird. Mit dem Verlust der Gottesgemeinschaft geht auch „die unmittelbare soziale Gemeinschaft wesensgemäß mit verloren. Zwischen Gott und Mensch, wie zwischen Mensch und Mensch ist eine dritte Macht getreten, die Sünde“ (Bonhoeffer 37).

1.1.2 Israel als Gemeinde des Sinai-Bundes

Die Existenz Israels als Volk Gottes nimmt ihren Anfang mit der von Gott ausgehenden Bundesschließung am Sinai. Sie ist innerhalb der biblischen Offenbarungsgeschichte gleichsam ein neuer Anlauf zur Bildung echter menschlicher Gemeinschaft. Als Bundesvolk ist Israel berufen, in besonderer Weise Bereich der Herrschaft Gottes zu sein: „Ihr sollt mir ein Königreich von Priestern und ein heiliges (für Gott aus den Völkern und für die Völker ausgesondertes) Volk sein“ (Ex 19,6). „Was Israels Existenz ausmacht, ist seine priesterliche Berufung, Segen zu sein und zu segnen“ (Schönborn 72). Im Gehorsam des Volkes Israel gegen Gottes Gebote („Werdet ihr nun meiner Stimme gehorchen“, V. 5a) und in der brüderlichen Gemeinschaft seiner Glieder untereinander soll Gottes Herrschaft in seinem Volk konkret Ausdruck finden („Es soll überhaupt kein Armer unter euch sein … Wenn einer deiner Brüder arm ist …, so sollst du dein Herz nicht verhärten und deine Hand nicht zuhalten gegenüber deinem armen

Bruder“, Dt 15,4.7; vgl. im Königsgesetz die Anweisung an den König: „Sein Herz soll sich nicht erheben über seine Brüder“, Dt 17,20a). Herrschaft Gottes und Volksgemeinde Israels gehören zusammen.

1.1.3 Die Kirche als Gemeinde des durch Jesus gestifteten Neuen Bundes

Allerdings, angesichts des immer neuen Ungehorsams des Volkes gegen Gott und des bevorstehenden Gerichts der babylonischen Gefangenschaft kam es schließlich in der alttestamentlichen Prophetie zur Ankündigung eines den Sinai-Bund zwar nicht aufhebenden, aber doch überbietenden „neuen“ Bundes: „Siehe, es kommt die Zeit, spricht der HERR, da will ich mit dem Hause Juda einen neuen Bund schließen, nicht wie der Bund gewesen ist, den ich mit ihren Vätern schloss … ein Bund, den sie nicht gehalten haben …, sondern das soll der Bund sein … Ich will mein Gesetz in ihr Herz geben und in ihren Sinn schreiben und sie sollen mein Volk sein und ich will ihr Gott sein“ (Jer 31,31-33; vgl. Hes 37,26). Die Neuheit des Bundes besteht *erstens* in seiner endzeitlichen Endgültigkeit (Rudolph 203): Anders als der Alte Bund wird er nicht gebrochen werden; dies aber wird dadurch möglich, dass *zweitens* das Schließen des Neuen Bundes verbunden sein wird mit einer dauerhaften inneren Erneuerung der Menschen.

a) Eben diese Verheißung greift Jesus auf, wenn er in den Abendmahlsworten von dem „Neuen Bund“ spricht (Lk 22,20; 1Kor 11,25; Rudolph 203; Michel, Gemeinde 9).

Dieser Neue Bund gründet in Jesu Hingabe seines Lebens (Lk 22,20 = 1Kor 11,25: „in meinem Blut“, Mk 14,24 = Mt 26,28 „mein Blut des Bundes“). Nach einem anderen Wort stellt Jesus seine ganze Sendung („ich bin … gekommen“) unter das Ziel, sein Leben als ein die Sünde sühnendes „Lösegeld für viele“ (*lytron anti polloon*) hinzugeben (Mk 10,45b = Mt 20,28; vgl. Michel, Gemeinde 26).

Ähnlich deutet auch das Johannesevangelium den Weg Jesu ans Kreuz: „Denn Jesus sollte sterben für das Volk (der Juden), und nicht nur für das Volk allein, sondern damit er auch die Kinder Gottes, die zerstreut waren (d. h. aus den Heiden), zusammenbrächte“ (Joh 11,51f; vgl. Barrett 340: „… those who belong to him within and without Judaism“; vgl. auch

12,32). „Damit die Gemeinde Gottes entstehe, dazu ist der Christus gesandt. Die Darstellung der Christenheit enthält somit die Folgesätze aus der Lehre von Christus“ (Schlatter, Dogma 357).

b) Mit dem Motiv der Lebenshingabe verbindet Johannes das Motiv des „Zusammenbringens“ bzw. des „*Sammelns*“ (*synagein*). Ziel seines Sterbens ist danach das Sammeln der neuen, endzeitlich-messianischen Gemeinde (Michel, Gemeinde 26). Dahinter steht im weiteren Zusammenhang des Johannesevangeliums das Bild einerseits von Jesus als dem guten Hirten (Joh 10,11-16) und andererseits von den an ihn Glaubenden als seiner Herde (V. 16; vgl. 21,15-17 den Auftrag des Auferstandenen an Petrus: „Weide meine Schafe“). Das Motiv von *Hirt und Herde* findet sich aber ebenso auch in den synoptischen Evangelien: Als Jesus das Volk sieht, das sich zu seiner Verkündigung drängt, erfasst ihn Erbarmen mit seiner Not, „... denn sie waren wie Schafe, die keinen Hirten haben“ (Mk 6,34/Mt 9,36). Seinen Jüngern aber spricht er ermutigend zu: „Fürchte dich nicht, du kleine Herde! Denn es ist eures Vaters Wohlgefallen, euch das Reich zu geben“ (Lk 12,32). Mit dem Motiv des „Sammelns“ (*synagein*) derer, die dem Ruf zur Umkehr folgen, kann auch hier die ganze Sendung Jesu und in seinem Auftrag die seiner Jünger beschrieben werden: „Wer nicht mit mir sammelt, der zerstreut“ (Mt 12,30 = Lk 11,23; vgl. auch Lk 15,3-6 das Gleichnis vom verlorenen und wiedergefundenen Schaf). „Jesus ist der gute Hirte, der Messias Gottes, der ‚sammelt‘, der das Verirrte aufsucht und das Versprengte zurückholt“ (Michel 20; unter Rückverweis auf die alttestamentliche Verheißung, dass Gott selbst sich, wie ein Hirt seiner Herde, seines Volkes annehmen und das Verirrte suchen und retten wird, Hes 34,12). Das berühmte Wort des liberalen katholischen Theologen A. Loisy: „Jesus hat die Königsherrschaft angekündigt, und was kam, war die Kirche“ (zit. nach Stuhlmacher 304) konstruierte einen Gegensatz, der nach dem Zeugnis der Evangelien dem, was Jesus wollte, offensichtlich nicht entspricht. Im Gegenteil: Reich Gottes ereignet sich gerade im Sammeln der „Herde“ derer, die seiner Botschaft vom nahegekommenen Reich folgen und sie weitertragen (vgl. Michel, Gemeinde 21).

c) In diesen Zusammenhang gehört nun auch das als sachliche Parallele zu Joh 21,15-17 bei den Synoptikern überlieferte und in der Forschung viel diskutierte Wort Jesu an Petrus: „Du bist Petrus, und auf diesen Felsen (*pe-*

tra) will ich meine Gemeinde (*ekkläsia*) bauen“ (Mt 16,18; zur Frage der Echtheit des Wortes vgl. zuletzt Stuhlmacher 305). Seit der Reformation wurde, in Abwehr der traditionellen katholischen Lehre von der im Papsttum fortgesetzten Lehrautorität des Petrus, im Protestantismus „der Fels“ nicht auf diesen Apostel, sondern auf Christus bzw. das Bekenntnis des Petrus zu der Messiaswürde Jesu (V. 16) gedeutet (Michel, Gemeinde 22f). Diese reformatorische Auslegung widerspricht allerdings eindeutig dem Wortlaut des überlieferten Jesuswortes, das ausdrücklich Petrus persönlich als „Felsen“ anspricht (vgl. Cullmann 108,17f), welcher dann auch fortan diesen bis dahin sonst nicht üblichen Namen trägt (nach dem aram. *kepha* auch Kephas, vgl. Gal 1,18 u. ö.; nach Joh 1,42 erfolgte diese Namensnennung schon bei der ersten Begegnung mit Jesus, Cullmann 102,45f; nach Mk 3,16 seit seiner Berufung zum Apostеldienst, vgl. Mt 4,18, sodass es sich in Mt 16,18 nur um eine Neuformulierung des Auftrags handelte, Schlatter 506). „Diese alte aramäische Urüberlieferung will offenbar bezeugen, dass Petrus als der Apostel Jesu Christi, als Träger des Wortes die Gemeinde tragen soll“ (Michel, Gemeinde 22). Eigentlicher Felsgrund, auf dem die Gemeinde aufgebaut ist, ist zwar Christus (vgl. 1Kor 3,11) bzw. der durch sein Wort im Geist gegenwärtige Christus. Aber für die Weitergabe des Wortes von Christus an die künftige Gemeinde trägt offenbar, dem Auftrag und der Bevollmächtigung durch Jesus entsprechend, Petrus besondere Verantwortung (vgl. Apg 6,4; vgl. auch Lk 22,32).

d) Auffallend ist nun an dieser Stelle außer dem Wort von der Sonderstellung des Petrus auch, dass hier erstmals im Munde Jesu von der Gemeinde als seiner *ekkläsia* die Rede ist, und zwar als einer zukünftigen, über sein eigenes irdisches Leben hinausweisenden Größe. In den Evangelien findet sich dies Wort – ebenfalls bei Matthäus – nur noch einmal, und zwar in der Regel für den Umgang mit einem Bruder, der gesündigt hat: Hört er auf die Ermahnung eines und dann auch des hinzugenommenen zweiten Bruders nicht, so „sage es der Gemeinde“ (*ekkläsia*). „Hört er die Gemeinde nicht, so sei er dir wie ein Heide und Zöllner“ (Mt 18,17). Das Wort *ekkläsia* bezeichnete im Kontext der griechischen Demokratie die offiziell einberufene Versammlung der freien Bürger einer Stadt (vgl. Apg 19,39 *hä ennomos ekkläsia*; in V. 32 und 41 auch der durch die Agitation der Goldschmiede von Ephesus entstandene spontane Volksauflauf im Theater der Stadt, vgl.V. 29). In der Septuaginta war das Wort aber schon in vorchristlicher

Zeit aufgenommen als Übersetzung des hebr. Wortes *qahal*, also die „durch Aufruf konstituierte Versammlung" des Gottesvolkes, zunächst der (kampffähigen) Männer, dann, spätestens seit Esra, auch des Gesamtvolks einschließlich der Frauen und Kinder (L. Rost bei Schmidt 533; vgl. Stiegler 51f.164). Zugleich steht das Wort aber auch für die Versammelten selbst als „Träger des Bundes und damit der göttlichen Verheißung" (Michel, Gemeinde 6; vgl. Rost bei Schmidt 533).

Dies Wort *ekkläsia* wurde dann im Neuen Testament der vorherrschende theologische Begriff für das Volk des Neuen Bundes (insgesamt 110-mal). In Kontinuität zu der „kleinen Herde" der um Jesus versammelten Jünger (Lk 12,32; vgl. auch Michel, Gemeinde 63) wird der Begriff angewandt:

1. auf Versammlungen von Christen in Privathäusern, sog. Hausgemeinden (z. B. Röm 16,5; 1Kor 16,19; Kol 4,15; Riesner, Gemeindebau 35f; Gehring 228ff), und auf Ortsebene (vgl. 1Kor 11,18; 14,19.35 u. ö.);

2. auf die Gemeinde der Christen an einem Ort, besonders deutlich da, wo der Begriff fest mit einem Ortsnamen verbunden ist wie bei der Gemeinde zu Jerusalem (Apg 8,1; 11,22) oder Antiochia (11,26), auch wenn im Plural von mehreren Gemeinden die Rede ist (Apg 14,23; 15,41; 16,5; Gal 1,2: 1Kor 4,17 u. ö.; Riesner, Gemeindebau 42f);

3. im absoluten Gebrauch des Wortes auf „die" Gemeinde, d. h. die Gesamtheit aller Christen überhaupt (Apg 9,31; 20,28; 1Kor 10,32; 12,28, 15,9; Gal 1,13; Phil 3,6; 1Tim 3,15; vor allem aber in den beiden Briefen an die Kolosser und Epheser: Eph 1,12; 3,10.21; 5,23-32; Kol 1,18.24; Riesner, Gemeindebau 33: „Weltkirche").

e) Dabei wird der von Haus aus soziologische, vom Alten Testament her aber zugleich theologisch im Sinne des von Gott berufenen Bundesvolkes geprägte Begriff *ekkläsia* im Neuen Testament in der Anwendung auf die Gesamtheit der Christen zunächst im Sinne des *laos*, des Gottesvolks des Neuen Bundes verstanden (vgl. Apg 15,14; Röm 9,25f; 2Kor 6,16; Tit 2,14; 1Petr 2,9f; Hebr 4,9; 13,12; Off 18,4; 21,3; Strathmann 53f). Er wird dann weiter aber auch durch verschiedene andere Bilder interpretiert, von denen, neben dem Bild vom *Bau* (1Tim 3,15: „... das Haus Gottes, welches ist die Gemeinde" = *ekkläsia*; vgl. die Gemeinde als geistlicher Bau: Eph 2,19ff;

1Petr 2,4ff; Michel, *oikos* 128f) oder vom *Tempel* (Mk 14,58 und 2Kor 6,16f; Michel, *naos* 888,12-17 und 890f), der der Gemeinde als des Leibes Christi bei Paulus der wichtigste ist.

f) Diese Vorstellung von der Gemeinde als Leib ist nicht abzuleiten von dem aus der römischen Geschichte bekannten Gedanken vom Volksganzen, in dem jede Klasse, Patrizier wie Plebejer, wie Glieder eines Leibes aufeinander angewiesen sind (Livius II,32). Paulus kennt diese Vorstellung offensichtlich und verwendet sie in 1Kor 12,12f-31; Röm 12,4-8 (Michel, Gemeinde 44). Er leitet von ihr aber nicht den Gedanken der Gemeinde als Leib Christi ab. Paulus nutzt hier den Vergleich nur zu einer praktischen ethischen Konsequenz aus dem Leib-Christi-*Sein* der Gemeinde. Gegen die lange die Exegese beherrschende Behauptung einer religionsgeschichtlichen Abhängigkeit des Leib-Christi-Gedankens vom gnostischen Mythos spricht, dass dieser nach heutiger Erkenntnis später zu datieren ist (Michel, Gemeinde 45; vgl. Park 34f). In Anlehnung an den englischen Theologen A. E. J. Rawlinson erwägt O. Michel stattdessen eine Entstehung des Leib-Christi-Bildes im Kontext der urchristlichen Abendmahlsüberlieferung (Gemeinde 52.62; vgl. Park 45ff). Aus der durch Wort und Sakrament vermittelten Anteilhabe (*koinoonia*) am Heilsgeschehen in Christus und der geistlichen Gemeinschaft mit ihm („berufen zur *koinoonia* mit seinem Sohn Jesus Christus", 1Kor 1,9) entsteht zugleich die Gemeinschaft (*koinoonia*) derer, die durch Christus zu einem Leibe vereint sind (1Kor 10,16: „Der Kelch, den wir segnen, ist er nicht die Gemeinschaft des *Blutes Christi*?"; V. 17: „Das Brot, das wir brechen, ist das nicht die Anteilhabe am *Leib Christi*?"; 1Kor 12,13: „Denn wir sind durch einen Geist alle zu einem *Leibe* getauft"; Michel, Gemeinde 49). Vom Heilsgeschehen in Kreuz und Auferstehung Jesu und seiner im Geist wirksamen Gegenwart her ist die Gemeinde als sein Leib mit Christus verbunden („Der Christus *praesens* ist das konstitutive Moment jeder urchristlichen Gemeinschaft", Michel, Gemeinde 33, vgl. auch ebd. 36.96; vgl. die Verheißungsworte Mt 18,20 und 28,20). Als Herr der Gemeinde ist Christus „Haupt" dieses Leibes (Eph 1,22; 4,15; Kol 1,18). Das Wort vom „Leib Christi" ist also zunächst eine Aussage über den engen Zusammenhang zwischen Christus und der Gemeinde und erst von daher auch über die Gemeinde als Gemeinschaft der an Christus Glaubenden.

g) Schließlich finden wir im Hebräerbrief noch einen meist übersehenen Aspekt der Wirklichkeit der Gemeinde: Hebr 12 weitet den Blick über die jetzt lebende Christenheit hinaus auch aus auf die *ekkläsia* der „Geister der vollendeten Gerechten" (12,23), d. h. die schon verstorbenen Christen (Michel, Hebr 319). Die *ekkläsia* umfasst also nicht nur räumlich die Christenheit des ganzen Erdkreises, sondern auch zeitlich die aller Generationen seit dem Kommen Christi (vgl. auch Hebr 12,1 die „Wolke der Zeugen" und Off 6,9-11 „die Seelen derer, die getötet waren um des Wortes Gottes und um ihres Zeugnises willen"). „Die Kirche hört an der Schwelle des Todes nicht auf. Sie ist die Gemeinschaft aller in Christus Lebender … Die vor uns gelebt und geglaubt haben, sind nicht weniger Kirche als wir heute" (Schönborn 143; Bittner 23; vgl. Michel, Gemeinde 96: In der neuen Wirklichkeit der Gemeinde ist der in sie eingefügte Einzelne „verbunden … mit den Glaubenden aller Zeiten, aller Länder, aller Völker").

1.1.4. Systematische Folgerungen

Im Neuprotestantismus insbesondere seit F. Schleiermacher versteht man christliche Gemeinschaft weithin im Sinne des sog. „soziologischen" Kirchenbegriffs als aus individueller Religiosität erwachsende, dem Wesen der Kirche nur äußerliche organisatorische Notwendigkeit: „Die christliche Kirche bildet sich durch das Zusammentreten der einzelnen Wiedergeborenen zu einem geordneten Aufeinanderwirken und Miteinanderwirken" (Schleiermacher, These zu § 115; vgl. dazu Michel, Gemeinde 26). Dabei verbindet sich ein individualistisches Verständnis des Christseins häufig mit einem Gegensatz von Person und Institution. So betont etwa E. Brunner unermüdlich, christliche Gemeinde sei „nichts anderes als eine Gemeinschaft von Personen" und habe „nichts vom Charakter des Institutionellen an sich" (Brunner 12f). Im ersten Satz ist vom Neuen Testament her zweifellos dies richtig, dass die christliche Gemeinde aus Personen besteht. Falsch aber ist das „nichts anderes als" und die anschließende Negation des zweiten Satzes. Denn nach dem Neuen Testament entsteht Gemeinde nicht als Befriedigung eines individuellen religiösen Bedürfnisses oder aus einer ihm entsprechenden Erfahrung. Sie entspricht zwar einem natürlichen Bedürfnis nach Gemeinschaft, das dem Menschen anerschaffen ist. Daraus mag manche Gestalt menschlicher Gemeinschaft entstehen – nicht aber christliche Gemeinde. „Nur aus dem Offenbarungsbegriff kommt man zum christlichen Kirchenbegriff" (Bonhoeffer 90), und zwar aus einem heilsgeschichtlich differenzierten Offenbarungsbegriff. Christliche Gemeinde ist das Werk Jesu: „Dadurch, dass Jesus mit dem Christusnamen aussprach, worin er das von ihm vollbrachte Werk sah, hat er sich das königliche Amt zugeschrieben und die Herstellung der Gemeinde zu seinem Beruf gemacht" (Schlatter, Dogma 280). „Die Sendung Jesu zielt auf ein ‚wir', … auf die Stiftung der Ekklesia als Gemeinschaft" (Schönborn 79). Sie ist Beginn und Angeld der neuen Schöpfung, in der aus der alten eine neue Menschheit wurde (Eph 2,15; vgl. Michel, Gemeinde 57). Der Grund ist unabhängig vom Menschen in Christus gelegt (1Kor 3,11). Insofern ist die Gemeinde vor dem einzelnen Gläubigen da. Dieser konstituiert sie nicht, sondern wird im Geschehen des Gläubig- und Getauftwerdens von Gott zu ihr „hinzugetan" (*prosetithei*, Apg 2,47). Von daher gesehen gibt es tatsächlich kein Christsein und damit auch kein Heil außerhalb der Kirche (Cyprian: *salus extra ecclesiam non est*, zit. n. Loofs,164). Christwerden ist zugleich: Glied der weltweiten Gemeinde Jesu Christi werden. Im Vergleich zu anderen Religionen ist dies (abgesehen vom Judentum) ein Alleinstellungsmerkmal des Christentums. Selbstverständlich entsteht von gemeinsamer Religion und von ihr geprägter Kultur her auch in anderen Religionen ein gewisses Gemeinschaftsgefühl. Aber nur das Christentum (und im Ansatz auch das Judentum) ist *wesentlich* gemeinschaftsbildend. Die Übertragung des Begriffs „Kirche" auf andere Religionen ist deshalb (gegen Schlatter, Dogma 69) ein Missbrauch des Begriffs.

Literatur:

C. K. Barrett, The Gospel according to St. John, London [7]1967; W. Bittner, Kirche – wo bist du?, Zürich 1993; K. Bockmühl, Scheidung, Festigung und Sendung, in: ders., Denken im Horizont der Wirklichkeit Gottes. Schriften zur Dogmatik und Theologiegeschichte, BWA II/1, Gießen 1999, 12-27; D. Bonhoeffer, Sanctorum Communio. Dogmatische Untersuchung zur Soziologie der Kirche, München [3]1960; E. Brunner, Das Missverständnis Kirche, Stuttgart 1951; O. Cullmann, Art. *Petros*, in: ThWNT VI, 99-112; R. W. Gehring, Hausgemeinde und Mission. Die Bedeutung antiker Häuser und Hausgemeinschaften – von Jesus bis Paulus, Gießen 2000; T. Livius, Römische Geschichte I-III, lt./dt. hg. von H. J. Hillen, Darmstadt 1987; W. Löhe, Drei Bücher von der Kirche, Gütersloh [4]1904; F. Loofs, Leitfaden zum Studium der Dogmengeschichte, Tübingen [6]1959; O. Michel, Das Zeugnis des Neuen Testaments von der Gemeinde, Gießen [2]1983; ders., Art. *naos*, in: ThWNT IV, 884-895; ders., Art. *oikos*, in: ThWNT V, 122-161; ders., Der Brief an die Hebräer, Göttingen [5]1960; H.-W. Park, Die Kirche als Leib Christi bei Paulus, Gießen 1992; R. Riesner, Formen gemeinsamen Lebens im Neuen Testament und heute, Gießen 1977; ders., Apostolischer

Gemeindebau, Gießen 1978; K. L. Schmidt, Art. *ekkläsia,* in: ThWNT III, 502-539; W. Rudolph, Jeremia, Tübingen [3]1968; A. Schlatter, Das christliche Dogma, Stuttgart [3]1977; ders., Der Evangelist Matthäus, Stuttgart [6]1963; F. Schleiermacher, Der christliche Glaube, Halle 1897; Chr. Schönborn, Leben für die Kirche, Freiburg [2]1999; St. Stiegler, Die nachexilische JHWH-Gemeinde in Jerusalem, Frankfurt 1994; H. Strathmann, Art. *laos*, in: ThWNT IV, 29-39.49-57; G. Wenz, Kirche. Perspektiven reformatorischer Ekklesiologie in ökumenischer Absicht, Göttingen 2005.

1.2 Die inhaltliche Wesensbestimmung christlicher Gemeinschaft

1.2.1 Die Liebe als Wesensbestimmung christlicher Gemeinschaft

Dass die christliche Religion wesentlich gemeinschaftsbildend sei, ist zunächst nur eine formale Feststellung. Wieweit solche Gemeinschaft dann auch eine spezifisch christliche ist, hängt entscheidend davon ab, wie das Leben in ihr geprägt ist.

Im Verfolg dieser Frage ist zunächst noch einmal von der heilsgeschichtlichen biblischen Sicht auszugehen: Als Gottes Ebenbild ist der Mensch in seiner Personalität von der Schöpfung her zum Leben in Gemeinschaft bestimmt. Die seit dem Sündenfall das Leben des Menschen bestimmende Sünde hat die Verwirklichung dieser Bestimmung unmöglich gemacht. Bezeichnend für die neue Situation ist: Der Mensch flieht die Begegnung mit Gott (Gen 3,8), und das Miteinander des ersten Brüderpaars mündet in einen Mord (Gen 4,8). Auch die Erwählung Israels und die Offenbarung des Willens Gottes für das Leben dieses Volkes im alttestamentlichen Gesetz vermochten die Macht der Sünde nicht zu brechen. Es konnte die von der Sünde bestimmte Situation des Menschen schließlich als nur noch aussichtsloser erkennbar werden (Röm 7,14-24). Deshalb zielte die Sendung Jesu auf eine grundlegende Änderung eben dieser Situation (Röm 7,25). Er versöhnte durch sein sühnendes Leiden am Kreuz die Welt mit Gott (2Kor 5,18f; vgl. V. 14). Wer sich glaubend in dies versöhnende Handeln hineinnehmen lässt, erfährt damit eine innere geistliche Erneuerung: „Ist jemand in Christus, so ist er eine neue Schöpfung: das Alte (die Bindung an die Sünde) ist vergangen, Neues (die Bereitschaft und das Vermögen, für Christus zu leben) ist geworden (2Kor 5,17; vgl. V. 15)."

Aus dieser engen Verbundenheit mit Christus („in Christus" sein, V. 17a) entsteht wiederum eine tiefe Verbundenheit der an Christus Glaubenden untereinander. Sie hat ihren Grund in der gemeinsamen Verbundenheit mit Christus. Darin ist sie unabhängig von allem Fragen nach persönlichem Nutzen und Gewinn, nach dem, was in Sympathie und Antipathie natürlicherweise beim anderen anziehend oder von ihm abstoßend sein könnte. Die Gemeinschaft muss nicht erst hergestellt werden, sie ist „in Christus" bereits da und muss nur in der vorbehaltlosen Annahme des anderen gelebt werden. „Nehmt einander an, wie Christus uns angenommen hat, zu Gottes Lob" (Röm 15,7). Aus der Liebe Gottes zu uns entsteht unsere Liebe zu Gott und zueinander. Johannes spricht in dem Zusammenhang von der durch Wiedergeburt entstandenen gemeinsamen Gotteskindschaft der Christen: „Wer da glaubt, dass Jesus sei der Christus, der ist von Gott geboren; und wer liebt den, der ihn geboren hat, der liebt auch den, der von ihm geboren ist" (1Joh 5,1; vgl. Burkhardt, Christwerden 153). Kirche ist wesentlich Liebesgemeinschaft (Burkhardt, Kirche; vgl. Bittner 13.101). Die Gemeinde verbindet uns „ungleich stärker, als uns die natürliche Gemeinschaft mit ihrem naturgesetzlichen Zwang vereint" (Schlatter 176).

Die gemeinsame *Liebe zu Gott* zeigt und bewährt sich vor allem in den gottesdienstlichen Versammlungen. Die Apostelgeschichte spricht sogar von anfangs täglichen Zusammenkünften (Apg 2,46f; vgl. 4,23-31). Paulus setzt in Korinth sonntägliche Zusammenkünfte voraus (1Kor 16,2). Der Autor des Hebräerbriefs ermahnt angesichts nachlassender Treue in Glaube, Hoffnung und Liebe nachdrücklich: „Lasst uns … nicht verlassen unsere Versammlung (*episynagoogä*), wie etliche pflegen, sondern einander ermahnen" (Hebr 10,25).

Die Gemeinde ist aber ebenso Ort der Bruderliebe, der *philadelphia* (vgl. oben S. 132). Die christliche Gemeinschaft ist, wie sich auch in der gegenseitigen Anrede zeigt, eine familiäre Gemeinschaft von Schwestern und Brüdern (in der pluralischen Bruder-Anrede sind im Sinne des inklusiven Sprachgebrauchs durchgehend die Schwestern mitgedacht; nur wenn ausdrücklich nur von Frauen die Rede ist, findet sich auch der Schwester-Name, vgl. Röm 16,1; 1Kor 7,15; 9,5; 1Tim 5,2; Jak 2,15). Dabei ist die Gemeinde nicht Selbstzweck (Bockmühl 22: „Es geht in der Kirche nicht primär um Genuss und Pflege der Gemeinschaft"). Ihr weitester Horizont ist das Reich Gottes als universale Durchsetzung der Liebe Gottes. Deshalb begrenzt sie ihre Liebe nicht auf die Glaubenden, vielmehr drängt die Liebe Christi sie über sich selbst hinaus: „Lasst uns Gutes tun an jedermann" (Gal 6,10a). Aber die Gemeinde ist doch der erste Ort der Bewährung und exemplarischen Verwirklichung dieser Liebe („allermeist aber an des Glaubens Genossen“, V. 10b). Die Fürsorge füreinander ist dabei nicht zuletzt auch eine geistliche Aufgabe. Es geht darum, „die Brüder zu stärken“ (Apg 11,23; 15,32; vgl. Lk 22,32), d. h. einander zu helfen „zum Bleiben im Glauben und zum Wachsen in der Heiligung“ (Bockmühl 23). Deshalb verlieren soziale Unterschiede in der Gemeinde ihre die Menschen trennende Bedeutung: „Hier ist nicht Jude noch Grieche, nicht Knecht noch Freier, nicht Mann noch Frau, denn ihr seid allzumal einer in Christus“ (Gal 3,18; vgl. als praktisches Beispiel Phlm 14-17; vgl. im Blick auf das Verhältnis von Armen und Reichen Jak 2,1-4). Mit der Anknüpfung an die natürliche Gegebenheit der Familie wird auch ganz selbstverständlich vorausgesetzt, dass die Gemeinde eine die Generationen umgreifende und in Christus zusammenführende Gemeinschaft ist (vgl. dazu Lk 1,17 die Aufnahme der in Mal 3,24 noch reziprok formulierten messianischen Verheißung von der Bekehrung der Väter – sic! – zu den Söhnen; vgl. die Umprägung der Haustafeln in Kol 3 und Eph 5-6 vom „in Christus“-Sein her, Herr 61ff).

Christliche Gemeinde ist also wesentlich von Liebe bestimmte menschliche Gemeinschaft (Burkhardt, Kirche 263; Bittner 13 und101). Als solche ist sie Salz der Erde und Licht der Welt (Mt 5,13f). Sie ist „Kontrastgesellschaft“ im Gegenüber zu einer normalerweise eben nicht von Liebe, sondern von Eigennutz und Gegeneinander gezeichneten Gesellschaft (Stuhlmacher 301 u. ö., in Anlehnung an G. Lohfink). Zwar ist der Begriff der „Kontrastgesellschaft“ leicht missverständlich in dem Sinn, als wäre damit eine totale Ablehnung der übrigen Gesellschaft und ihrer Werte beabsichtigt, oder ein Gegenmodell, das auf dem Gesetzesweg realisiert werden sollte. Das wäre ein schwärmerisches Missverständnis. Vielmehr geht es um ein das Gewissen weckendes Zeichen des Widerspruchs gegen ein gerade heute weithin von gemeinschaftszerstörendem Individualismus und einer Ideologie der Selbstverwirklichung bestimmtes gesellschaftliches Leben, aber auch um ein Vorzeichen der Hoffnung auf die von Gott verheißene künftige Neuschöpfung (Stuhlmacher 320). Es geht dabei nicht darum, einem unerreichbaren Ideal von Gemeinschaft nachzujagen, sondern, im immer neuen Rückgriff auf die Quellen des Glaubens, um die Verwirklichung eines durch den Geist Gottes geweckten Impulses.

Als „Kontrastgesellschaft“ zeigte sich bereits die Urgemeinde in Jerusalem in der spontanen selbstlosen Fürsorge füreinander: „Alle aber, die gläubig geworden waren, waren beieinander und hatten alle Dinge gemeinsam“ (Apg 2,44; vgl. 4,32-37; dazu oben B 1.2.2.2 a). Die gleiche praktische Liebe bewiesen auch die Unterstützungsaktionen für die Armen der Gemeinde in Jerusalem (Apg 11,29f; Gal 2,10; 2Kor 8).

Solche brüderliche Liebe bleibt auch weiter ein besonderes Kennzeichen der christlichen Gemeinden. Der Apologet *Aristides* (um 140 n. Chr.) bezeugt von den Christen: Sklaven, die Christen werden, „nennen sie ohne Unterschied Brüder … Sie lieben einander … Wenn einer von ihren Armen aus der Welt scheidet und ihn irgendeiner von ihnen sieht, so sorgt er nach Vermögen für sein Begräbnis. Und hören sie, dass einer von ihnen wegen des Namens ihres Christus gefangen oder bedrängt ist, so sorgen alle für seinen Bedarf und befreien ihn, wo möglich. Und ist unter ihnen irgendein Armer oder Bedürftiger, und sie haben keinen überflüssigen Vorrat, so fasten sie zwei bis drei Tage, damit sie den Dürftigen ihren Bedarf an Nahrung decken“ (zit. n. Barby 208f). *Tertullian* (ca. 160–220 n. Chr.) berichtet Ähnliches aus seiner Zeit und bemerkt dazu: „Eben solcher Liebe Werk drückt uns in den Augen vieler ein Mal auf. ‚Seht‘, sagen sie, ‚wie sie sich gegenseitig lieben‘ …. und wie sie füreinander zu sterben bereit sind‘“ (Tertullian 39,6). Der heidnische Schriftsteller *Lukian* (ca. 120–180 n. Chr.) berichtet von den Christen, „ihr erster Gesetzgeber“ (= Jesus) habe sie überzeugt „dass sie einander Brüder seien“, und schildert in dem Zusammenhang ihre – aus seiner Sicht naive, unkritische – selbstlose Fürsorge für verfolgte Mitchristen (Lukian, Peregrinos 13). Kaiser *Julian* (331–363), ein leidenschaftlicher Gegner des Christentums, muss in einem Brief an den heidnischen Priester Arsacius in Galatien zugestehen: „… es ist schändlich, wenn … die gottlosen Galiläer (d. h. die Christen) zu den Ihrigen auch noch die Unseren ernähren, die Unseren aber unserer eigenen Hilfe entbehren“ (zit. nach Uhlhorn I, 319; vgl. dort auch 240).

Dieser Charakterzug der Kirche spiegelt sich auch in den kirchlichen Bekenntnissen. Das altkirchliche sog. *Apostolische Glaubensbekenntnis* enthält im dritten Artikel das Bekenntnis zur „heiligen, katholischen (= universalen) Kirche“ und erläutert es in einem Parallelsatz durch den Begriff der „Gemeinschaft der Heiligen“ (*sanctorum communio*, vgl. Burkhardt, Kirche 260). Die ethische Füllung des Begriffs der Gemeinschaft wird allerdings nicht ausgeführt. Gleiches gilt zunächst von Art. VII des *Augsburgischen Bekenntnisses*: „Es wird auch gelehrt, dass alle Zeit müsse eine heilige christliche Kirche sein und bleiben, welche ist die Versammlung aller Gläubigen (*congregatio sanctorum*), bei welchen das Evangelium rein gepredigt und die heiligen Sakramente laut des Evangelii gereicht werden" (BELK 61). Dieser Satz wird dann in der *Apologie* ein wenig weiter erläutert: „In unserem Glauben folget bald hernach: ‚Gemeinschaft der Heiligen', welchs noch klärer, deutlicher auslegt, was die Kirche heißt, nämlich den Haufen und die Versammlung, welche ein Evangelium bekennen, gleich ein Erkenntnis Christi haben, einen Geist haben, welcher die Herzen verneuet, heiliget und regieret" (*congregatio sanctorum, qui habent inter se societatem eiusdem evangelii seu doctrinae et eiusdem spiritus sancti, qui corda eorum renovat, sanctificat et gubernat*, BELK 235). Hier wird die ethische Dimension zwar angesprochen, aber immer noch ohne inhaltliche Füllung. Darin führt schließlich die These III der Barmer Theologischen Erklärung von 1934 insofern weiter, als die Kirche hier immerhin als „Gemeinde von Brüdern" definiert wird (Burgsmüller/Weth 36) und damit auch der Gedanke an die brüderliche Liebe zumindest implizit angesprochen ist.

Literatur:

G. Bardy, Menschen werden Christen. Das Drama der Bekehrung in den ersten Jahrhunderten, Freiburg 1988; Bekenntnisschriften der evangelisch-lutherischen Kirche (BELK), Göttingen [5]1963; W. Bittner, Kirche – wo bist du?, Zürich 1993; A. Burgsmüller/R. Weth (Hg), Die Barmer Theologische Erklärung, Neukirchen 1983; K. Bockmühl, Scheidung, Festigung, Sendung, in: ders., Denken im Horizont der Wirklichkeit Gottes. Schriften zur Dogmatik und Theologiegeschichte, BWA II/2, Gießen 1999, 12-27; H. Burkhardt, Christwerden. Bekehrung und Wiedergeburt als Anfang christlichen Lebens, Gießen 1999; ders., Kirche als soziale Gestaltwerdung von Liebe zu Gott und Liebe unter Menschen, in: M. Bockmuehl/H. Burkhardt (Hg), Gott lieben und seine Gebote halten. In memoriam Klaus Bockmühl, Gießen 1991, 269-273; Th. Herr, Naturrecht aus der kritischen Sicht des Neuen Testamentes, Paderborn 1976; Lukian, Peregrinos, in: ders., Hauptwerke, gr./dt. hg. von K. Mras, München 1954, 470-505; A. Schlatter, Die christliche Ethik, Stuttgart [5]1986; P. Stuhlmacher, Kirche nach dem Neuen Testament, in: ThBeitr 26/1985, 301-325; G. Lohfink, Wie hat Jesus Gemeinde gewollt?, Freiburg 1982; Tertullian, Apologeticum, lat./dt. hg. von C. Becker, München [2]1961; G. Uhlhorn, Die christliche Liebestätigkeit in der alten Kirche, Stuttgart 1882.

1.2.2 Sichtbarkeit und Unsichtbarkeit christlicher Gemeinschaft

Das Bild, welches das neutestamentliche Zeugnis von der Gemeinde als von Liebe geprägter menschlicher Gemeinschaft zeichnet, ist kein bloßes Wunschbild oder unerreichbares Ideal. Vielmehr spiegelt es eine in der Geschichte nicht nur der neutestamentlichen Gemeinden, sondern immer wieder auch in der späteren Geschichte der Kirche sichtbare Realität. „Ihr *seid* das Licht der Welt“, sagt Jesus. Und ein Licht – wenn es nicht „unter den Scheffel“ gestellt wird (Mt 5,14f) – kann man sehen. „So soll euer Licht (das neue Phänomen einer von Liebe zu Gott und zu Menschen untereinander bestimmten Gemeinschaft) leuchten vor den Leuten, dass sie eure guten Werke *sehen* und den Vater im Himmel preisen“ (V. 16). Dieses Licht *hat* geleuchtet – und leuchtet immer wieder, bis heute.

Aber nun zeigt sich eben doch auch das andere, dass nämlich das Licht nicht nur, sei es aus falscher Bescheidenheit oder Leidensscheu, zurückgehalten und vor den Menschen verborgen wird, sondern dass es so schwach geworden oder gar erloschen ist, dass von der Gemeinde nichts mehr ausgeht, das Anlass wäre zum Lob Gottes, sodass, in leichter Veränderung des Bildes, von der Gemeinde keine wegweisenden Signale mehr, sondern irreführende ausgehen: Signale statt zum Glauben nur noch, angesichts anscheinender Wirkungslosigkeit des Evangeliums bei den Christen selbst, Signale zum Unglauben.

Wie ist das zu erklären?

Das Neue Testament bezeugt zwar, dass, wer „in Christus“ ist, wirklich ein anderer, ein neuer Mensch geworden ist. Das Alte, die Herrschaft der Sünde im Leben des Christen ist vergangen. Die Lutherübersetzung von 1984 übersetzt sogar: „Siehe, es ist *alles* neu geworden.“ 2 Kor 5,17

Aber was da geschehen ist, ist doch nur ein Anfang, dessen eschatologische Vollendung noch aussteht (vgl. oben S. 28f). Tatsächlich spricht Paulus in 2Kor 5,17 nicht davon, dass „alles“ neu geworden sei, vielmehr realistischer davon, dass „Neues“ geworden ist. Erst in Off 21,5 heißt es dann, als Kennzeichen der endzeitlichen neuen Schöpfung: „Siehe, ich mache *alles* neu“ (*idou kaina poioo panta*). D. h.: Die Herrschaft der Sünde im Sinne des Zwangs zum Sündigen ist im Leben des Glaubenden jetzt schon gebrochen. Aber die Neigung zum Sündigen ist immer noch da. Der Christ ist gerechtfertigt und damit wirklich erweckt zu einem neuen Leben. Aber er erfährt in sich immer wieder auch noch die Neigung zum Sündigen und macht immer wieder die bittere Erfahrung, dass er ihr nachgibt (vgl. Ethik I, 130-132.141-146). Vom Christen gilt, dass die Liebe, die Gott uns erwiesen hat, uns zeigt, dass wir Kinder Gottes heißen sollen – und es auch wirklich sind (*kai esmen*, 1Joh 3,1). Aber: „Es ist noch nicht erschienen, was wir sein werden“ (V. 2). Das Leben des Christen vollzieht sich in der Spannung zwischen dem „Schon" der Erlösung im Glauben und dem „Noch nicht" im Blick auf das, was wir erst noch erhoffen.

Die Tatsache der Sünde im Leben von Christen aber hat unvermeidlich ihre Folgen im Erscheinungsbild der Gemeinde nach außen hin, das dem, was es der Verheißung nach sein soll, nicht nur immer wieder durchaus entspricht, sondern ihm oft auch in beschämender Weise widerspricht und den Verdacht nährt, dass alles Reden von der Neuheit und Andersheit christlichen Lebens nur Illusion sein könnte.

Um diesem Einwand zu begegnen, hat man schon seit der Zeit der Alten Kirche eine Lösung des Problems in der Unterscheidung zwischen sichtbarer und unsichtbarer Kirche *(ecclesia visibilis/invisibilis)* zu finden gemeint: Die eigentliche Kirche ist als geistliche Realität unsichtbar: Niemand weiß wirklich, wer zu ihr gehört, und niemand weiß, ob nicht die Werke der Christen nur *splendida vitia*, glänzende Fehler bzw. Sünden sind. Man verweist dabei gern auf ein Wort des Apostels Paulus: „Unser Leben (als Christen) ist *verborgen* mit Christus in Gott" (Kol 3,3). Dabei versteht man dies Wort so: „unser Leben" heißt: die Christlichkeit unseres Lebens. Sie ist menschlichem Auge verborgen und nur Gegenstand des Glaubens. Aber das wäre ein Missverständnis. Dem Satz in V. 3 geht die Feststellung voraus: „Denn ihr seid gestorben" (vgl. Röm 6,2b.7). Das ist nun allerdings etwas, das man nicht sieht, sondern das Gegenstand des Glaubens ist als etwas, das einerseits im Leben des Christen schon Wirklichkeit geworden ist, zugleich aber auch nach wie vor Gegenstand der Hoffnung ist als etwas, dessen Vollendung erst noch aussteht: „Wenn aber Christus, unser Leben, sich offenbaren wird, dann werdet auch ihr offenbar werden mit ihm in Herrlichkeit" (V. 4). Zwischen dem verborgenen jetzigen Zustand und dem noch verborgenen zukünftigen aber steht die Aufforderung: „So tötet nun … Unzucht, Unreinigkeit … So ziehet an … herzliches Erbarmen, Freundlichkeit …" (V. 5.12; vgl. Röm 6,4b.11f). Das „ihr seid gestorben" ist also ein Anfang, der seine Vollendung erst in der Zukunft findet, dessen vorläufige, bruchstückhafte Verwirklichung und damit eben doch auch Sichtbarmachung, in aller Vorläufigkeit und Bruchstückhaftigkeit, uns jetzt schon, in der Kraft des Geistes, aufgetragen ist im praktisch vollzogenen Nein zur Sünde und Ja zum Willen Gottes.

Was vom einzelnen Christen zu sagen ist, gilt entsprechend auch von der christlichen Gemeinde. Sie ist selbstverständlich sichtbar, denn sie besteht aus sichtbaren Menschen. Auch ihre Christlichkeit ist nicht schlechthin unsichtbar. Sie wird in ihrem von Christus bestimmten Leben immer wieder sichtbar: „... dass sie eure guten Werke *sehen* und euren Vater im Himmel preisen“ (Mt 5,16; vgl. Eph 1,12: „Auf dass wir etwas *seien* zum Lobe seiner Herrlichkeit“; 1Petr 3,2: „... wenn sie *sehen*, wie ihr in Reinheit und Gottesfurcht wandelt“).

Der „Gedanke, Kirche gebe es wohl, aber sie sei unsichtbar, hat die Kirche bei der Ausführung ihrer Arbeit schwer gehemmt, da man einer unsichtbaren Gemeinschaft keine Arbeit zumuten kann“ (Schlatter 387). „Es ist ... ein inwendiger, unsichtbarer Vorgang in der Begründung der Kirche wirksam. Denn wir können Christus nicht aufzeigen und unsere Verbundenheit mit ihm nicht sichtbar machen. Damit wird aber nicht die Kirche unsichtbar. Denn weil unsere Verbindung mit Christus unser Verhalten bestimmt, wird an der Weise, wie wir reden und handeln, sichtbar, was uns Christus gibt, wodurch die Kirche wahrnehmbar und wirksam wird ... Gewiss ist die Versichtbarung der Kirche noch unfertig ... Aber es ergibt sich ein irreführender Satz, wenn wir die teilweise und unfertige Versichtbarung Unsichtbarkeit heißen“ (Schlatter 388). Diese um der auch in und unter Christen noch wirksamen Sünde willen „unfertige“ Sichtbarkeit ihrer Christlichkeit, in der sich „im gegenwärtigen Stadium ihrer Existenz Wesen und Erscheinung noch nicht decken“, ist Ausdruck der Niedrigkeit der Kirche (Harnack 35 spricht in diesem Sinn von ihrer „Knechtsgestalt“). Es ist ein Erweis der Wahrhaftigkeit der neutestamentlichen Autoren, dass sie diese Seite gemeindlichen Lebens nicht verschweigen, sondern von Anfang an offen angesprochen haben.

Literatur:

Th. Harnack, Die Kirche. Ihr Amt – ihr Regiment (1862), ND Gütersloh 1947; A. Schlatter, Das christliche Dogma, Stuttgart [3]1977.

1.3 Gestalten christlicher Gemeinschaft

Kirche ist eine Personen-Gemeinschaft. Sie lebt in personaler Beziehung zu Gott und in den persönlichen Beziehungen ihrer Glieder untereinander und füreinander.

Für viele stellt sich Kirche allerdings ganz anders dar: als eine gesellschaftliche Institution mit einer festen, möglicherweise gar hierarchischer

Struktur und dazugehöriger Verwaltung. So ist sie etwa als zweitgrößter Arbeitgeber in Deutschland zugleich ein beachtlicher Wirtschafts- und politischer Machtfaktor. Dieser Blick auf die Kirche befremdet nicht nur Mitbürger, die dem christlichen Glauben skeptisch gegenüberstehen, sondern gerade auch engagierte Christen, vor allem, wenn sie selbst im Kontext einer wirklich oder scheinbar unlebendig-starren orthodoxen oder auch einer mehr nur oberflächlichen, formellen Christlichkeit aufgewachsen sind, von ihr innerlich nicht berührt blieben und erst außerhalb dieses kirchlichen Kontextes zu einem lebendigen persönlichen Glauben fanden. Eben solche Erfahrung macht sie zurückhaltend bis ablehnend gegenüber jedem institutionellen Gestaltwerden christlichen Glaubens. Eine gewisse christliche Gemeinschaftsbildung ist für sie bestenfalls als „Bewegung" oder – neuerdings – als „Netzwerk" denkbar.

1.3.1 Die Institutionalität christlicher Gemeinschaft

Zwar ist an der Aussage von der Kirche als Personengemeinschaft grundsätzlich festzuhalten. Aber sie bestand von Anfang an keineswegs nur in aktuellen persönlichen Beziehungen, sondern hatte immer schon zugleich institutionellen Charakter. Solche für die Kirche grundlegenden institutionellen Elemente sind vor allem:

a) *Das Abendmahl:* Es wurde von Jesus am Vorabend seines Todes eingesetzt als Zeichen des durch die Hingabe seines Lebens gestifteten Neuen Bundes (Lk 22,20; 1Kor 11,25; bei Mt 26 und Mk 14,24 fehlt der Hinweis auf die Neuheit des Bundes, sie ist aber ohne Zweifel mitgemeint). Dieses Mahl soll von der Gemeinde immer wieder vollzogen werden „zum Gedächtnis" Jesu (Lk 22,19; 1Kor 11,24f). Darin soll die Gemeinde den (heilschaffenden) Tod Jesu verkünden, bis er wiederkommt (1Kor 11,26a). Indem der Christ im Abendmahl Brot und Wein empfängt, bekommt er real Anteil am für ihn hingegebenen Leib und Blut Christi (1Kor 10,16f) und hat darin Gemeinschaft mit dem im Wort wie im Vollzug des Abendmahls geheimnisvoll gegenwärtigen Herrn (Schniewind 14f). Die Institutionalität des Abendmahls kommt insbesondere zum Ausdruck in seiner auf Dauer, bis zur Wiederkunft Jesu (1Kor 11,26b) angelegten Wiederholung (vgl. auch Apg 2,42: „Sie blieben aber beständig … im Brotbrechen"; V. 46:

„... und brachen das Brot hin und her in den Häusern“; vgl. 20,7.11), sowie in den mit ihr verbundenen Stiftungsworten Jesu.

b) *Die Taufe:* Der Auferstandene gibt den Auftrag, jeden, der Jünger wird (Mt 28,19) und an das Evangelium glaubt (Mk 16,16), zu taufen (vgl. Apg 2,38). Er wird, in der Sprache des Apostels Paulus, durch den Geist „in einen Leib hinein getauft“ (d. h. in die Gemeinde, 1Kor 12,13). Die Taufe ist damit von Jesus auf Dauer gestiftet zu einer für die Gemeinde und die Zugehörigkeit zu ihr konstitutiven Handlung. Dabei kommt es nicht auf ein inneres Erlebnis des Täuflings an, sondern auf das, was von der Gemeinde her, im Auftrag Jesu, an ihm geschieht: die Einfügung in den geistlichen Leib der Gemeinde.

c) *Das Hirtenamt des Petrus:* Jesus beruft Petrus zum „Felsen“, auf den er seine Gemeinde bauen will (Mt 16,18a). Das Hirtenamt besteht in der Ausübung der sog. Schlüsselgewalt („Was du auf Erden bindest, soll auch im Himmel gebunden sein; und was du auf Erden lösen wirst, soll auch im Himmel gelöst sein“, V. 19; auch das Hirtenamt des Petrus, von dem Joh 21,15-17 spricht, dürfte in diesem Sinn zu verstehen sein). Die Verheißung für die auf den Felsen Petrus gebaute Gemeinde, dass „die Pforten der Hölle sie nicht überwältigen sollen“ (V. 18b), hat definitiven Charakter und Geltung über die ganze Weltzeit hinweg. Insofern hat die Funktion des Petrus als „Fels“ eine auf Dauer angelegte Bedeutung – auch das wieder ein institutionelles Element, gleich, ob diese Bedeutung nur Petrus selbst zukommt oder (was der Bezug auf die Person des Petrus bei gleichzeitigem Ausblick auf die Zukunft der Kirche über seine Lebenszeit hinaus nahelegen könnte) auch etwaigen Nachfolgern in diesem Amt (vgl. oben 1.1.3 c) oder gar der ganzen Gemeinde (Mt 18,18; vgl. Schlatter 556: „Dadurch, dass hier das Lösen und Binden dem ganzen Jüngerkreis samt der mit ihm verbundenen Schar übergeben ist, wird die dem Petrus gegebene Vollmacht, 16,18, nicht geschmälert, vielmehr lediglich erläutert, wie die ihm gegebene Begnadigung zu ihrer Wirkung kommt ... Somit ist in 16,18 daran gedacht, dass durch das Wort des Petrus und im Anschluss an ihn die Gemeinde entsteht, die mit dem Christus verbunden ist und deshalb die Vollmacht hat, wirksam von Sünde und Schuld zu befreien“). Neben Petrus kommt auch anderen Aposteln (vgl. Joh 20,23; vgl. die Nachwahl eines zwölften Apostels anstelle von Judas; vgl. Apg 2,42 „halten an der

Apostel Lehre“ und 6,2.4) gegenüber der weltweiten Gemeinde eine besondere Autorität zu, wie sich etwa im sog. Apostelkonzil in Jerusalem und seiner für alle Gemeinden verpflichtenden Entscheidung zeigt (Apg 15,23-29; 16,4; vgl. auch die Voranstellung der Apostel in der Ämterliste 1Kor 12,28; vgl. Eph 2,20: „erbaut auf dem Grund der Apostel und Propheten“), und sich später dann auch bei der Entstehung des neutestamentlichen Kanons im Kriterium der Apostolizität niederschlug (Burkhardt, Motive 210; Neudorfer 83f; Grosse 35f).

Die christliche Kirche ist Personen-Gemeinschaft und *als solche* zugleich in geschichtlicher Kontinuität fortbestehende Institution (Burkhardt, Kirche 265; vgl. Schönborn 90).

Literatur:

H. Burkhardt, Motive und Maßstäbe der Kanonbildung, in: ThZ 30/1974, 209-211; ders., Kirche als soziale Gestaltwerdung von Liebe, in: M. Bockmuehl/H. Burkhardt (Hg), Gott lieben und seine Gebote halten, Gießen 1991, 260-273; S. Grosse, Theologie des Kanons, Münster 2011; H. W. Neudorfer, Art. Apostel, in: GBL 82-64; A. Schlatter, Der Evangelist Matthäus, Stuttgart [6]1963; J. Schniewind, Bericht über ein Abendmahlsgespräch, in: Abendmahlsgespräch, hg. von E. Schlink, Berlin 1952; C. Schönborn, Leben für die Kirche, Freiburg [3]1999.

1.3.2 Geschichtliche Grundgestalten christlicher Gemeinschaft

1.3.2.1 Volkskirche

Die Christenheit ist ursprünglich eine kleine Minderheit, zunächst innerhalb des jüdischen Volkes, dann darüber hinaus auch in der Völkerwelt des Römischen Reiches. In gewisser Weise versteht sie sich zwar selbst als „Volk“ (*laos*), aber nicht im Sinne einer natürlich gewachsenen Volksgemeinschaft, sondern als durch Wort und Glaube konstituierte geistliche Größe. In dem Maße erst, als die Kirche staatlich anerkannt und schließlich sogar privilegiert wird und die Notwendigkeit einer persönlichen Entscheidung beim Christwerden zurücktritt hinter einem in die Kirche nicht nur Hineingetauft-, sondern faktisch auch Hineingeborenwerden, kommt es zur weitgehenden personellen Deckung von Kirche und Volk. Man könnte hier schon von Volkskirche sprechen im Sinne von Kirche des Volkes. Dabei ist trotz aller lokalen, regionalen oder nationalen organisatorischen Gliederungen das Bewusstsein bestimmend, der einen, allgemeinen Kirche anzugehören, wie es im sog. *Apostolikum* („Ich glaube … die heilige, allumfassende Kirche, die Gemeinschaft der Heiligen“) bzw. im *Nicaenum*, genauer dem *Nicaeno-Constantinopolitanum* („Wir glauben ... an eine heilige, allumfassende und apostolische Kirche“) bekannt wird. Zu einer ersten großen und bis heute bestehenden Trennung kam es erst 1054 zwischen der westlichen römischen Kirche einerseits und den organisatorisch voneinander unabhängigen, aber in Lehre, Kult und Verfassung geeinten östlichen orthodoxen Kirchen (vgl. Meinhold 127ff). Eine weitere Trennung, nun innerhalb der westlichen Kirche, ergab sich mit der Reformation. In ihr entstanden einerseits zwei große Konfessionen, die lutherische und die reformierte, andererseits aber innerhalb der beiden Konfessionen, wieder durch staatliche Anbindung verursacht, eine Vielzahl voneinander unabhängiger Landeskirchen. Wie der Begriff der Konfession zeigt, waren sie, bei allen Unterschieden in den Bekenntnissen, doch alle darum bemüht, ihre Kontinuität zur frühen Christenheit und ihre christliche Identität durch Festhalten an der Heiligen Schrift und am altkirchlichen Bekenntnis deutlich zu machen.

Der Begriff der Volkskirche kam erst auf, als sich nach der Aufklärung Volk bzw. Staat und Kirche wieder zu trennen begannen. „Volkskirche“ wurde dabei zum Zielbegriff im Sinne des Versuchs einer Wiedergewinnung früherer Einheit von Volk und Kirche (Volkskirche als „theologischer Programmbegriff“, Huber 169). Volkskirche kann hier verstanden werden als vom Evangelium und damit auch vom Bekenntnis neu erfasste Volksgemeinschaft (Wichern, vgl. Huber 170; Laepple 111-113). Das Wort konnte aber auch verstanden werden im Sinne einer Demokratisierung der Kirche im Gegensatz zur herkömmlichen Obrigkeitskirche (so Schleiermacher; vgl. Huber 169), im nationalliberalen Sinne der Kirche eines Volkes (Huber 170), wobei Kirche eine Form der Institutionalisierung der im Volk lebendigen Religiosität ist, oder schließlich als Kirche für das Volk im modernen Sinn eines religiösen Dienstleistungsbetriebs für die Gesellschaft (technokratische Betreuungskirche, Huber 170). In allen Varianten versucht man, an natürliche soziale Gegebenheiten anzuknüpfen. Abgesehen von der missionarischen Idee Wicherns von einer vom Evangelium neu erfassten Volksgemeinschaft ist überall die Einheit von Volk und Kirche vorausgesetzt, entweder als „von Geburt“ an schon gegeben oder wenigstens als Zielvorstellung angestrebt: Christsein gehört zur Kultur, in die man hineingeboren und zu der man erzogen wird.

Eine solche Anknüpfung an natürliche Voraussetzungen und geschichtliche Zusammenhänge ist grundsätzlich positiv zu werten. Das Evangelium zerstört die natürlichen sozialen Gegebenheiten nicht, sondern heiligt sie durch geistliche Erneuerung und stellt sie in seinen Dienst. So legt schon das Neue Testament etwa auffallendes Gewicht auf die Gewinnung ganzer Familien und macht sie immer wieder zu Kristallisationspunkten der Gemeindebildung (Michel 132,34f; Schlatter 191; vgl. Burkhardt, Kirche 264f). Damit ist ein gewisser biblischer Ansatz für den volkskirchlichen Gedanken gegeben.

Wo allerdings natürliche Faktoren für die Zugehörigkeit zur Kirche bestimmend werden, ohne dass noch nach der geistlichen Erneuerung des Einzelnen gefragt wird, besteht die Gefahr, dass die Kirche darüber ihren geistlichen, vom biblischen Wort und Bekenntnis bestimmten Charakter verliert und in einem u.U. uferlosen Pluralismus die Christlichkeit der Kirche in ihrer Kontinuität zur Urkirche aufs Spiel setzt (vgl. Burkhardt, Bekehrung 212f).

Die geschichtliche Entwicklung könnte aber auch in eine andere Richtung gehen: dass nämlich die Volkskirchen die von außen aufgenötigte Lösung vom Staat als theologisch begründet erkennen und als Chance verstehen, und so die Freiheit zur eigenen Identität als Kirche im Festhalten an Schrift und Bekenntnis und damit ihre Kontinuität mit den Anfängen der Kirche neu gewinnen. Sie bleiben, von der alle umfassenden Liebe Gottes bestimmt, nach außen hin offen für jedermann, ohne doch ihren Charakter als Gemeinschaft der im Bekenntnis zu Christus Geeinten zu verundeutlichen. Dabei wird es wichtig sein, dass der dem Wesen der Kirche als geistlicher Gemeinschaft nicht entsprechende, oft sehr unpersönliche Charakter volkskirchlicher Gemeinden überwunden wird. Lebendige Gemeinde hat eine „zellulare Struktur“ (Hümmer 15). Dabei ist die Bildung von Dienstgruppen und Hauskreisen innerhalb der Gemeinde hilfreich. Sie können einerseits der Verwirklichung des Gedankens der *koinonia*, des konkreten Anteilgebens am eigenen Leben und Anteilhabens am Leben der andern auch im Alltag dienen, andererseits für Außenstehende einen niederschwelligen Zugang zur Gemeinde ermöglichen. Gerade „… wenn die Gesellschaft in ihrer Ganzheit nicht mehr christliche Umwelt ist … muss die Kirche selber Zellen bilden, in denen das Sichstützen, das Sichtragen und das Miteinandergehen, also der große Lebensraum der Kirche im Kleinen erfahrbar und praktisch wird“ (Ratzinger 282).

Literatur:

H. Burkhardt, Bekehrung in der Volkskirche, in: ThBeitr 11/1980, 211-226; ders., Kirche als soziale Gestaltwerdung von Liebe, in: M. Bockmuehl/H. Burkhardt (Hg), Gott lieben und seine Gebote halten, Gießen 1991, 260-273; W. Huber, Kirche, Stuttgart 1979; W. Hümmer, Neue Kirche in Sicht?, Marburg 1970; U. Laepple, „Die Wiedergewinnung der Entfremdeten“. Vom Erbe Wicherns zu den Aufgaben einer missionarischen Diakonie heute, in: ThBeitr 39/2008, 109-124; P. Meinhold, Ökumenische Kirchenkunde. Lebensformen der Christenheit heute, Stuttgart 1962; O. Michel, Art. *oikos*, in: ThWNT V, 122-161; J. Ratzinger, Salz der Erde, München 1998; A. Schlatter, Das christliche Ethos, Stuttgart [5]1986.

1.3.2.2 Freikirche

Bereits vor der konstantinischen Wende kann man im Blick auf die Eigenständigkeit und Unabhängigkeit der Kirche vom Staat von einer freikirchlichen Struktur sprechen. Freikirchen als bewusstes Gegenmodell zur Volkskirche entstanden aber erst seit der Reformationszeit (Geldbach 638). Im in der Reformation geschenkten neuen und unmittelbaren Hören auf die Schrift sah man sich verpflichtet, kompromissloser als es in den traditionellen Kirchen anscheinend geschah, biblische Erkenntnis in die Praxis umzusetzen, vor allem im Blick auf Taufe und Glaube. Christliche Gemeinschaft wurde wesentlich auf die Gläubigkeit des Einzelnen gegründet.

Dabei entstand leicht die Neigung, die objektive Vorgegebenheit der Kirche vor dem Glauben des Einzelnen zu übersehen und sie einseitig vom Einzelnen her im Sinne des Vereinsgedankens zu verstehen. Theologisch stellt sich weiter das Problem, dass der Glaube zwar sichtbare Früchte zeitigt, selbst aber sich der Objektivierbarkeit und damit der Feststellbarkeit von außen entzieht. Der Geist Gottes gibt *unserem* Geist Zeugnis, dass *wir* Gottes Kinder sind (Röm 8,15) – aber nicht in gleicher Gewissheit von der Gotteskindschaft *anderer*. Es bleibt also – ggfs. unter wohlmeinendem sozialem Druck – die Möglichkeit der ungewollten Täuschung über die berechtigte Zugehörigkeit zur Gemeinde. Schließlich kann die Individualisierung der Kirchenmitgliedschaft auch zur Individualisierung der Glaubensüberzeugungen führen und damit zu ständig neuen Spaltungen. Dem oft ausufernden Pluralismus in der Volkskirche steht leicht eine Neigung zu ausufernder Pluralität von Freikirchen gegenüber (Burkhardt, Kirche 268f).

Grundsätzlich aber wird mit dem Ernstnehmen der Bedeutung des Glaubens für die Mitgliedschaft in der Kirche eine für das Wesen der Kirche entscheidend wichtige, in den Volkskirchen weithin vernachlässigte biblische Wahrheit wachgehalten.

Literatur:

H. Burkhardt, Kirche als soziale Gestaltwerdung von Liebe, in: M. Bockmuehl/H. Burkhardt (Hg), Gott lieben und seine Gebote halten, Gießen 1991, 260-273; E. Geldbach, Art. Freikirchen, in: ELThG (Wuppertal 1992), 637-639.

1.3.2.3 Innerkirchliche Gemeinschaften

1.3.2.3.1 Kirche in der Kirche (ecclesiola in ecclesia)

Bereits in der Urchristenheit gab es innerhalb der Ortsgemeinden kleinere Gemeinschaften, die sich an bestimmte Familien bzw. ihre Häuser anschlossen, sog. Hauskirchen (s. oben S. 155). In solchen überschaubaren kleinen Gruppen konnte der personale Charakter christlicher Gemeinschaft in besonderer Weise konkret gelebt werden. Dabei standen sie nicht in Konkurrenz zur örtlichen Gesamtgemeinde, sondern waren Glieder an ihrem Leib.

In der Reformation wurde der Gedanke solcher innerkirchlichen Gemeinschaft von Luther wiederbelebt in dem Vorschlag, dass sich „diejenigen, so mit Ernst Christen wollen sein und das Evangelion mit Hand und Mund bekennen, müssten mit Namen sich einzeichnen und etwa in einem Hause allein sich versammeln zum Gebet, zu lesen, zu taufen, das Sakrament zu empfangen und andere christliche Werk zu üben“ (Luther WA 19,75; zit. n. MA 3,130). Luther selbst sah allerdings die Zeit zur Realisierung dieser Idee noch nicht gekommen (ebd.).

Erst der Pietismus begann gegen Ende des 17. Jahrhunderts mit einem vorsichtigen, auf gemeinsames Bibelstudium reduzierten Versuch einer Verwirklichung solcher Gedanken in den sog. *collegia pietatis* (vgl. Bellardi 2ff; vgl. Spener 113f). Im 19. Jahrhundert nahm die Gemeinschaftsbewegung diese Anregung auf. Innerhalb der Landeskirchen bildeten sich Gemeinschaften, die an den Sonntagen neben dem Besuch des kirchlichen Gottesdienstes auch zu eigenen regelmäßigen „Stunden“ mit Bibelauslegung und Gebet zusammenkamen (zur Geschichte der Gemeinschaftsbewegung vgl. Lange). Der geschichtliche Hintergrund war der in erwecklichen Aufbrüchen wach gewordene Wunsch nach persönlicher Verbindung der Gläubigen miteinander, nach durch Schriftstudium vertieftem Glaubensleben und gemeinsamem missionarischen Zeugnis gegenüber noch nicht Erweckten. Obgleich diese Gemeinschaften oft in kritischer Distanz zu einer unlebendigen orthodoxen oder auch scheinlebendigen liberalen Verkündigung der Pfarrer entstanden waren, und meist bald ihre eigenen

Prediger hatten, blieben sie zunächst doch, soweit sie von der Kirche geduldet wurden, bewusst in ihr und dem kirchlichen Leben verbunden. Sie verstanden ihre eigenen Versammlungen nicht als Alternative zum Leben der Kirchengemeinden, sondern als Ergänzung, in der Hoffnung, dass von diesen geistlich lebendigen Zellen erneuernde Wirkungen in die Kirche hinein ausgehen würden.

Die bisherigen geschichtlichen Voraussetzungen für diese Konzeption haben sich in den letzten Jahrzehnten allerdings grundlegend geändert. Gemeinschaften, die sich bisher betont „landeskirchlich" genannt hatten, entwickelten zunehmend ein gemeindliches Eigenleben (vgl. die 1996 in einem Papier der Gnadauer Mitgliederversammlung beschriebenen drei Modelle, Hempelmann 16f). Aufseiten der Kirche versuchte man auf die gegebenen Veränderungen mit dem Modell der sog. „Gemeinschaftsgemeinden" einzugehen. So beschloss im Jahr 2000 die Synode der Württembergischen Kirche, solche Gemeinschaftsgemeinden innerhalb der Kirche zuzulassen, mit eigenen Gottesdiensten, Abendmahlsfeiern, Taufen und allen Amtshandlungen wie in normalen Kirchengemeinden auch. Andere Gemeinschaften dagegen entwickelten bzw. entwickeln sich immer mehr aus der Landeskirche heraus zu freikirchlichen Gemeinden (wie z. B. die der Pilgermission St. Chrischona verbundenen Gemeinschafts- bzw. jetzt Gemeindeverbände in der Schweiz und in Frankreich).

Damit stellt sich die Frage nach der Zukunftsfähigkeit des Modells der Landeskirchlichen Gemeinschaft. Sie ist dort gegeben, wo die Landeskirchlichen Gemeinschaften das ihnen gegebene Erbe biblischer Erkenntnis und gelebten Glaubens in irgendeiner Weise für die Kirche fruchtbar machen können (Bockmühl 247f). Das setzt voraus, dass man einerseits aufseiten der Kirche aufrichtig bereit ist, auf die Anliegen der Gemeinschaftsbewegung zu hören und ihnen andererseits realistische Möglichkeiten des eigenen gemeinsamen Lebens und der Mitwirkung und Mitverantwortung für die Kirche, auf örtlicher wie auf überregionaler Ebene (Synoden), einzuräumen (vgl. das Modell der Gemeinschaftsgemeinde). Aufseiten der Gemeinschaftsbewegung ist die innere Bereitschaft vorauszusetzen, sich, soweit das kräftemäßig noch möglich ist, im größeren Ganzen der Kirche positiv einzubringen. Fraglich ist allerdings, wieweit der zunehmende liberale Pluralismus in den meisten Landeskirchen ein solches Zusammengehen mit den theologisch konservativen Gemeinschaften noch zulässt, und wieweit sich „landeskirchliche" Gemeinschaften nicht doch schon innerlich zu sehr der Landeskirche entfremdet haben. Eine nicht zu unterschätzende Rolle spielt dabei auch die moderne Arbeitsplatzmobilität: Glieder von Freikirchen, die an einem neuen Wohnort keine Gemeinde ihrer Freikirche vorfinden, schließen sich oft einer hier ggfs. vorhandenen landeskirchlichen Gemeinschaft an und prägen natürlich ihren Charakter mit.

Literatur:

W. Bellardi, Die Vorstufen der Collegia pietatis bei Philipp Jacob Spener, Gießen 1994; K. Bockmühl, Die Stellung des Pietismus zur Separation, in: ders., Denken im Horizont der Wirklichkeit Gottes, BWA I/1, Gießen 1999, 227-249; H. Hempelmann, Soll „Gnadau" in der Kirche bleiben?, Lahr 1998; D. Lange, Eine Bewegung bricht sich Bahn, Gießen 1979; M. Luther, Deutsche Messe, MA Bd. 3, München 1962, 128-155.

1.3.2.3.2 Kommunitäten

Bereits vor der konstantinischen Wende gab es, vor allem in Zeiten nachlassender Verfolgung der Christen, Tendenzen zur Verweltlichung und Verflachung des geistlichen Lebens in der Christenheit. Angesichts solcher Entwicklung kam es, zunächst in Ägypten, dann aber über die ganze Kirche sich ausbreitend, zu einer Gegenbewegung im Mönchtum. Den Anfang machten einige Christen, die sich als Einsiedler in die ägyptische Wüste zurückzogen. Dabei mögen auch Anregungen einer philosophisch begründeten Askese mitgespielt haben (Lohse 41ff; Frank 2ff), vielleicht auch die Kunde von jener frommen jüdischen Gemeinschaft der sog. Therapeuten, von der der alexandrinische jüdische Philosoph Philo in einer eigenen Schrift berichtet („De Vita contemplativa").

Entscheidend inspiriert aber war die Bewegung nach eigenem Zeugnis durch das Vorbild und die Lehre Jesu und der Apostel. Das zeigt klassisch der Bericht des Athanasius, des Bischofs von Alexandria (295-373) über das Leben des Mönchsvaters Antonius: Nach dem Tod seiner Eltern wurde er zusammen mit seiner jüngeren Schwester Erbe eines beträchtlichen Vermögens. Bereits innerlich bewegt von dem biblischen Bericht über das Leben der ersten Christen, traf ihn in einem Gottesdienst das Wort Jesu an den sog. reichen Jüngling: „Wenn du vollkommen sein willst, so gehe hin, verkaufe all deine Habe und gib sie den Armen, und komm und folge mir nach" (Mt 19,21; vgl. Athanasius, Leben 2). Umgehend sorgte er für die Versorgung der Schwester, während er das ihm selbst zustehende Vermögen an Arme verschenkte und im Jahr 275 als Einsiedler in die Wüste zog.

Sein Leben war gefüllt von anhaltendem Gebet, Schriftlesung und von Handarbeit zum Lebensunterhalt – wobei er die Hälfte des Erlöses noch wieder Armen schenkte (Leben 3). Bald entstanden ganze Kolonien von Eremiten, wobei weiter jeder für sich lebte und man nur gelegentlichen Umgang miteinander pflegte (Frank 20f). Einen entscheidenden Schritt weiter ging der ägyptische Eremit Pachomius (gest. 346). Von der Beobachtung ausgehend, dass mancher, vor allem junge Einsiedler, der Einsamkeit und Strenge solchen Lebens nicht gewachsen war, führte er, angeregt durch das Vorbild der brüderlichen Gemeinschaft in der Urgemeinde (Apg 4,32-37), einzelne Eremiten zu einem verbindlichen Zusammenleben in klösterlicher Gemeinschaft zusammen (Frank 23f; vgl. Lohse 197ff). Das gemeinsame Leben erforderte gewisse Regeln. So trat zu den beiden Merkmalen des eremitischen Lebens, persönlicher Armut und Ehelosigkeit, nun als dritte Grundregel der Gehorsam gegenüber der für alle verbindlichen Klosterregel und der Leitung des Klosters (Frank 24f). Basilius von Caesarea (gest. 379) gab den Klöstern erstmals auch sozial-karitative und erzieherische Aufgaben (Frank 33).

Für die monastische Bewegung des Abendlands wurde dann die Regel Benedikts von Nursia (gest. 547) bis heute von grundlegender Bedeutung (Frank 49f). Ihre Spiritualität (*ars spiritalis*, RB 4,75) ist grundlegend eine schriftbezogene und christozentrische: Aller im Kloster geübte Gehorsam soll „dem wahren König, Christus, dem Herrn, dienen“ (Prol. 3). Die Mönche wollen „unter der Führung des Evangeliums die Wege gehen, die der Herr uns zeigt“ (Prol. 21). Der Liebe zu Christus ist nichts vorzuziehen (RB 4,21; 5,1; 72,11). Der geistliche Weg der Demut führt dahin, dass alle Vorschriften aus der Liebe zu Christus heraus beachtet werden (RB 7,67-69). Aus dem Einssein in Christus (2,20) erwächst die brüderliche Liebe (*caritas fraternitatis*, 72,8), in der einer den andern höher achtet als sich selbst (62,17; 72,4) und die Brüder sich in „gegenseitigem Gehorsam überbieten“ (72,6), sich, z. B. im Küchendienst oder der Fürsorge für kranke Brüder, gegenseitig dienend (35,1; 36,1). In der Klostergemeinschaft sollen alle Brüder gleich behandelt werden (2,16-22). In allen wichtigen Angelegenheiten ist die Versammlung der Brüder anzuhören (3,1f). Auch die Jüngeren sollen zu Wort kommen können, denn „oft offenbart der Herr einem Jüngeren, was das Bessere ist“ (*saepe iuniori Dominus revelat quod melius est*, 3,3). Wenn die letzte Entscheidung beim Abt liegt, so bedeutet das nicht, dass er ein autoritäres Regiment führt. „Machtwillkür wird von Benedikt sogar wörtlich als Gefahr genannt" (Kellerhals 84; vgl. RB 63,2f: „Der Abt darf die ihm anvertraute Herde nicht in Verwirrung bringen und keine ungerechte Verfügung treffen, als besäße er uneingeschränkte Gewalt. Er muss vielmehr immer bedenken, dass er vor Gott über alle Entscheidungen und Handlungen Rechenschaft ablegen muss"). Er soll mehr noch durch sein Beispiel als durch Worte zeigen, was gut und heilig ist (2,12). Sein Umgang mit den Brüdern soll, individuell auf die Eigenart jedes Einzelnen eingehend, von Liebe und Fürsorge bestimmt sein (2,22.31f). Er soll wissen, dass er mehr zum Helfen als zum Befehlen da ist (64,8). „Er hasse das Böse und liebe die Brüder" (64,11).

Die Dreizahl der drei sog. evangelischen Räte, die das klösterliche Leben charakterisieren, Keuschheit, Armut und Gehorsam, wird von Benedikt zwar nicht in dieser Systematik erörtert, sie sind aber je für sich in der ganzen Regel präsent. So sind alle Brüder dem Abt und anderen Oberen gegenüber zum *Gehorsam* verpflichtet (4,61; vgl. 5,1-19; 7,34). Der Gehorsam „ohne Zögern" zeichnet die aus, „denen die Liebe zu Christus über alles geht" (5,1).

Besonderes Gewicht legt die Regel auf den *Eigentumsverzicht:* „Vor allem dies Laster (*vitium*, vgl. 55,18 das „Laster des Sonderbesitzes", *vitium peculiaris*; 57,7) muss im Kloster mit der Wurzel ausgerottet werden. Keiner darf sich herausnehmen, ohne Erlaubnis des Abtes ... etwas als Eigentum zu besitzen, durchaus nichts ... Alles sei allen gemeinsam" (33,1-3.6). Beim Eintritt in das Kloster muss der Novize alle persönliche Habe an Arme verteilen oder dem Kloster übereignen; „er weiß ja, dass er von diesem Tage an nicht einmal mehr über seinen eigenen Leib verfügen kann" (58,24f).

Eigenartigerweise wird der dritte Grundsatz, die *Ehelosigkeit,* nur einmal ganz kurz angesprochen: In der langen Liste der „Instrumente" geistlichen Lebens findet sich die Weisung: „Die Keuschheit (*castitas*) lieben" (4,64; die Weisung 4,59: „Das Begehren des Fleisches nicht befriedigen" dürfte wohl allgemeiner zu verstehen sein, aber schließt natürlich die Keuschheit ein). Vermutlich war die Ehelosigkeit für den Mönch so selbstverständlich, dass nur die Keuschheit als innere positive Voraussetzung für den Umgang mit ihr angesprochen wird.

Auch der für das ganze Klosterleben grundlegende bekannte Satz *„Ora et labora"* (Bete und arbeite) findet sich zwar in dieser Formulierung nirgends in der Regel ausgeprochen, der Sache nach hat er aber ein großes

Gewicht: Weil „Müßiggang ein Feind der Seele“ ist, sollen die Brüder sich „zu bestimmten Zeiten mit Handarbeit, zu bestimmten Stunden dagegen mit heiliger Lektüre“ beschäftigen (48,1). Bei der *„heiligen Lesung“* ist sowohl an die Gottesdienste (vgl. die Kapitel 8–20) wie an Lesungen bei Tisch und persönliche geistliche Lektüre gedacht (48,2-6.10-22; vgl. die Weisung, dass „nichts dem Gottesdienst vorzuziehen sei“, 43,3; vgl. 22,6; 58,7). Daneben steht die *Handarbeit*, zu der jeder Mönch verpflichtet ist: „Erst dann sind sie wirkliche Mönche, wenn sie von der Arbeit ihrer Hände leben“ (48,8). Soweit bei der Arbeit etwas produziert wird, das nach außen hin gewinnbringend verkauft werden kann, ist wieder streng darauf zu achten, dass solcher Gewinn nicht zur Habsucht verführt. Deshalb gilt die gar nicht marktwirtschaftliche, aber durch den Eigentumsverzicht der Mönche ermöglichte Regel: Bei der Festsetzung des Preises soll man „immer etwas billiger verkaufen, als es Weltleute tun können, damit in allem Gott verherrlicht werde“ (57,8). Gäste werden sogar grundsätzlich ohne Entgelt „wie Christus“ aufgenommen, „denn er wird einmal sagen: Ich war Gast und ihr habt mich aufgenommen“ (53,1; Mt 25,35). Besondere Aufmerksamkeit ist dabei Armen und Pilgern zu erweisen (53,15).

Seit nunmehr 1500 Jahren hat die Regel Benedikts maßgebenden Einfluss auf die ganze monastische Bewegung innerhalb der römisch-katholischen Kirche ausgeübt, die ihrerseits wieder von großer Bedeutung für das Leben der Kirche selbst und die abendländische Kultur war. In allen Krisen, durch die einzelne Orden oder auch die ganze Bewegung gingen, hat gerade die Rückbesinnung auf die Regel Benedikts sich immer wieder als Quelle der Erneuerung bewiesen.

Anders verlief die Entwicklung im Bereich der protestantischen Kirchen. Veranlasst durch weitverbreitete Missstände in Lehre und Leben bei den Orden des ausgehenden Mittelalters kam es im Bereich der Reformation fast überall zur Aufhebung der Orden und Klöster. Nach der in dieser Hinsicht bahnbrechenden Schrift Luthers *„De votis monasticis iudicium“* (Gutachten über die Mönchsgelübde) von 1521/22 (vgl. dazu Brecht 30-34) war hier vor allem Melanchthons Stellungnahme in Art. 27 von CA und Apologie nachhaltig wirksam (vgl. Bockmühl 140-144). Die ganze Kritik am Mönchswesen konzentriert sich, geleitet von der reformatorischen Rechtfertigungslehre, auf die Auffassung von der Verdienstlichkeit des Klosterlebens: „Man kann nicht leugnen, dass die Moniche gelehret und geprediget haben, dass sie durch ihre Gelubd und Klosterwesen und Weise gerecht werden und Vergebung der Sunden verdienen“ (CA 27,44). Deshalb wird auch der Gedanke verworfen, die Evangelischen Räte seien zwar nicht jedermann von Gott geboten, wohl aber ein über die gebotene Pflicht hinausgehendes „Übermaßwerk“ (*opera supererogationis*, CA 27,61), das eben darin verdienstlich sei (*merita supererogationis*, Apol 9). Damit war für die Reformatoren „am Tage, dass das Klosterwesen nichts denn ein unverschämte Heuchelei und Betrug ist“ (CA 27,4). Es finden sich zwar immer wieder auch differenziertere Töne. So wird zugestanden, dass die Klöster etwa bei Augustinus noch freie Zusammenschlüsse (*libera collegia*) gewesen seien und der Zwang der Gelübde erst später eingeführt wurde (CA 27,2), auch die Klöster ursprünglich Schulen der Heiligen Schrift waren, während man jetzt dort wenig von Christus lerne (CA 27,15; Apol 27,5). Auch wird zugegeben, „dass etliche in Klöstern sein, die das heilige Evangelium von Christo wissen“ (Apol 27,7). Das alles ändert schließlich aber doch nichts an der pauschalen Verwerfung der „ganzen Möncherei“ als „für (*coram* = vor) Gott unnützer, vergeblicher Gottesdienst“ (Apol 27,69). Umso mehr ist zu bedenken, ob „das reformatorische Nein zum Mönchtum nicht eigentlich dieses selbst und schlechthin meinte, sondern eine falsche, unevangelische Theorie und Praxis, durch die es entstellt worden war, mit der es aber nicht steht und fällt“ (Gollwitzer 126).

Zwar hat es im Protestantismus mit der Zeit gelegentlich wieder Versuche eines bruderschaftlichen Zusammenlebens gegeben wie etwa bei Gerhard Tersteegen (Tersteegen 35ff). Aber erst im 19. Jahrhundert kam es innerhalb der evangelischen Kirchen Deutschlands zu einem der monastischen Bewegung in etwa vergleichbaren großen Aufbruch, und zwar in der Entstehung der Diakonissen-Mutterhäuser. Geistlicher Mutterboden war die Erweckungsbewegung des beginnenden 19. Jahrhunderts (Beyreuther 50).

Nach manchen „Vorstufen“ (Philippi) gilt als eigentlicher Begründer der Diakonissen-Mutterhäuser der rheinische Pfarrer Theodor Fliedner (1800–1864). Dabei lag Fliedner der Gedanke an die Gründung einer mit katholischen Orden vergleichbaren Schwesternschaft eigentlich fern. Ihm ging es vielmehr, unter Berufung vor allem auf Röm 16,1 (Gerhardt 17), um die Neubelebung des Liebesdienstes in der christlichen Gemeinde durch Erneuerung des altkirchlichen *Gemeindeamts* der Diakonisse. Darin sah er zugleich die Möglichkeit, den vielen unverheirateten Frauen aus dem Mittelstand eine sie erfüllende Berufstätigkeit zu eröffnen, die ihnen bis dahin in der damals männerdominierten Gesellschaft verwehrt war (Gerhardt 19).

Für ihren fürsorgerischen wie auch seelsorgerlichen Dienst brauchten sie eine Berufsausbildung, die Fliedner ihnen in einer dafür bestimmten, 1836 gegründeten „Pflegerinnen-Anstalt" bot, von wo aus sie dann in die Kirchengemeinden geschickt werden konnten und dort gegen freie Wohnung und „ein mäßiges Gehalt" ihren Dienst taten (Gerhardt 21; nach der „Haus- und Dienstanweisung" §11 von 1850 sind es neben freier Dienstkleidung 25 Taler pro Jahr, vgl. Fliedner 153, nach Beyreuther 66 in etwa dem Gehalt eines Volkschullehrers damals entsprechend; vgl. Sticker 97.158.338f). Ehelosigkeit ist um des Dienstes willen vorausgesetzt, Verehelichung aber kein grundsätzliches Problem, sie führt nur aus praktischen Gründen zur Aufgabe des Berufs (Fliedner 154). Eine Dienstverpflichtung ist zunächst nur für 5 Jahre vorgesehen (Fliedner 153). Die Tracht der Diakonisse war nicht, wie im Mönchtum, Ausdruck geistlich motivierter Askese, sondern äußerlich sichtbares Zeichen der sozialen Gleichstellung mit der verheirateten Bürgersfrau jener Zeit, also Zeichen ihrer Würde. Angeregt war Fliedner zwar u. a. auch durch die Arbeit des katholischen Ordens der „Barmherzigen Schwestern" (speziell der Vincentinerinnen, vgl. Uhlhorn 210ff), meinte aber, durch die Wiederbelebung des Amts der Gemeindediakonisse die Errichtung eines solchen Ordens überflüssig machen zu können (Gerhardt 21). Nur insofern ging seine Anstalt über die Aufgaben einer reinen Ausbildungsstätte hinaus, als von Anfang daran gedacht war, kranken oder alt gewordenen Diakonissen, soweit nötig, eine betreuende Aufnahme zu bieten (Gerhardt 20f.27). Auch werden sie während ihrer Dienstzeit vom Trägerverein der Anstalt versorgt.

Mit der Zeit scheint aber das Bedürfnis einer engeren Verbindung der Diakonissen untereinander stärker empfunden worden zu sein. Schon in der Hausordnung von 1850 heißt es in § 27: „Sämtliche Diakonissen der Anstalt bilden eine Familie, in der sie als Schwestern durch das Band herzlicher Liebe für einen großen Zweck ihres Hierseins vereinigt sind." Auch sonst wirkte das Vorbild der katholischen Orden auf die Dauer mehr nach, als ursprünglich gewollt war, auch in den später entstandenen Diakonissen-Mutterhäusern der Gemeinschaftsbewegung. So wurde schließlich wie in den Orden überall ganz selbstverständlich die Annahme der drei evangelischen Räte Armut, Keuschheit (Ehelosigkeit) und Gehorsam zur Grundregel des Lebens der Diakonisse. Der Eintritt in ein Mutterhaus wurde grundsätzlich als lebenslange Verpflichtung aufgefasst.

Gegen Ende des Zweiten Weltkriegs kam es in der evangelischen Kirche aufgrund einiger erwecklicher Aufbrüche zur Entstehung neuer geistlicher Gemeinschaften, die sich von Anfang an offen in die Tradition der altkirchlichen monastischen Bewegung stellten und, den Aspekt des gemeinsamen Lebens von vornherein betonend, sich Kommunitäten nannten. Den Anfang machten die Ökumenische Marienschwesternschaft in Darmstadt-Eberstadt (Biot 119-126) und die Christusbruderschaft in Selbitz/Oberfranken (Biot 99-104; trotz des Namens gehören ihr auch Schwestern an). Weltbekannt – und wirksam – wurde die ökumenische Kommunität von Taizé (Biot 104-116). In den 60er-Jahren kamen Kommunitäten hinzu, die auch Familien aufnahmen, so die Jesusbruderschaft in Gnadenthal und die Kommunität der Offensive Junger Christen in Bensheim, jetzt Reichelsheim. Allen ist gemeinsam, dass ihre Arbeit nicht ausschließlich eine diakonische ist, sondern sogar vorwiegend eine zeugnishaft-missionarisch ausgerichtete.

Die Diakonissen-Mutterhaus-Bewegung zog in den ersten Jahrzehnten ihres Bestehens viele Tausende junger Frauen an und stellte sie in einen selbstlosen Dienst in Kirche und Gesellschaft, der von kaum zu überschätzender Bedeutung war. Erst Mitte vergangenen Jahrhunderts ließ die Bewegung nach, zuerst in den kirchlichen Mutterhäusern, dann gegen Ende des Jahrhunderts auch bei den in der Gemeinschaftsbewegung beheimateten Mutterhäusern: Die Diakonissenschaft überalterte zusehens, Nachwuchs blieb – nur ganz wenige Diakonissenhäuser bilden eine gewisse Ausnahme – weithin aus. Was bleibt, sind oft nur noch die einst von den Diakonissen gegründeten Werke wie Krankenhäuser oder Pflegeheime, die aber immer mehr an andere Träger übergeben werden. Der Grund ist einerseits im Nachlassen des erwecklichen Impulses der Gründungszeit zu sehen, andererseits in seither eingetretenen gesellschaftlichen Veränderungen, insbesondere durch die Emanzipation der Frau. Ihr stehen heute, anders als im 19. Jahrhundert, alle Bildungswege und Berufschancen offen. Die sozialen Notstände, deren sich die Diakonissenbewegung einst annahm, werden heute durch das weitgefächerte Netz vom Staat getragener oder geförderter sozialer Fürsorge aufgefangen. Diese ist in gewisser Hinsicht eine gesellschaftliche Fernwirkung der pflegerischen Pioniertätigkeit der Diakonissen – mit welchem Erfolg sie sich aber auch gewissermaßen überflüssig gemacht haben.

Damit stellt sich heute neu die Frage nach der Zukunft der Mutterhaus-Diakonie. Eine Möglichkeit wäre, in der Hoffnung, dadurch wieder anziehender für junge Frauen zu werden, der Versuch der *Anpassung an* ihren *modernen Lebensstil*, also der Verzicht auf spezifisch christliche Prinzipien, wie sie der monastischen Bewegung eigen sind, nicht nur in der Tracht, sondern auch etwa in der Anwendung der evangelischen Räte. Dies wäre eine Entwicklung hin zur Diakonisse als normalem bürgerlichen Beruf (wie der der Kranken-„schwester", die eigenartigerweise auch im säkularen Raum immer noch so heißt). Aber dieser Weg käme einer Selbstauflösung gleich.

Die andere Möglichkeit wäre eine konsequente *Weiterschreibung des* im Grunde längst beschrittenen *Weges hin zur Kommunität*. Dazu würde allerdings unbedingt ein Umbau der vom 19. Jahrhundert ererbten patriarchalischen Leitungsstrukturen gehören, d. h. die Leitung der Schwesternschaft durch einen (in der Regel verheirateten und gut besoldeten) Vorsteher oder Direktor müsste konsequent dadurch abgelöst werden, dass die Schwesternschaft – wie z. B. von Anfang an die Aidlinger Schwesternschaft – sich selbst leitet (vgl. Burkhardt 20ff). Der kommunitäre Weg verspräche zwar nicht unbedingt große Zahlen. Die waren ja auch bei der Diakonissenbewegung im 19. Jahrhundert zu einem erheblichen Teil nicht nur Ausdruck geistlicher Motivation, sondern auch zeitbedingter sozialer Gegebenheiten. Dieser Weg dürfte am ehesten die Verheißung haben, in der gelebten geistlichen Gemeinschaft und in vorbehaltloser Hingabe an den Dienst für Gott Ausdruck der unter Menschen wirksamen Liebe zu Gott und darin Zeichen des kommenden und durch Christus schon gegenwärtigen Gottesreiches zu sein (vgl. Biot 147; Wenzelmann 244; vgl. Th. Stöckle 68ff). Der Sinn der sog. evangelischen Räte Armut, Keuschheit und Gehorsam ist dabei ausschließlich, diesem Ziel zu dienen: Der Verzicht auf die Bildung von privatem Eigentum (Mt 19,21; Lk 14,33; Apg 4,32), auf die Ehe (Mt 19,12; Lk 14,26; 1Kor 7,32-34) und der Gehorsam nicht eigentlich Menschen, sondern der Bestimmung zum Dienst gegenüber, also Verzicht auf unbedingte Selbstbestimmung (Joh 21,18), soll den Weg dazu frei machen, ungehindert durch natürlich vorgegebene Verpflichtungen mit dem ganzen Leben Gott zur Verfügung zu stehen. Dadurch wird es z. B. möglich, dass solche Gemeinschaften u. U. auch unrentable Dienste übernehmen können (Wenzelmann 267; zum geistlich motivierten Eigentumsverzicht vgl. Ethik II/2,157-164; zum entsprechenden Eheverzicht vgl. Ethik II/2,111-115).

Literatur:

Athanasius, Leben des heiligen Antonius, dt. von A. Richard, BKV, Kempten 1875; Bekenntnisschriften der evangelisch-lutherischen Kirche (BELK), Göttingen [5]1963; Die Benediktus-Regel (BR), lat./dt. hg. von B. Steidle, Beuron 1975; E. Beyreuther, Geschichte der Diakonie und Inneren Mission in der Neuzeit, Berlin 1962; F. Biot, Evangelische Ordensgemeinschaften, Mainz 1962; K. Bockmühl, Gesetz und Geist. Eine kritische Würdigung des Erbes protestantischer Ethik, BWA I/5, Gießen [2]2009; M. Brecht, Martin Luther. Ordnung und Abgrenzung der Reformation 1521-1532, Stuttgart 1986; H. Burkhardt, Überlegungen zur Neustrukturierung der Leitung des Diakonissen-Mutterhauses, Jahresbericht 2003 des Diakonissen-Mutterhauses St. Chrischona, 20-26; G. Fliedner, Theodor Fliedner, Bd. III: Urkunden, Kaiserswerth 1912; K. S. Frank, Die Geschichte des christlichen Mönchtums, Darmstadt [5]1993; M. Gerhardt, Theodor Fliedner, Bd. II, Düsseldorf-Kaiserswerth 1937; H. Gollwitzer, Nachwort, in: M. Thurian, Ehe und Ehelosigkeit. Zwei Dienstordnungen christlichen Lebens, Gelnhausen/Berlin o.J., 125-128; B. Lohse, Askese und Mönchtum in der Antike und in der alten Kirche, München/Wien 1969; D. Kellerhals, Heilende Gemeinschaft in der Postmoderne unter besonderer Berücksichtigung der Benediktusregel, Basel 2008; P. Philippi, Die Vorstufen des modernen Diakonissenamtes (1789-1848), Neukirchen 1966; Philo von Alexandria, Die Werke in dt. Übersetzung, Bd.VII, Berlin 1964, 44-70; A. Sticker, Friederike Fliedner und die Anfänge der Frauendiakonie, Neukirchen 1961; Th. Stöckle, Die Mutterhausdiakonie hat Zukunft. Briefe über Auftrag und Lebensform der Diakonissen, Neuhausen/Stuttgart1998; G. Tersteegen, Ich bete an die Macht der Liebe. Eine Auswahl aus seinen Werken, hg. von D. Meyer, Gießen 1997; G. Uhlhorn, Die christliche Liebestätigkeit seit der Reformation, Stuttgart 1890; G. Wenzelmann, Nachfolge und Gemeinschaft. Eine theologische Grundlegung des kommunitären Lebens, Stuttgart 1994.

1.3.3 Die Einheit der Christenheit und Möglichkeiten ihrer Verwirklichung

1.3.3.1 Die Einheit der Christen als letzter Wille Jesu

Die Christenheit stellt sich heute weltweit dar in einer Vielzahl von Konfessionen und Kirchen, die in ihrer Geschichte oft ohne Berührung nebeneinander oder nicht selten auch in heftiger Konfrontation gegeneinander lebten. In Europa haben sich vor allem die Auseinandersetzungen des Dreißigjährigen Krieges tief in das Gedächtnis der Menschen eingegraben und einen bis heute nachwirkenden Prozess des wachsenden Desinteresses gegenüber religiösen Wahrheitsansprüchen eingeleitet (Pannenberg 25-32).

Die schnelle und nicht einheitlich geplante und gelenkte Ausbreitung des christlichen Glaubens bereits innerhalb der ersten Jahrzehnte über das ganze Römische Reich hin führte in ihrem Ergebnis zu einer Vielzahl formal eigenständiger und in mancher Hinsicht, vor allem in Auseinandersetzung mit ihrer Umwelt unterschiedlich geprägter Gemeinden. Trotzdem herrschte unter allen das Bewusstsein einer durch die gemeinsam empfangene und weitergegebene Botschaft von Christus gegebenen inneren Einheit vor.

Dies entsprach nach dem Zeugnis vor allem des Johannesevangeliums dem ausdrücklichen letzten Willen Jesu, zugleich aber auch dem Wesen christlicher Gemeinschaft überhaupt:

Johannes berichtet, dass die Heilung des Blindgeborenen zu seiner Ausstoßung aus der jüdischen Gemeinde führte (9,34; vgl. V. 22: *hina aposynagoogos genätai*; vgl. Schrage 847.849). Daran schließt Jesus die Rede von sich selbst als dem guten Hirten an, der, im Unterschied zum Mietling, sein Leben für seine Schafe gibt (10,11.15). Die Schafe sind die an ihn gläubigen Juden, für die hier der Blindgeborene steht (vgl. 9,38), zu denen Jesus aber noch „andere Schafe" hinzuführen wird, die auf seine Stimme hören, also an ihn Gläubige aus den Heiden (Schlatter 238; Barrett 312; vgl. auch Joh 12,52). Dann aber werden sie „*eine* Herde und *ein* Hirt" sein (10,16).

Der Ruf Jesu vereint die an ihn Gläubigen aus allen Völkern zu einer weltumspannenden Gemeinschaft. Das Charakteristikum und Wesen dieser Gemeinschaft aber, das die Glaubenden auch nach außen hin als Glieder dieser Gemeinschaft erkennen lässt, ist die selbstlose Liebe untereinander (15,12f.17). Die Liebe vollendet sich in der Einheit der Jünger. Liebe ist „da, wenn sie alle eins sind" (Lütgert 160). Und ebenso gilt umgekehrt: „Einheit ist da, wo Liebe ist" (Lütgert 161). Deshalb fasst Jesus gleichsam wie in einem Testament seinen letzten Willen im Hohepriesterlichen Gebet zusammen in der Bitte, „dass sie alle eins seien" (17,11; vgl. V. 21.23; vgl. O. Michel 99: die Bitte V. 20-23 um die Einheit ist „Abschluss und Höhepunkt des ganzen Gebetes"). Die durch die Liebe Gottes gewirkte und von ihr bestimmte Einheit der Gemeinde „ist für die Welt der Beweis der göttlichen Sendung Jesu" (Lütgert 161). „Gerade weil die Welt sie (= die Liebe) nicht zu erzeugen vermag, so kann sie erkennen, dass sie nicht Ergebnis menschlichen Willens und Wirkens, sondern Gottes Werk ist" (Lütgert 162). Negativ gesagt: Wo die Einheit der Christen untereinander verloren geht, geht auch ihre Glaubwürdigkeit nach außen hin verloren. Da ist für die Welt nicht mehr erkennbar, dass die Liebe Gottes sich in den Jüngern als wirksame Realität erweist. Deshalb muss „jede auch äußerliche Zerrissenheit die Gemeinde Gottes zur Demut und Buße treiben" (O. Michel 101).

Auch das übrige Neue Testament spiegelt dies Wissen um die Bedeutung der Einheit der Gemeinde: Von den ersten Christen in Jerusalem berichtet Lukas, dass sie beständig das Zusammensein suchten: Sie „hielten fest an der Gemeinschaft" (Apg 2,42), „waren beieinander und hatten alle Dinge gemeinsam" (V. 44), waren „täglich und stets einmütig (*homothymadon*) beieinander" (V. 46) und waren „ein Herz und eine Seele" (*kardia kai psychä mia*, 4,32). Auch nach der Ausbreitung der Christen über den damals bekannten Erdkreis blieb das Bewusstsein der Einheit trotz aller ethnischen und sozialen Unterschiede eine grundlegende Gewissheit. Das kommt vor allem in dem absoluten Gebrauch des Begriffs *ekkläsia* („die" Kirche; vgl. oben S. 155) zum Ausdruck, aber auch in Aussagen des Apostels Paulus wie im Brief an die Epheser, wenn er von der Überwindung der Grenzen zwischen Juden und Heiden spricht, aus welchen Christus „einen neuen Menschen" schuf (Eph 2,15). Daraus folgt die Ermahnung: „Vertragt einer den andern in der Liebe, eifrig bemüht, die Einigkeit (*henotäs*) des Geistes im Band des Friedens zu bewahren" (4,2b-3; Kol 3,14f; vgl. Phil 2,1-4), an welche Mahnung Paulus die bekenntnisartige Formulierung anschließt: „*Ein* Leib und *ein* Geist, wie ihr auch berufen seid zu *einer* Hoffnung eurer Berufung; *ein* Herr, *ein* Glaube, *eine* Taufe; *ein* Gott und Vater aller, der da ist über allen und durch alle und in allen" (Eph 4,4-6).

Das Bekenntnis zur einen Kirche wurde dann auch in das *Nicäno-Constantinopolitanum* aufgenommen: „Wir glauben ... an *eine* heilige, katholische (= allumfassende) und apostolische Kirche." Dies Bekenntnis (abgesehen vom später zum 3. Artikel hinzugefügten und vom Osten abgelehnten *filioque*) verbindet bis heute Ost- und Westkirche und wurde auch von den Kirchen der Reformation übernommen.

Die Zerspaltenheit der Christen ist im wörtlichen Sinn ein „Skandal", ein Anstoß für Glaubende und Anlass für Außenstehende, im Unglauben zu verharren. Die in Christus gegebene Einheit zu bewahren und, wo sie zerbrochen ist, um ihre Wiederherstellung bemüht zu sein, ist deshalb eine grundlegend wichtige Aufgabe aller Christen.

1.3.3.2 Wege zur Verwirklichung der Einheit

Die römisch-katholische Kirche versteht sich, in geschichtlicher Kontinuität zur Kirche der apostolischen Zeit und getragen durch die von Jesus den Aposteln und unter ihnen besonders Petrus als „Fels der Kirche" übertragene Vollmacht, als sichtbare Verkörperung der einen Kirche: „Die einzige Kirche Christi ... zu weiden, hat unser Erlöser nach seiner Auferstehung dem Petrus übertragen (Joh 21,17), ihm und den übrigen Aposteln hat er ihre Ausbreitung und Leitung anvertraut (vgl. Mt 28,18ff) ... Diese Kirche, in dieser Welt als Gesellschaft verfasst und geordnet, ist verwirklicht in der katholischen Kirche, die vom Nachfolger Petri und von den Bischöfen mit ihm geleitet wird“ (Lumen Gentium 8).

Nachdem diese Einheit, „nicht ohne Schuld der Menschen auf beiden (!) Seiten“ (KKK 817), zerbrochen ist, zunächst in dem Schisma zwischen Ost- und Westkirche und dann in der Reformation, stellt sich heute die dringliche Frage nach möglichen Wegen der Wiederherstellung der ursprünglichen Einheit.

Ein *erster* möglicher Weg ist, dass einzelne engagierte Christen aus verschiedenen Konfessionen und Kirchen zu gemeinsamem Gebet sowie zur Förderung gemeinsamer Arbeit in Werken der Diakonie und Mission zusammenkommen und so in brüderlicher Begegnung traditionell bestehendes Misstrauen zwischen Angehörigen verschiedener Konfessionen und Kirchen abbauen. Dies ist der Weg der 1846 in London gegründeten *Evangelischen Allianz* (vgl. Hauzenberger 39). Allerdings kann der individualistische Ansatz, so sehr er im Rahmen seiner Möglichkeit das Anliegen der Einheit wirksam fördert, letztlich nicht befriedigen, weil er dem biblischen Verständnis von Einheit der Christenheit noch nicht ausreichend gerecht wird. Denn auch wenn zumindest in der Praxis vor Ort das Personalprinzip weithin zu einer Zusammenarbeit von Gemeinden hin überschritten wird (wobei vor allem landeskirchliche Gemeinden sich leider weithin selbst ausschließen), so bleiben die Kirchen, aus denen die Mitarbeiter der Allianz kommen, doch prinzipiell unverändert getrennt.

Ein *zweiter* Weg wäre der Versuch einer wirklichen, auch institutionellen Vereinigung aller christlichen Kirchen, etwa im Anschluss an die katholische Kirche mit ihrem Anspruch einer auf die Apostel zurückgehenden historischen Kontinuität. Dieser Weg hätte für sich, dass die anfängliche Einheit der Christen nach dem biblischen Zeugnis durchaus auch institutionelle Elemente enthielt (vgl. oben 3.3.1). Eine solche, sich über die ganze Welt erstreckende institutionelle Einheit muss keineswegs zu einer Vereinerleiung der kulturellen und theologischen Vielfalt führen, in denen sich christlicher Glaube in den Völkern der Welt Ausdruck gegeben hat und noch gibt (vgl. eine entsprechende Befürchtung bei Schlatter 239), denn vor allem die katholische Kirche weist, obgleich sie eine solche weltweite Kirche schon ist, diese Vielfalt in sich auf: „Darum gibt es auch in der kirchlichen Gemeinschaft zu Recht Teilkirchen, die sich eigener Überlieferungen erfreuen“ (Lumen gentium 13). „Der große Reichtum an Verschiedenheiten steht der Einheit der Kirche nicht entgegen“ (KKK 814). Wohl aber „die Sünde und ihre Folgen belasten und bedrohen diese Gabe der Einheit unablässig“ (KKK 814). Und zwar in zweierlei Hinsicht:

Erstens: Je größer eine soziale Einheit ist, desto mehr wächst die Gefahr, dass Machtfragen Raum gewinnen und den Geist der Demut und des Dienstes aneinander verdrängen (Mt 20,20-28; vgl. Schlatter 241: „Der Verkehr zwischen den Kirchen entartet unvermeidlich zum Krieg, wenn sie ihr Ziel in ihre Selbsterhaltung und Machterweiterung legen“).

Zweitens: Der gegenwärtige innere Zustand vor allem protestantischer Kirchen gibt ernsthaft Anlass zur Befürchtung, dass bei einer Vereinigung der Kirchen, so wie sie jetzt sind, der hier weithin herrschende theologische Pluralismus auch auf bisher bekenntnistreuere Kirchen übergreifen und damit den allgemeinen geistlichen Substanzverlust vorantreiben würde. Der Weg des Ökumenischen Rates der Kirchen war zumindest zeitweise ein Beleg für diese Gefahr (vgl. Beyerhaus 44ff; generell zur Ökumenischen Bewegung vgl. Geldbach/Ruhbach).

Es bleibt ein *dritter* Weg: das Aufeinanderzugehen im von brüderlicher Liebe geprägten offenen Gespräch und in der Bereitschaft zur Zusammenarbeit, wo immer sie sinnvoll und möglich ist, aber verbunden mit der beiderseitigen Bereitschaft zum Ernstnehmen der Wahrheitsfrage und damit der Bereitschaft, eigene Irrwege um der biblischen Wahrheit willen aufzugeben. Das aber bedeutet: Der einzige Weg zu wirklicher Einheit ist der der geistlichen Erneuerung in Umkehr zu einem neuen Hören auf das bibliche Zeugnis. Das bedeutet nicht weniger als „Sterben und Neugeburt“ (K. H. Michel 151). So kann heute auch vonseiten der katholischen Kirche gesagt werden: „Es geht nicht darum, dass wir bestimmte Anschlüsse wollen, sondern wir hoffen, dass der Herr überall den Glauben so erweckt, dass er ineinandermündet … Wir können nur versuchen, demütig den Glauben zu verwesentlichen, also zu erkennen, was das wirklich Wesentliche an ihm ist – das, was nicht wir gemacht haben, sondern was wir vom Herrn empfangen haben –, und uns in dieser Zuwendung zum Herrn und zur Mitte in dieser Verwesentlichung öffnen, damit er weiterführen kann, er allein“ (Ratzinger 389).

Literatur:

P. Beyerhaus, Humanisierung – einzige Hoffnung der Welt?, Bad Salzuflen 1969; E. Geldbach/G. Ruhbach, Art. Ökumenische Bewegung, in: ELThG 1468-1471; H. Hauzenberg, Art. Allianz, Evangelische, in: ELThG 39f; Katechismus der katholischen Kirche (KKK), München 1993; W. Lütgert, Die Liebe im Neuen Testament. Ein Beitrag zur Geschichte des Urchristentums, Gießen [2]1986; K.- H. Michel, Zeit im Umbruch – Kirche im Umbruch, in: ders., sehen-glauben-leben, Ausgewählte Aufsätze, hg. von R. Braun und H. Hempelmann, Gießen 2012, 151-175; O. Michel, Das Gebet des scheidenden Erlösers, in: ders., Dienst am Wort. Gesammelte Aufsätze, hg. von K. Haacker, Neukirchen 1986, 92-102; W. Pannenberg, Problemgeschichte der neueren evangelischen Theologie in Deutschland, Göttingen 1997; J. Ratzinger, Gott und die Welt. Glauben und Leben in unserer Zeit, Stuttgart/München [2]2000; A. Schlatter, Die christliche Ethik, Stuttgart [5]1986; W. Schrage, Art. *aposynagoogos*, in: ThWNT VII, 845-850.

1.4 Grenzen christlicher Gemeinschaft

Zu der gegenwärtigen Niedrigkeitsgestalt der Kirche gehört, dass ihre Grenzen unklar werden können. Die christliche Gemeinde ist Gottes Werk. Er fügt einzelne „neugeborene Kinder“, als „lebendige Steine“ dem Bau der Gemeinde ein (1Petr 2,1.4). Aber Menschen können auch aus anderen als geistlichen Motiven sich der Gemeinde anschließen, ohne dass dies zunächst nach außen hin erkennbar wird. Ein erstes Beispiel ist etwa Simon Magus, der, beeindruckt von den Wundern, die er den Evangelisten Philippus tun sah, „gläubig“ wurde und sich taufen ließ (Apg 8,13). Zum Massenphänomen wurde das Namenschristentum (vgl. Rommen) dann vor allem seit der Duldung und schließlich Privilegisierung der Kirche als Staatskirche im 4. Jahrhundert. Aber auch unabhängig von staatskirchlichen Strukturen kann, etwa in familiären oder freundschaftlichen Zusammenhängen, eine nur traditionelle Christlichkeit ohne persönliche Glaubensentscheidung entstehen. Ihr ist allerdings nicht gesetzlich durch Ausgrenzung, sondern nur durch unverminderte Zuwendung in Liebe und durch eindeutige Bezeugung des Evangeliums in Verkündigung und Seelsorge zu begegnen, die dann schließlich doch zu einem freien Ja für oder Nein gegen den christlichen Glauben führen können (Schlatter 221).

Die Frage nach den Grenzen christlicher Gemeinschaft wird ebenfalls aktuell, wo Einzelne in der Gemeinde offenkundig im Gegensatz zur Schrift leben und lehren und so ihr eigenes Christsein wie das geistliche Leben der Gemeinde gefährden (1Kor 5,6). Auch ihnen ist mit Ernst, aber zugleich in der Liebe Christi zu begegnen, in der Hoffnung, sie von ihrem Weg abzubringen. Erst wo die Umkehr uneinsichtig und ausdrücklich verweigert wird, bleibt als letzter Ausweg nur die Trennung (1Kor 5,2.11; Mt 18,15-

35; vgl. Schlatter 221; Runia 724), aber bei grundsätzlich weiter bestehender Bereitschaft, dem Umkehrenden zu vergeben und die Gemeinschaft neu zu gewähren (vgl. 2Kor 2,7f.10; 2Tim 2,25f; Jak 5,19f).

Literatur:

A. Schlatter, Die christliche Ethik, Stuttgart [5]1986: E. Rommen, Namenschristentum. Theologisch-soziologische Erwägungen, Bad Liebenzell 1985; K. Runia/M. Daur/U.Swarat, Art. Gemeindezucht, in: ELThG 724-726.

2. Christliches Gebet *(leitourgia)*

2.1 Das Wesen christlichen Gebets

Die biblische Religion ist eine personal geprägte Religion, d. h., sie besteht in einer personalen Beziehung zwischen Menschen und Gott. In ihr konnte es nach biblischem Zeugnis zu außerordentlichen Begegnungen „von Angesicht zu Angesicht" kommen, in worthafter Anrede und Gegenrede (vgl. z. B. Gen 3,9-19; 4,13-15; 17,15-22; 18,9.17-32; 22,1f.11f; Ex 3–4; 6,28-30). Daneben ist aber auch in diesen alten Überlieferungen von eigentlichen Gebeten die Rede (Gen 20,17: Abrahams Gebet um Heilung des Pharao; 21,33: Abraham „rief an den Namen des HERRN"; 24,21-14: Elieser bittet um Führung auf der Reise; V. 26f: dankender Lobpreis für die erfahrene Führung; vgl. V. 42-44.48; 30,6.17.22: erhörte Bitte Rahels um Fruchtbarkeit; Ex 15: Moses Lobgesang am Schilfmeer u. ö.; vgl. Herrmann 793f). Der Beter wendet sich jeweils an den äußerlich nicht erkennbar gegenwärtigen, aber unsichtbar gegenwärtig geglaubten Gott in Bitte und Anbetung. Wo nicht ein solches personales Gegenüber gedacht und angeredet ist, da ist vielleicht von Meditation, nicht aber von wirklichem Gebet zu sprechen. Dabei setzt in der Bibel das Reden zu Gott immer schon das durch die Erwählung von Gott her gesetzte Verhältnis Israels zu Gott voraus. Von dieser „... Beziehung aus empfängt der Israelit das Zutrauen zu Gott, das die Voraussetzung zuletzt jedes Betens ist" (Herrmann 788,1f). Das bedeutendste Zeugnis des Gebets in Israel ist das Buch der Psalmen.

Ein anderer Ausdruck der direkten Zuwendung des Israeliten zu Gott ist das Opfer. Seit der mosaischen Opfergesetzgebung wird diese bis zur endgültigen Zerstörung des Tempels im Jahr 70 n. Chr. praktiziert und erst danach generell durch das Gebet ersetzt. Aber lange vorher schon gibt es Stimmen, die das Gebet über das Opfer stellen: „Ich will Gottes Namen preisen im Lied, groß machen durch Danken, und das soll dir, HERR, besser gefallen als Rinder, als Farren mit Hörnern und Klauen" (Ps 69,31f; vgl. Herrmann 791). So kann der Opfergedanke von dem des Gebets gleichsam aufgesogen werden und der Psalmist vom „Opfer meines Mundes" sprechen (Ps 119,108). Im Neuen Testament, in dem der Opferkult durch das einmalige Opfer Jesu grundsätzlich erfüllt und zugleich aufgehoben ist (Hebr 9,11-14; 10,1-14; vgl. Etik I,104), wird das Gebet dann zur einzigen direkt auf Gott gerichteten Kommunikationsform des Menschen.

Das Neue Testament nimmt das alttestamentliche Gebet in vielfältiger Weise auf. Jesus selbst betet immer wieder in Worten der Psalmen, auch noch im Sterben am Kreuz (Mt 27,46 = Mk 15,34 mit Ps 22,2, vgl. Ǻdna 395). Auch sonst ist das Buch der Psalmen die im Neuen Testament am häufigsten zitierte Schrift des Alten Testaments (100-mal; vgl. Ǻdna 385).

Und doch beginnt, entsprechend der mit dem Kommen Jesu gegebenen neuen heilsgeschichtlichen Situation, im Neuen Bund zugleich ein neues Beten. Christliches Gebet vollzieht sich auf dem Hintergrund der vertieften Erkenntnis der Sündhaftigkeit des Menschen: „Wer wird mich erlösen vom Leibe dieses Todes?" (Röm 7,24). Angesichts der durch das Gesetz gewirkten Erkenntnis seiner Feindschaft gegen Gott erfährt der Mensch seine Unfähigkeit zum Leben nach Gottes Willen und damit auch seine Unfähigkeit zum Gebet: „Wir wissen nicht zu beten, wie es sein soll" (*to ti gar proseuxoometha katho dei ouk oidamen*, Röm 8,26a). „Das Beten *kata theon* (V. 27) ist das Beten des Geistes, und dies wäre das Beten *katho dei*, aber eben so zu beten vermögen wir nicht" (Schniewind 82; vgl. Hallesby 13: „Ich weiß wohl, dass wir oft schöne Gebete sprechen, privat und öffentlich, ohne dass uns die Hilflosigkeit treibt. Aber ich bin nicht sicher, ob das Gebete sind"). Deshalb kommt beim Christen der Geist Gottes seiner (in der Sünde begründeten) Schwachheit zu Hilfe (*synantilambanetai*, V. 25) und tritt mit „unaussprechlichen Seufzern" für uns ein (V. 26b). Das bedeutet allerdings nicht etwa, dass der Heilige Geist, wie man es sich in mystischer Tradition dachte (Heiler 226f), an die Stelle des menschlichen Geistes tritt, sodass der Mensch eigentlich gar nicht selbst betet, sondern nur der Geist. Vielmehr kommt der Geist Gottes dem gerechtfertigten Sünder in seinem Beten als sein Anwalt zur Hilfe (*entynchanei*, V. 27b; Schniewind 91; vgl. Cullmann 96). Er bezeugt mit (sic!) ihm (*sym-martyrei*, V. 16), dass er Kind

Gottes ist und als solches Zugang zum Vater hat. In diesem Sinn spricht der Hebräerbrief von der Bevollmächtigung zum Gebet: „Weil wir… durch das Blut Jesu die Freiheit haben zum Eingang in das Heilige“ (Hebr. 10,19; vgl. Michel 230). Vielleicht ist in dem Zusammenhang auch auf das Wort des 1. Johannesbriefs von der durch das „Wort des Lebens“ ermöglichten „Gemeinschaft mit dem Vater und dem Sohn“ zu verweisen (1Joh 1,1.3), auch wenn dort nicht ausdrücklich vom Gebet die Rede ist. Solches christliche Beten ist in besonderer Weise charakterisiert durch den Anruf *„Abba“* (Röm 8,15; vgl. Gal 4,6). Mit diesem Wort hat die griechisch sprechende frühe Christenheit sogar in der aramäischen Originalsprache die Anrede bewahrt, die Jesus selbst gebraucht (Mk 14,36) und die Jünger mit dem Vaterunser gelehrt hatte (Mt 6,9 = Lk 11,2; vgl. Jeremias 67-73). Es drückt „das Herzstück des Gottesverhältnisses Jesu aus“ (Jeremias 73), an dem er auch den Jüngern Anteil gab (generell zum Beten Jesu vgl. den Exkurs „Jesus als Beter“ in: Rengstorf 251-253). Röm 8,26f beschreibt also keine „Ausnahmezustände“, sondern christliches Beten schlechthin. Deshalb „wird für die Gesamtgemeinde erwartet, dass sie ‚im Geist‘ betet“ (Schniewind 81.84; vgl. 1Kor 12,3; Eph 5,19; 6,18; Kol 3,16; vgl. Cullmann 95-106).

Christliches Beten ist also keine menschliche Leistung und fromme Pflichterfüllung. Im Beten antwortet vielmehr das aus Gottes Geist geborene Gotteskind auf die ihm im Evangelium zugesprochene Güte Gottes. Beten ist der Grundakt des Glaubens (Röm 10,13: „Denn wer den Namen des Herrn anrufen wird, wird gerettet werden“, vgl. Burkhardt 126f; Schlatter 576, Anm. 119) und die bleibende „unmittelbarste Äußerung des Glaubens“ (Schlatter 204). Wenn wir zu Gott beten, vertrauen wir, gegen allen Augenschein, auf die Zusage, dass er da ist und uns hört. Das Gebet ist der „Atem des Glaubens“ (Austad; vgl. Hallesby 7). In heilsgeschichtlicher Perspektive ist christliches Beten schließlich auch zu verstehen als „Angeld des Geistes“, gegeben im Blick auf die verheißene Erfüllung in der Anbetung Gottes in der ewigen Welt (2Kor 1,22; Eph 1,14; Off 4–5; 22,3).

Literatur:

J. Ådna, Der Psalter als Gebetsbuch Jesu nach der Darstellung des Markus- und des Matthäusevangeliums. Aspekte biblischer Theologie, in: ThBeitr 41/2010, 384-400; T. Austad, Der Atem des Glaubens. Wie wir heute beten können, Gießen 1994; O. Cullmann, Das Gebet im Neuen Testament, Tübingen 1994; O. Hallesby, Vom Beten, Wuppertal [7]1960; H. Burkhardt, Christwerden, Gießen 1999; F. Heiler, Das Gebet. Eine religionsgeschichtliche und religionspsychologische Untersuchung, München [3]1921; J. Herrmann, Art. *euchomai*

C. Gebet im AT, in: ThWNT II, 782-799; J. Jeremias, Neutestamentliche Theologie, Gütersloh 1971; O. Michel, Der Brief an die Hebräer, Göttingen [5]1960; K. H. Rengstorf, Das Evangelium nach Lukas, NTD 3, Göttingen [16]1975; A. Schlatter, Das christliche Dogma, Stuttgart [3]1977; J. Schniewind, Das Seufzen des Geistes. Röm 8,26-27, in: ders., Nachgelassene Reden und Aufsätze, Berlin 1952, 81-103 (ND Gießen 1987).

2.2 Quellen christlichen Gebets

Wenn alles christliche Gebet geistgewirkt ist, dann ist deutlich, dass der Christ in sich nicht die Quelle sein kann, aus der sein Gebet schöpft. Sicher ist Beten jederzeit und unter allen Umständen möglich. Grundsätzlich aber setzt unser Reden zu Gott voraus, dass er zu uns geredet hat und noch redet (Austad 12f). Wie der Glaube, so entsteht auch seine Betätigung im Gebet zu Gott aus dem Hören auf Gott (Röm 10,14f; vgl. Spr 28,9). Ohne dies stirbt es oder entartet zu frommem Geschwätz. Gottes Wort aber haben wir vor allem in der Bibel. Durch sie redet Gott heute zu uns. Deshalb können wir im aufmerksamen Lesen der Bibel Gottes Stimme hören und, dadurch innerlich angeregt und auf Gott hin ausgerichtet, zu ihm reden. Regelmäßiges Bibellesen ist keine fromme Pflicht, kein durch fromme Sitte aufgenötigter Zwang, sondern eine Lebensnotwendigkeit wie das tägliche Essen oder das Atemholen. Auch der Christ entfernt sich im Laufe des Tages ständig innerlich von Gott. Die Dinge und Geschäfte des täglichen Lebens füllen ganz sein Bewusstsein. Hören auf Gott in seinem Wort und reden zu ihm im Gebet ist deshalb ein Gang zu den Quellen lebendigen Wassers (Ps 1,2f; Off 21,6). Das Reden Gottes in seinem Wort kann dabei durch das gegenwärtige Wirken des Geistes zu einem sehr individuellen Reden in unser Leben hinein werden, in dem wir Stärkung des Glaubens, Anlass zur Selbstprüfung und Wegweisung für unser Leben empfangen, damit aber auch immer wieder neu Motivation und konkrete Inhalte für unser Beten (vgl. auch den Hinweis von Schürmann, dass zumindest bei Lukas Offenbarung häufig im Zusammenhang mit Beten erfolgt, Schürmann 556, Anm.12). Die Selbstprüfung und das Fragen nach Wegweisung können innerhalb solcher persönlichen Andacht einen eigenen Stellenwert haben. Aber alle solche „Sammlung des inneren Menschen“ (Trillhaas 155f), solches Suchen nach Leben unter der Führung durch den Geist Gottes in der „Stillen Zeit“ (vgl. Bockmühl 77ff; vgl. Ethik I, 160f) und damit auch alles Beten kann nur lebendig und geistlich gesund bleiben, wenn das

Hören auf Gott verwurzelt bleibt in einem Hören auf sein Wort (Bockmühl 173f), sei es unmittelbar im Lesen der Bibel oder auch vermittelt durch ein gutes Andachtsbuch oder mündliche Verkündigung. So prägt der ständige Umgang mit Gottes Wort kurz- wie langfristig unser Leben, weckt immer neu die Liebe zu Gott und damit das Verlangen nach Gemeinschaft mit ihm im Gebet, zugleich aber auch eine aus der Furcht Gottes wachsende Demut, die sich auch dort unter seinen Willen beugt, wo wir ihn nicht verstehen.

Literatur:

T. Austad, Der Atem des Glaubens. Wie wir heute beten können, Gießen 1994; K. Bockmühl, Leben mit dem Gott, der redet, BWA I/6, Gießen 1998; H. Schürmann, Das Lukasevangelium, 1.Teil, Leipzig [2]1971;W. Trillhaas, Ethik, Berlin 1959.

2.3 Subjekt und Adressat christlichen Gebets

Gott hört das Gebet von Menschen, wer auch immer sich aufrichtig an ihn wendet (vgl. Apg 10,1-4). Normales *Subjekt* eigentlich christlichen Gebets aber ist erst der Christ, d. h. der Mensch, der im Glauben an das Evangelium durch den Heiligen Geist ein neues Leben empfangen hat und von daher motiviert dazu ist, im Gebet Gemeinschaft mit Gott zu suchen (vgl. Apg 10,44-46). Paulus schreibt: „Welche der Geist Gottes treibt, die sind Gottes Kinder. Denn ihr habt nicht einen knechtischen Geist empfangen, dass ihr euch wieder fürchten müsstet; sondern ihr habt einen kindlichen Geist empfangen, durch welchen wir rufen ‚Abba, lieber Vater'" (Röm 8,14f).

Adressat christlichen Gebets ist der durch die biblische Offenbarung bezeugte und sich bezeugende lebendige Gott. Er ist zwar auch Adressat des jüdischen Gebets. Auch jüdisches Gebet ist Gebet zu dem einen Gott, zu dem auch wir Christen beten. Christliches Gebet aber ist im Unterschied dazu geprägt von neuer Erkenntnis eben dieses Gottes, aufgrund seiner neuen und definitiven Offenbarung in Christus, und zwar als der dreieinige Gott.

Im Neuen Testament wendet sich das Gebet im Regelfall zwar einfach an *Gott* (Greeven 805,11f). Dem entspricht vor allem das Gebet, das Jesus seine Jünger gelehrt hat, das Vaterunser.

Daneben aber findet sich nach Ostern und Erhöhung Jesu auch die Anrufung *Jesu* selbst, und zwar vor allem in der Apostelgeschichte (Apg 7,59f; 9,14), in der Johannesoffenbarung (Off 22,20; vgl. die an Jesus gerichteten Doxologien Off 5,12f; 7,10; 12,10) und auch bei Paulus (eindeutig in 2Kor 12,8; doch auch das bekennnende Anrufen des Namens Jesu 1Kor 1,2 und Röm 10,9.12f ist als Gebet zu verstehen; vgl. Schmidt 498 zu *epikalein* in V. 12 und 14; vgl. Burkhardt 41-43; anders Gebauer 114-123, der bekennende Anrufung nicht als Gebet versteht; vgl. anders Cullmann 95 zu 1Kor 12,3: „Bekennen ist ja eine Form des Lobgebets", vgl. auch Ostmeyer 274, Anm. 2). Plinius d. J., römischer Statthalter in Bithynien, berichtet 112 n. Chr. in einem Brief an Kaiser Trajan als für die Christen kennzeichnend, dass sie in ihren gottesdienstlichen Zusammenkünften an Jesus wie an einen Gott gerichtete Lieder sangen (Plinius, Briefe X 96,7: *ante lucem convenire carmenque Christo quasi deo dicere*). W. Lütgert stellt fest: „Dass in der ersten Gemeinde Jesus angebetet worden ist, ist eine geschichtliche Tatsache" (Lütgert 50).

Noch nicht in der Bibel, wohl aber bereits in altkirchlicher Zeit kommt es auch zur Anrufung des *Heiligen Geistes*, wie insbesondere in bis heute gebräuchlichen Liedern z. B. in der wunderbaren altkirchlichen Antiphon EKG 124:

„Komm, heiliger Geist, erfüll die Herzen deiner Gläubigen und entzünd in ihnen das Feuer deiner heiligen Liebe, der du in Mannigfaltigkeit der Zungen die Völker der ganzen Welt versammelt hast in Einigkeit des Glaubens."

Auf dem Hintergrund der in biblischen Ansätzen begründeten altkirchlichen Trinitätslehre ist die Anrufung jeder einzelnen der drei Personen der Trinität einerseits grundsätzlich theologisch legitim. Andererseits ist doch auch die biblische Differenzierung zu beachten. Vorrang hat danach das Gebet zu *Gott dem Vater* (Austad 18). Daneben ist auch die Anrufung Jesu berechtigt. Aber das Gebet zu *Jesus* tritt im Neuen Testament doch gegenüber der Anrufung des Vaters zurück. Dies entspricht der Unterordnung des Sohnes unter den Vater (1Kor 15,28; Phil 2,11b; Burkhardt 50f). Der Sohn verherrlicht den Vater (Joh 14,13). Erst recht entspricht es dem Wesen und Wirken des *Geistes*, dass er von sich wegweist, und zwar auf den Sohn, ihn „verherrlichend" (Joh 16,14). Während die Bibel Vater und Sohn in anschaulichen, personalen Bildern uns vor Augen stellt, bleibt der Geist für uns verborgen in der Unanschaulichkeit seines geheimnisvollen Wirkens (Joh 3,8). Von daher ist es naheliegend, dass sich das persönliche Gebet des

Christen vor allem an Gott den Vater wendet, und zwar als an den Vater Jesu Christi und in Jesu Namen gerichtet, oder auch unmittelbar an Jesus, den Sohn, beides durch den Geist, weniger aber als Gebet an den Geist. Dabei gibt es „… kein Gebet zu Jesus, das übersieht, dass Jesus für den Vater da ist und seinen Willen tut, und kein Gebet zum Vater, das übersieht, dass wir nur Jesu wegen ihn zum Vater haben, ohne dass beides immer ausgesprochen werden müsste. Das Gebet zum heiligen, allmächtigen Gott bewahrt das Gebet zu Jesus vor falscher Vertraulichkeit, und das Gebet zu Jesus dasjenige zu dem heiligen Gott vor ungläubiger Angst“ (Pfizenmaier 356). Auf jeden Fall aber gilt: Wenn wir uns an eine der drei Personen der Trinität wenden, so beten wir zugleich auch zu den beiden anderen (Austad 18).

Im Gebet rufen wir Gott an. Deshalb ist jedes Gebet, dass sich nicht an Gott wendet, Götzendienst und damit ein Verstoß gegen das erste Gebot. Gleiches gilt auch für kultische Verehrung (*thräskeia*) von Engelwesen (Kol 2,18; vgl. Lohse 174). In diesem Zusammenhang liegt für protestantische Kirchen (vgl. CA 21) ein ökumenisches Problem mit dringendem Gesprächsbedarf darin, dass im Rahmen der katholischen Heiligenverehrung die Anrufung von Heiligen praktiziert wird (vgl. Lumen gentium 50: „… sie hilfesuchend anzurufen“; vgl. zur Diskussion darüber Wenz 258ff).

Literatur:

T. Austad, Der Atem des Glaubens. Wie wir heute beten können, Gießen 1994; H. Burkhardt, Biblische Grundlagen der Trinitätslehre, in: P. Beyerhaus (Hg). Das Geheimnis der Dreieinigkeit im Zeugnis der Kirche, Nürnberg/Augsburg 2009, 35-51; R. Gebauer, Das Gebet bei Paulus, Gießen 1989; H. Greeven, Art. *euchomai* D: Das Gebet im NT, ThWNT II, 801-806; E. Lohse, Die Briefe an die Kolosser und an Philemon, Göttingen 1968; W. Lütgert, Die Anbetung Jesu, BFChTh Gütersloh 1904, Heft 4, 49-65; K. H. Ostmeyer, das immerwährende Gebet bei Paulus, in: ThBeitr 33/2002, 274-289; I. Pfizenmaier, Art. Gebet, in: CBL, Stuttgart 1959, Sp.355-359; K. L. Schmidt, Art. *kaleoo*, in: ThWNT III, 488-539; G. Wenz, Kirche. Perspektiven reformatorischer Ekklesiologie in ökumenischer Absicht, Göttingen 2005.

2.4 Gestalten christlichen Gebets

Allgemeinbegriff für jede Art von Gebet ist im Alten Testament am ehesten *'atar*. Es wird ausschließlich theologisch als Reden zu Gott hin gebraucht (Albertz 386). Im Neuen Testament entspricht ihm das ebenfalls nur im religiösen Sinn verwendete *proseuchesthai* (Greeven 806,30-33; Ostmeyer

276). Andere Worte für das Gebet lassen in der Regel einen spezielleren Sinn erkennen, so Worte für das Bitten wie *aiteomai, erootan* (nur bei Johannes), *deomai/deēsis*, *enteuxis, hiketäria*, für das Loben wie *aineoomai, eulogeoo, eucharisteoo* (Dank sagen), *hymneoo*. Ohne speziellen inhaltlichen Bezug sind Worte wie *epikaleoo* (anrufen), *boaoo* (rufen) und *krazoo* (schreien) (Greeven 805f).

Aufs Ganze gesehen sind in allem Gebet zwei Grundformen zu unterscheiden: eine aus menschlicher Not kommende aktive in der Bitte, eine durch göttliches Handeln motivierte reaktive in Dank und Lob.

2.4.1 Das Gebet als Bitte zu Gott

2.4.1.1 Biblische Begründung des Bittgebets

Das Bittgebet ist „der unwillkürlichste Ausdruck lebendigen Glaubens, weil des Glaubens Keim Bedürfen, sein Leben Empfangen und Nehmen ist" (Kähler 240). Angesichts der Erfahrung der eigenen Bedürftigkeit richtet der Glaube unseren Blick auf Gott und erwartet von ihm Hilfe, die weder wir selbst noch irgendwer sonst uns geben kann. Solche Bedürftigkeit ist eine Grundsituation des Menschen gegenüber Gott, seinem Schöpfer („unser tägliches Brot gib uns heute"). Sie wird bedrängend vor allem aber in besonderen Notsituationen, in denen unser Leben bedroht ist, und äußert sich elementar in der an Gott gerichteten *Klage*. Wir finden sie als Klage des Einzelnen im Alten Testament vor allem im ersten Teil des Psalters in den Davidpsalmen 3–41 und 51–72 (Westermann 168) und etwa bei Jeremia 11–20 (Westermann127; P. Martinez 103ff), ebenso aber auch als Klage des Volkes wie besonders in den Asaph- und Korachpsalmen 73–88 (Westermann 169; vgl. Egelkraut 707f), aber auch schon im Notschrei des Volkes in Ägypten (Ex 3,7) oder angesichts der Philisternot (Ri 3,9 u. ö.). Im Neuen Testament finden wir die Klage des Einzelnen etwa im Munde Jesu am Kreuz (Mt 27,46) und die kollektive Klage der Gemeinde (Apg 4,25ff) und der um des Zeugnisses willen Getöteten (Off 6,10). Die Klage kann auch die Gestalt der *Selbstanklage* annehmen, etwa in den sog. Bußpsalmen mit ihrem Schuldbekenntnis (Ps 6; 32; 38; 51; 102; 130; 143; Westermann 173).

Die Klage geht immer wieder über in die ausdrückliche Bitte um Hilfe bzw., bei den Bußpsalmen, um Vergebung: z. B. in Ps 13 im Übergang der Klage V. 2f zur Bitte V. 4f, an die sich in V. 6 ein Bekenntnis der Zuversicht anschließt (Westermann 171). Der Bußpsalm 51 beginnt in V. 3f mit der Bitte um Vergebung (vgl. auch V. 9-19), auf die V. 6f als Begründung die Selbstanklage bzw. das Schuldbekenntnis folgt. Im Gleichnis Jesu vom Pharisäer und Zöllner fallen Schuldbekenntnis und Bitte um Gnade (und damit Vergebung) in einem einzigen knappen Satz zusammen: „Gott sei mir Sünder gnädig" (Lk 18,13).

In der Jüngerunterweisung Jesu fällt auf, dass es in seinen vielen Aufforderungen zum Beten immer nur um das *Bittgebet* geht: Mt 5,44 = Lk 6,28; Mt 6,8; Mt 7,7-11 = Lk 11,9-13; Mt 21,22 = Mk 11,24; Mt 24,20 = Mk 13,18; Mt 26,41 = Mk 14,38 = Lk 22,46; Lk 11,5-8; 18,1-8; Joh 14,13f; 15,7.16; 16,23f; vgl. Kähler 238). So besteht auch das Vaterunser, das Mustergebet, das Jesus seinen Jüngern gibt, außer der Anrede nur aus Bitten (Mt 6,9-13 = Lk 11,2-4; die Doxologie Mt 6,13 fehlt, wie schon bei Lukas, in den ältesten Textzeugen auch des Matthäusevangeliums, Lohmeyer 162; Keener 225). „Unzweifelhaft hat er (Jesus) zu bitten befohlen in der Gebetsschule, die er den Jüngern auf ihr Verlangen hielt, ja es ihnen dringend befohlen" (Kähler 238). Jesus ermuntert im Gleichnis vom bittenden Freund geradezu zu „Unverschämtheit" (*anaideia*) im Bitten, d. h. zum Bitten mit nicht nachlassender Zudringlichkeit (Lk 11,8). Wie die Anrede des Vaterunsers und auch in Mt 7,9 der Vergleich des Bittgebets mit der Bitte eines Sohnes an seinen Vater zeigt, kennzeichnet Jesus das Beten des Jüngers, und zwar gerade das Bittgebet, als Ausdruck der unbedingt vertrauensvollen Haltung des Gotteskindes gegenüber dem himmlischen Vater. In dieser Kind-Vater-Beziehung gründet auch die Zuversichtlichkeit des Gebets des Jüngers: in der Gewissheit der menschliches Begreifen übersteigenden Liebe Gottes („… *umwieviel mehr* wird euer Vater im Himmel gute Gaben geben denen, die ihn bitten" Mt 7,11). „Gebet heißt für den Jünger Jesu Kindesansprache beim Vater" (Kähler 266).

Im apostolischen Schrifttum des Neuen Testaments hat dann neben allgemeinen Aufforderungen zum Gebet (vgl. Röm 12,12; Phil 4,6; Eph 6,18a; Kol 4,2; 1Tim 2,8; 5,5) vor allem die *Fürbitte* für die von außen und innen vielfach angefochtenen jungen Gemeinden große Bedeutung als Ausdruck der tiefen Verbundenheit der Christen untereinander („Wenn ein Glied leidet, so leiden alle Glieder mit", 1Kor 12,26). Der Apostel Paulus spricht einerseits von seiner Fürbitte für die Gemeinde, an die er jeweils schreibt (Röm 1,9f; Phil 1,9-11; Eph 1,16b-23; Kol 1,9-11; 2Thess 1,11; vgl. 1 Thess 3,10 die Bitte an Gott, die Thessalonicher bald wieder sehen und seinen Dienst an ihnen fortsetzen zu können; Kol 4,12 die Fürbitte des Epaphras für die Kolosser und Phlm 4 die Fürbitte des Paulus für Philemon), andererseits erbittet er umgekehrt die Fürbitte der Gemeinde für seinen Dienst (1Thess 5,25; 2Thess 3,1; Röm 15,30-32; Eph 6,18; Kol 4,3f; Phlm 22; vgl. im anonymen Hebräerbrief 13,18). Die Fürbitte der Christen gilt weiter nicht nur „allen Heiligen" (Eph 6,18), sondern „allen Menschen" (1Tim 2,1) und den Regierenden (1Tim 2,2; diese Fürbitte war auch im Diasporajudentum als Ausdruck der Loyalität gegenüber der römischen Staatsmacht üblich; vgl. Marshall 421f), selbst den Feinden. Wobei Jesu Weisung an die Jünger, auch für ihre Verfolger zu beten (Mt 5,44 = Lk 6,28), in der apostolischen Paraklese nur in der Anweisung aufgenommen ist, auf Fluch bzw. Schmähung mit Segnen zu reagieren (Röm 12,14; 1Kor 4,12). „Der große Gott nimmt uns hinein in das lebendige Verhältnis seiner Kinder zu ihm in seinem Reiche, und deshalb fordert er auch die gemeinsame Bitte und Fürbitte" (Kähler 259). „Die christliche Gemeinschaft lebt aus der Fürbitte der Glieder füreinander, oder sie geht zugrunde" (Bonhoeffer, 73).

Literatur:

R. Albertz, Art. *'atar* beten, in: THAT II, 386; D. Bonhoeffer, Gemeinsames Leben, München [10]1963; H. Egelkraut u. a., Das Alte Testament. Entstehung – Geschichte – Botschaft, Gießen [5]2012; H. Greeven, Art. *euchomai* E. Das Gebet im NT, in: ThWNT II,801-808; M. Kähler, Berechtigung und Zuversichtlichkeit des Bittgebets, in: ders., Dogmatische Zeitfragen II. Angewandte Dogmen, Leipzig 1908, 234-276; C. G. Keener, A Commentary on the Gospel of Matthew, GrandRapids/Cambridge UK 1999; E. Lohmeyer, Das Vaterunser, Göttingen [2]1947; I. H. Marshall, Pastoral Epistles, Edinburgh 1999; J. M. Martinez/P. Martinez, „Abba, lieber Vater". Theologie und Psychologie des Betens, Neukirchen 1995; K.-H. Ostmeyer, Das immerwährende Gebet bei Paulus, in: ThBeitr 33/2002, 274-289; C. Westermann, Abriss der Bibelkunde, Berlin [2]1962.

2.4.1.2 Einwände gegen das Bittgebet

In Abwandlung des Slogans einer bekannten Fernsehsendung könnte man sagen: Bittgebet ist, wenn Glaube auf Wirklichkeit trifft. Die Aussagen des christlichen Glaubens sind in der Regel in unserer Erfahrung nicht falsifizierbar. Das ist anders bei der Glaubenszuversicht, in der wir, auf die Zusage Jesu hin („Bittet, so wird euch gegeben", Mt 7,7), im Gebet Bitten vor Gott bringen. Denn hier kann der „Faktencheck" gemacht werden. Und tatsächlich scheint er immer wieder auch negativ auszufallen. Denn immer wieder machen wir nach einer Bitte an Gott die Erfahrung, dass nichts geschieht, jedenfalls nicht das Erbetene. Das Ergebnis sind schließlich nagende Zweifel nicht nur an der Wahrheit jenes Jesusworts, sondern an der Realitätsbezogenheit unseres Glaubens überhaupt, mithin der Macht und damit schließlich auch der Existenz Gottes. Denn Existenz Gottes ist ohne seine Macht nicht denkbar.

Diese Erfahrung ist uralt. Eher neu ist, das man aus dieser Erfahrung grundsätzliche Konsequenzen zieht und das Bittgebet ganz ablehnt, nicht nur in der Philosophie, sondern auch in der Theologie.

In seinem großen religionsphilosophischen Werk „Die Religion innerhalb der Grenzen der reinen Vernunft“ (1793) geht *I. Kant* auch auf das Gebet ein, das er mit gutem Grund vor allem als Bittgebet anspricht, und zwar als Gott gegenüber geäußerten Wunsch: „Das Beten … ist ein abergläubischer Wahn (ein Fetischismus); denn es ist ein bloß erklärtes Wünschen gegen ein Wesen, das keiner Erklärung der inneren Gesinnung des Wünschenden bedarf, wodurch also nichts getan und also keine von den Pflichten, die uns als Gebote Gottes obliegen, ausgeübt, mithin Gott nicht gedient wird“ (Kant 302). Kant erklärt hier nicht näher, warum er vom Gebet als „abergläubischem Wahn“ spricht. Aber er setzt dabei, wie ja auch der Untertitel seines Werks andeutet („… innerhalb der Grenzen der reinen Vernunft“), die Erkenntniskritik seines Hauptwerks „Kritik der reinen Vernunft“ voraus, nach dem Gott Postulat der praktischen Vernunft ist und insofern möglicher Gegenstand des Glaubens, aber niemals der Erfahrung und damit des Wissens sein kann. Anzunehmen, dass Gott in das empirische Geschehen verändernd eingreift, ist deshalb nicht Glaube, sondern eben Aberglaube (oder „Fetischismus“, d. h. eine Verdinglichung Gottes). Denn ein „übernatürliches“ Eingreifen Gottes in die Erfahrungswelt ist prinzipiell auszuschließen, da in ihr alles nach unveränderlichen Naturgesetzen abläuft (vgl. bei Kant 116-124 die „Allgemeine Anmerkung“ über die Wunder: Wunder sind Ereignisse, deren Ursachen noch nicht bekannt sind und nur dazu anregen, nach den ihnen zugrunde liegenden, noch unbekannten Gesetzen zu forschen, ebd. 119.121; dazu die Anm. auf S. 122f; vgl. auch Michel 242ff). Kant fährt dann positiv fort mit einer ethischen Uminterpretation des Gebets: „Ein herzlicher Wunsch, Gott in allem unserem Tun und Lassen wohlgefällig zu sein, d.i. die alle unsere Handlungen begleitende Gesinnung, sie, als ob sie im Dienste Gottes geschehen, zu betreiben, ist der *Geist des Gebets*, der ‚ohne Unterlass‘ in uns stattfinden kann und soll." Wenn allerdings jemand ohne erkennbares Gegenüber laut redend angetroffen wird, als wenn er mit sich selbst redete, wirkt das, so Kant, wie „eine kleine Anwandlung von Wahnsinn" (Anm. S. 303). Trotzdem ist es nicht unbedingt sinnlos, seine Wünsche gegen Gott (ausgesprochen oder unausgesprochen, aber nach Kant lieber unausgesprochen) in Worte zu kleiden, denn dies kann „den Wert eines Mittels zu wiederholter Belebung jener Gesinnung in uns selbst bei sich führen" (302f).

Solche Reduktion des Bittgebets auf seine Rückwirkung auf das Subjekt des Betenden fand dann zumindest in der protestantischen Theologie weitreichende Aufnahme.

F. Schleiermacher übernahm die erkenntnistheoretische Konzeption Kants grundsätzlich (den „Gebildeten unter ihren Verächtern" sichert er zu: die Religion „lässt euch … Eure Physik … unangetastet", Über die Religion 117). Von daher steht er dem Bittgebet kritisch gegenüber: Das Selbstbewusstsein der Kirche verbindet sich mit dem Gottesbewusstsein in doppelter Weise: Im Blick auf Zurückliegendes wird es zu Ergebung oder Dankbarkeit geführt. Im Blick auf noch unentschieden Ausstehendes zum (Bitt-)Gebet, „das heißt innige Verbindung des auf das beste Gelingen gerichteten Wunsches mit dem Gottesbewusstsein" (Glaube §146,1), fährt aber fort: „Bedächten wir freilich das immer …, dass wir doch auf jeden Fall entweder zur Ergebung oder zur Dankbarkeit kommen, welches beides Zustände sind, in denen sich die Theilnahme an der ungetrübten Seligkeit des Erlösers ausspricht … so sollte freilich die Kirche … sich des Wünschens ganz enthalten" (ebd.). Wenn er trotzdem das Bittgebet in der Kirche akzeptiert, dann nur als Zugeständnis an die natürliche Neigung des Menschen, zukünftigen Entwicklungen denkend vorauszueilen und sich deren Wert für die eigenen Bestrebungen auszumalen. „Solange diese Thätigkeit fortgeht, muss sie sich auch mit dem Gottesbewusstsein verbinden und also Gebet werden" (ebd.). Von einer Einwirkung des Betenden auf Gott sollte dabei keine Rede sein. Das wäre eine „magische" Auffassung (§ 147,2). Die eigentliche Bedeutung des Gebets liegt vielmehr, wie bei Kant, in seiner Rückwirkung auf den Betenden. Der Zusammenhang zwischen Gebet und Erfüllung ist kein kausaler, sondern besteht in der Übereinstimmung zwischen dem Gebet und der Entwicklung des Reiches Gottes.

Konsequenter verfährt *A. Ritschl* in seiner Lehre vom Gebet. In seinem „Unterricht in der christlichen Religion" (1875) stellt er gleich anfangs klar, dass beim Gebet Bitte und Dank „nicht gleichgestellte Arten" sind (§ 79). „Vielmehr ist das Gebet als Ganzes und unter allen Umständen auf Dank, Lob, Preis, Anerkennung Gottes gestellt" (ebd.). Das Bittgebet ist nichts als „eine besondere Abart des Dankgebets" (ebd., vgl. Rechtfertigung 609: „das Bitten nur eine Modifikation des Dankgebets an Gott"). Generell ist das Gebet „die Erscheinung der Demut und Geduld, und das Mittel dazu, dass man sich in diesen Tugenden befestige" (610). Eigenartig ist dabei Ritschls Umgang mit dem biblischen Befund: Zunächst verweist er darauf, welchen großen Stellenwert das Bittgebet in der Unterweisung Jesu hatte (608). Dann aber genügt eine einzige Stelle bei Paulus, an der dieser die „Bitten im Gebet" ausdrücklich mit der Danksagung an Gott verbindet („lasst eure Bitten ... mit Danksagung vor Gott kundwerden", Phil 4,6), um zu der Folgerung zu kommen, „dass für die christliche Gemeinde das Danken die dem Bitten übergeordnete Anerkennung Gottes" ist (608; die zweite Stelle, 1Thess 5,16-18, zieht Ritschl zu Unrecht heran, denn hier stehen Bitt- und Dankgebet ohne Zusammenhang nur nebeneinander; ebenso in der von ihm nicht erwähnten Stelle Kol 4,2; in 2Kor 1,11 ist die erwartete Erhörung des Gebets als Grund zum Dank genannt). Von dieser einen Aussage aus sieht Ritschl sich anschließend dazu berechtigt, sämtliche Bitten des Vaterunsers im Sinne von Danksagungen zu interpretieren (609). Beten ist hier letztlich nicht ein Reden zu Gott hin in der Erwartung, dass dieser handelnd eingreift, sondern, als Anerkennung der Vorsehung Gottes, Ergebung in den Willen Gottes, eine Haltung, die fatal an das stoische „Sichfügen in das Unvermeidliche" erinnert (Elert 402; diese Einstellung führt übrigens auch bei Epiktet zur Aussage: „Gott muss ich preisen, das ist meine Aufgabe", vgl. Epiktet, *Dissertationes* I,16; sie ist im Grunde nichts anderes als fromme Verkleidung jenes Fatalismus).

In dieser Traditionslinie sind für das in der liberalen Theologie des vergangenen Jahrhunderts weitverbreitete Verständnis des Gebets bezeichnend etwa Aussagen des württembergischen Theologen *H. Buhr:* „Beten ist Denken ... mit dem wir uns auf uns selbst besinnen und versuchen, unsere Bestimmung zu finden oder unserem Leben die Bestimmung zu geben, die ihm zukommt" (114). Erhörung ergibt sich für den betenden Menschen in der Erkenntnis, „ob wichtig ist, was er will ..., ob er an dem, was er vermisst, woran er leidet, zu recht leidet und ob er sich nicht in den Verlust zu schicken hat" (Buhr 114). Fürbitte entspricht der „Pflicht, des Nächsten vor Gott zu gedenken", und „dass ich mich besinne, wie ich ihm beistehen kann" (115). Noch radikaler in der Interpretation des Gebets verfährt der Schweizer Theologe *W. Bernet*. Anders als Buhr kommt er weniger von der Philosophie als von der Tiefenpsychologie her. Auch für ihn ist Beten ein Denkakt, aber im Sinne der Reflexion der Selbsterfahrung (138). Die Vorstellung eines göttlichen Gegenübers lehnt er entschieden ab. „Je intensiver das Beten auf ein persönliches Gegenüber verzichtet, je stärker es das göttliche Du entpersonalisiert, desto energischer weist es an das ‚Du' des Mitmenschen, an das ‚Wir' der menschlichen Gesellschaft" (119; zum Verständnis des Gebets bei *D. Sölle* vgl. Hausammann).

Literatur:

W. Bernet, Gebet, Stuttgart/Berlin 1970; H. Buhr, Der Glaube – was ist das?, Pfullingen 1963; W. Elert, Das christliche Ethos, Hamburg [2]1961; S. Hausammann, Atheistisch zu Gott beten? Eine Auseinandersetzung mit D. Sölle, in: EvTheol 31/1971, 414-436; I. Kant, Die Religion innerhalb der Grenzen der bloßen Vernunft, hg. von K. Vorländer mit Einleitung von H. Noack, Hamburg 1961 (Seitenzahlen nach der Originalausgabe); K. H. Michel, Immanuel Kant und die Frage der Erkennbarkeit Gottes, Wuppertal 1987; A. Ritschl, Die christliche Lehre von der Rechtfertigung und Erlösung III: Die positive Entwicklung der Lehre (1874), Bonn [3]1888; ders., Unterricht in der christlichen Religion (1875), hg. von G. Ruhbach, Gütersloh 1966; F. Schleiermacher, Über die Religion. Reden an die Gebildeten unter ihren Verächtern, mit Nachwort von C. H. Ratschow, Stuttgart 1985 (Seitenzahlen nach der Originalausgabe von 1799); ders., Der christliche Glaube nach den Grundsätzen der evangelischen Kirche im Zusammenhang dargestellt, Berlin 1821.

2.4.1.3 Das Bittgebet als Testfall der Gotteslehre

Solche Kritik am Bittgebet und die dieser Kritik nachgebende Uminterpretation des Gebets in religiöses Selbstgespräch ist besonders in der protestantischen Theologie bis in die Gegenwart hinein wirksam (Liebschner 54f). Grundlegend ist dabei das in der neuzeitlichen Physik des 18. und 19. Jahrhunderts herrschend gewordene kausal-mechanische Weltbild, nach dem alles Geschehen in der Welt nach unveränderlichen Naturgesetzen abläuft (unauflösbare Kausalkette von Ursache und Wirkung). Kants Erkenntnistheorie akzeptierte diese Annahme für die Erfahrungswelt. Nicht innerweltlich begründetes Geschehen und damit auch ein Eingreifen Gottes ist hier nicht denkbar. Es kommt zu einer radikalen Verjenseitigung Gottes und damit einer Veränderung des traditionellen biblischen Begriffs von einem als Schöpfer über allem Naturgeschehen und seiner Gesetzlichkeit stehenden und in ihm wirkenden lebendigen Gott: Er verblasst zu einer unerkennbaren und damit letztlich für uns unzugänglichen, aber auch nicht zu uns kommenden Größe. Die Stellung zum Bittgebet ist deshalb in besonderer Weise ein Testfall (Liebschner) für das Gottesbild, das wir in uns tragen: Es zeigt an, ob wir zu einem wirklichen, lebendigen Gegenüber reden, das uns hört und erhört, oder ob wir in unserem „Beten" letztlich doch nur auf uns selbst zurückgeworfen sind und in einem kraft- und ziellosen Denken, Fühlen oder Wünschen verharren.

Inzwischen aber hat die Physik des 20. Jahrhunderts das frühere kausalmechanische Weltbild relativiert und seinen Determinismus aufgelöst (Heisenberg 24ff; vgl. Heim 124ff; J.M. Martinez 49). Damit ist der philosophisch-weltanschauliche Einwand gegen das Bittgebet an sich überwunden. Er ist allerdings angesichts des durch alle Gesellschaftsschichten hindurchgehenden Säkularismus im Denken und Fühlen der Menschen, dem auch wir Christen uns nicht leicht entziehen können, nach wie vor wirksam und eine bleibende Anfechtung.

Gegenüber diesem Einwand haben alle anderen geringeres Gewicht:

Da ist einmal der Vorwurf, das Bittgebet sei egoistisch (vgl. dazu Trillhaas 157: „Selbstsucht"; Søe 378: „Eudämonismus"), etwa wenn wir um Bewahrung vor Leiden oder Befreiung von ihm bitten, oder um Erfolg in Schule oder Beruf. Solches Bittgebet kann egoistisch sein, wenn sich sein Horizont ganz auf das eigene Wohlergehen konzentriert. Aber der Missbrauch spricht nicht gegen rechten Brauch. Indem wir unsere Bitten vor Gott bringen, kann eben davon eine reinigende Wirkung auf unser Verlangen ausgehen. Denn gerade indem wir unsere Bitte Gott anvertrauen und von ihm Hilfe erwarten, werden wir „gegen die selbstischen Zerstörungen des Willens geschützt, da wir uns nun kein eigenmächtiges Handeln anmaßen, sondern unseren Willen vor Gott formen" (Schlatter 205). Erst recht der Fürbitte wird man Egoismus kaum vorwerfen können. Man sieht im Bittgebet aber nicht nur ein unethisches Verhalten, sondern ein unreligiöses, nämlich Ausdruck des Misstrauens in die Weisheit von Gottes Weltregierung und den Versuch, sie zu korrigieren (vgl. dazu Trillhaas 157; Søe 378), wobei man die Weltregierung Gottes mit einer unveränderlich determinierenden Vorherbestimmung gleichsetzt.

Ebenso sieht man im Bittgebet den Gottes Souveränität und Hoheit missachtenden Versuch, ihn seinen eigenen menschlichen Zwecken dienstbar zu machen (vgl. Kähler 250; Elert 401; Søe 379). Aber christliches Gebet ist kein nötigender Zauber (Kant: Fetischismus), sondern kindlich vertrauende Inanspruchnahme göttlicher Verheißung.

Man sagt auch, anstatt der weisen Fügung Gottes zu vertrauen, maße das Bittgebet sich an, besser zu wissen als Gott, was gut für uns ist. Aber auch das wäre offensichtlich nur ein Missbrauch des Bittgebets, der die Gott gebührende Ehrfurcht vergisst. Eine Ergebung, die sich auf das „Dein Wille geschehe" beschränkte, wäre glaubensloser Fatalismus. Aber jedes rechte Bittgebet stellt alles eigene Bitten selbstverständlich unter die vorgeordnete Bitte „Dein Wille geschehe, wie im Himmel so auf der Erde". Nur wissen wir eben nicht, ob die Not, in der wir uns gerade befinden, und die uns ins Gebet treibt, wirklich dem Willen Gottes entspricht. In diesem Nichtwissen aber wenden wir uns in kindlichem Vertrauen an den himmlischen Vater mit der Bitte um sein helfendes Eingreifen.

Literatur:

W. Elert, Das christliche Ethos, Hamburg ²1961; K. Heim, Die Wandlung im naturwissenschaftlichen Weltbild, Hamburg 1951; W. Heisenberg, Das Naturbild der heutigen Physik, Hamburg ⁹1961; S. Liebschner, Die Lehre vom Gebet als Testfall der christlichen Gotteslehre, in: ders., Dem neuen Menschen eine Chance geben, Kassel 2006, 54-60; A. Schlatter, Das christliche Dogma, Stuttgart ³1977; N. H. Søe, Christliche Ethik, München ³1965; W Trillhaas, Ethik, Berlin 1959.

2.4.1.4 Die Erhörungsgewissheit des Betenden

Jesus verbindet die Aufforderung zum Bittgebet mit einer Verheißung: „Bittet, so wird euch gegeben, klopfet an, so wird euch aufgetan. Denn wer bittet, empfängt, und wer da sucht, der findet; und wer da anklopft, dem wird aufgetan" (Mt 7,7f; vgl. 18,19; 21,21f). „Was ihr mich bitten werdet in meinem Namen, das will ich tun" (Joh 14,14; vgl. 15,7).

Man hat immer wieder gemeint, aus diesen Worten eine absolute Erhörungsgewissheit im Sinne einer Erfüllung unserer Bitte ableiten zu dürfen. Aber von einem Automatismus zwischen Bittgebet und Erhörung kann offensichtlich keine Rede sein. Nicht nur unsere eigene Erfahrung widerspricht dieser Erwartung immer wieder. Vielmehr: Das, worum Jesus selbst in Gethsemane bat („Wenn es möglich ist, gehe dieser Kelch an mir vorüber"), traf nicht ein (Mt 26,39). Und Paulus berichtet, er habe den Herrn dreimal dringlich darum gebeten, dass sein „Pfahl im Fleisch" von ihm genommen werde (2Kor 12,7f), aber der „Pfahl" blieb.

Jesus selbst nennt eine Bedingung, die im Zusammenhang mit dem Bittgebet erfüllt sein sollte: „Alles, was ihr bittet im Gebet, wenn ihr *glaubt*, werdet ihr's empfangen“ (Mt 21,22; vgl. Jak 1,6; 4,3). Die Frage ist allerdings, was hier Glaube heißt. Bedeutet es, fest davon überzeugt sein, dass Gott die geäußerte Bitte erfüllen kann, und sicher zu sein, dass er es auch tun wird? Das wäre ein Glaube, der meinte, über Gott verfügen zu können. Aber das wäre gerade nicht Glaube, sondern Irrglaube, bzw. ein „Glaube“, den auch die Teufel haben (Jak 2,19). Glaube ist keine Form minderen Wissens, sondern ein personales Geschehen. Glaube heißt, dass ich mich „vorbehaltlos in Gottes Hand lege … dass ich Gott gut heiße und seine Güte ergreife“ (Schlatter, Gebet 89.91). Das Gebet ist ein Lernprozess im Dialog zwischen Gott und dem Beter (Elert 404). „Bleibt meine Bitte unerfüllt, so habe ich mich allerdings getäuscht, aber nur darin, dass ich den Einheitspunkt zwischen mir und Gott zu nah ansetzte, während ich ihn weiter hinausschieben muss; aber im Grundwillen Gottes habe ich mich nicht getäuscht“ (Schlatter, Gebet 92). „In der Verweigerung des Erbetenen erleben wir, dass Gott über uns steht und größer als unser Denken und Wollen ist“ (Schlatter, Dogma 209). „Meine Glaubensaufgabe besteht nun darin, dass ich um dieser Differenz willen, die meine Bitte durchkreuzt, mein Einheitsband mit Gott, den Frieden zwischen uns, nicht anzweifle, sondern auch diese Verneinung meiner Bitte in den Grundwillen Gottes einschließe, dessen ich durch Jesus gewiss geworden bin“ (Schlatter, Gebet 92).

Es kommt also nicht auf die psychische Stärke des Glaubens an, sondern auf Glauben als bedingungsloses Vertrauen in Gottes Güte. Es kommt auch nicht darauf an, dass ich nur um geistliche Gaben bitte. Sicher, sie haben Vorrang, wie der Aufbau des Vaterunsers in den drei ersten Bitten deutlich zeigt. Grundsätzlich aber kann, wie ebenfalls das Vaterunser erkennen lässt („unser tägliches Brot gib uns heute“, Mt 6,11), alles, dessen ich bedarf, Gegenstand meines Gebets sein, nicht nur, was „dem Heil entspricht“ (Gebauer 146). Das gilt auch von der Bitte um Heilung in Krankheitsnot (Jak 5,14f; vgl. Haacker 75-78). Wobei diese ebenso wenig in Konkurrenz zur Inanspruchnahme ärztlicher Kunst steht wie die Bitte um das tägliche Brot zur Arbeit um den Lebensunterhalt. Das Gebet „hebt alle Gegenstände unserer Sorge und Not, unseres Arbeitens und Strebens hinein in das lebendige Verhältnis zu dem himmlischen Vater. Es kommt dann dem Beter selbst zuletzt nicht auf das ‚was‘ der Erhörung an, sondern auf das ‚dass‘“ (Kähler 257f).

Eben um diese Verbundenheit mit dem himmlischen Vater geht es auch im Wort vom Bitten „in Jesu Namen“ im Johannesevangelium (Joh 14,13f.26; 15,16; 16,24.26). Im Namen jemandes etwas tun, bedeutet, es in seinem Auftrag tun und deshalb unter Berufung auf seinen Namen (Bietenhard 275,45). Entsprechend bedeutet „im Namen Jesu" in seinem Auftrag handeln, als von ihm Berufener. So sagt Jesus nach Joh 15,16 zunächst: „Ihr habt mich nicht erwählt, sondern ich habe euch *erwählt*, dass ihr hingeht und Frucht bringt." Daran schließt sich dann die Verheißung: „... damit, wenn ihr den Vater bittet *in meinem Namen*, er's euch gebe". Der von Jesus Berufene betet in seinem Namen. Daraus schließt Schlatter mit Recht: „Im Namen Jesu geschieht nur das, was nach seinem Gebot geschieht. Wer in seinem Namen handelt und bittet, will seinen Willen tun" (Schlatter, Johannes 296). Das „im Namen Jesu" ist als keine gleichsam selbstwirksame magische Formel (vgl. Barrett 384: „by no means magical"). Beten in seinem Namen bedeutet: Als von ihm zum neuen Leben Berufener und zum Gebet Bevollmächtigter beten. Das neue Leben ist ein durch Jesus mit Gott versöhntes und deshalb zur Versöhnung mit dem Bruder bereites Leben (vgl. Mt 6,12). Von daher kann man auch sagen, dass das Beten im Namen Jesu „eine neue Weise zu beten ist" (Austad 24). Es ist ein Beten aus der zum unbedingten Vertrauen befreienden Gemeinschaft mit Jesus heraus und gerade darin ein seiner Erhörung beim Vater gewisses Beten. „Das Gebet im Namen Jesu ist also ein Gebet zum Vater mit dem Sohn als Mittler, Versöhner und Vorbild" (Austad 25; vgl. J. M. Martinez 21). Das Gebet im Namen Jesu ist so „die oberste, umfassende Gebetsregel oder vielmehr keine Regel mehr, sondern die Kraftquelle zu jeder Regel, der lebendige Same allen Gebets" (Schlatter, Gebet 95).

Zweifellos hat das Gebet immer auch seine unmittelbare Rückwirkung auf den Beter (Kähler 259: ein *actus reflexus*). Ohne Gebet stirbt das geistliche Leben. Aber wirkliches Gebet ist nicht Monolog, Gespräch der frommen Seele mit sich selbst, sondern immer auf Gott gerichtet (ein *actus directus in deum,* Kähler ebd.) und zielt auf eine Antwort Gottes. So ist auch die im Gebet erbetene und erfahrene Leitung durch den heiligen Geist nicht zu verwechseln mit einer unmittelbaren innerseelischen Wirkung, sondern zu verstehen als Gottes Antwort auf das hörende Gebet (Bockmühl, Leben 81ff.167ff; ders., Gesetz und Geist 553ff; Austad 83-85).

Literatur:

T. Austad, Der Atem des Glaubens, Gießen 1994; C.K. Barrett, The Gospel according to St. John, London [7]1967; H. Bietenhard, Art. onoma, in: ThWNT V, 242-283; K. Bockmühl, Gesetz und Geist. Eine kritische Würdigung des Erbes protestantischer Ethik, BWA I/5, Gießen [2]2009; ders., Leben mit dem Gott, der redet, BWA I/6, Gießen 1998; R. Gebauer,

Das Gebet bei Paulus, Gießen 1989; K. Haacker, Krankheit, Gebet und Heilung, in: ThBeitr 36/2005, 60-79; M. Kähler, Berechtigung und Zuversichtlichkeit des Bittgebetes (1888), in: ders., Dogmatische Zeitfragen II: Angewandte Dogmen, Leipzig 1908, 234-276; J.M. Martinez/P. Martinez, „Abba, lieber Vater". Theologie und Psychologie des Betens, Neukirchen 1995; A. Schlatter, Das christliche Dogma, Stuttgart [3]1977; ders., Das Gebet, in: ders., Die Gründe der christlichen Gewissheit. Das Gebet (1927), hg. von W. Neuer, Gießen 1998; ders., Der Evangelist Johannes, Stuttgart 1930.

2.4.2 Das Gebet als Dank, Lob und Anbetung

a) Weniger umstritten als das Bittgebet ist das *Dankgebet*. Während das Bittgebet sich zwar auf eine Verheißung vonseiten Gottes stützt, ist der unmittelbare Anlass doch eine Mangelsituation des Menschen, aus der heraus er sich an Gott wendet. Es handelt sich also insgesamt um eine Bewegung vom Menschen zu Gott hin. Anders beim Dankgebet: Hier steht nach dem im griechischen Neuen Testament hierfür vorwiegend gebrauchten Verb *eu-charisteoo* am Anfang der Erweis einer Gunst (*charis*), die den Empfänger zu einem dankbaren Verhalten verpflichten soll (Conzelmann 397,21-27).

Wenn der Dankende aber nicht bei seiner Dankbarkeit als innerer Regung stehen bleibt („ich bedanke mich" – diese heute oft gehörte Redeweise ist als Rückwendung zu sich selbst eigentlich eine Perversion des Dankens!), sondern sich dem Geber des Guten dankbar zuwendet, wird der Dank zum *Lob*. „Ich werde ihm noch danken" heißt es in Luthers Übersetzung von Ps 42,6. Tatsächlich ist das mit „danken" übersetzte Verb aber im Hebräischen (*jadah*) durch ein Suffix beim Objekt mit einem Akkusativ verbunden, müsste genauer also eigentlich übersetzt werden mit „werde ihn noch loben" (Delitzsch 322: „dankend preisen"). So kann auch sonst oft *eucharisteoo* mit *eulogeoo* wechseln (z. B. Mk 8,6 beim Brot *eucharistäsas*; V. 7 bei den Fischen *eulogäsas;* vgl. auch 1Kor 14,16 und 2Kor 4,15). Der Dank führt mit innerer Konsequenz zum Lob. Andererseits sollte darüber aber das subjektive Element im Danken, das Gefühl der Dankbarkeit, nicht unterbewertet werden. Dank ist Ausdruck einer persönlichen Beziehung zwischen Geber und Empfänger. Der Dankende macht nicht nur eine objektive Aussage, indem er den Empfang der Gabe gleichsam pflichtgemäß bestätigt. Sondern indem er dankt, bringt er sich selbst in die durch die Gabe entstandene Beziehung ein (*ich* danke *dir*).

Wie bei der Fürbitte, so kommt im Neuen Testament auch beim Dank in besonderer Weise die tiefe Verbundenheit des Apostels mit den Gemeinden und umgekehrt (2Kor 1,11) zum Ausdruck, und zwar fast ausschließlich in der Gestalt des Fürdanks. Außer beim Galaterbrief fehlt bei keinem Gemeindebrief des Paulus der Dank für die Gemeinde bzw. für das, was Gott in ihr wirkt (Röm 1,8; 1Kor 1,4; Eph 1,16a; Phil 1,3-5; Kol 1,3-5; 1Thess 1,2f; 2,13; 3,9; 2Thess 1,3f; 2,13f; vgl. auch Apg 28,15; vgl. 2Kor 9,11 den zu erwartenden Dank der Armen in Jerusalem an Gott, dass er viele Mitchristen bewegt hat, ihnen zu helfen; vgl. in Phlm 4f den Dank des Apostels für die geistliche Entwicklung des Philemon). Dieser Dank steht meist am Anfang des Briefes. Darin wird deutlich: Dankbarkeit ist sozusagen die Grundeinstellung des Apostels gegenüber den Gemeinden. Denn sie sind alle Gottes Werk. Nur der 2. Korintherbrief beginnt nicht mit einem Dank an Gott, was sich wohl aus den aktuellen Spannungen zwischen Paulus und der Gemeinde erklärt. Wo er doch von Dank spricht, ist der Anlass dazu mehr erst noch Gegenstand der Hoffnung (9,11). Ganz fehlt der Dank für die Gemeinde nur im Galaterbrief, weil die Gedanken des Apostels ganz erfüllt sind von der Sorge um die Gemeinde, in die gefährliche Irrlehre Eingang gefunden hat. Anstelle des Substantivs *eucharistia* kann auch *charis* stehen (Lk 6,32; Röm 6,17; 7,25; 1Kor 10,30; 15,57; 2Kor 2,14; 8,16; 9,15; 1Tim 1,2; 2Tim 1,3; Bedeutung des Wortes sonst: Gnade, Gabe). Durchweg geht es dabei um Dank für das Geschenk des Heils, daneben aber auch um Dank für Gaben der Schöpfung (Mt 15,36 = Mk 8,6; Mt 26,27; Lk 24,30; Joh 6,11; Apg 27,35; Röm 14,6; 1Kor 10,30; 1Tim 4,3f; im Zusammenhang mit dem Abendmahl um Gaben der Schöpfung, die zugleich für Gaben des Heils stehen: Mt 24,27 = Mk 14,23; Lk 22,14; 1Kor 11,23).

Aber Dank gegen Gott ist auch eine Grundhaltung jedes Christen überhaupt: „Sagt Dank allezeit für *alles* Gott, dem Vater, in dem Namen unseres Herrn Jesus Christus“ (Eph 5,20; vgl. Eph 5,4; Phil 4,6; Kol 1,12-14; 2,7; 4,2; das *en panti* in 1Thess 5,18 ist nach von Dobschütz 223 eher zeitlich zu verstehen). In der „Danksagung für alle Menschen“ (1Tim 2,1) ist der Dank Ausdruck einer positiven Grundhaltung gegen alle Menschen als von Gott geliebte und gesuchte Geschöpfe (vgl. V. 4: Gott „will, dass alle Menschen gerettet werden und zur Erkenntnis der Wahrheit kommen“).

b) Während beim Dank immer der Empfang einer bestimmten Gabe als Anlass im Blick ist und genannt wird, wendet das *Lob* sich mehr dem Geber selbst zu.

Im Alten Testament findet für das Lob Gottes vor allem der Begriff *jadah* Verwendung, der „bekennen, bejahen" bedeutet und sich „immer auf ein vorausgegangenes göttliches Faktum" bezieht (v. Rad 368). Das Neue Testament kennt eine Fülle von Begriffen, in denen vom Gotteslob gesprochen wird: für den allgemeinen Begriff „loben" stehen *aineoo* (zustimmend nennen, preisen, vgl. Lk 2,13.20; 19,37; Apg 2,47; 3,8f; Off 19,5; vgl. Eph 1,6.12.19 das Substantiv *epainos*) und *eulogeoo* (Gutes sagen, loben; Lk 1,64.68; 24,53). Vor allem auch in Briefanfängen findet sich die feierliche liturgische Wendung: *eulogätos ho theos* („gelobt sei Gott …", vgl. 2Kor 1,3; Eph 1,3; 1Petr 1,3a; vgl. Beyer 762,25: „das Wort dient ausschließlich zur Doxologie"), mit anschließender Begründung (V. 4: „der uns tröstet in aller unserer Trübsal"; Eph 1,4: „Denn er hat uns erwählt …"; 1Petr 1,3b: „der uns wiedergeboren hat …"; je nach Kontext kann *eulogeo* auch danken oder häufig auch segnen bedeuten). Gesungenes Gotteslob ist *hymneoo* (Mt 26,30; Eph 5,19; Kol 3,16). Seltener finden sich die Worte *megalynoo* (großen machen, also groß von Gott reden, ihn preisen: Lk 1,46; Apg 10,46; 19,17; Phil 1,20; Jud 25) und *exhomologeisthai* (rühmend bekennen: Röm 14,11; 15,9; Phil 2,11).

Der mit Abstand häufigste Begriff allerdings, mit dem das Neue Testament das Gotteslob zum Ausdruck bringt, ist *doxazoo* = Ehre erweisen, rühmen (im Blick auf Gott im Neuen Testament 20-mal) bzw. in gleichem Sinn auch *dounai doxan* = Gott „Ehre geben" (Lk 17,18; Off 4,9; 11,13; 14,7; 16,19; 19,7). Daneben findet sich sehr häufig die Verwendung des Substantivs *doxa* in Gebeten selbst (20-mal), beginnend mit dem Lobgesang der Engel bei der Geburt Jesu (Lk 2,14) und der an das Vaterunser angehängten Doxologie (Mt 6,13), über Gebet in den apostolischen Briefen (Röm 11,26; Gal 1,5; Eph 1,6; 3,21; Phil 4,20; 1Tim 1,17; 2Tim 4,18; Hebr 13,21; 1Petr 1,7; 2Petr 3,18; Jud 25) bis hin zu den Gebeten und Hymnen der Johannesoffenbarung (1,6; 4,11; 5,12.13; 7,12; 19,1). Anlass zum Gotteslob in den Evangelien ist zunächst das Kommen Jesu überhaupt (Lk 2,20), dann vor allem die wunderbaren Heilungen Jesu (Mt 9,8; 15,31; Lk 7,16; 13,13; 17,15.18; 18,43; vgl. Apg 4,21), im übrigen Neuen Testament das Heilsgeschehen in Christus insgesamt und seine Glauben suchende und findende Bekanntmachung (Apg 13,48; 21,20; Röm 15,6f.9; 2Kor 1,20; Gal 1,24; 1Petr 4,11).

Aber auch das Leben des Christen kann in sich Gott loben und dadurch anderen Anlass zum Lob Gottes werden (1Kor 6,20: „verherrlicht Gott an eurem Leibe"; 1Kor 10,31: „Ihr esst nun oder trinkt oder was ihr auch tut, so tut es alles zu Gottes Ehre"; vgl. 2Kor 4,15: „Damit durch die Danksagung vieler Gott gerühmt werde", gesagt auf dem Hintergrund der Trübsale, die Paulus um des Evangeliums willen leidet, V. 8-14; 8,19: das Liebeswerk der Kollekte für Jerusalem geschieht zur Ehre des Herrn; 1Petr 4,16: „Leidet er aber als Christ, so schäme er sich nicht, sondern rühme Gott in diesem Namen"). Die Bedeutung des Lobes Gottes kommt in besonderer Weise zum Ausdruck in dem Wort Jesu von den Jüngern als Licht der Welt: „So soll euer Licht leuchten vor den Leuten, sodass sie eure guten Werke sehen und euren Vater im Himmel preisen (*doxasoosin*)" (Mt 5,16). Das Rühmen Gottes durch die Menschen ist hier das Ziel, unter das die ganze Existenz des Jüngers gestellt ist. Wobei das „Rühmen" letztlich wohl so zu verstehen ist, dass Menschen durch das Leben („Werke") der Jünger dazu motiviert werden, dem Ruf zur Umkehr zu folgen und diese sich konkret darin vollzieht, dass sie Gott rühmen, ihm die Ehre geben (vgl. auch 1Petr 2,12). Ähnlich sagt Paulus von den Christen, dass ihre Erwählung von vornherein auf das eine Ziel ausgerichtet ist, dass sie „etwas seien zum Lob seiner Herrlichkeit" (Eph 1,12.14; vgl. V. 6). In diesem Wort kommt in der Kombination der Begriffe „Lob" (*epainos*) und „Herrlichkeit" (*doxa*) besonders gut zum Ausdruck, worum es bei dem „Rühmen" oder „Ehren" Gottes geht: Es geht um die Herausstellung der wahrgenommenen Herrlichkeit Gottes, der alles übertreffenden „Gewichtigkeit" (hebr. *qabod*) und Ehrfurcht gebietenden und Liebe weckenden Heiligkeit Gottes in seiner geschichtlichen Offenbarung als der eine, dreifaltige Gott (vgl. Cremer 109-111). Dieser „Verherrlichung" Gottes entspricht am Anfang des Vaterunsers die Bitte um Heiligung seines Namens: Sie konkretisiert sich in der Durchsetzung seiner Herrschaft, diese wiederum zielt „wie im Himmel so auf der Erde" letztlich persönlich zugespitzt auf das Geschehen seines Willens in unserem eigenen Leben. Die Heiligung des Namens Gottes aber ist die den beiden anderen Gliedern der Trias vor- und damit in gewisser Weise auch übergeordnete Kategorie. In ihr kommt der theozentrische Charakter nicht nur des Gotteslobs, sondern allen Gebets zum Ausdruck (vgl. auch Haacker, 44-69).

Auch negativ kommt die große Bedeutung des Lobes Gottes für die biblische Theologie zum Ausdruck: Nach Paulus ist der Sündenfall der Menschheit identisch damit, dass die Menschen, obgleich sie Gottes Gottheit in den Werken der Schöpfung wahrnehmen konnten, Gott doch „nicht als Gott gerühmt noch (ihm) gedankt haben", vielmehr in der Verfinsterung ihrer Gedanken seine Herrlichkeit (*doxa*) verkannten und stattdessen Geschöpfe als Gottheiten verehrten (Röm 1,20-23; vgl. Lütgert 88: Undankbarkeit des Menschen gegenüber Gott ist für Paulus „die Grundsünde").

c) Schließlich geht das Lob Gottes über zur Anbetung. Man hat darauf hingewiesen, dass man in den Psalmen zwischen einem erzählenden und beschreibenden Lob Gottes unterscheiden kann (Westermann 173f.175f). Das erzählende Lob hat bestimmte Erfahrungen des Eingreifens Gottes zum Gegenstand, das beschreibende Lob Gottes Wesen, wie es sich immer wieder in seinem Handeln zeigt. Im beschreibenden Lob vergisst der Beter gleichsam sich selbst. Sein Bewusstsein ist ganz erfüllt von dem wunderbaren Sein Gottes und gibt dem anbetend Ausdruck (Hallesby 121; vgl. Austad 55). Dabei können alle drei Arten des Gotteslobes, Dank, Lob und Anbetung, auch in einem Gebet ineinander übergehen.

Im Neuen Testament finden wir anbetendes Lob Gottes etwa im Jubelruf Jesu: „Ich preise dich (*exhomologoumai soi*), Vater und Herr Himmels und der Erde ..." (Mt 11,25f), in dem staunenden Ausruf des Apostels Paulus, nachdem er in den vorhergehenden Kapiteln von den wunderbaren Wegen Gottes mit Israel und der Heidenwelt gesprochen hat: „Welch ein Tiefe des Reichtums, beides der Weisheit und der Erkenntnis Gottes! ..." (Röm 11,33-36), oder schließlich in den Hymnen des himmlischen Gottesdienstes in der Johannesoffenbarung (Off 4,11; 5,12-14;7,11; 11,16f; 19,4f). So steht unsere Anbetung heute bereits im Licht der Vollendung im eschatologischen Gottesdienst vor dem Thron Gottes.

Im Zusammenhang mit dem Motiv der Anbetung finden wir in der Bibel häufig ein Wort, das in besonderer Weise geeignet scheint, die sich in der Anbetung vollziehende Hingabe an Gott zum Ausdruck zu bringen: *proskyneoo* (hebr. *hischtachawa*). Das Sich-Niederwerfen vor einem an Macht Überlegenen, insbesondere einem König, war im Alten Orient ein verbreitetes Zeichen der Unterwerfung. Ursprünglich aber war es ein religiöser Begriff, der meinte, dass man sich zum Zeichen der Verehrung vor einer Gottheit niederwarf (Greeven 760,14-17). Die Form der Proskynese, das Sich-Niederwerfen im Gebet vor Gott, ist dabei in besonderer Weise Ausdruck für die bedingungslose Unterwerfung und vorbehaltlose Hingabe, die niemandem gebührt als Gott allein (Mt 4,9f = Dt 5,9). Menschen, die in der Begegnung mit Jesus erkennen, dass sie in ihm zugleich mit Gott zu tun haben, fallen spontan vor ihm nieder (Mt 14,33; Mk 5,6; Lk 5,8; Joh 9,38). Paulus rechnet damit, dass ein Fremder, der in den christlichen Gottesdienst hineinkommt, in dem in verständlichen Worten prophetisch geredet wird, von seiner Sünde überführt wird, niederfällt und Gott anbetet (1Kor 14,25).

Literatur:

T. Austad, Der Atem des Glaubens. Wie wir Beten können, Gießen 1994; H. Conzelmann, Art. *eucharisteoo*, in: ThWNT IX, 397-405; H. W. Beyer, Art. *eulogeoo*, in: ThWNT II, 751-763; H. Cremer, Die christliche Lehre von den Eigenschaften Gottes (1897), ND hg. von H. Burkhardt, Gießen [2]2005; F. Delitzsch, Die Psalmen, Gießen 1984 (ND der 5. Aufl. Leipzig 1894); E. v. Dobschütz, Die Thessalonicher-Briefe, Göttingen 1909; K. Haacker, Was Jesus lehrte. Die Verkündigung Jesu – vom Vaterunser aus entfaltet, Neukirchen 2010; O. Hallesby, Vom Beten, [7]1960; W. Lütgert, Schöpfung und Offenbarung, Gütersloh 1934; C. Westermann, Abriss der Bibelkunde, Gelnhausen/Stuttgart [2]1962.

2.5 Ordnung des Gebets

2.5.1 Orte des Gebets

Im Alten Testament hat das Gebet seinen Ort vor allem an den Kultstätten Israels, wie etwa dem Wallfahrtsheiligtum in Silo (1Sam 1; vgl. Herrmann 790,116), dann, seit dem Bau des Tempels, in diesem, der ein „Bethaus für alle Völker" sein sollte (Jes 56,7). Er ist der Ort, von dem Gott verheißen hat, an ihm „wohnen" zu wollen (1Kön 6,13) und so seinem Volk nahe zu sein (1Kön 6,13; 8,28-30; Ps 28,2; 134,2; vgl. Volz 34f; Herrmann 790,22ff). Selbst wo dieser Ort für den frommen Israeliten nicht erreichbar ist, betet er „nach der Stadt hin, die du erwählt hast" (1Kön 8,44.48; vgl. Dan 6,11). Später waren auch Synagogen bevorzugte Orte des Gebets, wie sich nicht zuletzt darin zeigt, dass sie auch *proseuchä* = Gebetsstätte genannt werden können (vgl. z. B. Philo Flacc 45 u. ö., Apg 16,13; vgl. Schrage 823). Daneben kannte Israel aber auch von Anfang an das persönliche Gebet Einzelner in profanem Kontext, wie etwa beim Gebet Abrahams im Philisterland (Gen 21,32), beim Gebet Eliesers bei der Brautwerbung für Isaak (Gen 24,12-14), beim gefangenen Simson (Ri 16,28); beim Gebet Elias für das Kind der Witwe in Zarpath (1Kön 17,20) oder dem Gebet des kranken Königs Hiskia (2Kön 20,2). „Weder in späterer noch in früher Zeit ist in Israel das Gebet an das Heiligtum gebunden gewesen" (Herrmann 790,31f).

Gleiches gilt ganz selbstverständlich im Neuen Testament. Jesus empfiehlt sogar, die Verborgenheit des häuslichen Vorratsraums zum von Zuschauern ungestörten Gebet zu nutzen (Mt 6,6). Er selbst sucht immer wieder einsame Orte zum Gebet auf (Mk 1,35; Mt 14,23 = Mk 6,46; Mt 26,36ff; Lk 9,18). Im Gespräch mit der Samariterin scheint er die Bedeutung des Tempels als Stätte des Gebets grundsätzlich infrage zu stellen mit den Worten „Es kommt die Zeit, dass ihr weder auf diesem Berg (Garizim) noch zu Jerusalem den Vater anbeten werdet", vielmehr „kommt die Zeit und ist schon jetzt, dass die wahrhaftigen Anbeter den Vater im Geist und in der Wahrheit anbeten werden" (Joh 4,21.23). Aber dass dies Wort nicht als prinzipielle Absage an den Tempel gemeint sein kann, zeigt sich darin, dass Jesus kurz vorher unter Berufung auf das genannte Jesaja-Wort um den Tempel als Haus des Gebets mit heiligem Zorn gegen seine Profanisierung durch die Händler und Geldwechsler im Tempel kämpft (Mt 21,12f = Mk 11,15-17 = Lk 19,45f; vgl. Joh 2,13-17). Gemeint ist vielmehr ein Beten, das von der mit Jesus eröffneten neuen Wirklichkeit bestimmt ist (Greeven 765,27f; vgl. Cullmann 126). So suchen später auch die Apostel Petrus und Johannes ganz selbstverständlich den Tempel zum Gebet auf (Apg 3,1.3).

Die Ortsfrage hat nicht mehr das Gewicht, das ihr in der Auseinandersetzung zwischen Juden und Samaritern beigemessen wurde. Wir können an jedem Ort beten, wo auch immer wir sein mögen (selbst z. B. im Gefängnis: Apg 16,25). Völlig gleichgültig ist der Ort trotzdem nicht. Orte der Stille können eine große Hilfe zur Sammlung im Gebet sein. Nicht zuletzt dürfen wir dankbar sein für Orte, die seit vielen Generationen Stätten des Gebets waren und in ihrer äußeren Gestalt wie insbesondere alte Kirchen gleichsam steingewordene Gebete und Ausdruck der Gemeinschaft im Gebet über die Jahrhunderte hinweg: romanische in ihrem schlichten Ernst, gotische in ihrer in die Höhe strebenden Architektonik und barocke in ihrer überquellenden Lebensfreude.

Literatur:

O. Cullmann, Das Gebet im Neuen Testament, Tübingen 1994; H. Greeven, Art. *proskyneoo*, in: ThWNT VI, 759-767; J. Herrmann, Art. *euchomai* C. Das Gebet im Alten Testament, in: ThWNT II, 782-799; Philo von Alexandrien, Gegen Flaccus, in: ders., Die Werke in deutscher Übersetzung, Bd. VII, Berlin 1964, 122-165; W. Schrage, Art. *synagoogä*, in: ThWNT VII, 798-850; P. Volz, Die biblischen Altertümer, Stuttgart [2]1925.

2.5.2 Zeiten des Gebets

Wir können zu jeder Zeit beten. Paulus erwartet sogar von den Christen in Thessalonich, dass sie „ohne Unterlass“ (*adialeiptoos,* 1Thess 5,17) beten. Dabei stellt sich natürlich die Frage, wie solches Beten „ohne Unterlass“ praktisch aussehen soll? Sicher nicht gemeint ist die Praxis der enthusiastischen altkirchlichen Bewegung der Euchiten, die das Wort ganz buchstäblich nahmen und deshalb für sich zugunsten des Gebets alle Arbeit ablehnten (Holze 552). Paulus sagt im gleichen Brief, dass er selbst ebenfalls „ohne Unterlass“ Gott dafür danke, dass die Gemeinde sein Wort als Gotteswort angenommen hat (2,13; vgl. 1,3) und dass er „Tag und Nacht“ (*nyktos kai hämeras*) darum betet, dass er seinen Dienst in der Gemeinde fortsetzen kann (3,10). Aber davon, dass er buchstäblich nur gebetet habe, kann keine Rede sein. Nicht nur war er unablässig als Verkünder tätig, sondern hat auch durch Handarbeit seinen Lebensunterhalt, wie er nachdrücklich betont, selbst bestritten, um der Gemeinde nicht zur Last zu fallen, und zwar „Tag und Nacht“ (2,9; 2Thess 3,8). Eben dies aber ist, ebenso wie das Beten „Tag und Nacht“ (3,10) offensichtlich nicht in einem andere Tätigkeiten ausschließenden Sinn von „rund um die Uhr“ gemeint. Nun ist auffallend, dass die Aufforderung an die Gemeinde „ohne Unterlass“ zu beten, eingebettet ist in zwei ähnliche andere: „Seid allezeit (*pantote*) fröhlich“ (5,16) und „seid dankbar in allem (*en panti*)“ (V. 18a). Ähnlich in der Paraklese des Römerbriefs: „In der Hoffnung freut euch, in der Bedrängnis seid geduldig, im Gebet harrt aus“ (12,12). Überall geht es „um Beständigkeit und Kontinuität“ (Ostmeyer 282), mehr nicht. Es geht in dem „Betet allezeit“ also wie in der Dankbarkeit und der Freude um eine lebendige „christliche Grundhaltung“ (Ostmeyer ebd.). In eben diesem Sinn deutete bereits M. Kähler die umstrittene Stelle: „Betet allezeit“ heißt nach ihm: „Seid allezeit fähig, in ausdrückliches Gebet überzugehen“ (Kähler 274). So verstanden, schließen Arbeit und Gebet sich nicht aus. Es „soll das Gebet in uns immer lebendig sein … Gerade dann, wenn wir in unsere Arbeit einen reinen Willen legen, reißt sie uns nicht aus der Gegenwart Gottes heraus, und deshalb kann sich das an Gott gerichtete Gespräch unserer Seele durch unser ganzes Handeln hindurchziehen“ (Schlatter 37). „Hinter dem Es der Tagesarbeit das Du Gottes finden, das ist es, was Paulus ‚ohne Unterlass beten‘… nennt“ (Bonhoeffer 59).

Andererseits aber zeigt die Erfahrung: „Wer nicht zu bestimmten Zeiten betet, betet auch nicht zu unbestimmten“ (so einst der Kieler Erweckungsprediger Claus Harms, 1778–1855, zit. nach Köberle 20). Jene innere betende Grundhaltung muss immer wieder in ausgesprochenes Gebet übergehen, wenn sie lebendig bleiben soll. Es braucht ein solches Beten als leiblicher Akt nicht nur in bestimmten Situationen, die in besonderer Weise Anlass zu Dank und Bitte an Gott geben, sondern, durchaus im Sinne des „Betet allezeit“, darüber hinaus auch „ein Beten in Abständen, das denen des Atmens gleicht und durch eine bestimmte Ordnung den Charakter der Regel gewinnt“ (Seitz 83), ein regelmäßiges bewusstes Kommen zu Gott, um zu ihm zu reden und auf ihn zu hören, neben dem alle andere Tätigkeit zeitweilig zurücktritt. Von solch regelmäßigem Gebet kann dann gesagt werden, „dass sich hier das ganze Leben des Christen im Gebet vollzieht“ (Rengstorf 253).

So gibt es in der Bibel verschiedene Hinweise auf bestimmte bevorzugte Zeiten des Gebets. So am Morgen: „*Frühe* wollest du meine Stimme hören“ (Ps 5,4); „Gott ist bei ihr drinnen, darum wird sie fest bleiben; Gott hilft ihr früh am *Morgen*“ (46,6); „Wache auf, meine Seele, … ich will das *Morgenrot* wecken“ (57,9); „Ich will von deiner Macht singen und des *Morgens* rühmen deine Güte“ (59,17); „Mein Gebet kommt *frühe* vor dich“ (88,14); „Fülle uns *frühe* mit deiner Gnade“ (90,14); „Ich komme in der *Frühe* und rufe um Hilfe … Ich wache auf, wenn es noch Nacht ist, nachzusinnen über dein Wort“ (119,147f); „Lass mich am *Morgen* hören deine Gnade“ (143,8); „Er weckt mich alle *Morgen*“ (Jes 50,4).

Daneben spricht der Psalmist auch vom Gebet am Abend: „Mein Gebet möge vor dir gelten als ein *Abend*opfer“ (Ps 141,2);

von Gebet zweimal am Tag: „… des Morgens deine Gnade und des Nachts deine Wahrheit verkündigen“ (Ps 92,3);

vom Gebet dreimal am Tag: „Abends und morgens und mittags will ich klagen“ (55,18); „… und er fiel dreimal am Tag auf die Knie, betete und lobte seinen Gott“ (Dan 6,11).

Einmal ist sogar von siebenmaligem Gebet die Rede: „Ich lobe dich des Tages siebenmal“ (Ps 119,164).

Im Judentum hat sich später das dreimalige Gebet weithin durchgesetzt (Volz 246; Billerbeck 696-702; vgl. die Erwähnung des Mittags- und Abendgebets in Apg 10,3.9). In der frühen Christenheit ist das Beten des Vaterunsers zu den drei Tageszeiten erstmals in der Didache (um 100 n. Cr.) bezeugt (Did 8,3). Im Mönchtum wurde dann das sog. Stundengebet entwickelt, wie es nach der Regel Benedikts (RB Kap. 16-20) in Anlehnung an Ps 119,64 bis heute durchgeführt wird: „Wie der Prophet sagt: Siebenmal am Tag singe ich dein Lob" (BR 16,1). Diese Praxis wurde zumindest teilweise auch in evangelischen Kommunitäten (inklusive Drittorden) übernommen, zunehmend auch in Diakonissenhäusern und Einkehrhäusern, und zwar mit drei bis vier Tagzeitengebeten (Morgenlob, Mittagsgebet, Abendgebet und der spätabendlichen Komplet, Mayr 1923). Die Tagzeitengebete verzichten in der Regel ganz auf Schriftauslegung und beschränken sich auf Schriftlesung, Lied und Gebet. Sie sind die innere Mitte des gemeinsamen Lebens geistlicher Gemeinschaften. Ein solches vom Gebet her strukturiertes Leben ist in unserer heutigen säkularisierten Gesellschaft ein sichtbares Zeichen, das deutlich macht: Im Gebet geht es nicht um religiöse Selbstbeschäftigung, sondern um Gemeinschaft mit dem wirklichen, lebendigen Gott.

In Beruf und Familie eingebundenen Christen ist die Teilnahme an solch intensivem, den ganzen Tag begleitenden Gebetsleben in der Regel nicht möglich. Hier begnügt man sich meist mit persönlicher Bibellese und Gebet („Stille Zeit") und, wenn möglich, morgendlicher oder abendlicher Hausandacht in der Familie. Die Morgenzeit hat den Vorzug, dass man da in der Regel noch frisch ist und dass von der morgendlichen Andacht ein prägender Impuls für den ganzen Tag ausgehen kann. „Es gibt ein Frühaufstehen aus Liebe zu Gott" (Bonhoeffer 34). „Das Gebet in der Frühe entscheidet über den Tag" (Bonhoeffer 60). Die Abendzeit gibt Gelegenheit, für das zu danken, was am Tag glückte, und abzugeben, was einen bedrückt, bis hin zum Gebet um Bewahrung bis in die Träume hinein. Das Gebet kann so zum „Pulsschlag des Tages" werden (Hennig 27). „Darum ist's gut, dass man früh morgens lasse das Gebet das erste und des Abends das letzte Werk sein und hüte sich mit Fleiß vor diesen falschen, betrügerischen Gedanken, die da sagen: harre ein wenig, über eine Stunde will ich beten, ich muss dies oder das erst fertig bekommen. Mit solchen Gedanken kommt man vom Gebet in die Geschäfte; die halten und umfangen einen" (Luther 8).

Literatur:

Benedikt-Regel, lat./dt. hg. von B. Steidle, Beuron 1975; P. Billerbeck, Kommentar zum Neuen Testament aus Talmud und Midrasch, Bd. 2, München 1924; D. Bonhoeffer, Gemeinsames Leben, München [10]1961; R. Gebauer, Das Gebet bei Paulus, Gießen 1989;

G. Hennig, Das tägliche Gebet. Luthers Morgen- und Abendsegen. Wurzeln und Wesen des evangelischen Morgen- und Abendgebets, in: ThBeitr 39/2008, 24-40; H. Holze, Art. Euchiten, in: ELThG 552; M. Kähler, Berechtigung und Zuversichtlichkeit des Bittgebetes, in: ders., Dogmatische Zeitfragen II: Angewandte Dogmen, Leipzig 1908, 234-276; A. Köberle, Schule des Gebets. Eine Anleitung zum Gespräch des Herzens mit Gott, Metzingen 1959; M. Luther, Eine einfältige Weise zu beten – für einen guten Freund, hg. von K. Haag, Gießen 1983 (vgl. WA 38,359, 4-9); H. Mayr, Art. Stundengebet, in: ELThG 1922f; K.-H. Ostmeyer, Das immerwährende Gebet bei Paulus, in: ThBeitr 33/2002, 274-289; K.H. Rengstorf, Das Evangelium nach Lukas, NTD 3, Göttingen [16]1975; A. Schlatter, Erläuterungen zum Neuen Testament 8: Die Briefe an die Thessalonicher, Philipper, Timotheus und Titus, Stuttgart 1964; M. Seitz, Die Grundhaltung des Mönchtums: „ Betet ohne Unterlass!“ (1.Thessalonicher 5,17). Ein Beitrag zur Wirkungsgeschichte, in: ThBeitr 36/2005, 80-91; P. Volz, Biblische Altertümer, Stuttgart [2]1925.

2.5.3 Gebetshaltungen

Wie auch sonst in der Ordnung geistlichen Lebens herrscht auch hier grundsätzlich Freiheit. Gebetshaltungen sollten nur zweierlei beachten: dass sie der beim Gebet nötigen inneren Sammlung förderlich sind, und dass sie dem Wissen entsprechen, dass man im Gebet vor den heiligen Gott tritt.

Das Alte Testament kennt vor allem das Gebet im *Stehen* (z. B. Gen 18,22; 19,27; 1Sam 1,26; Ps 134,1; 135,2) und im *Knien* (z. B. 1Kön 8,54; Ps 95,6; Dan 6,11). Das Stehen ist Zeichen der Ehrerbietung, der Kniefall „Zeichen der Demut und Anbetung“ (Schlier 739,40). Beide Haltungen finden sich ebenso im Neuen Testament. Das Stehen wird allerdings nur einmal in der Wiedergabe jüdischer Sitte erwähnt (Lk 18,11.13), häufiger das Knien (Lk 22,41 von Jesus; Apg 7,60 von Stephanus; 9,40 von Petrus; 20,36 von Paulus mit den Ältesten von Ephesus; 21,5 von Paulus mit Christen aus Tyrus). In „liturgischem Stil“ (Schlier 738,45f) spricht Paulus in seinen Briefen vom Beugen der Knie im Gebet: So zitiert er Jes 45,23 die Ankündigung, dass jedes Knie sich vor Gott beugen wird (Röm 14,11). Das gleiche Motiv ist dann im Christushymnus des Philipperbriefs wieder aufgenommen, nun auf Christus bezogen (2,10). Der Gemeinde in Ephesus schreibt er, dass er, in der Fürbitte für sie, seine Knie beuge „vor dem Vater, der der rechte Vater ist über alles, was da Kinder heißt im Himmel und auf Erden“ (Eph 3,14). Die Proskynese, also das Sich-auf-die-Erde-Niederwerfen, kommt im Neuen Testament als Gebetsgestus des Christen weder in der Apostelgeschichte noch in den Briefen vor. Wenn Paulus vor dem

Statthalter Felix aussagt, er sei nach Jerusalem gereist, um „anzubeten“ (*proskynäsai*), so ist damit nicht der Gebetsgestus gemeint, sondern ein *terminus technicus* für die Teilnahme am Tempelgottesdienst (Greeven 766,11). Nur die Johannesoffenbarung spricht vom „Niederfallen“ der 24 Ältesten (4,10; vgl. 5,14; 11,16; 19,4; vgl. 19,10; 22,8f von Johannes; an allen diesen Stellen ausdrücklich zusammen mit *piptoo* = fallen; anders 11,1 und 14,7 in Aufforderung an die Gottesfürchtigen). In der griechisch-römischen Antike galt das Knien als eines freien Mannes unwürdig. Also ist das Knien der Christen nicht etwa „Form der Inkulturation in bestehende Sitten hinein, sondern ganz im Gegenteil Ausdruck einer christlichen Kultur, die bestehende Kultur umwandelt von einer neuen, tieferen Erkenntnis und Erfahrung Gottes her“ (Ratzinger 159).

Das Ausbreiten und Erheben der Hände beim Beten verdeutlicht die Bereitschaft zum Empfang des Erbetenen (Pfizenmaier 357; vgl. 1Kön 8,22.54, hier ausdrücklich kombiniert mit dem Knien; Ps 141,2; 1Tim 2,8).

Das Händfalten ist eine erst im Mittelalter aufgekommene Sitte, vermutlich aus germanischem Brauchtum als ein Ausdruck der Ergebenheit (Volz 245; Heiler 103). Es kann immerhin als Hilfe zur inneren Sammlung und Konzentration eine Hilfe sein. Gleiches gilt vom ursprünglich vielleicht aus mystischer Tradition kommenden Schließen der Augen während des Betens.

Die Proskynese in der Form des Sich-ausgestreckt-auf-den-Boden-Werfens gibt es heute nur noch in der katholischen Kirche, vor allem im Zusammenhang mit besonderen Weihehandlungen (z. B. bei der Priesterweihe). Das sich Niederlasssen auf die Knie beim Gebet (bei aufrechter Haltung des Oberkörpers) ist im Rahmen des katholischen Gottesdienstes noch weithin üblich, im protestantischen eigenartigerweise fast nur noch bei der Trauung. Oft wird kniendes Beten so praktiziert, dass man dabei den Oberkörper über ein Betpult oder einfach eine Sitzgelegenheit beugt. Heute ist kniendes Beten allerdings weithin außer Gebrauch gekommen, selbst in evangelikalen Kreisen, leider auch im privaten Bereich („im Kämmerlein“). Das ist zweifellos ein Verlust. „Ein Glaube oder eine Liturgie, die das Knien nicht mehr kennte, wäre an zentraler Stelle krank“ (Ratzinger 167). Denn damit schwindet zunehmend das Wissen um die Heiligkeit Gottes, dem wir uns im Gebet nahen, und die entsprechende Demut gegenüber Gott. Stattdessen verbreitet sich, nicht zuletzt im evangelikalen Bereich, oft eine geradezu saloppe Haltung während des Betens (Beine übereinanderschlagen, Hände in den Hosentaschen versenken etc.). „Das

Gebet auf den Knien ist ein Ausdruck von Demut und Hingabe. Wenn wir den himmlischen Vater in dieser Weise anbeten, geben wir ihm die Ehre, die ihm zusteht. Es bedeutet etwas für den Betenden, seine Knie beim Gebet zu beugen“ (Austad 64).

Literatur:

T. Austad, Der Atem des Glaubens. Wie wir beten können, Gießen 1994; H. Greeven, Art. *proskyneoo*, in: ThWNT VI, 759-767; I. Pfizenmaier, Art. Gebet, in: Calwer Bibellexikon, Stuttgart [5]1959; J. Ratzinger, Der Geist der Liturgie, Freiburg [5]2000; H. Schlier, Art. *gony*, in: ThWNT I, 738-740; P. Volz, Biblische Altertümer, Stuttgart [2]1924.

2.5.4 Gemeinsames und einsames Gebet

„Wir erhalten unsere Beziehung zu Gott dadurch, dass es eine Gemeinschaft gibt, die im gemeinsam geübten Dienst Gottes das sie einigende Band besitzt“ (Schlatter 69). Diese Erkenntnis gilt für jeden Christen. Sie gilt sicher besonders für den, der aus einer christlichen Familie kommt, die ihrerseits in eine lebendige christliche Gemeinde integriert ist. Sie gilt aber genauso für den, der ganz außerhalb solch christlichen Milieus heranwuchs, dann eines Tages mit der christlichen Botschaft konfrontiert wurde, vielleicht scheinbar ganz ohne menschliche Vermittlung, z. B. durch ein Buch. Aber das Buch ist nicht vom Himmel gefallen. Irgendeine menschliche Vermittlung, die eben doch auf die Gemeinde zurückgeht, ist immer da. Und es kann eine wesentliche Hilfe sein, wenn zu der Botschaft dann auch Menschen hinzukommen, die diese Botschaft durch ihr Leben glaubhaft nahebringen. Und doch: Den Schritt zum Glauben kann nur jeder ganz persönlich tun. Und der wird dann auch nicht ohne Konkretion im Gebet sich realisieren, und zwar eben im eigenen Gebet. Der schönste Gottesdienst und die wunderbarste Gebetsgemeinschaft können das *einsame Gebet* nicht ersetzen. Wer nicht für sich allein betet, wird letztlich auch nicht in der Gemeinschaft beten können. Es würde bestenfalls zu einer äußerlichen Pflichterfüllung mit möglichst viel Außenwirkung als Ziel (Mt 6,5; Lk 18,11). Deshalb rät Jesus, sich zum persönlichen Gebet ins Verborgene zurückzuziehen (Mt 6,6). So hat er es selbst immer wieder gemacht (vgl. oben S. 213).

Aber: Jesus hat ebenso auch das *gemeinsame Gebet* empfohlen. Das Gebet, das er seine Jünger als Mustergebet gelehrt hat, formuliert betont im

Plural: „*Unser* Vater …" (Mt 6,9). Beim Abendmahl dankt er in der Gemeinschaft der Jünger für Brot und Wein (Mt 26,26f) und singt danach mit ihnen (*hymnäsantes*) das im Zusammenhang der Passa-Feier traditionelle „Hallel" (Ps 115-118; vgl. Mt 26,30 = Mk 14,26; Schniewind 151). Dem gemeinsamen Gebet der Jünger gilt seine besondere Verheißung: „Wenn zwei unter euch eins werden auf Erden, worum sie bitten wollen, das soll ihnen widerfahren. Denn wo zwei oder drei versammelt sind in meinem Namen, da bin ich mitten unter ihnen" (Mt 18,19f).

Zwischen Himmelfahrt und Pfingsten versammeln sich die Apostel, einige Jüngerinnen sowie Maria und die Brüder Jesu zu einmütigem Gebet (Apg 1,14: *proskarterountes homothymadon tä proseuchä;* vgl. V. 24). Eins der vier Kennzeichen der frühen Gemeinde in Jerusalem ist, dass sie beständig festhielt (*proskarterountes*) am täglichen gemeinsamen Gebet (Apg 2,42.46). „Die urchristliche Gemeinde ist von ihren ersten Anfängen an eine betende Gemeinde gewesen" (Sorg 294). Nach der Freilassung der Apostel Petrus und Johannes dankt die Gemeinde dafür im Gebet, z. T. mit Worten aus Psalm 2 (Apg 4,24-30). Die erste Berufung und dann auch Aussendung von Missionaren geschieht unter dem gemeinsamen Gebet (*leitourgountoon de autoon*) der führenden Persönlichkeiten der antiochenischen Gemeinde (Apg 13,2f; Stählin 173; vgl. Strathmann 233,18-23.32-38; 234,45-50: „Ansatz zu einer neuen christlichen Terminologie"). Nach seiner Abschiedsrede an die Ältesten der Gemeinde von Ephesus kniet Paulus nieder „und betete mit ihnen allen" (Apg 20,36). In der gottesdienstlichen Zusammenkunft der Gemeinde in Korinth beteiligen sich viele Gemeindeglieder am Gebet. Damit jeweils alle anderen ihr „Amen" zu dem Gebet sagen können, ordnet Paulus an, dass das Gebet jeweils für alle verständlich formuliert werden soll (1Kor 14,11-19). Die Gemeinde in Ephesus ermuntert Paulus dazu, dass sie, erfüllt vom Geist Gottes, „untereinander" (*heautois*) redet „in Psalmen, Lobgesängen und geistlichen Liedern" (Eph 5,19; vgl. ebenso Kol 3,16). Die Fürbitte, von der Paulus im 1. Timotheusbrief spricht, geschieht offensichtlich gemeinsam im Gottesdienst der Gemeinde (1Tim 2,1f). Die Visionen der Johannesoffenbarung vom himmlischen Gottesdienst deuten schließlich hin auf die kommende Vollendung allen gemeinsamen Gebets (Off 7,9-12; 14,1-5; 15,2-4; 19,1-7). Man kann wohl sagen, dass das gemeinsame Gebet in besonderer Weise charakteristisch ist für die biblische Religion gerade auch des Neuen Bundes („So lassen sich außerhalb des Judentums und Christentums nur kümmerliche

Spuren und Keime eines gottesdienstlichen Gemeindegebets aufweisen“, Heiler 431). „Christliche Gemeinschaft ist zuerst Gebetsgemeinschaft“ (Wendel 33; vgl. Schweyer 49).

In der Praxis des gemeinsamen Gebets ist allerdings auch auf einige Gefahren zu achten: Öffentliches Gebet wird leicht zur Selbstdarstellung der eigenen Frömmigkeit (Mt 6,5-7). Es liegt in ihm die Versuchung zum Predigen, also einem Reden nicht mehr zu Gott hin, sondern zum menschlichen Zuhörer (Søe 375). Bestimmte Formen des Gebets können leicht einen fragwürdigen seelischen Druck auf die Teilnehmer am Gebet aufbauen, so z. B. das sog. Bienenkorbgebet, bei dem innerhalb eines Gottesdienstes zufällig zusammensitzende bzw. -stehende Personen zu kleinen Gebetsgruppen zusammengefasst werden, ohne Rücksicht auf die persönliche Situation Einzelner (ganz abgesehen von der Problematik eines solchen Betens bei einer im öffentlichen Gottesdienst normalerweise gegebenen gemischten Zusammensetzung (von Glaubenden und Nichtglaubenden).

Aber selbstverständlich spricht möglicher Missbrauch nicht gegen rechten Gebrauch. „Darum, weil das Gebet immer auch Dank für die Gabe und Kraft der anderen, Bitte für die Not und das Werk der anderen wird, muss es auch als gemeinsamer Akt hervortreten und darin, dass wir im Bitten, im Danken und in der Anbetung vor Gott eins werden, ist die Gemeinschaft vollendet“ (Schlatter 211). Und der mit Zinzendorf befreundete Reichsfreiherr von Pfeil dichtete: „Kann ein einziges Gebet einer gläub’gen Seelen, wenns zum Herzen Gottes geht, seines Zwecks nicht fehlen, was wird’s tun, wenn sie nun alle vor ihn treten und zusammen beten!“ (EKG 275,3).

Literatur:

F. Heiler, Das Gebet. Eine religionsgeschichtliche und religionspsychologische Untersuchung, München [3]1921; A. Schlatter, Das christliche Dogma, Stuttgart [3]1977; J. Schniewind, Das Evangelium nach Markus, Göttingen [9]1960; S. Schweyer, „Sie hielten alle einmütig fest am Gebet“. Zum Stellenwert des gemeinsamen Gebets für den Gemeindeaufbau, in: European Journal of Theology, XXI/2012, 47-59; N. H. Søe, Christliche Ethik, München [3]1965; Th. Sorg, Mit der Gemeinde beten. Zur Geschichte und Gestalt des gottesdienstlichen Gebets, in: ThBeitr 17/1986, 293-305; H. Strathmann, Art. *leitourgeoo* D, in: ThWNT IV, 232-238; U. Wendel, Das Gemeindeverständnis in den Summarien der Apostelgeschichte, Neukirchen 1998.

2.5.5 Stilles und gesprochenes Gebet

Man könnte auf den Gedanken kommen, dass die Unterscheidung zwischen stillem und gesprochenem Gebet sich mit der zwischen einsamem und gemeinsamem Gebet deckt. Das ist aber keineswegs der Fall. Gemeinsames Gebet muss zunächst natürlich vernehmlich ausgesprochen werden, damit die anderen mitbeten können. Aber eben dies Mitbeten geschieht natürlich, wenn eben auch still. Manchmal entsteht in einer Gebetsgemeinschaft der Eindruck, dass derjenige, der sich nicht mit eigenem, ausgesprochenem Gebet beteiligt, gar nicht mitbetet. Aber das ist natürlich ein falscher Schluss.

Anders ist es beim einsamen Gebet. Bei ihm könnte man annehmen, dass es in der Regel still vor sich gehen könnte. Es soll ja kein Mensch hören – und Gott sieht ins Herz.

Ähnlich aber wie bestimmte Gebärden beim Gebet, so kann auch beim einsamen Gebet das laute Aussprechen Ausdruck dessen sein, dass man im Gebet eben nicht bei sich bleibt, sondern zu einem zwar unsichtbaren, aber deshalb nicht weniger realen Gegenüber spricht. Im Sprechen bleibe ich nicht nur in meinen Gedanken und Gefühlen hängen, sondern komme aus mir heraus zu diesem anderen, zu Gott. Natürlich muss ich dabei im Gebet die in der Unsichtbarkeit des Gegenübers liegende Anfechtung glaubend überwinden. Verzichte ich aber generell auf lautes Beten, weiche ich dieser Anfechtung aus bzw. gebe ihr nach, indem ich meinem Glauben selbst nicht ganz traue. Zu bedenken ist auch, dass lautes Beten eine Hilfe zur Konzentration im Gebet sein kann, die verhindert, dass meine Gedanken beim Beten „spazieren gehen“.

Doch solche Überlegungen sind selbstverständlich kein einseitiges Votum für nur lautes Beten. Stilles Beten kann nicht weniger echtes, tiefes Gebet sein, wie etwa das Beten der Hanna zeigt, die ohne hörbare Worte „… das Herz vor dem HERRN ausschüttet“ (1Sam 1,15). Oder das Beten, von dem Paulus in Römer 8 spricht, das über ein „Seufzen“ des Geistes nicht hinauskommt, der aber „die Herzen erforscht, weiß, was des Geistes Sinnen ist“ (Röm 8,26f). „Es soll wohl so sein, dass ein Christ allezeit betet. Mit dem Munde kann er's nicht, aber das Herz sollte immer seufzen und darnach verlangen, dass es … fromm und selig würde. Solch Seufzen wäre das beste Gebet und Gott hört's. Aber dennoch soll das mündliche Gebet dabei sein. Drum sollen die Eltern ihre Kinder dazu anhalten, dass sie auch mit dem Munde beten lernen. Denn im geistlichen Gebet, welches das Seufzen des Herzens ist, können wir uns nicht halten, wenn wir nicht die Worte haben“ (Luther 133).

Grundsätzlich aber herrscht, wie auch sonst in der Ordnung des Gebets, auch in dieser Frage auf jeden Fall Freiheit.

Literatur:

Luthers Evangelienauslegung 2. Teil, hg. von E. Mülhaupt, Göttingen [3]1960.

2.5.6 Freies und gebundenes Gebet

Die Bibel kennt beides, freies wie gebundenes Gebet. Ein Beispiel für offensichtlich spontanes, freies Beten ist das Gebet Eliesers auf seiner Reise zur Brautwerbung für Isaak. Dass es für den biblischen Verfasser ein frei formuliertes sein soll, zeigt sich daran, dass es inhaltlich ganz und gar von der Situation bestimmt und nicht anderweitig verwendbar ist (Gen 24,12-14). Ein entscheidender Grund für diese freie Art des Betens dürfte in dem personalen Charakter der biblischen Religion und damit auch des Gebets liegen. Dieser personale Charakter wird im Neuen Testament noch verstärkt durch eine gewisse Individualisierung der Frömmigkeit. Das Christwerden durch Umkehr und Wiedergeburt ist ein sehr individueller Vorgang und schafft ein ganz neues Verhältnis des Einzelnen zu Gott, das der Gotteskindschaft. Von diesem sehr persönlichen Verhältnis ist nun auch das Gebet geprägt als ein Verhältnis wie das des Kindes zu seinem Vater. Wir haben den Geist der Kindschaft empfangen, durch den wir „Abba, Vater“ rufen (Röm 8,15). Das Verhältnis des Kindes zum Vater aber ist ein sehr unformalisiertes Verhältnis, dem allein das freie Gebet zu entsprechen scheint.

Richtig ist sicher auch, dass gebundenes Gebet nur zu leicht Ausdruck einer erstorbenen, nur mehr formelhaften Frömmigkeit sein kann. Anhand vorgegebener liturgischer Texte kann man auf Anforderung hin zu jeder Zeit beten, ganz gleich, wie es im eigenen Herzen aussehen mag.

Eben deshalb gibt es gerade unter geistlich lebendigen Christen heute weitverbreitete Vorbehalte gegenüber dem gebundenen Gebet, d. h. dem Beten mithilfe von vorgegebenen Gebetstexten, und eine einseitige Bevorzugung der Praxis des freien Gebets.

Demgegenüber ist zu bedenken: Man kann auch bei freiem Gebet beobachten, dass es oft aus denselben, immer wiederkehrenden Formeln besteht, sodass es sich letztlich vom auswendig gelernten oder gelesenen Gebet mehr nur durch seine stereotype inhaltliche Armut unterscheidet.

Umgekehrt zeigt dagegen die Erfahrung, dass gerade da, wo man seine innere geistliche Not und Armut spürt und, wie Paulus sagt, gar nicht mehr weiß, was man beten soll (Röm 8,26), überlieferte gebundene Gebetstexte wieder ins Beten hineinhelfen können. Der Abba-Ruf des Geistes in uns (Röm 8,15; Gal 4,6) ist ja keine spontane, aus der Lebenssituation geborene Aussage, sondern, wie gerade seine für uns altertümliche aramäische Sprachform zeigt, nichts anderes als das Bruchstück eines altüberlieferten Gebets, in diesem Fall möglicherweise des Vaterunsers (Haacker 17). Jesus hat es auf Bitten seiner Jünger ihnen ausdrücklich dazu gegeben, dass sie mit seiner Hilfe zu beten lernen. Jesus selbst betete mit Worten des alttestamentlichen Psalters (Mt 26,30; 27,46; vgl. Ådna), ebenso die Gemeinde in ihrem Dankgebet nach der Freilassung der Apostel Petrus und Johannes (Apg 4,25f). Aber in den neutestamentlichen Gemeinden entstanden auch neue Gebete und geistliche Lieder (Eph 5,19; Kol 3,16; vgl. auch wieder die Hymnen der Johannesoffenbarung). Genauso wie der Glaube lebt auch das Gebet nicht nur aus dem Augenblick heraus, sondern im Zusammenhang der überlieferten Geschichte Gottes, die unserem Gebet Ermutigung zum Bitten und Stoff zum Gotteslob über unsere eigene Erfahrung hinaus gibt. Dabei können wir bei den einzelnen Worten etwa des Vaterunsers in unseren Gedanken manche dazu passenden Anliegen aus unserem eigenen Leben und weit darüber hinaus mit in das Gebet hineinnehmen (Thielicke nennt das Vaterunser „Das Gebet, das die Welt umspannt").

Vor allem in Zeiten der geistlichen Müdigkeit und Anfechtung kann das gebundene Gebet eine entscheidende Hilfe sein. „Das formulierte Gebet ist unser ‚Armenrecht' (Bezzel)" (Schniewind 85). Als solche praktische Hilfe im täglichen Leben des Christen erweist sich z. B. bis heute Luthers sog. Morgen- und Abendsegen, der in schlichten, knappen und einprägsamen Worten Lebenswichtiges zur Sprache bringt. Er hat „wie kaum ein anderes Gebet nächst dem Vaterunser … die evangelische Frömmigkeit geprägt" (Hennig 29). Aber auch das Tischgebet sollte nicht nur spontanen Einfällen überlassen bleiben, sondern immer wieder auf bewährte Tischgebete und -lieder zurückgreifen.

Durch solche überlieferten Gebete steht unser Beten in der traditionsvermittelten Kontinuität der Gemeinschaft der Kinder Gottes aller Zeiten und der ganzen Welt. Insbesondere die in Teilen bis in die frühe Christenheit zurückreichende, noch heute insbesondere in der katholischen, z. T. auch in der lutherischen Kirche, besonders auch in ökumenischen Bruderschaften und Kommunitäten gebrauchte gottesdienstliche Liturgie, aber auch die Lieder unserer Gesangbücher, sind Ausdruck der Solidarität mit denen, die vor uns den christlichen Glauben gelebt und bewahrt haben. Es ist sicher ein erfreuliches Zeichen geistlichen Lebens, dass in letzter Zeit zu dem bewährten Bestand geistlicher Lieder aus allen Zeiten der Kirche auch eine Fülle von neuen hinzugekommen sind. Darüber sollte allerdings, wie es leider oft schon der Fall ist, auf keinen Fall der reiche Schatz des älteren Liedguts verdrängt werden.

Literatur:

J. Ådna, Der Psalter als Gebetsbuch Jesu nach der Darstellung des Markus- und des Matthäusevangeliums, in: ThBeitr 41/2010, 384-400; K. Haacker, Was Jesus lehrte. Die Verkündigung Jesu – vom Vaterunser aus entfaltet, Neukirchen 2010; G. Hennig, Das tägliche Gebet. Luthers Morgen- und Abendsegen. Wurzeln und Wesen des evangelischen Morgen- und Abendgebets, in: ThBeitr 39/2008, 24-40; J. Schniewind, Die geistliche Erneuerung des Pfarrerstandes, in: ders., Zur Erneuerung des Christenstandes, hg. von H.-J. Kraus und O. Michel, Göttingen 1966, 64-88; H. Thielicke, Das Gebet, das die Welt umspannt. Reden über das Vaterunser (1945), ND Gießen 2008.

3. Das christliche Zeugnis *(martyria)*

3.1 Mission

3.1.1 Das Wort Mission

Das Wort „Mission“ ist ein Wort unserer Alltagssprache geworden. So sprechen wir z. B. von einer diplomatischen Mission, und sogar eine Aktion wie das 2011 im Auftrag der Vereinten Nationen erfolgte Eingreifen der Nato in den Libyen-Konflikt konnte in der Presse als militärische „Mission“ bezeichnet werden. Das vom lat. *mittere* = „schicken, senden“ abgeleitete Wort Mission bedeutet also zunächst einmal ganz allgemein ein zum Erreichen eines bestimmten Ziels in Auftrag gegebenes Unternehmen.

Die Bibel kennt das Substantiv „Mission“ noch nicht (das Substantiv *mischlachat* in Ps 78,49 bedeutet eine „Gesandtschaft“, d. h. hier eine

Schar von Unheil bringenden Geistern, Kraus 546), wohl aber das Verb „senden“. Es bezieht sich vor allem auf das Aussenden von Boten. An den meisten Stellen ist Gott der Sendende und ein Prophet der Ausgesandte, um eine bestimmte Botschaft auszurichten (z. B. „die“ Propheten nach Jer 7,25 u. ö.; Jesaja nach Jes 6,8; 48,16; 61,1; 66,14; Jeremia nach Jer 1,7; Sacharja nach Sach 2,13; Elia nach Mal 3,23; vgl. auch Delcor/Jenni 913f). Im Neuen Testament ist Jesus der Gesandte Gottes schlechthin (Mt 10,40 = Lk 10,16; Mt 15,24; Lk 4,18; vor allem aber bei Johannes: Joh 3,17; 5,24 u. ö.; im übrigen Neuen Testament: 1Joh 4,9f; Röm 8,3; Gal 4,4; von daher spricht man geradezu von einer „Sendungschristologie“ speziell bei Johannes; vgl. Schnackenburg 277, mit Verweis auf J. A. Bühner; vgl. auch Hebr 3,1: „Schaut auf den Apostel und Hohenpriester, den wir bekennen, Jesus“).

Jesus seinerseits sendet (*apostellei*) die zwölf Jünger als Träger einer bestimmten Botschaft aus (Mt 10,5ff; vgl. Joh 20,21: „Wie mich der Vater gesandt hat, so sende ich euch“, wobei hier nebeneinander die Worte *apostelloo* und *pempoo* gebraucht sind, wohl ohne wirklichen Unterschied, vgl. Schnackenburg 278; anders Rengstorf 404).

Ähnlich wie bei Mose (vgl. Ex 7–12) und Elia (1Kön 18) und anders als bei den klassischen Propheten Israels bis hin zu Johannes ist die Verkündigung Jesu und seiner Jünger von wunderbaren Zeichen begleitet. Sie haben einerseits als Ausdruck der barmherzigen Liebe ihren Eigenwert (Mt 9,13). Andererseits haben sie vor allem aber die Funktion der Bekräftigung der Vollmacht des Botschafters (Mt 9,6; vgl. Mk 16,17: „Die Zeichen aber, die folgen werden …“). Grundsätzlich wäre es daher wohl berechtigt, von einem doppelten Auftrag zu sprechen und unter dem Oberbegriff Mission („Sendung“) gleichgewichtig einerseits Evangelisation, andererseits „soziale Aktion“ zu verstehen (Stott 18ff; vgl. die Aufgliederung der Mission in ein evangelistisches und ein soziales Mandat bei Bosch 473ff). Da aber letztere sinnvollerweise traditionell unter dem Begriff der Diakonie erörtert wird (s. unter 4), ist die Unterordnung beider Aspekte unter den einen Begriff Mission eher der Klarheit abträglich und fördert u. U. ungewollt die heute verbreitete Neigung dazu, Mission in Diakonie aufgehen zu lassen. Nirgends sagt Jesus, dass er gekommen sei, um zu heilen, wohl aber, um das Evangelium zu verkündigen (Mk 1,38; Lk 4,43). Wir sollten deshalb um der begrifflichen Klarheit willen dabei bleiben: Evangelisation ist nicht ein (eventuell zu vernachlässigender) Teilbereich der Mission, sondern

Mission ist selbst Evangelisation. Sofern allerdings alle Verkündigung wesentlich Verkündigung des Evangeliums ist, wird es der Verständigung dienlich sein, wenn man das, was unter Mission (als Evangelisation) zu verstehen ist, noch einmal eingrenzt, nämlich auf die Verkündigung des Evangeliums an Menschen, die noch nicht Christen sind, um ihnen durch diese Verkündigung Glauben zu ermöglichen.

Literatur:

D. J. Bosch, Mission im Wandel. Paradigmenwechsel in der Missionstheologie, Gießen 2012; J. A. Bühner, Der Gesandte und sein Weg im Johannesevangelium, Tübingen 1977; J. M. Delcor/E. Jenni, Art. *schalach*, in: THAT 909-916; H.-J. Kraus, Psalmen I, Neukirchen [3]1961; K. H. Rengstorf, Art. *apostelloo*, in: ThWNT I, 397-448; R. Schnackenburg, Die Person Jesu Christi im Spiegel der vier Evangelien, Freiburg 1993; J. Stott, Gesandt wie Christus. Grundfragen christlicher Mission und Evangelisation, Wuppertal 1976.

3.1.2 Das Medium der Mission

Mission ist Evangelisation. Evangelisation aber ist, als Weitergabe des Evangeliums, ein verbales Kommunikationsgeschehen. Das Neue Testament gebraucht dafür verschiedene Begriffe. Der wichtigste ist *käryssein.* Er bedeutet das öffentliche Ausrufen einer Botschaft (*kärygma*), und zwar im biblischen Kontext das einer von Gott aufgetragenen prophetischen Botschaft wie z. B. der des alttestamentlichen Propheten Jona (Mt 12,41; vgl. LXX Jona 3,2: *käryxon ... kata to kärygma ... ho egoo elaläka pros se*). In diesem Sinn sprechen die synoptischen Evangelien vom *käryssein* Johannes des Täufers (Mt 3,1; vgl. Mk 1,4; Lk 3,3), vor allem aber dann vom *käryssein* Jesu: „Von da an begann Jesus zu verkünden (*käryssein*) …: Kehrt um, denn die Himmelsherrschaft ist nahe“ (Mt 4,17 u.ö.; vgl. Mk 1,15; Lk 8,1; vgl. Friedrich 705; vgl. auch die Wortfeld-Liste bei Schnabel 37-39). Neben ihm steht vor allem (zumindest bei Lukas) *euaggelizein* (= eine gute Nachricht ausrichten; vgl. Friedrich, *euaggelizomai* 715: „Mit *käryssoon kai euaggelizomenos tän basileian tou theou*, Lk 8,1, wird die ganze Wirksamkeit Jesu zusammenfassend geschildert“). Die Verkündigung ist „das Ausrufen eines Ereignisses“ (*käryssein*, Friedrich 702,21): Dies Ereignis ist bei Jesus zunächst der mit seinem Kommen beginnende Anbruch der Gottesherrschaft, später wird in der apostolischen Verkündigung das Heilsgeschehen konzentriert auf Jesu Kreuz und Auferstehung

(1Kor 1,23; 2,2; 15,1-4). Das Ereignis in seiner von Gott, dem in ihm Handelnden, gegebenen eschatologischen Bedeutung ist Inhalt der Botschaft: Eben deshalb liegt alles Gewicht auf ihrer Kommunikation, die den Hörer in eine letzte Entscheidung führt.

Man hat dies Verständnis von Mission immer wieder als einseitige Engführung kritisiert (vgl. Stott 11; vgl. auch das erste der vier Missionsmodelle bei Freytag 210). Wo der Missionar von der Liebe Gottes nur spreche, aber an Problemen der Menschen wie Krankheit, Hunger und Unterdrückung ungerührt vorbeigehe, werde er unglaubwürdig. Das ist zweifellos richtig. „Wenn eine Kirche bloß durch Rhetorik evangelisiert, dagegen in ihrem eigenen Kreis und im Verkehr mit ihrer Umgebung nicht nach der Regel Jesu zum Handeln kommt, so macht sie ihr Wort nicht nur wirkungslos, sondern zum Anstoß für ihre Hörer“ (Schlatter 206). Liebe kann und soll sicherlich nicht nur verbal, sondern auch nonverbal kommuniziert werden. Wenn jemand erkennbar eine persönliche Frömmigkeit lebt, gleichzeitig aber sich liebevoll seines Nächsten und seiner Probleme annimmt, wird das in der Regel nicht ohne Wirkung auf andere bleiben. Bleibt es allerdings bei dieser nonverbalen Kommunikation, so wird dadurch eher der sog. „Glaube“ an den Menschen als der an Gott gefördert. Auch die Frömmigkeit kann dann nur nachgeahmt werden und sich dabei nur an die äußeren Formen der Frömmigkeit halten. Ihr Grund und Inhalt aber öffnet sich uns nur, wenn der andere von ihm auch spricht. In christlicher Frömmigkeit wird er dabei notwendig von der biblisch bezeugten Selbstoffenbarung Gottes reden. Diese ist nach der Bibel den Menschen aber nicht unmittelbar gegeben. Zugang zu ihr finden wir nur in dem von Wortoffenbarung begleiteten und gedeuteten Handeln Gottes in der Geschichte Israels und, diese Offenbarung vollendend und überbietend, in der Geschichte Jesu Christi als einem eschatologischen Geschehen, ausgerichtet auf das kommende Ende aller Geschichte und damit in einem Geschehen von unüberholbarer, endgültiger Bedeutung. Solche Partikularität der Heilsoffenbarung Gottes war seit jeher für ein nur von der Frage nach allgemeiner Wahrheit bestimmtes Denken ein Stein des Anstoßes (Newbigin 72 spricht mit Recht vom „scandal of particularity“). Die Wirkungen, die aus dieser Offenbarung folgen, können zwar von jedermann bei den Glaubenden in Werken der Liebe und auch in äußeren Akten der Frömmigkeit gesehen werden und eigene moralische und religiöse Kräfte stimulieren. Eine wirklich geistliche Erneuerung bewirken sie allein nicht. Diese kann nur aus dem Wort des Evangeliums kommen (Röm 10,17). Der Inhalt dieses Wortes aber ist etwas, das schlechthin kein Mensch, sei er noch so moralisch und religiös, aus sich selbst heraus entwickeln und so sich selbst sagen könnte (2Kor 2,9). Dies muss ihm vielmehr von außen zugesprochen werden. Die Offenbarung selbst ist ihm nur über die von ihr erzählende Verkündigung zugänglich, die ihrerseits auf das Christusereignis als Quelle allen christlichen Lebens zurückverweist. Diese Quelle aber ist nur durch sprachliche Kommunikation zu vermitteln. Deshalb ist Verkündigung das eigentliche Medium der Mission. Dabei ist der Begriff der Verkündigung wiederum selbstverständlich weiter zu fassen, als das Wort zunächst nahezulegen scheint. Neben die öffentliche Rede, sei es im kirchlichen, sei es im säkularen Raum, sei es in der Aufteilung in Redner und Hörer, sei es in der Form des Gesprächs, sei es im direkten Gegenüber oder über elektronische Medien, neben dies alles können auch die vielfältigen Formen des gedruckten Wortes treten (vgl. zur christlichen Literaturarbeit: Bockmühl 156ff). Dabei kann auch das Bild zwar die Verkündigung begleiten und unterstützen – aber nie ersetzen. Ohne das Wort bleibt selbst das Bild des Gekreuzigten stumm oder weckt höchstes ein flüchtiges Gefühl des Mitleids. Ähnliches gilt auch von der das Wort begleitenden und unterstreichenden Musik. Sie kann in ihrer Schönheit und emotionalen Ausdrucksstärke eine innerlich anrührende und bewegende Ahnung von der Wirklichkeit des Schöpfers vermitteln. Sie kann so zum unterstützenden „Medium der Mission" werden (Arnold 17). Persönliche, rettende Offenbarung allerdings, insbesondere Zuspruch der Vergebung, vermittelt nur das Wort selbst.

Literatur:

J. Arnold, Mit Lust singen und sagen, Jahresgabe 2011 der Ev. Sammlung Württemberg; K. Bockmühl, Bücher – wozu? Möglichkeiten christlicher Literaturarbeit, Gießen 1976, ND in BWA II,3, Gießen 2006, 156-191; W. Freytag, Vom Sinn der Weltmission, in: Reden und Aufsätze II, München 1961, 207-216; G. Friedrich, Art. *käryx*, in: ThWNT III, 682-717; L. Newbigin, The Gospel in a Pluralist Society, Grand Rapids/Cambridge UK 1989; A. Schlatter, Die christliche Ethik, Stuttgart [3]1977; E. Schnabel, Urchristliche Mission, Wuppertal 2002; J. Stott, Gesandt wie Christus, Wuppertal 1976.

3.1.3 Der Inhalt der missionarischen Botschaft

Als Jesus seine öffentliche Wirksamkeit begann, geschah dies mit der Verkündigung einer doppelten Botschaft, der Proklamation eines Ereignisses („das Reich Gottes ist nahe herbeigekommen") und der Ansage der aus ihm vom Hörer zu ziehenden Konsequenz der Umkehr (Mt 4,17) oder auch Heimkehr zu Gott (Lk 15). In beidem ist die Botschaft vom Reich eine „frohe" Botschaft, *eu-angelion* (Mk 1,15).

Dabei bedeutet *Reich Gottes*: Gott realisiert jetzt seine Herrschaft unter den Menschen. Er tut dies zunächst und grundlegend in der Sendung Jesu als dessen, der das entscheidende Hindernis für die Herrschaft Gottes überwindet: die Sünde des Menschen und seine aus ihr resultierende Schuldverfallenheit. Das geschieht, indem Jesus, in Erfüllung alttestamentlicher Prophetie (Jes 53,4f; vgl. Wolff 55ff und Riesner 178), als das „Lamm Gottes" (Joh 1,29; vgl. Mt 20,28) das Gericht Gottes über die menschliche Sünde auf sich nimmt und damit die Gerechtigkeit Gottes so aufrichtet, dass dem an ihn Glaubenden Heil widerfährt (vgl. auch Röm 8,3f). Das Kreuz ist nicht der unerwartet unglückliche Ausgang seines Lebens, sondern, nach dem Zeugnis aller Evangelien, seine Erfüllung. Sie sind „Passionsgeschichten mit ausführlicher Einleitung" (Kähler 60).

Diese Überwindung der Sünde ist das *Heil*, das zu bringen Jesus kommt, wie nach Matthäus schon sein Name gleichsam programmatisch ankündigt: er wird „sein Volk retten (*soosei*) von ihren Sünden" (Mt 1,21). Petrus fasst nach der Apostelgeschichte den Inhalt seiner Botschaft damit zusammen, dass er Jesus den nennt, in dem ausschließlich das Heil (*hä sootäria*) zu finden ist (Apg 4,12). Nach dem kurzen summarischen Bericht über seine Tätigkeit in Thessalonich hat Paulus Jesus verkündigt als den, „der uns rettet von dem künftigen Zorn" (1Thess 1,10). Diese Rettung geschieht im Blick auf das endzeitliche Gericht, realisiert sich zugleich aber schon jetzt. Deshalb kann Paulus in großer Gewissheit sagen: „Wir *sind* gerettet (*esoothämen*) – auf Hoffnung hin" (Röm 8,24; vgl. Michel z.St. 207: „Paulus will … von einem Geschehnis reden, das sich mit der Predigt des Wortes schon jetzt an uns vollzieht"). Was diese Rettung bedeutet, wird im Neuen Testament in vielfältiger Weise entfaltet, zentral aber als *Rechtfertigung* des Sünders oder Vergebung der Sünden und damit als *Versöhnung* mit Gott: Obwohl wir als Sünder Gottes Feinde waren, sind wir im Glauben an Jesus „mit Gott versöhnt durch den Tod seines Sohnes" (Röm 5,10). Deshalb kann Paulus seinen Lebensauftrag als Missionar mit den Worten beschreiben: „Also sind wir nun Botschafter an Christi Statt, denn Gott vermahnt durch uns, so bitten wir nun an Christi Statt: Lasst euch versöhnen mit Gott“ (2Kor 5,20), wodurch es bei dem mit Gott Versöhnten zu einer inneren Erneuerung kommt, einer „neuen Kreatur“ (V. 17).

Damit tritt neben den negativen Aspekt des Heils als Rettung aus dem Gericht der positive eines neuen Lebens, nun im Einklang mit Gottes Willen. Der Beginn der Herrschaft Gottes in Christus ermöglicht als seine Konsequenz die *Umkehr* als Abkehr von der Sünde und Hinkehr zu Gott. Heil ist nicht nur Befreiung von den Folgen der Sünde, sondern grundsätzlich auch von ihr selbst (vgl. auch im Vaterunser das Nebeneinander der beiden Bitten „Vergib uns unsere Schuld“ und „Erlöse uns von dem Bösen“). Das neue Leben des Christen ist „nicht ein Zusatz zum Heil, sondern selbst Heil“ (Schlatter 98). Es ist „Errettung aus der Macht der Finsternis“ (Michel, Voraussetzungen 219). Heil geschieht, „sobald Menschen unter die Herrschaft Christi kommen“ (Bockmühl, Was heißt 18).

In neuerer Missionstheologie wurde teilweise versucht, „Heil“ säkularisierend als „Entfaltung wahrer Menschlichkeit“ zu interpretieren. So sprach man auf der Weltmissionskonferenz in Bangkok (1973) von vier „sozialen Dimensionen des Heils“: 1. Heil als wirtschaftliche Gerechtigkeit, 2. Heil als Kampf um Menschenwürde und gegen Unterdrückung, 3. Heil als Ziel des Kampfes gegen Entfremdung und 4. Heil als Hoffnung im Kampf gegen Verzweiflung im Leben (Potter 197f). Dabei meinte man, mit Erwähnung der 4. Dimension auch traditioneller individueller Frömmigkeit entgegenzukommen. Tatsächlich aber geht es, wie in den anderen drei Dimensionen, um soziale Probleme, so hier um ein nur psychologisches Problem, also auch hier um kein wirklich religiöses. Die Erinnerung an den letzten Horizont biblischen Heilsverständnisses, die Rettung im Endgericht, ist ganz ausgeblendet (Burkhardt, Entwarnung 42). Auch ist das neue Leben des Glaubenden nicht identisch mit seelischem Wohlbefinden. Der Missionswissenschaftler P. Beyerhaus sprach in einem Bericht über die Konferenz zu Recht davon, dass hier das Herzstück der missionarischen Botschaft, die Versöhnung des Sünders mit Gott, „weitgehend durch ein rein horizontalistisches, sozialpolitisches Verständnis des Heils ersetzt worden“ sei (Beyerhaus 120; vgl. die Nachzeichnung der Geschichte dieser Entwicklung seit der Vollversammlung des ÖRK 1961 in Neu-Delhi bei Bockmühl 51-131; vgl. auch E. Berneburg, Verhältnis). Gegenüber dieser in der gegenwärtigen Missionstheologie bis heute nicht wirklich überwundenen Tendenz ist an eben diesem Herzstück des Evangeliums als grundlegend für das biblische Heilsverständnis festzuhalten (Burkhardt, Heil 871; vgl. zur neuesten Entwicklung: „Weltevangelisation oder Weltveränderung? Tübinger Pfingstaufruf", Gomaringen 2013).

Die individuelle Erfahrung des gegenwärtigen Heils bleibt allerdings nicht beim Einzelnen stehen. Als Erfahrung der schon gegenwärtigen Herrschaft Gottes im eigenen Leben weckt sie zugleich die Hoffnung auf die künftige Vollendung des Reiches Gottes und deshalb die innere Bereitschaft, jetzt schon Zeichen der kommenden Veränderung zu setzen im selbstlosen Einsatz für den Nächsten und für eine Änderung gesellschaftlicher Notstände (Newbigin 129). Sofern aber solcher Einsatz eine innere Erneuerung des Einzelnen voraussetzt, ist er der Mission nachgeordnet und gehört seine weitere Behandlung in den Zusammenhang der Erörterung des diakonischen Auftrags der Christenheit (s. III, 4). Jedenfalls ist soziale Erneuerung nicht direktes Missionsziel und damit „integraler Bestandteil" der Mission (zu diesem sog. „holistischen" Missionsverständnis vgl. kritisch Balz 227-231). Aber die individuelle Erneuerung Einzelner durch das Evangelium kann zum Quellort sozialer Erneuerung werden, indem geistlich erneuerte Menschen ihre soziale Mitverantwortung erkennen und sich, mit christlicher Motivation, aber im Rahmen allgemein-ethischer Normen, im Sinne sozialer bzw. politischer Diakonie in die Bemühungen um soziale und politische Erneuerung einbringen (Bockmühl, Herausforderung 129-140 und ders., Was heißt 148f; vgl. Burkhardt, Mission 84f; vgl. Ethik I, 163-168).

In den 80er-Jahren trat die sozialkritische Fragestellung zurück gegenüber einer neuen Offenheit für Religiosität (Burkhardt, Ein Gott 9-15; vgl. Balz 231). Allerdings wurde, auf andere Weise, auch hier die Verfremdung des Evangeliums fortgesetzt, ja vertieft. Auf dem philosophischen Hintergrund der nachkantischen Auffassung von der Nichterkennbarkeit Gottes wurde Religion in der pluralistischen Religionstheologie von der biblischen Offenbarung gelöst und auf religiöse Selbst- und Welterfahrung reduziert. Von daher meint man dann, Heil prinzipiell in allen Religionen finden zu können (vgl. dazu W. Neuers kritische Analyse der Religionstheologie von J. Hick; vgl. auch Ethik II/1, 41-59). Versöhnung mit Gott aber ist ein personales Geschehen, das angesichts der Sündhaftigkeit des Menschen nur von Gott selbst ausgehen und gewährt werden kann. Dies aber ist grundlegend im Kreuz Jesu, nur hier und nirgend sonst, geschehen.

Literatur:

H. Balz, Der Anfang des Glaubens. Theologie der Mission und der jungen Kirchen, Erlangen 2010; E. Berneburg, Das Verhältnis von Verkündigung und sozialer Aktion in der evangelikalen Missionstheorie, Wuppertal 1996; P. Beyerhaus, Die Weltkonferenz von Bangkok. Ein persönlicher Bericht, in: ThBeitr Jg.4/1973, 120-142; K. Bockmühl, Was heißt heute Mission? Entscheidungsfragen der neueren Missionstheologie, BWA I,3, hg. von H. Egelkraut, Gießen [2]2000; ders., Herausforderungen des Marxismus, BWA I/4, hg. von R. Mayer, Gießen [3]2002; H. Burkhardt, Entwarnung? Versuch einer Zwischenbilanz im Gespräch um Bangkok, in: ThBeitr Jg.5/1974, 36-44; ders., Art. Heil, in: ELThG[1] 869-871; ders., Ein Gott in allen Religionen? Wiederkehr der Religiosität – Chance und Gefahr, Gießen [2]1993; ders., Mission aus evangelikaler Sicht, in: JETh 9/1995, 81-87; M. Kähler, Der sogenannte historische Jesus und der geschichtliche, biblische Christus, München [3]1961; O. Michel, Der Brief an die Römer, Göttingen [3]1963; ders., Neutestamentliche Voraussetzungen für die Evangelisation heute, in: ders., Dienst am Wort. Gesammelte Aufsätze, Neukirchen 1986, 214-221; W. Neuer, Heil in allen Weltreligionen? Das Verständnis von Offenbarung und Heil in der pluralistischen Religionstheologie John Hicks, Gießen/Neuendettelsau 2009; L. Newbigin, The Gospel in a Pluralist Society, Grand Rapids/Cambridge UK 1989; Ph. A. Potter (Hg), Das Heil der Welt heute. Ende oder Beginn der Weltmission? Dokumente der Weltmissionskonferenz Bangkok 1973, Stuttgart 1973; R. Riesner, Martin Hengel's Quest for Jesus and the Synoptic Question, in: M.F. Bird/J.Maston (ed.), Earliest Christian History, Tübingen 2012, 171-190; A. Schlatter, Noch ein Wort über den christlichen Dienst, in: ders., Der Dienst des Christen, hg. von W. Neuer, Gießen 1991, 94-121; H. W. Wolff, Jesaja 53 im Urchristentum, Gießen [4]1984.

3.1.4 Grund und Ziel der Mission

Als Jesus die ersten Jünger beruft, nennt er ein klares Ziel für ihren Dienst: Sie sollen „Menschenfischer sein" (Mt 4,19; vgl. Schnabel 274ff). Sie sollen also nicht nur eine Information übermitteln, oder auch ein schnell wieder verfliegendes Gefühl wecken, sondern ihre Botschaft soll den Hörer ganz für das gewinnen, wovon die Botschaft redet: für das Reich Gottes und seine Priorität in seinem Leben. M.a.W.: Die Botschaft der Jünger zielt wie Jesu eigene (Mt 4,17) auf Umkehr. Ebenso gibt der Auferstandene seinen Jüngern den Auftrag, „Umkehr zur Vergebung der Sünden zu verkündigen" (Lk 24,47). In den bei Matthäus überlieferten Worten Jesu wird das Ziel als „Jünger werden" beschrieben (*mathäteusate* = macht zu Jüngern, Mt 28,19a; vgl. Apg 14,21), was sich darin konkretisiert, dass sie die Taufe annehmen (Mt 28,19b) und willig werden, die Unterweisung Jesu aufzunehmen und zu befolgen (V. 20). Bei Markus wird als Ziel der Verkündigung neben der Taufe der Glaube als Beginn eines neuen Lebens besonders herausgestellt (Mk 1,15; 16,16). Johannes umschreibt den gleichen Vorgang als Wiedergeburt (Joh 3,3). Paulus sagt von sich, dass er in seiner missionarischen Verkündigung sich selbst jedermann zum Knecht mache, „auf dass ich ihrer viele gewinne" (*kerdäsoo* 1Kor 9,19). In der Apostelgeschichte wird berichtet, dass man die Anhänger Jesu bald nach ihrem eigenen Bekenntnis des Glaubens an Jesus als Christus „Christen" nannte (Apg 11,26; vgl. Neudorfer 365). So könnte man zusammenfassend auch sagen: Das Ziel missionarischer Verkündigung ist, dass Menschen Christen werden (vgl. Apg 26,28 *Christianon poiäsai* = zum Christen machen). Wobei aber „Christ sein" grundlegend eben all das vorher Gesagte einschließt: Glaube, Umkehr, Wiedergeburt. Ohne die darin sich vollziehende innere Erneuerung gibt es kein Christsein (vgl. Ethik I,123-132; vgl. auch Burkhardt, Christwerden 56). „Christliche Mission ist Proklamation der Herrschaft Gottes … Mission ist … der Auftrag, Menschen unter die Herrschaft Gottes zu bringen mit allem, was sie sind" (Bockmühl 29f.199; vgl. Burkhardt, Mission 221f).

Lange Zeit galt die Auffassung, dass Mission in diesem Sinn, d. h. mit dem Ziel, dass Menschen Christen werden, ihr Tätigkeitsfeld als sog. „Außenmission" fast ausschließlich in nichtchristlichen Ländern vor allem der „Dritten Welt" habe. Erst Mitte des 19. Jahrhunderts kam angesichts der zunehmenden Entchristlichung einerseits der Gebildeten, andererenseits und vor allem des sog. Proletariats in den großen Städten auch Europas der Begriff der sog. „inneren" Mission oder auch Volksmission auf (vgl. Hasselhorn). Zu Beginn des 20. Jahrhunderts sprach man dann erstmals davon, dass auch ein bisher als „christlich" geltendes Land wie etwa Deutschland eigentlich „Missionsland" sei (so der Rostocker Praktische Theologe G. Hilbert; vgl. Burkhardt 9f). Da trotzdem nach wie vor der weitaus größte Teil der Bevölkerung getauft und damit Mitglied einer der beiden Volkskirchen war, setzte man offenbar voraus, dass trotz solcher Kirchenmitgliedschaft bei vielen noch nicht wirkliches Christsein vorauszusetzen sei. Erst seit dem ausgehenden 20. Jahrhundert aber spricht man auch von höchster kirchlicher Stelle aus, ohne wesentlichen begrifflichen Unterschied zwischen „innen" und „außen", offen von „Mission" bzw. einem „missionarischen Auftrag" in unserem Land (vgl. die EKD-Synode in Bad Wildungen 1988 „Christ werden – Christ bleiben" und die Synode in Leipzig 1999 „Reden von Gott in der Welt – Der missionarische Auftrag der Kirche an der Schwelle zum 3. Jahrtausend"; dazu Burkhardt 11ff; D. Peter, in: M. Herbst, Wachsende Kirche, Gießen 2008, 81f; vgl. auch zuletzt die Kundgebung der EKD-Synode 2011 vom Nov. 2011: Sie spricht im 2. Teil unter der Überschrift „Aufbrechen“ vom Christwerden als „einem grundlegenden Sinneswandel, der sich in der Nachfolge Jesu Christi und im Hören auf sein Wort ereignet“).

Parallel zu solcher Neuentdeckung des missionarischen Auftrags im eigenen Land fand eine gewisse umgekehrte Entwicklung im Bereich der bisherigen sog. Äußeren Mission statt, vor allem im Bereich der landeskirchlich orientierten Missionen: Diese verstehen sich weithin nur noch als Hilfsorganisationen der in den ehemaligen Missionsländern entstandenen, mittlerweile eigenständigen Kirchen. Sie schicken auch kaum mehr eigentliche Missionare aus, sondern kirchliche Mitarbeiter, die oft den Schwerpunkt mehr im Bereich der Diakonie oder Entwicklungshilfe als in der Verkündigung haben. Die Verselbstständigung der einheimischen Kirchen in den einstigen Missionsländern ist grundsätzlich nachdrücklich zu begrüßen (vgl. schon J. T. Becks Gedanken zur Mission in den 30er-Jahren des 19. Jahrhunderts; dazu Burkhardt, Beck 301.314). Sie hätte eigentlich immer schon selbstverständlich sein müssen, wenn nicht eine Art kulturimperialistische Einstellung bei vielen Missionsgesellschaften dies früher gehindert hätte (Schlatter 247). Dort, wo die eigenständigen Kirchen, wie heute oft der Fall, selbst missionarisch lebendige Kirchen sind, können dann allerdings auch die Mitarbeiter aus unseren Missionen in solche missionarische Arbeit eingebunden werden. Solche Mitarbeit unter der Verantwortung der einheimischen Kirchen ist auch bei den evangelikalen Missionen schon weithin die Regel. Umgekehrt kommen (leider noch relativ selten) Missionare aus den Ländern der Dritten Welt zu uns. So entwickelt sich Mission zu einer neuen Art der ökumenischen Zusammenarbeit.

Damit schwindet langsam der traditionelle Unterschied zwischen „innerer“ und „äußerer“ Mission und es realisiert sich, was schon der Lausanner Kongress für Weltevangelisation 1974 deutlich machte: Es gibt nur einen Missionsauftrag, und der gilt der ganzen Welt, d. h. allen Menschen, die, wo auch immer, noch nicht an Christus als ihren Herrn und Heiland glauben, angefangen bei uns – und bis an die Enden der Erde (vgl. LV Art. 8: „Gemeinden in evangelistischer Partnerschaft“; auch sonst war diese Einheit von innerer und äußerer Mission in Lausanne ständig präsent, vgl. Burkhardt, Lausanne 284f).

Es wäre an der Zeit, dass auch die fakultätspolitisch weithin auf dem Aussterbeetat stehende Missionswissenschaft ihre einseitige Orientierung an der Aufgabe der transkulturellen Mission aufgibt und, als wesentlicher (!) Bestandteil der Praktischen Theologie, die Einheit des Missionsauftrags hier wie in der ganzen Welt neu für sich entdeckt und von daher neues Gewicht bekommt. Die ganze Welt ist, nach den Worten Jesu, das Feld der Mission, in das er seine Jünger aussendet. Gott will, heißt es bei Paulus, dass „alle Menschen gerettet werden und zur Erkenntnis der Wahrheit kommen“ (1Tim 2,4). Zu ihnen aber gehören nun einmal auch, ja zuerst, die Menschen unserer nächsten Umwelt, entsprechend der Anweisung des Auferstandenen, die mit Jerusalem als nächster Umgebung beginnt und dann erst über Judäa und Samarien „bis an das Ende der Erde“ geht (Apg. 1,8).

Mission zielt also weder auf Stärkung oder Vertiefung allgemeiner Religiosität oder Moral, noch gar auf Ausbreitung des Einflusses einer bestimmten Weltanschauung und Multiplizierung ihrer Anhängerschaft im Sinne eines Selbstwertes, auch nicht die Vergrößerung irgendeiner religiösen Gruppe („Gemeindewachstum“), sondern ausschließlich auf das Christwerden von Menschen, die noch nicht Christen sind. Darin aber geht es nun tatsächlich um nicht weniger als das ewige Geschick jedes einzelnen Menschen. Es geht darum, dass es im Glauben an Jesus Christus jetzt schon und über dies Leben hinausgehend zu einem völlig neuen Verhältnis zu Gott kommt, und zwar zu dem einen, in der Bibel grundlegend bezeugten dreieinigen Gott. Aus diesem neuen Verhältnis erwächst dann eine von Liebe zu Gott bestimmte spezifisch christliche Spiritualität und ein von vorbehaltloser Liebe zum Mitmenschen bestimmtes zwischenmenschliches Verhalten.

Gegen ein solches Missionsverständnis, welches das Christwerden zum Ziel hat, werden immer wieder bestimmte Einwände erhoben:

3.1.4.1 Gesellschaftlich begründete Einwände

Mission, die das Christwerden des Adressaten zum Ziel hat, trifft auch beim nichtkirchlichen Mitbürger auf zunehmenden Widerstand. Sie wird als Angriff auf ein selbstbestimmtes Leben empfunden. Gerade in der gegenwärtig immer noch weitverbreiteten sog. postmodernen Stimmung gilt jeder Wahrheitsanspruch als gesellschaftlich unkorrekte Zumutung, auf die man oft geradezu allergisch reagiert. „Alles, was Wahrheit zu sein beansprucht, und zwar überlegene Wahrheit, Wahrheit mit Monopol, ist nicht mehr hinzunehmen … Das ist ein häufig übersehenes Element im Denken der Postmoderne: Sie fürchtet die Gewaltbereitschaft derer, die die Wahrheit haben“ (Herbst 43). Aber dieser Wahrheitsrelativismus ist nur eine sich selbst absolut setzende Flucht vor der offenen Begegnung mit der Wirklichkeit und ihrerseits keineswegs gegen Aggressivität gefeit. Umgekehrt ist das Evangelium eben solche Einladung zur offenen Begegnung und widerstreitet in sich als in der Liebe Gottes gründend und von ihr bestimmt jeder Gewaltbereitschaft (zum Thema Dialog vgl. Ethik II/1, 47-54).

3.1.4.2 Kirchengeschichtlich begründete Einwände

Obgleich man doch wohl sagen muss, dass eine Mehrzahl der formalen Kirchenmitglieder heute eine eher oberflächliche Beziehung zu den Inhalten des historischen christlichen Glaubens hat, weiß man sich trotzdem als „Christ". Aber dies Christsein ist oft mehr nur traditioneller Bestandteil der Kultur, in der man aufgewachsen ist, sozusagen ein Relikt aus einer Zeit, da es noch selbstverständlich war, dass „man" Christ war. „Christ" ist so mehr ein religionssoziologischer denn ein theologisch gefüllter Begriff. In einem sich so als Christ verstehenden Menschen jemanden zu sehen, der eigentlich nicht wirklich Christ ist, ist nach wie vor eine Provokation, die weithin als arrogante gesellschaftliche Ausgrenzung und Diskriminierung verstanden wird. Das gilt für die Betroffenen wie für solche, die von Amts wegen Verteidiger traditioneller volkskirchlicher Christlichkeit sind. Tatsächlich geht es aber im missionarischen Bemühen weder um Ausgrenzung noch Diskriminierung, sondern um Hilfe zur nüchternen Selbsterkenntnis angesichts dessen, was biblisch gesehen Christsein wirklich ist, und um das Angebot, persönlich Zugang zu ihm zu finden.

3.1.4.3 Theologisch begründete Einwände

Christliche Glaubensgewissheit kann *erstens* leicht als falsche Sicherheit missverstanden werden (vgl. dazu Schniewind 36f). Um ihr zu entgehen, bestreitet man oft, dass es wirkliches Christ*sein* gebe. Christwerden sei etwas, zu dem man immer nur unterwegs sei. Dann aber kann Christwerden als einmaliger Vorgang, der das Leben in ein Einst und ein Jetzt scheidet, nicht Ziel der Verkündigung sein. Sie gibt nur Hilfen auf dem Weg dahin, auf welchem Weg man aber nie ans Ziel kommt. Oder, mit dialektischer Theologie gesprochen, Christ ist man nur im je und je sich vollziehenden Akt einer immer wieder neu vom Wort initiierten Glaubensentscheidung. Aber solch aktualistisches Verständnis des Christseins entspricht nicht dem biblischen Zeugnis (vgl. Burkhardt 109ff). Es führt nur zu einem ständigen Schwanken zwischen Säkularität und eigener frommer Bemühung.

Ein *zweiter* theologischer Einwand sagt, dass es Anmaßung sei, Christwerden zum Ziel einer menschlichen Aktivität, die Verkündigung nun einmal ist, zu machen. Denn Christwerden sei ein souveränes Gnadenhandeln Gottes, das menschlicher Machbarkeit grundsätzlich entzogen sei, sowohl der des Verkündigers wie der des Hörers. J. I. Packer erinnert an eine Verlautbarung der anglikanischen Kirche von 1918, es gelte „Christus in der Kraft des Heiligen Geistes *so* zu verkündigen, dass Menschen dazu gebracht werden, durch ihn ihr Vertrauen auf Gott zu setzen, ihn als ihren Erretter anzunehmen und ihm als ihrem König in der Gemeinschaft der Kirche zu dienen" (zit. n. Packer 28). Packer weist darauf hin, dass nicht gesagt wird (was noch richtig wäre), evangelisieren heiße, „Christus den Sündern zu verkündigen, damit sie durch die Kraft des Heiligen Geistes dazu gebracht werden …", vielmehr heißt es: „… *derart* zu verkündigen, dass Menschen dazu gebracht werden …". In diesem „derart" aber liegt ein schwerwiegender theologischer Fehler. In der ersten Formulierung ist die Bekehrung Wirkung des Geistes Gottes, in der zweiten dagegen ist sie abhängig von der Art der Verkündigung („so" oder „derart"), sie ist also Wirkung des Predigers und seiner rhetorischen Kunst. Doch der Mensch kann Glauben nicht wirken, weder bei sich noch bei anderen, das ist allein Sache Gottes: „Verkündigung ist Menschenwerk, den Glauben aber schenkt Gott" (Packer 30).

Das ist zweifellos richtig. Allerdings warnt Packer gleichzeitig auch vor dem voreiligen Schluss, dass deshalb die Verkündigung ziellos und an einem Ergebnis nicht interessiert sein sollte. Vielmehr gilt, dass der Auftrag, zur Umkehr zu rufen, einschließt, „dass man den Zuhörern die Umkehr dringend nahelegt. Wenn wir nicht in diesem Sinne Bekehrung zu erreichen suchen, dann evangelisieren wir nicht" (31). Ob es zur Bekehrung kommt, liegt ausschließlich in der Hand Gottes. Niemand kann von Menschen zum Glauben genötigt werden, weder durch die Schlüssigkeit der Argumentation (so sehr wir um sie bemüht sein sollten) noch durch Manipulation der Gefühle (so sehr wir bemüht sein sollten, „von Herz zu Herz" zu sprechen, wie einst der Erweckungstheologe August Tholuck die Aufgabe eines Predigers beschrieb; vgl. Tholuck XVIII). Vielmehr müssen wir in allem Bemühen um ansprechende Verkündigung die Freiheit des Menschen respektieren und gerade so dem Wirken Gottes Raum und die alleinige Ehre geben. Wir dürfen, ja wir sollen wollen, dass der Hörer sich bekehrt. Aber das kann nicht geschehen im Vertrauen auf die Wirksamkeit unseres eigenen Redens, sondern nur in der zuversichtlichen Hoffnung, dass Gott selbst durch unser Zeugnis redet. Der Prediger des Evangeliums kann seinen Hörer deshalb nicht nötigen, sondern nur bitten, dass er dem Evangelium Glauben schenkt: „So sind wir nun Botschafter an Christi Statt, denn Gott (!) vermahnt durch uns; so bitten (!) wir nun an Christi Statt: Lasst euch versöhnen mit Gott“ (2Kor 5,20).

Schließlich und *drittens* wird insbesondere von katholischer Theologie aus eingewandt, dass Bekehrung als Ziel der Mission zu individualistisch gedacht sei. Stattdessen sei Kirchenpflanzung das Ziel der Mission (so 1935 der belgische Theologe P. Charles, vgl. Balz 286f). Diese These entspricht in dieser Einseitigkeit sicher nicht dem biblischen Zeugnis, nach dem die missionarische Botschaft nun doch die Rettung des Einzelnen in den Vordergrund stellt (vgl. Apg 2,38; 1Kor 9,22;10,33), allerdings dann auch mit der Einfügung in die Gemeinde verbindet (vgl. unten 1.3). Das II. Vatikanum hat jene einseitige Sicht deshalb zu Recht ausgeglichen, indem es beide Ziele einander zuordnete: „Es hat aber Gott gefallen, die Menschen nicht bloß als einzelne, ohne jede gegenseitige Verbindung, zur Teilhabe an seinem Leben zu rufen, sondern sie zu einem Volk zu bilden, in dem seine Kinder … in eins versammelt werden sollten“ (Ad Gentes 3). „Das hauptsächliche Mittel dieser Einpflanzung ist die Verkündigung der Frohbotschaft von Jesus Christus, die auszurufen der Herr seine Jünger in die ganze Welt ausgesandt hat, damit die Menschen, wiedergeboren durch das Wort Gottes mittels der Taufe, der Kirche eingegliedert werden“ (Ad Gentes 6; vgl. auch Balz 289). Man könnte auch sagen, dass die Bekehrung das erste Ziel der Mission ist, Kirchengründung bzw. Einfügung des Einzelnen in die Gemeinschaft der Kirche aber Frucht der Bekehrung. Darüber hinaus aber ist das, in der Kirche erst anfangsweise gegenwärtige, Reich Gottes letzter Zielhorizont der Mission.

Literatur:

H. Balz, Der Anfang des Glaubens. Theologie der Mission und die jungen Kirchen, Erlangen 2010; H. Burkhardt, Lausanne,74. Ein Bericht, in: ThBeitr 5/1974, 273-293; ders., Mission im Zeichen des Säkularismus. Klaus Bockmühls Beitrag zur Missionstheologie, in: ThBeitr 23/1993, 214-222; ders., Christwerden. Bekehrung und Wiedergeburt – Anfang des christlichen Lebens, Gießen 1999; ders., J. T. Beck und die Mission, in: ThBeitr 36,/2005, 294-314; K. Bockmühl, Was heißt heute Mission? Entscheidungsfragen der neueren Missionstheologie, BWA I/3, Gießen 2000; G. Friedrich, Art. *euaggelizomai*, in: ThWNT II, 705-735; ders., Art. *käryssoo*, in: ThWNT III, 682-717; M. Herbst, Wachsende Kirche, Gießen 2008; J. Hasselhorn, Art. Volksmission, in: ELThG 211f; Lausanner Verpflichtung, in:

ThBeitr 5/1974, 294-301; J. I. Packer, Prädestination und Verantwortung. Gott und Mensch in der Verkündigung, Wuppertal 1964; K. Rahner/H. Vorgrimler (Hg), Kleines Konzilskompendium, Freiburg [2]1967; A. Schlatter, Die Christliche Ethik, Stuttgart [3]1986; E. Schnabel, Urchristliche Mission, Wuppertal 2002; J. Schniewind, Gewissheit – nicht Sicherheit, in: ders., Zur Erneuerung des Christenstandes, Göttingen 1966; A. Tholuck, Predigten über Hauptstücke des christlichen Glaubens und Lebens, Bd. I, Gotha [5]1863.

3.1.5 Das Motiv zur Mission

Letztes Ziel der Mission ist die universale Durchsetzung der Herrschaft Gottes. Das für jedermann anzustrebende partikulare Nahziel ist dabei das Gewinnen Einzelner für diese Herrschaft Gottes und damit zugleich ihr Anteilbekommen am ewigen Heil schon jetzt. Eben dies geschieht im Christwerden.

Damit ist in gewisser Weise auch schon ein Motiv zur Mission angesprochen: Menschen dies Anteilhaben am Heil zu ermöglichen, ihnen zu helfen, das Angebot dieses Heils zu ergreifen.

Und doch stellt sich dabei eine weitere Frage: Was bewegt den Boten eigentlich zur Weitergabe dieser Botschaft vom Reich? Petrus bekennt vor dem Hohen Rat: „Wir können es ja nicht lassen, von dem zu reden, was wir gesehen und gehört haben“ (Apg 4,20). Warum aber kann er es nicht lassen?

In der Beantwortung dieser Frage ist zunächst auszugehen vom *Missionsbefehl Jesu*. Mission ist also ein Akt des Gehorsams. Das ist sicher richtig. Der Auftrag Jesu bleibt grundlegend. Mission ist nichts Selbstgewähltes. Niemand missioniert, weil es ihm Spaß macht. Auch bloße Abenteuerlust wäre ein fragwürdiges Motiv. Selbst das heute viel genannte Motiv des Wachstums der Gemeinde ist als Motiv theologisch nicht legitim. Gerade in der Apostelgeschichte, der ersten Missionsgeschichte sozusagen, ist zwar viel von Wachstum die Rede (vgl. dazu die neutestamentliche Studie von W. Reinhardt). Dies ist hier aber nur dankbar konstatiertes Ergebnis, nie dagegen Motiv der Mission. „Wir missionieren nicht um des Wachstums willen“ (Reifler 135).

Bei all diesen Motiven, auch dem letztgenannten, geht es letztlich um uns selbst. Der Adressat der Mission wird zum bloßen Objekt unseres, auch frommen, Eigeninteresses herabgewürdigt. W. Freytag urteilt mit Recht, solche Mission sei „getragen von einem Geist der Selbstbestätigung“ (Freytag 212).

Mission geschieht aber nicht um unsertwillen, sondern weil Jesus sie will. Er aber will sie nicht um seinetwillen, sondern um der Menschen willen. Unser Gehorsam besteht darin, dass wir diesen seinen Willen und damit eben auch sein in ihm zum Ausdruck kommendes Motiv uns zu eigen machen. Dies Motiv aber ist allein die Liebe, genauer, angesichts der Verlorenheit des Menschen um seiner Sünde willen, *die sich in Christus uns zuwendende Retterliebe Gottes*. Diese Zuwendung geschieht entscheidend in Kreuz und Auferstehung Jesu. Aber nicht allein das wunderbare Ereignis als solches schon motiviert die Zeugen zu seiner Verkündigung (Newbigin 116: „Missions begins with a kind explosion of joy. The news that the rejected and crucified Jesus is alive is something that cannot possibly be suppressed"), sondern die in diesem Ereignis sich manifestierende Liebe Gottes: „Also hat Gott die Welt geliebt, dass er seinen eingeborenen Sohn gab, damit alle, die an ihn glauben, nicht verloren gehen, sondern das ewige Leben haben" (Joh 3,16). Die Teilhabe an dieser Liebe ist das einzig legitime Missionsmotiv (vgl. 2Kor 5,14 als Hinführung zu V. 20).

Literatur:

W. Freytag, Vom Sinn der Weltmission, in: Reden und Aufsätze II, München 1961, 207-217; H.-W. Neudorfer, Art. Christ, in: ELThG 365f; L. Newbigin, The Gospel in a Pluralist Society, Grand Rapids/Cambridge UK 1989; H. U. Reifler, Handbuch der Missiologie, Nürnberg 2005; W. Reinhardt, Das Wachstum des Gottesvolkes. Biblische Theologie des Gemeindewachstums, Göttingen 1995.

3.1.6 Der Träger der Mission

Die ersten Boten, die Jesus zur Verkündigung des Evangeliums vom Reich aussendet, sind die von ihm berufenen Jünger. Das ist zunächst der engere Kreis der namentlich aufgeführten Zwölf (Mt 10,1-4 = Mk 3,13-19; vgl.Lk 6,13-16), nach einer weiteren Überlieferung auch eine Gruppe von 72 (Lk 10,1-20). Bei der Erneuerung des Missionsbefehls durch den Auferstandenen ist es wieder nur der kleinere, nach dem Ausscheiden des Judas auf elf Jünger reduzierte Zwölferkreis (Mt 28,16 = Mk 16,14; vgl. Joh 20,21-24; nach Lk 24,33.47f muss man die beiden Emmaus-Jünger mit hinzurechnen). Wobei die ersten Aussendungen zunächst nur den „verlorenen Schafen aus dem Hause Israel" gegolten hatten (Mt 10,6; ähnlich Lk 10,1). Jetzt aber ist der Auftrag des Auferstandenen mit einer universalen Ausweitung verbunden (Mt 28, 19: „alle Völker“, vgl. 24,14 bereits in Form einer Weissagung; Mk 16,15: „Geht in alle Welt und predigt das Evangelium aller Kreatur“; Lk 24,47: „unter allen Völkern“; Apg 1,8: „bis an das Ende der Erde“; vgl. Stuhlmacher 112f.122f).

Nach allen Synoptikern werden die Zwölf „Apostel“ (= Gesandte) genannt (Mt 10,2; Mk 6,30), insbesondere bei Lukas (6,13 „… welche er auch Apostel nannte“). Auch nach der Auferstehung hatten sie eine herausragende Funktion als berufene Zeugen von Lehre und Leben, Tod und Auferstehung Jesu (vgl. Apg 1,22; vgl. 2,42 und 6, 6,4b). Neben sie traten später unter Verwendung des gleichen Begriffs auch berufene Boten der Gemeinden (vgl. Apg 13,2; 14,4.14; 2.Kor 8,23; vgl. Betz 103; Haacker 321, Anm. 30 zu Röm 16,7). Diese Boten hatten aber nicht unbedingt einen Verkündigungsauftrag (die in 2Kor 8,19 genannten Brüder sind Paulus beigegeben als Mitarbeiter bei der Kollekte für Jerusalem).

Der Fortgang der Verkündigung des Evangeliums zeigt allerdings, dass bereits die frühe Christenheit keine Beschränkung des Zeugendienstes auf einige besonders Berufene kannte: Der eigentlich speziell zu einem diakonischen Dienst berufene Stephanus tat sich bald auch als Verkündiger hervor und wurde deshalb der erste christliche Märtyrer (Apg 6–7). Als danach eine Verfolgung der Gemeinde einsetzte, heißt es von den über das Land verstreuten Gliedern der Gemeinde, dass sie „umherzogen und das Wort predigten“ (Apg 8,4), unter ihnen besonders der Diakon Philippus, durch dessen Zeugnis sich der Finanzminister der äthiopischen Königin Kandake bekehrte (8,26-40).

Wenn mit der Zeit „die“ Jünger Christen genannt wurden (Apg 11,26), so bedeutet das im Umkehrschluss, dass man in allen, die sich zu Christus bekannten, „Jünger“ Jesu sah (Apg 14,20). Man bezog also auch alles das, was die Evangelien über diese sagen, auf jeden Christen, damit aber auch die grundsätzliche Berufung zum Zeugendienst für das Evangelium. Das macht besonders das Beispiel der Christen in Thessalonich deutlich. In seinem ersten Brief an sie dankt Paulus Gott angesichts ihres „Werks im Glauben“ (1Thess 1,3) und erläutert diese Aussagen gleich darauf mit der dankbaren Feststellung, dass sie nicht nur seine Evangeliumsverkündigung für sich aufgenommen haben, sondern nach der Weiterreise des Apostels diese auch ihrerseits anscheinend ganz selbstverständlich fortsetzten: „Denn von euch aus ist erschollen das Wort des Herrn nicht allein in Mazedonien und Achaja, sondern an allen Orten ist euer Glaube an Gott bekannt geworden, sodass wir nicht nötig haben, (noch) etwas zu sagen" (1Thess 1,8; vgl. Phil 1,14; vgl. auch Apg 15,35; Stenschke 140; Bockmühl 19f). Petrus spricht dann diese Berufung jedes Christen zum Zeugendienst grundsätzlich-theologisch in prophetischer Deutung alttestamentlicher Worte aus: „Ihr aber seid das auserwählte Geschlecht, das königliche Priestertum, das heilige Volk, das Volk des Eigentums, dass ihr verkündigen sollt die Wohltaten dessen, der euch berufen hat von der Finsternis zu seinem wunderbaren Licht" (1Petr 3,9; vgl. Ex 19,6; Jes 43,21). Er gibt dann auch gleich eine praktische Anwendung, indem er den Christen, an die sich der Brief richtet, schreibt: „Seid allezeit bereit zur Verantwortung vor jedermann, der von euch Grund fordert der Hoffnung, die in euch ist" (1Petr 2,15; vgl. Kol 4,6). Dieser Grund aber ist der Sühnetod Jesu Christi (1 Petr 1,18f) und seine Auferstehung von den Toten (1,3). Die Hoffnung besteht in der Erwartung der Wiederkunft Jesu und der Erlangung des Ziels des Glaubens, der „Seelen Seligkeit" (*sootärian psychoon,* 1,8f; vgl. V. 21).

Aus diesen neutestamentlichen Aussagen geht einhellig hervor: Die missionarische Weitergabe des Evangeliums ist ausschließlich Sache von Christen, und zwar grundsätzlich jedes Christen. Dabei ist der einzelne Christ aber nie isoliert zu sehen. Seine Berufung zur Mission ist eingebettet in die Berufung der Gemeinde Jesu Christi.

3.1.6.1 Mission ist ausschließlich Sache von Christen

Wenn missionarisches Zeugnis auf das Christwerden der Adressaten zielt, dann wäre es selbstverständlich widersinnig, wenn der Träger des Zeugnisses nicht selbst schon Christ wäre. Missionarisches Zeugnis kann nur von Christen erwartet werden. Das Zeugnis jedes anderen wäre, da es nicht eigener Überzeugung entspricht, notwendig unaufrichtig und deshalb unglaubwürdig. Zugleich wäre er von den Konsequenzen überfordert, wenn ganze Hingabe an diese Aufgabe und schließlich u. U. gar das Martyrium verlangt wäre. Damit ist auch ausgeschlossen, dass, jedenfalls in einem demokratischen Staatswesen, in dem der Staat in religiöser Neutralität allen Bürgern gleich verpflichtet ist, dieser zum Träger des missionarischen Anliegens einer bestimmten gesellschaftlichen Gruppierung wird. Das würde autoritäre staatskirchliche Verhältnisse voraussetzen, wie sie in Mittelalter und früher Neuzeit tatsächlich lange gegeben waren. Entsprechend wurde damals Mission, sofern diese überhaupt als christliche Aufgabe gesehen wurde, z. T. staatlich gefördert. Dies wäre aber nicht nur in unserer pluralistischen Gesellschaft und angesichts der verfassungsmäßig vorgeschriebenen religiösen Neutralität unseres Staates nicht möglich, sondern war immer schon theologisch problematisch. Denn staatliche Gewalt ist notwendig (und mit Recht) mit Gesetzeszwang verbunden. Dies aber widerstreitet grundsätzlich dem Wesen des Evangeliums, das auf freie Aneignung zielt.

Dieser Grundsatz schließt allerdings nicht aus, dass die Weitergabe des Evangeliums im Ausnahmefall auch unabhängig von der Einstellung des Übermittlers seine dem Evangelium entsprechende Frucht bringen kann. Zu einer solchen Situation kann es vor allem in der traditionellen Christlichkeit in unseren Volkskirchen kommen: Jemand, der selbst noch nicht wirklich Christ ist, sich aber religiös an die christliche Umwelt, in der er lebt, mehr oder weniger angepasst hat, kann dabei zum Repräsentanten und Vermittler des Evangeliums eingesetzt werden, sei es als staatlich besoldeter Religionslehrer, sei es als ehrenamtlicher oder gar als amtlicher kirchlicher Mitarbeiter, insbesondere als Theologe. Sofern er der Versuchung erliegt, dabei auch das Evangelium selbst sich und seinen ggfs. vom Zeitgeist geprägten religiösen Vorstellungen anzupassen, wird es natürlich höchst problematisch. Er kann zu einem Verführer zum Unglauben werden. Wenn er aber das Evangelium selbst unverfälscht weitergibt, kann, was er vermittelt, durchaus auch Anstoß zum Glauben werden. Aber das sollte als Grenzfall angesehen werden, der die Regel nicht aufhebt, dass das Evangelium von solchen weitergegeben wird, die sich selbst mit seiner Wahrheit identifizieren.

Dazu aber bedarf es nun auch einer Motivation, die nur beim Christen gegeben ist, und zwar mit der in der eigenen Heilserfahrung begründeten selbstlosen Liebe zu den Menschen ohne Christus. Natürliches Mitteilungsbedürfnis und die Neigung, sich durch, und sei es christliche, Beredsamkeit zur Geltung oder auch es zu materiellem Gewinn zu bringen, muss versagen, sobald das dabei zu Vermittelnde auf Widerstand stößt. Eben damit aber muss der Verkündiger des Evangeliums rechnen: Nicht nur die mit ihm verbundenen, den aufgeklärten Skeptikern damals wie unseren säkularisierten Zeitgenossen heute anstößigen wunderbaren Züge wie insbesondere die Rede von der Auferstehung Jesu vom Tod, sondern noch mehr die Behauptung von der Verlorenheit des Menschen und der Rettung nur und ausgerechnet durch den Gekreuzigten sowie die Zumutung der Umkehr erregen unvermeidlich den Widerspruch der vermeintlichen Weisheit und Autonomie des natürlichen Menschen (1Kor 1,18), und damit bis zum heutigen Tag bestenfalls mitleidigen Spott (Apg 17,32) oder schlimmerenfalls gesellschaftliche Diskriminierung, bis hin zur Verfolgung.

3.1.6.2 Mission ist Sache jedes Christen

Der Umstand, dass es von Anfang an zum Dienst der Verkündigung besonders Berufene und in der Regel auch für ihn Freigestellte gab (vgl. 1Kor 9,4-9), zunächst vor allem die Apostel, später mit der Konstituierung der Kirche auch kirchliche Beamte, den sog. Klerus, konnte die übrigen Glieder der Gemeinde leicht zu einem passiven, sich in das Private zurückziehenden Leben verleiten, vor allem seit Christwerden in der nachkonstantinischen Zeit durch die staatliche Duldung und Anerkennung der Kirche nicht mehr zum Außenseiterdasein bestimmte. Soweit Mission überhaupt noch als Aufgabe in den Blick kam, wurde sie leicht als Aufgabe nur der „Vollzeiter" angesehen, also der Mönche und des Klerus oder, evangelisch, der Pfarrerschaft.

Eine solche Einstellung aber widerspricht grundlegend dem neutestamentlichen Verständnis des Jünger- bzw. Christseins. Es ist von Anfang an immer wesentlich Berufung zum Dienst (Mt 5,13-16; 20,26; 24,45f). Diese Berufung ist nicht zuletzt Berufung zum Zeugnis für das in Christus gegenwärtige Gottesreich. Sie betrifft nicht nur einige wenige innerhalb der Gemeinde, sondern als ganze ist sie das von Gott erwählte „priesterliche Volk … zu verkündigen die Wohltaten dessen, der uns berufen hat von der Finsternis zu seinem wunderbaren Licht" (1Petr 2,9). Damit ist auch jeder Einzelne in ihr zu solchem Dienst berufen. In der Reformation (Luther 399,17-19) und dann besonders im Pietismus (Spener 118,22ff) wurde dies „Priestertum aller Gläubigen" neu herausgestellt, im Pietismus gerade auch in seiner missionarischen Dimension. In diesem Sinn sagt Schlatter: „In unserem Verkehr mit denen, die noch keinen wirksamen Anteil an der Kirche haben, sind wir alle zum Dienst berufen" (Schlatter, Ethik 200). „Die Verpflichtung, denen Gottes Werk zu zeigen, die es nicht kennen, … haftet am Christenstand" (201; vgl. schon Schlatter, Dienst 23-25: die Universalität der Gnade begründet nicht nur den eigenen Glaubensstand, sondern verpflichtet zugleich dazu, sie allen zu bezeugen). „Dadurch, dass uns der Glaube an Jesus gewährt ist, ist jedem von uns das Bekenntnis zu ihm aufgetragen, und weil uns Gottes Liebe verliehen ist, hat jeder von uns die Vollmacht, helfend an die Not und Verirrung der anderen heranzutreten" (Schlatter, Ethik 203).

Allerdings gibt es nun innerhalb dieser grundlegenden Berufung aller Christen doch eine Differenzierung in der Art des Einsatzes. Dieser beginnt für jedermann zunächst in seinem unmittelbaren Lebensbereich. So ist nach Schlatter in besonderer Weise „die Familie der Ort, wo sie (erg. die Evangelisation) immer wieder erfolgreich geübt wird“ (Schlatter, Ethik 202). Ebenso geben uns „die tiefen Berührungen, die uns die Freundschaft bereitet, … in ähnlicher Weise Gelegenheit zu diesem höchsten Dienst“ (ebd.). Zunächst die örtliche Gemeinde, aber auch die verschiedensten übergemeindlichen missionarischen Initiativen bieten ein vielfältiges Feld missionarischen Engagements, sei es in Gestalt der Unterstützung durch Fürbitte und Spenden, sei es in Mitverantwortung in der Organisation oder im direkten persönlichen Einsatz.

Über solche nebenberufliche Mitarbeit hinaus gibt es nun aber auch ganz beanspruchende Formen missionarischen Dienstes wie etwa im Amt des Gemeindepfarrers oder Gemeinschaftspredigers, des vollzeitlichen Mitarbeiters in der Jugendarbeit oder des reisenden Evangelisten, nicht zuletzt aber nach wie vor im Dienst als Missionar im traditionellen Sinn, der sein Arbeitsfeld außerhalb seiner eigenen Heimat hat. Da solche Dienste für die Lebensplanung des Einzelnen eine besondere Herausforderung darstellen, bedarf es zu ihnen auch über die allgemeine Berufung zum christlichen Zeugendienst hinaus jeweils eine spezielle Berufung, eine persönliche Gewissheit, von Gott zu solchem Dienst bestimmt zu sein. Diese Berufung kann von außen angeregt sein und sollte nachträglich etwa in einer Ordination bestätigt und gefestigt werden. Entscheidend aber ist eine persönlich erfahrene geistliche Berufung (vgl. Ethik I, 157ff zum Thema der Geistesleitung). Kein Christ sollte sich zu schnell mit der allgemeinen Berufung zum Zeugendienst begnügen, vielmehr sollte jeder als Ausdruck seiner vorbehaltlosen Verfügbarkeit zunächst auch für solche besonderen Berufungen offen sein.

3.1.6.3 Kirche und Mission

Die urchristliche Mission vollzog sich von Anfang an aus dem Kontext der Gemeinde heraus. Petrus spricht vom ganzen Volk des Neuen Bundes als der zum Zeugnis berufenen „königlichen Priesterschaft“ (1Petr 2,9). Der Apostel Paulus wurde, zusammen mit Barnabas, durch die Gemeinde in Antiochien zu seinem weltweiten Missionsdienst ausgesandt (Apg 13,2f). Entsprechend sollte an sich die christliche Kirche, als ganze und in allen einzelnen Gemeinden an ihrem Ort, immer ganz selbstverständlich missionarische Gemeinde sein und insofern Träger von Mission.

Eben diese Erkenntnis aber geriet im Laufe der Zeit, vor allem mit der gesellschaftlichen Etablierung der Kirchen als Volkskirchen, weithin in Vergessenheit. Wo es, wie zuletzt in der neueren Missionsbewegung im Protestantismus seit dem 18. Jahrhundert, zu missionarischen Aufbrüchen kam, zunächst im Blick auf Mission in außereuropäischen Ländern, dann auch in den schon lange, aber oft nur oberflächlich christianisierten Völkern Europas im Sinne der sog. „inneren Mission", da ging die Initiative dazu in der Regel nicht von offiziellen Organen der evangelischen Kirchen aus (soweit man zur Zeit des Staatskirchentums überhaupt von solchen Organen sprechen konnte), sondern durchweg von freien Initiativen und wurde von den aus ihr entstehenden Missionsgesellschaften getragen.

Im 20. Jahrhundert fand hier nun ein gewisses Umdenken statt. Man entdeckte in der Missionstheologie neu die Mission nicht mehr nur als Sonderinteresse Einzelner bzw. einzelner Gruppen, sondern als „Auftrag des einen Herrn an die ganze Kirche für die ganze Welt" (so formulierte Freytag 107 ein Ergebnis der Weltmissionskonferenz 1952 in Willingen; vgl. ders., Über die Missionsgesellschaft 83: „Missionsgesellschaften … sind Werkzeuge der einen Kirche in den vielen Kirchen"). Für den niederländischen Theologen J. Hoekendijk war Kirche geradezu nichts anderes als „Funktion des Apostolats" (vgl. Bockmühl 3). Diese Entwicklung fand 1961 in Neu-Delhi mit der Integration des bis dahin selbstständigen Internationalen Missionsrats in den Weltkirchenrat ihren äußeren Ausdruck, eine organisatorische Neuordnung, die dann auch auf nationaler Ebene nachvollzogen werden sollte.

Diese Maßnahme folgte einerseits einer theologisch richtigen Erkenntnis, war angesichts der inneren geistlichen Situation vor allem der europäischen Mitgliedskirchen mit ihrem zunehmenden Infiziertsein durch Säkularismus und Relativismus jedoch zugleich hochproblematisch. Die von K. Bockmühl einst zum Ausdruck gebrachte Hoffnung, dass von der Besinnung auf die Erkenntnisse der neueren Missionstheologie eine heilende Rückwirkung auf die Kirchen selbst und die Theologie überhaupt ausgehen könnte (Bockmühl 46f), wurde bald in ihr Gegenteil gewendet und die Mission weithin in die Irrwege der europäischen Theologie hineingezogen, wie sich schon 1961 in Neu-Delhi zeigte. Bereits hier kam es in Ansätzen zur Auflösung des Ausschließlichkeitsanspruchs des christlichen Zeugnisses (etwa im Referat des indischen Theologen P. D. Devanandan; vgl. Bockmühl 56f), vor allem dann aber 1968 in Uppsala (Bockmühl 91-108 und 168-171) und 1973 in Bangkok (Bockmühl 114-131). So ist es nicht überraschend, dass sich bald eine Gegenbewegung bildete. Sie kam theologisch 1970 in der „Frankfurter Erklärung zur Grundlagenkrise der Mission" zum Ausdruck (Initiator und Hauptautor P. Beyerhaus; vgl. den Text in: Steubing 319-325), führte organisatorisch in Deutschland zu der 1969 gegründeten „Arbeitsgemeinschaft evangelikaler Missionen" (AEM) und kristallisierte sich weltweit in der Arbeit der Theologischen Kommission der „World Evangelical Fellowship" (WEF) sowie der im Anschluss an den Lausanner Kongress für Weltevangelisation 1974 sich bildenden „Lausanner Bewegung" (Bockmühl 131-155; vgl. den Text der „Lausanner Verpflichtung" in: Steubing 325-335). Diese Entwicklung ist insofern bezeichnend für den spezifisch christlichen Charakter der Mission, als dieser in biblisch orientierten freien Werken offensichtlich leichter konsequent festgehalten werden kann als in einer Volkskirche, sofern diese sich – wie es heute weithin der Fall ist – dem Pluralismus öffnet.

Literatur:

O. Betz, Art. Apostel, in: ELThG 103f; K. Bockmühl, Was heißt heute Mission?, BWA I/3, hg. von H. Egelkraut, Gießen 2000; W. Freytag, Über die Missionsgesellschaft, in: RuA II, 79-83; ders., Weltmissionskonferenzen, in: RuA II, 97-110; K. Haacker, Der Brief des Paulus an die Römer, Leipzig 1999; M. Luther, Dass eine christliche Versammlung oder Gemeine Recht und Macht habe, alle Lehre zu beurteilen, in: Luthers Werke in Auswahl, hg. von O. Clemen, 2. Bd. Bonn 1912, 395-403; A. Schlatter, Der Dienst des Christen in der älteren Dogmatik, in: ders., Der Dienst des Christen, hg. von W. Neuer, Gießen 1991, 19-93; ders., Die christliche Ethik, Stuttgart [5]1986; Ph. J. Spener, Pia desideria, dt.-lat. Studienausgabe, Gießen 2005; C. Stenschke, David Bosch, Paulus und die Mission der Kirche, in: EJT XXI/2012,13-147; H. Steubing (Hg), Bekenntnisse der Kirche. Bekenntnistexte aus zwanzig Jahrhunderten, Wuppertal [2]1985; P. Stuhlmacher, Zur missionsgeschichtlichen Bedeutung von Mt 28,16-20, in: EvTheol. 59/1999, 108-130.

3.1.7 Mission und Kontextualisierung

Mission ist wesentlich ein Kommunikationsgeschehen. In aller Kommunikation geht es um die Vermittlung einer Botschaft von einem Absender an einen Empfänger. Diese Übermittlung ist wesentlich erleichtert, wenn beide in der gleichen Kultur beheimatet sind. Ein besonderes Problem entsteht aber beim Versuch transkultureller Kommunikation. Lange Zeit sah christliche Mission hier primär „nur" ein sprachliches Problem, das durch Übersetzung von der eigenen in die fremde Sprache zu überwinden sei. Aber schon dies Problem darf nicht zu leicht genommen werden. Das zeigt sich etwa dann, wenn in der fremden Sprache aufgrund fehlender Anschauung und Erfahrung in dieser Kultur, in der es z. B. kein Brot, sondern stattdessen Reisbrei gibt, das sinnentsprechende Wort für die Vaterunserbitte um das tägliche Brot nicht zu finden ist (Beyerhaus 246; Reifler 469). Oder wenn ein in mancher Hinsicht wohl entsprechendes Wort doch mit solchen Assoziationen verbunden ist, dass seine Verwendung unvermeidlich zu Missverständnissen führen würde (so ist im Arabischen *Allah* das Wort für Gott, es ist für den Moslem aber zugleich auch der Name seines Gottes). Sprache ist offensichtlich kein kulturunabhängiger Vermittler, sondern selbst kulturgebunden. Das gilt nicht nur im Blick auf die Sprache des Adressaten, sondern auch die des Absenders. So stellt sich die Frage, wieweit möglicherweise auch die Botschaft und die mit ihr verbundene Frömmigkeitsgestalt von der eigenen Kultur des Missionars mitgeprägt ist und es mit der Annahme des christlichen Glaubens durch den Adressaten bei ihm zu einer Entfremdung von seiner eigenen Kultur und damit seiner durch sie geprägten eigenen Identität kommt. Das Problem spitzt sich zu in der Frage, in welchem Verhältnis bei ihm jetzt die neue Religion zu der alten steht: Kann erstere an letztere anknüpfen, bzw. wenn ja – wieweit? Kann sie wenigstens teilweise unverändert übernommen werden oder ist sie von der neuen Religion her zu transformieren? Muss bzw. wieweit muss die Botschaft selbst sich im Prozess der Kommunikation verändern? Der Missionar scheint hier zwischen Scylla (Anpassung des Absenders bzw. seiner Botschaft an den Kontext des Adressaten im Sinne des Synkretismus) und Charybdis (Überfremdung des Adressaten durch den kulturellen Kontext des Absenders) seinen Weg finden zu müssen.

In neuerer Zeit erfährt die Problematik innerhalb der Völker, nicht zuletzt auch in unserer eigenen Gesellschaft, eine weitere Differenzierung im Blick auf soziale und kulturelle Unterschiede. Ansätze zur Aufnahme dieses Problems finden sich bereits in den Dokumenten des Lausanner Kongresses von 1974 (Burkhardt 285). Neuerdings wird diese Frage vor allem in den Milieu-Studien im Zusammenhang mit dem EKD-Kompetenzzentrum für Mission auf sozialwissenschaftlicher Grundlage neu zur Diskussion gestellt (vgl. Hempelmann).

Überlegungen zur Wegfindung:
a) Kultur ist Ausdruck der historischen Erfahrung von Völkern und der in ihnen lebenden Menschen, eine Art zweite Natur (vgl. Ethik II/2, 223f). Sie ist grundsätzlich positiv zu werten als ein wesentlicher Aspekt der Identität, des Selbstseins des Menschen und damit Ausdruck der Vielfalt des Geschöpflichen. Insofern ist sie grundsätzlich schützenswert. Kultur zerstören heißt Leben zerstören, Kultur bewahren, Leben bewahren.

b) Ungeachtet der Vielfalt der Kulturen geht die Bibel von der Einheit der Menschheit aus. Allen Kulturen liegt ein gemeinsam Menschliches zugrunde. In biblischer Lehre kommt dies im Zeugnis von der Gottebenbildlichkeit zum Ausdruck (Ethik I, 63-70). Dies zeigt sich insbesondere darin, dass es grundsätzlich allen Menschen eigen ist, nach Gott zu fragen, um das Gute und um eine entsprechende letzte Verantwortung für die Gestaltung des eigenen Lebens bzw. um Schuld beim Versagen in dieser Verantwortung zu wissen (Ethik I, 78-91). In der gegenwärtigen Debatte um Kontextualisierung besteht die problematische Neigung, einerseits die kulturellen Unterschiede überzubewerten, andererseits das einheitlich Menschliche kleinzureden.

c) Nach biblischem Zeugnis ist jeder Mensch auch als Gottes Ebenbild zugleich Sünder (Ethik I, 70-72.75-78). Als Ausdruck seiner individuellen und sozialen Existenz ist auch seine Kultur von diesem Sündersein mitgeprägt, das Wissen bzw. Nichtwissen um das Gute (Ethik I, 77) wie die Gestaltung seiner Religiosität in einer bestimmten Religion eingeschlossen (Ethik II, 43-46).

Die Gottebenbildlichkeit jedes Menschen macht in der Vermittlung des Evangeliums die Anknüpfung an die vorgegebene natürliche Religiosität möglich, die Sündhaftigkeit jedes Menschen macht, in „Assimilation und Abstoßung" (Michel 41) eine Transformation nichtchristlicher Religiosität von der biblischen Offenbarung her nötig.

d) Die biblische Offenbarung ist zu einer bestimmten Zeit an bestimmten Menschen geschehen, die ihrerseits im Kontext der Kultur ihrer Zeit lebten. Die Offenbarung trägt deshalb bleibend Merkmale dieser Kultur an sich. Trotzdem ist die biblische Offenbarung nicht Produkt dieser Kultur und mit ihr vergänglich. Vielmehr ist sie in der Erwählung Israels („in deinem Namen sollen gesegnet werden alle Geschlechter auf Erden", Gen 12,3; „ihr sollt mir ein Königreich von Priestern sein"; Ex 19,6) von Anfang an in einen die ganze Geschichte umfassenden universalen Horizont gestellt (vgl. Newbigin 80ff „The Logic of Election"; vgl. Nicholls 45; „God in his sovereignity chose a Semitic culture through which to reveal his Word"). Gott hat sich als Schöpfer in mancherlei Weise jedermann zu erkennen gegeben (Röm 1,19; Apg 14,17). Aber die Spur seines auf die Rettung von der Sünde zielenden Handelns finden wir nur in der biblisch bezeugten Offenbarungsgeschichte. Das Kommen Jesu, sein Kreuzestod und seine Auferstehung sind Geschehnisse (und als solche geschichtliche Fakten), die mit ihrer vielfältigen, aber sich ergänzenden biblischen Deutung als eschatologische Ereignisse unüberholbar grundlegend sind für die der Christenheit anvertraute, der ganzen Welt geltende missionarische Botschaft. Dabei ist prinzipiell nicht zwischen zeitlos gültigem Kern und vergänglicher Schale zu unterscheiden. Die Wahrheit Gottes ist keine zeitlose (Lessing 309: „Zufällige Geschichtswahrheiten können der Beweis von notwendigen Vernunftwahrheiten nie werden"; vgl. Newbigin 2; Bosch 496), sondern eine sich in seiner Kondeszendenz geschichtlich offenbarende Wahrheit (Hamann 303: „Weil ich auch von keinen ewigen Wahrheiten, als unaufhörlich Zeitlichen weiß", vgl. zum Kondeszendenz-Gedanken bei Hamann: H. Lindner 81ff). Deshalb verändert sich im Prozess der Kontextualisierung des Evangeliums auch nicht dieses selbst (wie Sundermeier 196 meint). Vielmehr „geht das Evangelium die gesamte Menschheit an … in der zu übermittelnden Botschaft … liegt ein Anspruch, welcher der tiefen Verschiedenheit der menschlichen Kulturen eine Grenze setzt. Es gibt für sie alle nicht verschiedene Botschaften, sondern nur das Evangelium von dem einen Jesus Christus, von seinem Tod am Kreuz und von seiner Auferstehung" (Balz 257). So ist auch die Bibel zwar in andere Sprachen zu übersetzen. Aber das Verständnis der Bibel ist grundsätzlich unablösbar vom ursprünglichen hebräischen bzw. aramäischen und griechischen Text. Es muss immer wieder auf diesen zurück- und von ihm ausgehen (Burkhardt, Die Bibel verstehen 42f; generell zum Problem der Bibelübersetzung, speziell auch kritisch zur heute verbreiteten „dynamisch-äquivalenten" Übersetzungsmethode vgl. jetzt S. Felber).

e) Der Prozess der Kontextualisierung des Evangeliums vollzieht sich dabei in einer doppelten Richtung:

1. Der Missionar muss bemüht sein, die ihm fremde Kultur zu verstehen, um seinerseits die Botschaft so sagen zu können, dass Missverständnisse vermieden und ein Verstehen des Evangeliums beim Adressaten möglich wird. Dabei muss der Missionar zugleich selbstkritisch immer neu darum bemüht sein, selber tiefer in das Verständnis der biblischen Offenbarung einzudringen und sein Leben und Denken von ihr prägen zu lassen, sodass er zwischen ihr und seiner eigenen Kultur immer neu zu unterscheiden und so besser zu vermeiden vermag, dass er europäische Kultur als Evangelium ausgibt.

2. Der entscheidende Vorgang der Kontextualisierung aber muss sich beim Adressaten der Botschaft vollziehen („Verantwortliches Subjekt der Inkulturation im engeren Sinn ist die entstandene junge Kirche, sie und nicht mehr die Mission“, Balz 248). Dieser darf sich von der vielleicht noch immer beeindruckenden zivilisatorischen Überlegenheit des Europäers nicht dazu verführen lassen, die pauschale Verneinung der eigenen Kultur und die unkritische Übernahme der europäischen mit dem Christwerden zu verwechseln. Vielmehr muss sich in der Bekehrung eine vom Evangelium bestimmte innere und von da aus das ganze Leben, mit seiner Kontextbestimmtheit, einbeziehende Transformation vollziehen, die zu einer lebendigen Lebensbeziehung zu Jesus Christus und einer eigenständigen Gestaltung seines christlichen Lebens führt.

Bereits zu einer Zeit, in der Mission sich weithin noch mehr oder weniger selbstverständlich als Verpflanzung europäischer Kirchlichkeit in den außereuropäischen Kontext vollzog, hat der damals noch Basler, später Tübinger Theologe J.T. Beck (1804-1878) solche Missionspraxis heftig kritisiert und Grundgedanken berechtigter und notwendiger Kontextualisierung vorweggenommen. In seiner berühmten Rede beim Basler Missionsfest 1838 spricht er im Blick auf die Bindung von Missionaren der Basler Mission an Ordnung und Bekenntnis der anglikanische Kirchen von dem „Eifer, mit dem Manche nur ihre eigene Form der Frömmigkeit, nur ihre Kirchen-Form und Menschsatzungen den neugeborenen Kindern Gottes wollen aufladen, als hätte der Herr dieß Menschengeflechte zum Netz auserkoren, mit welchem Er seine Jünger aussendet, Menschen-Seelen zu fangen … Es soll der neue frische Wein, den der Herr in den Neubekehrten bereitet, in die alten Schläuche gefasst werden, die wir einmal ererbt haben; es sollen die Heiden auf diese oder jene Weise dahingebracht werden, jüdisch zu leben und Juden heidnisch, d. h., auf unsere Zeit angewandt, die aus Heiden oder Juden gewordenen Christen sollen katholisch oder bischöflich (= anglikanisch, HB), oder lutherisch oder reformiert u.s.w. leben". Solcher Fehlentwicklung stellt Beck die Forderung entgegen, es sollten die „sich neubildenden Gemeinden außerhalb der Christenheit … mit dem gleichen Recht der Freiheit ihre eigene Entwicklungsgeschichte" beginnen, in der sie versuchen, die biblisch bezeugte Urform christlichen Lebens „aus dem Wort und Geist des Urchristentums" in ihrer Situation eigenständig auszubilden, „von innen heraus ohne äußerliche Dressur und mit eigener Wahlfreiheit … das gebietet die Liebe und Demuth, die über andere nicht herrschen will" (Beck 94f; vgl. Burkhardt, Beck 300f; vgl. auch, ganz im Sinne Becks, Kähler 447: „Man denke der von trefflichen Missionaren und Missionsleitern oft geäußerten Scheu zu europäisieren; des Wunsches nach nationalen geistlichen Liedern usw.", vgl. ebd. 347; vgl. auch Schlatter 247f).

Literatur:

H. Balz, Der Anfang des Glaubens. Theologie der Mission und der jungen Kirchen, Erlangen 2010; J. T. Beck, Das ächte Heilsgeschäft, in: ders., Christliche Reden, 2. Sammlung, Stuttgart 1841, 86-99; P. Beyerhaus, Er sandte sein Wort. Theologie der christlichen Mission, Bd. 1, Wuppertal 1996; D. J. Bosch, Mission im Wandel. Paradigmenwechsel in der Missionstheologie, dt. hg. von M. Reppenhagen, Gießen 2011; H. Burkhardt, Lausanne 74. ein Bericht, in: ThBeitr 5/1974, 273-293; ders., Johann Tobias Beck und die Mission, in: ThBeitr 36/2005, 294-314; ders., Die Bibel verstehen, in: JETh 19/2005, 35-47; S. Felber, Kommunikative Bibelübersetzung: Eugene A. Nida und das Modell der dynamischen Äquivalenz, Stuttgart 2013; J. G. Hamann, Golgotha und Scheblimini, in: J. G. Hamann, Sämtliche Werke, hg. von J. Nadler, Bd. 3, Wien 1951, 293-320; H. Hempelmann, Gott im Milieu. Wie Sinusstudien der Kirche helfen können, Menschen zu erreichen, Gießen 2012; M. Kähler, Die Mission, in: ders., Dogmatische Zeitfragen II. Angewandte Dogmen, Leipzig 1908, 340-486; G. E. Lessing, Über den Beweis des Geistes und der Kraft, in: Lessings Werke, Bd. 3, hg. von K. Beyschlag, Frankfurt 1967, 307-312; H. Lindner, Hamann über Bibel und Offenbarung, in: ders., Biblisch … Gesammelte Aufsätze, Gießen 2006, 75-87; O. Michel, Zur Bedeutung religionsgeschichtlicher Parallelen in der biblischen Exegese, in: H. Burkhardt (Hg), Absolutheit des Christentums? Marburg 1974, 35-41; L. Newbigin, The Gospel in a Pluralist Society, Grand Rapids/Cambridge UK 1989; B. J. Nicholls, Contextualization: A Theology of Gospel and Culture, Outreach and Identity 3, Illinois/Exeter UK 1979 (2. Aufl. Regent College Publishing, Vancouver 2003); H. U. Reifler, Handbuch der Missiologie, Nürnberg 2005; A. Schlatter, Die Christliche Ethik, Stuttgart [3]1986; Th. Sundermeier, Inkulturation und Synkretismus. Probleme einer Verhältnisbestimmung, in: EvTheol 52/1992, 192-209.

3.2 Christliche Lehre

Christliche Mission zielt auf das Christwerden ihrer Adressaten. Christ*werden* aber ist erst der Anfang des Christ*seins*. Dieses aber ist ein lebenslanger Prozess der Bewährung. In dieser Bewährung ist der Christ genauso wie beim Christwerden weiter ständig darauf angewiesen, auf das Wort Gottes zu hören. Dies geschieht in der Lehre.

3.2.1 Zum Begriff der Lehre

Die deutschen Worte „lernen" und „lehren" haben beide die gemeinsame Wurzel *lais* (vgl. unser modernes Wort „Gleis") mit der Grundbedeutung „erfahren, erwandern" (Kluge 431) und bedeuten von daher „wissend werden" bzw. „wissend machen". Ähnlich werden im Hebräischen beide Worte durch verschiedene Formen des Wortes *lamad* (= gewöhnen, einüben) ausgedrückt, die eine (lernen) durch die Grundform des Verbs, die andere (lehren) durch seine Intensivform (Piel; vgl. Jenni 873). Daneben findet auch das Wort *jara* (= zeigen, unterweisen) Verwendung. Im Zusammenhang mit religiösen Inhalten bezieht sich das Lehren im Alten Testament vor allem auf die Tora des Mose. Das macht etwa eine Aussage des Deuteronomiums deutlich, in der es im Mosesegen von den Leviten heißt: „Sie lehren (*jara*) Jakob deine Rechte und Israel deine Weisung (*tora*)" (vgl. Liedke/Petersen 1035). Dabei ist zu bedenken, dass die Tora nicht nur aus Geboten besteht, sondern dass sie (vgl. die Präambel des Dekalogs Ex 20,2) auch Erinnerungen an die Religion Israels begründende geschichtliche Ereignisse enthält. Für das Verständnis der Tora als „Lehre" ist also ihre Verwurzelung in der Geschichte Gottes mit Israel grundlegend (vgl. auch Lindner 40: „Die für die Tora grundlegende Voraussetzung ist … die Erwählung Israels").

Anders ist das Verständnis von Lehre in der griechischen Kultur. Sie kennt für „lernen" und „lehren" je ein anderes Wort, für ersteres *manthanein*, für letzteres *didaskein*. Das Wort *didaskein* geht sprachgeschichtlich zurück auf die Wurzel *dek* (= mitteilen; vgl. *deiknymi* = zeigen, Menge 179), *manthanein* auf die Wurzel *mendh* (= seinen Sinn auf etwas richten; Menge 434). Charakteristisch für die griechische Betonung des intellektuellen Elements im Lehr- und Lernprozess ist die sokratisch-platonische

Vorstellung vom Lernen als Sich-erinnern (*anamnäsis*), bzw. vom Lehren als Anleitung zu solcher Erinnerung (*mathäsis anamnäsis*, Plato, Phaidon 76a; ebenso 72e; vgl. Rengstorf 397).

Literatur:

E. Jenni, Art. *lamad*, in: THAT 1,872-875; F. Kluge, Etymologisches Wörterbuch der deutschen Sprache, Berlin [17]1957; G. Liedke/C. Petersen, Art. *tora*, in: THAT 2,1032-1043; H. Lindner, Theologie als biblische Lehre, in: ders., Biblisch. Gesammelte Aufsätze, Gießen 2006, 37-45; Menge-Güthling, Enzyklopädisches Wörterbuch der griechischen und deutschen Sprache, Teil I Griechisch-Deutsch, Berlin [12]1954; K. H. Rengstorf, Art. *manthanoo*, in: ThWNT IV, 392-465.

3.2.2 Lehre im Neuen Testament

3.2.2.1 Das Lehren Jesu nach dem Zeugnis der Evangelien

Nach dem Zeugnis der Evangelien ist Jesus nicht nur prophetischer Verkündiger (Mt 4,17 u. ö.; vgl. Riesner 276f), sondern auch, ja vor allem Lehrer. Entsprechend kann Lukas sein Evangelium durchaus zu Recht einen Bericht über alles, „was Jesus anfing zu tun und zu lehren (*didaskein*)", nennen (Apg 1,1; vgl. die Aussagen Jesu über sich selbst in Mt 10,24f; 23,8 und 26,18; vgl. Riesner 254ff). „Es gehört mit zur Hoheit und zum Werke Jesu Christi, dass er ‚lehrt' (*didaskein*) und ‚Lehrer' ist (*didaskalos*). Jesus ist mehr als ein Lehrer, aber er ist Lehrer" (Michel, Lehre 80). Gegenstand seiner Lehre sind einerseits die „Geheimnisse des Himmelreichs" (Mt 13,11) in seiner verborgenen Gegenwärtigkeit im Leben und Sterben Jesu (Mt 12,28; vgl. Ethik I,117ff) und in seiner kommenden Enthüllung (Mt 24–25; vgl. Ethik I,115f), andererseits seine praktischen Konsequenzen im Leben des Jüngers.

In der Lehrweise scheint Jesus sich kaum von der zeitgenössischer jüdischer Weisheits- und Gesetzeslehrer unterschieden zu haben (Riesner 365). Wie Weisheitslehrer konnte er seine Lehre mit Beobachtungen aus der Natur und dem täglichen Leben verdeutlichen, und, ebenso wie die anderen jüdischen Gesetzeslehrer seiner Zeit, sich auf das alttestamentliche Wort als verbindliche und verbindende Autorität beziehen, alles aber in einer immer wieder überraschenden, einzigartigen Unmittelbarkeit zum Willen Gottes (Joh 4,34) und damit einer die Menschen innerlich überwindenden oder zur Abwehr herausfordernden Vollmacht (Mt 7,29: „Denn er lehrte mit Vollmacht und nicht wie die Schriftgelehrten"; vgl. Joh 6,60.68). Dabei vollzieht sich sein Lehren zwar keineswegs in esoterischem Abseits, sondern in öffentlicher Rede und offenem Gespräch. Und doch dient es, sei es in Gegenwart von Außenstehenden oder im engeren Jüngerkreis, vor allem den Jüngern als Einweisung in ihre, durch die Begegnung mit ihm eröffnete neue Existenz und ihren Verkündigungsdienst.

3.2.2.2 Lehre in der frühen Kirche nach dem Bericht der Apostelgeschichte

„Sie blieben aber beständig in der Apostel Lehre (*didachä*)" – das ist ein Kennzeichen der christlichen Gemeinde von Anfang an (Apg 2,42; vgl. oben S. 73f).

Als in der Gemeinde in Jerusalem die griechischsprachigen Witwen bei der täglichen Versorgung vernachlässigt werden, sehen die Apostel sich herausgefordert, diesem Missstand zu begegnen. Sie tun es aber nicht, indem sie selbst Hand anlegen, sondern veranlassen, dass andere in der Gemeinde für diese Aufgabe berufen werden, damit sie selbst sich weiter ungehindert ihrer eigenen Aufgabe zuwenden können, dem Gebet und dem „Dienst am Wort" (*diakonia tou logou*, Apg 6,3). Da anschließend von der missionarischen Verkündigung von zweien der zu einem praktischen Dienst Eingesetzten, Stephanus (6,8) und Philippus (8,5), berichtet wird, ist solche Verkündigung mit dem „Dienst am Wort" der Apostel offenbar nicht gemeint, sondern eher die Bewahrung der Überlieferung von dem, was Jesus getan und gelehrt hatte (Apg 1,1), ihre Weitergabe und Deutung innerhalb der Gemeinde (Gerhardsson 44f; Riesner 58f).

In der Gemeinde von Antiochien werden als führende Persönlichkeiten „Propheten und Lehrer" genannt (*didaskaloi*; Apg 13,1). Sie sind von Lukas namentlich aufgeführt (Barnabas, Simon Niger, Lucius aus Kyrene, Menahem und Saulus bzw. Paulus), allerdings ohne dass ihnen eine der genannten Funktionen speziell zugeordnet wird (vgl. Zimmermann 134f).

Nach der Rückkehr des Paulus und des Barnabas von ihrer ersten Missionsreise kommen Christen aus Judäa nach Antiochien, welche „die Brüder lehrten" (*edidaskon tous adelphous*), dass für Heiden die vom mosaischen Gesetz geforderte Beschneidung notwendig sei, um gerettet zu werden (Apg 15,1). Paulus und Barnabas widersprechen, und es wird beschlossen, die strittige Lehrfrage den Aposteln und Ältesten in Jerusalem zur Entscheidung vorzulegen (V. 2). Nachdem zunächst Petrus, dann aber auch Paulus und Barnabas von ihren Erfahrungen in der Mission unter Heiden berichtet haben, fällt die Entscheidung entsprechend einem Votum des Jakobus, der als Bestätigung der Erfahrungen des Petrus auf ein Prophetenwort verweist (Amos 9,11f). Die Auffassung der Brüder, die die Heilsnotwendigkeit der Beschneidung gelehrt hatten, wird abgewiesen: Sie haben, ohne von den verantwortlichen Brüdern in Jerusalem dazu autorisiert zu sein, die Christen in Antiochien mit ihrem Reden (*logois*) „in Aufregung versetzt“ (*etaraxan*) und ihre Seelen „verwirrt“ (*anaskeuazontes*) (V. 24).

Kurz nach dem ersten kurzen Aufenthalt des Paulus in Ephesus (Apg 18,19-22) trat in der dortigen Synagoge Apollos, ein redebegabter (*logios*) und schriftkundiger (*dynatos oon en tais graphais*) Jude aus Alexandria auf, von dem es heißt, dass er selbst „unterwiesen war im Weg des Herrn“ (*katächämenos tän hodon tou kyriou,* Apg 18,24), d. h. über den Weg Gottes zum Heil des Menschen (Michaelis 94f). Er lehrte (*edidasken*) eingehend „das über Jesus“ (*ta peri tou Iäsou*, V. 25; zum Ausdruck vgl. auch 28,31 und Lk 24,19) und deutete öffentlich die alttestamentliche Schrift auf Christus hin (*dämosia epideiknys dia toon graphoon einai ton christon Iäsoun*, V. 28). Als das mit Paulus nach Ephesus gekommene und dort gebliebene christliche Ehepaar Priscilla und Aquila Apollos in der Synagoge von Ephesus hörte und merkte, dass er nur die Johannestaufe kannte, nicht die auf den Namen Jesu, nahmen sie ihn zu sich und setzten ihm den „Weg Gottes“ genauer auseinander (*akribesteron exethento tän hodon tou theou*), d. h. hier: Sie unterwiesen ihn in der Bedeutung der christlichen Taufe und führten ihn so in der Erkenntnis der christlichen Wahrheit weiter.

Am Ende der 3. Missionsreise verabschiedet sich Paulus in Milet von den Ältesten der Gemeinde von Ephesus. Im Rückblick auf seine Tätigkeit unter ihnen beteuert er, dass er ihnen während des dreijährigen Aufenthalts in seinem Verkündigen (*anaggeilai*) und Lehren (*didaxai*), öffentlich (*dämosia*) und in den Häusern (*kat'oikous*), nichts ihnen (zu ihrem Heil) Nützendes vorenthalten habe (Apg 20,20; vgl. Haenchen 523, ebenso Stählin 268; ob dabei, wie Bengel 325 z. St. annimmt, „öffentlich“ sich auf die Verkündigung und „in den Häusern“ auf das Lehren bezieht, ist vom Text her nicht zu entscheiden). Als Gegenstand seines Lehrens nennt er die Umkehr zu Gott, den Glauben an Jesus als Herrn (V. 21), das Evangelium von der Gnade Gottes (V. 24) und das Reich Gottes (V. 25), alles zusammengefasst unter dem Stichwort des (Heils-)Ratschlusses Gottes (*boulä tou theou*, V. 27). Aktueller Hintergrund dieser Erinnerung an seine Lehrtätigkeit aber ist die anschließende Warnung vor Verführung durch Irrlehre, die aus der Gemeinde selbst heraus entstehen wird: Männer, die „Verdrehtes (*diestrammena*) reden und die Jünger hinter sich her (vom Evangelium) wegziehen“ (*apospan,* V. 30). Zugleich schärft er den Ältesten ein, ihrerseits die Gemeinde in der Lehre zu unterweisen und sie vor Irrlehrern zu bewahren.

Aber auch Paulus selbst sieht sich dem Vorwurf falscher Lehre ausgesetzt. So wird behauptet, er lehre (*didaskei*) die unter den Heiden lebenden christlichen Juden den Abfall (*apostasia*) von Mose, indem er sie veranlasse, ihre Kinder nicht beschneiden zu lassen und nicht mehr nach den „Sitten“ (*ethä*, d. h. den mosaischen Geboten; vgl. 6,14;15,1) zu leben (21,21).

In der Terminologie der Apostelgeschichte wie auch sonst des Neuen Testaments wird nicht konsequent begrifflich unterschieden zwischen missionarischer Verkündigung einerseits und Lehre als Gemeindeunterweisung andererseits. Für erstere werden neben den Begriffen *käryssoo* und *euaggelizoo* auch etwa *anaggelloo, kataggelloo, euaggelizomai, diamartyromai* und *martyromai* verwendet (vgl. Friedrich 702,2ff), für letztere vor allem *didaskoo* und *parakaleoo* (vgl. Schniewind 61). Aber beide Begriffsgruppen können auch ohne erkennbare Unterscheidung parallel gebraucht werden (z. B. Apg 15,35; 20,29; 28,31). In Apg 13,12 wird missionarisches Zeugnis vor dem zyprischen Statthalter Sergius Paulus *didachä tou kyriou* genannt.

3.2.2.3 Lehre nach den apostolischen Briefen

In diesem Sinn ist dann auch die ganze apostolische Literatur des Neuen Testaments lehrmäßige Entfaltung der Botschaft von Christus und ihrer Bedeutung für die christliche Lebensführung. Sie ist Lehre im praktischen Vollzug (2Thess 2,15). Reflexion *über* die Lehre und ihre Bedeutung allerdings findet sich eher selten. So verweist K. H. Rengstorf im Kittelschen Wörterbuch darauf, dass das Stichwort „lehren“ in den als unbestritten echt geltenden paulinischen Briefen auffallend zurücktrete (Rengstorf 149,11f). Das ändere sich erst etwa vom Kolosserbrief an und besonders dann in den Pastoralbriefen (Rengstorf 149,23ff; vgl. Lohse 123). Vor allem im Blick auf die Pastoralbriefe trifft dies zweifellos zu. Aber darüber wird man zum einen Aussagen auch der unbestritten paulinischen Briefe zum Thema in ihrem Gewicht nicht unterschätzen dürfen (vgl. die herausgehobene Nennung des Charismas der Lehre gleich neben Apostolat und Prophetie in 1Kor 11,29 bzw. neben der Prophetie in Röm 12,7, vgl. z. St. Michel 299).

Zum andern dürfte die ausführlichere Berücksichtigung dieses Themas besonders in den Pastoralbriefen zu erklären sein mit ihrem besonderen Charakter als an Personen gerichtet, die selbst wesentlich als Lehrer und auf ihre damit gegebene besondere Verantwortung für die Lehre angesprochen werden (vgl. 2Tim 2,24), zumal in einer Zeit offenbar zunehmender Infragestellung christlicher Lehre auch von innen her (vgl. Apg 20,29).

3.2.2.3.1 Der autoritative Charakter christlicher Lehre

Grundlegend wichtig für das Verständnis der Lehre in den apostolischen Briefen, insbesondere auch bei Paulus, ist, dass christliche Lehre, trotz des hellenistischen Kontextes, in den hinein sie getragen wird, nicht, wozu griechisches Denken neigt, intellektualistisch verstanden ist als etwas der menschlichen Vernunft voraussetzungslos Zugängliches (vgl. das delphische und dann auch sokratische „Erkenne dich selbst“ als Königsweg der Erkenntnis), sondern dass sie vom alttestamentlichen Wort und dem neutestamentlichen Kerygma als Grundlage ausgeht (Eph 2,20: „auf dem Grunde der Apostel und Propheten“, wobei erstere für das urchristliche Kerygma, letztere für das alttestamentliche Zeugnis auf Christus hin stehen; vgl. die gleiche Reihenfolge in Röm 16,25f, und in nachneutestamentlicher Zeit bei Polykarp Phil 6,3 und Ignatius Phil 5,1f; vgl. auch Beck 148). Von daher ist das autoritative Element als Grundzug urchristlicher Lehre zu verstehen. In Anlehnung an den Philosophen M. Polanyi verweist L. Newbigin darauf, dass alle Erkenntnis auf Überlieferung angewiesen ist, selbst im Bereich der Naturwissenschaften (Newbigin 42f). Ihre Weitergabe enthält damit grundlegend ein autoritatives Element. „We have to rely on the authority of the teachers“ (Newbigin 44).

Das gilt erst recht von der Weitergabe der geschichtsgebundenen biblischen Offenbarung.

Das überlieferte Kerygma und die in ihm verkündeten Heilstaten stehen in keiner Diskussion zur Disposition. Deshalb kann Paulus geradezu sagen, dass nicht zuerst die Lehre uns übergeben ist, sondern umgekehrt Christen „der Gestalt (*typos*) der Lehre (dem in ihr weitergegebenen Kerygma) übergeben“ und ihr so „von Herzen gehorsam“ geworden sind (Röm 6,17; vgl. Michel z. St. 160; zum Begriff des *typos* der Lehre vgl. auch 2Tim 1,13). Wie schon die gläubige Annahme des Kerygmas ein Akt des Gehorsams ist (Röm 1,5), so auch das Festhalten an „der Lehre, die ihr gelernt habt“ (Röm 16,17.19). Deshalb auch kann Paulus später geradezu davon sprechen, dass Timotheus der Lehre „nachgefolgt" ist (1Tim 4,6; vgl. 2Tim 3,10). Das Lernen und glaubende Gehorchen geht dem vertiefenden Erkennen voraus. Das autoritative Moment in der Lehre (ohne dass dieser Begriff fällt) kommt auch zum Ausdruck, wenn Paulus in der Auseinandersetzung mit Lehren, die dem Evangelium nicht entsprechen, erklärt, nicht „fleischlich" gegen sie kämpfen zu wollen (d. h. mit Worten selbsterdachter menschlicher Weisheit, vgl. 1Kor 2,4), sondern in der Bindung an das Wort vom Kreuz „alle Gedanken gefangen zu nehmen unter den Gehorsam (gegen) Christus" (2Kor 10,5: *aichmalootizontes pan noäma eis tän hypakoän tou Christou*). Der Christ ist so bleibend abhängig von der ihm vorgegebenen Überlieferung von Christus. Durch sie kennen wir „Christus" als den „Grund" (*themelion*), der „gelegt ist" (1Kor 3,11). Wenn dabei Paulus sagt, er habe als „weiser Architekt" diesen Grund gelegt (V. 10), so ist mit „Christus" offensichtlich zunächst nicht der erhöhte Herr selbst gemeint, sondern das, was Paulus von ihm den Korinthern vermittelt hat, durch das die Korinther im Glauben Zugang zum erhöhten, im Geist gegenwärtigen Herrn gefunden haben.

Diese Überlieferung kann im Kerygma vom gekreuzigten Christus wie durch ein Brennglas in einem Fokus zusammengefasst werden. Es ist dabei aber eingebettet in einen Strom von Überlieferungen von ihm und über ihn, in deren Zusammenhang deutlich wird, wer dieser Christus ist. In diesem Zusammenhang finden sich immer wieder die für solche Traditionsübermittlung charakteristischen technischen Schulbegriffe „überliefern" und „empfangen". „Denn ich habe vom Herrn empfangen (*parelabon*), was ich euch gegeben habe" (*paredooka*), schreibt Paulus, und gibt dann die überlieferten Worte Jesu von der Einsetzung des Herrenmahls wieder (1Kor 11,23-25). Von Paulus haben die Korinther auch die alte Überlieferung von der Auferstehung Jesu erhalten (1Kor 15,1: *parelabete*). An ihr sollen sie festhalten (*katechete*), wenn sie nicht umsonst zum Glauben gekommen sein wollen (V. 2). Und dann zitiert Paulus die Überlieferung, die er ihnen übergeben hat (*paredooka*,V. 3a), die auch er seinerseits (aus der Urgemeinde) erhalten hatte (*ho kai parelabon*), in der Bezugnahme auf die alttestamentliche Schrift und verschiedene Erscheinung des Auferstandenen (V. 4-7a), ergänzt durch die ihm selbst widerfahrene Begegnung mit dem Auferstandenen vor Damaskus (V. 7b). Entsprechendes gilt von ethischen Überlieferungen: „Wie ihr von uns empfangen habt (*parelabete*), wie man leben und Gott gefallen soll" (1Thess 4,1). „So steht nun und haltet fest die

Überlieferung (*paradoseis*), die ihr gelernt habt (*edidachthäte*, vgl. auch 2Tim 3,14), sei es durch (mündliches) Wort, sei es durch einen Brief von uns“ (2.Thess 2,15).

Als autoritative Weisung setzt Lehre die Vertrauenswürdigkeit des Lehrenden voraus. Es ist gut zu wissen, von wem man gelernt hat, d. h. wessen Lehre man sich anvertraut hat (2Tim 3,14b). Deshalb auch ist die persönliche Integrität speziell des Bischofs so wichtig, zu dessen zentralen Aufgaben die Lehre gehört (er soll *didaktikos*, d. h. lehrfähig sein;1Tim 3,2; vgl. auch 2Tim 2,24 als Forderung an Timotheus selbst). Neben dem Begriff der *paradosis* steht auch der Begriff der *parathäkä*, des anvertrauten Gutes (1Tim 6,20: „Bewahre das dir anvertraute Gut“, ebenso 2Tim 1,14; ebenfalls dürfte in V. 12 mit *parathäkä mou* nicht das Leben des Paulus, das er in Gottes Hand gibt, gemeint sein, wie Schlatter 225 meint, sondern auch hier die ihm anvertraute Überlieferung, so Marshall 711; vgl. im gleichen Zusammenhang auch das Verb *paratithämi* Apg 17,3; 1Tim 1,18; 2Tim 2,2). Neutestamentliche Lehre ist also primär zuverlässige *Weitergabe* der für den christlichen Glauben grundlegenden Überlieferung (*paradosis*) von Jesus (*peri ta Jäsou,* Apg 18,24), sowie ihre *Deutung* in der Bezugnahme auf das auf Christus hin verstandene Wort alttestamentlicher Prophetie wie auf das Wort Jesu selbst.

3.2.2.3.2 Vergewisserung und Festigung des Glaubens als Ziel christlicher Lehrarbeit

Die Thessalonicher haben die Predigt des Apostels im Glauben als Gottes eigenes Wort angenommen (1Thess 2,13; vgl. 1,9). Aber diese ihnen zunächst fremde Botschaft muss in ihrem Leben verankert und *festgemacht* werden, um es wirklich im Sinn Gottes prägen zu können. Deshalb schickt Paulus ihnen, nachdem er selbst wegen eines von Juden am Ort gegen ihn angestifteten Aufruhrs die Stadt überstürzt hatte verlassen müssen (Apg 17,5.10), seinen Mitarbeiter Timotheus nach Thessalonich, um die Christen dort in ihrem Glauben zu stärken (*stärixai*) und zu ermahnen (*parakalesai*), damit sie in der äußeren Bedrängnis durch die Feinde des Evangeliums standhalten können (1 Thess 3,2). Dem gleichen Ziel dient dann auch der Brief selbst: In ihm ermahnt der Apostel sie (*parakaloumen*), indem er sie an das erinnert, was sie von ihm an Weisungen (*paraggelias*) zu einem Leben, das Gott gefällt, empfangen haben (*parelabete*, 4,1f). Ähnlich kann er von den Korinthern sagen, dass das Zeugnis von Christus (*to martyrion tou christou*) in ihnen *gefestigt* wurde (*ebebaioothä*, vgl. auch Kol 2,6; Tit 3,8), indem sie „in aller Lehre (*logos*) und Erkenntnis (*gnoosis*) reich wurden" (1Kor 1,5f). Aber sie bedürfen dringend weiterer Festigung und Vertiefung des Glaubens. Ihre Aufspaltung in verschiedene Gruppen, wobei jede sich über die jeweils anderen erhebt, zeigt, dass sie noch „fleischlich" gesinnt sind. Eigentlich sollten sie schon „festere Speise" vertragen können, d. h. Unterricht in tieferer geistlicher Erkenntnis. Aber noch vertragen sie nur „Milch", also sozusagen christlichen Elementarunterricht (3,1-3; vgl. ähnlich Hebr 5,11-14). Deshalb ermahnt er sie (*parakaloo*), indem er sie erinnert an die „Wege" (*hodoi*), die er sie gelehrt hat, wie er sie auch in allen Gemeinden lehrt (*didaskoo*, 4,16f). Aber die Erkenntnis, die Paulus vermittelt, ist kein Selbstzweck. Solches Wissen würde nur „aufblähen", d. h. überheblich machen (8,1). Wirklich geistliche Erkenntnis, vertieftes Wissen darum, wer Gott ist und was er will, weiß sich von Gott abhängig, nährt die Liebe zu Gott und die Barmherzigkeit gegenüber dem Bruder (V. 3.12f). So bleibt alle Weiterführung in der Erkenntnis (Phil 3,14: „Ich möchte ja ihn erkennen und die Kraft seiner Auferstehung und die Gemeinschaft seiner Leiden", Phil 3,10) verbunden mit dem Bewusstsein der eigenen Unvollkommenheit („Nicht dass ich es schon ergriffen hätte oder schon vollkommen wäre, ich jage ihm aber nach, nachdem ich von Christus ergriffen bin", V. 13) und dem Ziel, dass Christus „durch den Glauben in euren Herzen wohne und ihr in der Liebe eingewurzelt (*errizoomenoi*) und gegründet (*tethemelioomenoi*) werdet" (Eph 3,17) und so „die Heiligen zugerüstet werden zum Werk des Dienstes" (4,12a), indem sie alle hingelangen zur Einheit des Glaubens und (zwar) in der Erkenntnis des Sohnes Gottes (V. 13), sodass sie „nicht mehr unmündig sind und hin- und hergeworfen und umgetrieben werden von jedem Wind der Lehre durch Falschheit der Menschen, die in Verschlagenheit auf einen Irrweg führt" (V. 14). Vielmehr sollen sie, „der Wahrheit in Liebe folgend, hinwachsen in jeder Hinsicht zu ihm hin, der das Haupt ist, Christus" (V. 15). Paulus stellt dann dem früheren Leben nach Weise der Heiden („Sie sind fremd geworden dem Leben aus Gott durch ihre Unwissenheit … in ihrem Gewissen stumpf geworden"; 4,18f) das neue Leben gegenüber: „So (d. h. mit dem alten Leben vereinbar) habt ihr Christus nicht gelernt (*emathete*), wenn ihr denn von ihm gehört und in ihm gelehrt seid (*didachthäte*), wie er Wahrheit in Jesus ist" (4,20f; vgl. Schlatter, Erläuterungen 219: „Der echte Christus ist Wahrheit in Jesus, dem allein das Merkmal der Wirklichkeit und Geschichtlichkeit zukommt").

Wachstum in der Erkenntnis ist also integriert in den Prozess der Heiligung des Lebens des Christen. Die Lehre dient positiv im „Gefangennehmen der Gedanken unter den Gehorsam gegen Christus“ (2Kor 10,5) und durch „Erneuerung der Vernunft“ (Röm 12,2) der Heiligung des Denkens und durch sie der Heiligung des ganzen Menschen.

3.2.2.3.3 Abwehr falscher Lehre als Ziel christlicher Lehrarbeit

Neben dieser positiven, aufbauenden Funktion der Lehre steht nun aber auch in der Abwehr falscher Lehre die negative, kritische. So wie schon Jesu Lehren in ständiger Auseinandersetzung mit der Infragestellung durch die führenden Lehrer seines Volkes stand, so war auch die Christenheit von Anfang an mit einem dem Evangelium widersprechenden Lehren und Leben in ihrer jüdischen und heidnischen Umwelt konfrontiert, sowohl vonseiten der Juden (angefangen in Jerusalem, Apg 4, bis zum Widerstand gegen die Verkündigung des Evangeliums in den jüdischen Gemeinden der Diaspora; vgl. Apg 13,50 u. ö.) wie der Heiden (z. B. Apg 17,32a). Zur wirklichen Gefahr für die Wahrheit des Evangeliums wurde fremdes Denken aber vor allem dort, wo es scheinbar unter dem Mantel der Christlichkeit in die Gemeinde hineinkam (vgl. den Magier Simon in Apg 8, 9-13.18-23) oder, noch mehr, wo es in der Gemeinde zu einer Anpassung an das Denken „dieser Welt“ kam (Röm 12,2a; vgl. Apg 20,29f). Der ganze Galaterbrief ist initiiert durch einen solchen Einbruch einer dem Evangelium widersprechenden Lehre (Gal 1,6f), hier einem Rückfall in eine die Gemeinde zerstörende judaisierende Gesetzlichkeit. Dabei geht es nicht um tolerierbare unterschiedliche Meinungen, sondern um die Gefahr, dass diejenigen, die von der überlieferten (1,9) Wahrheit des Evangeliums (2,14; vgl. das Evangelium als *logos alätheias* in Eph 1,3; Kol 1,5; 2Tim 2,15) von der Gerechtigkeit aus Glauben und nicht aus Werken abweichen und wieder auf die Gesetzesgerechtigkeit setzen, damit Christus verlieren und aus der Gnade fallen (5,5). Der Anschluss an eine bestimmte Lehre kann also über ewiges Heil oder Verlorengehen entscheiden. Eine unter hellenistischem Einfluss das Heilshandeln Gottes spiritualisierende Lehre gibt die überlieferte geschichtliche Wahrheit der Auferstehung preis, entzieht dem Glauben seinen Grund und macht ihn leer (*kenä*; 1Kor 15,12-14) und wirkungslos (*mataios*;V. 17). Am Schluss des Römerbriefs ermahnt Paulus die Adressaten, auf solche zu achten, die „Entzweiungen und Ärgernisse erregen gegen die Lehre (*didachä*), die ihr gelernt habt“ (*hän emathete*), und sich von ihnen fernzuhalten (Röm 16,17; vgl. 1Kor 5,9; 2Joh 10), denn mit einschmeichelnder Rede und wohlgeformten Worten verführen sie die Herzen der Arglosen (16,18). Ebenso warnt der Apostel die Christen in Ephesus vor der Verführung (*planä*) durch „jeden Wind der Lehre" (*didaskalia*; Eph 4,14; vgl. Hebr 13,9). Gleich am Anfang des ersten Briefes an Timotheus, unmittelbar nach dem Gruß, spricht Paulus ihn an auf solche, die „anders lehren" (*heterodidaskalein;* vgl. Hebr 13,9 *didachai xenai)* als es der überlieferten Lehre entspricht, die das Interesse der Gläubigen auf spekulativ gedeutete Mythen und Geschlechtsregister zu lenken versuchen und so ablenken von dem, worauf es im Glauben ankommt, dem Ziel der Unterweisung (*paraggelia*), nämlich der Liebe aus reinem Herzen, gutem Gewissen und ungeheucheltem Glauben (1Tim 1,3-5). Auch gegen Ende des Briefes ist noch einmal von solchen die Rede, die „anders lehren" (*heterodidaskalein*), die sich nicht an die „heilsamen Worte (*hygiainousin logois*) unseres Herrn Jesus Christus halten" (6,3) und der Wahrheit beraubt (V. 5) und vom Glauben abgeirrt sind (V. 10). Im zweiten Brief ermahnt Paulus Timotheus, „mit aller Geduld zu ermahnen und zu lehren (*parakaleson en pasä makrothymia kai didaskalia*; 2Tim 4,3) und so auf eine Zeit vorzubereiten „da sie die gesunde Lehre (*hygainousa didaskalia*) nicht ertragen werden, sondern nach ihren eigenen Wünschen sich Lehrer (*didaskaloi*) aufladen, welche die Ohren kitzeln, und werden sich von der Wahrheit abwenden und den Mythen zuwenden" (V. 3-4a). In diesem Zusammenhang fällt wiederholt ein für die Pastoralbriefe kennzeichnendes Stichwort: das von der „gesunden" Lehre (vgl. neben 2Tim 4,3 auch 1Tim 1,10; Tit 1,9; 2,1; vgl. *hygiainein tä piste,i* Tit 1,13; 2,2; *hygiainontes logoi,* 1Tim 6,3; 2Tim 1,13; vgl. auch die *kalä didaskalia,* 1Tim 4,6 und die *kalä parathäkä,* 2Tim 1,14). Ähnlich spricht man bei den Griechen wie auch im hellenistischen Judentum (Philo) von „gesunden" geistigen Prozessen (Michel, Grundfragen 87; vgl. Marshall 168f). Aber während man im Griechentum hier bei „Gesundheit" vor allem *subjektiv* an rechte Gesinnung und gute Absicht denkt, im philosophischen Sprachgebrauch an Vernünftigkeit, ist für Paulus im Zusammenhang seiner Auseinandersetzung mit der die Gemeinde bedrohenden falschen Lehre dasjenige gesund, was *objektiv* „dem Evangelium in seiner antihäretischen Gestalt entspricht" (Michel 87).

3.2.2.3.4 Anwendung überlieferter Lehre in neuer Situation

Auf dem Grund und ihm Rahmen dieser Überlieferung wird in der apostolischen Lehre die Überlieferung aber auch auf eine neue Situation angewendet, indem aus ihr Antworten auf neu aufkommende Fragen abgeleitet werden. So verweist Paulus in 1Kor 7 zur Frage der Stellung des Christen zur Ehe als bleibend verbindlich auf ein überliefertes Wort Jesu zur Sache („Den Verheirateten gebiete nicht ich, sondern der Herr, dass die Frau sich nicht scheide von dem Mann … und der Mann die Frau nicht entlasse", V. 10f). Dann aber gibt er, im Rahmen des Jesuswortes, für die von Jesus nicht angesprochene neue Situation der interreligiösen Mischehe selber (V. 12a: „sage ich, nicht der Herr") eine eigene Weisung (V. 12-16). Oder: In Thessalonich war die Frage nach dem Geschick der vor der Wiederkunft Jesu verstorbenen Christen aufgekommen. Man fürchtete, dass solche Christen bei der Wiederkunft Jesu und Vereinigung der Gläubigen mit ihm nicht dabei sein könnten und so das Heil verfehlen würden. In seiner Beantwortung dieser Frage geht Paulus wieder von einem Jesuswort über das Kommen des Menschensohns aus („aufgrund eines Wortes des Herrn", 1Thess 4,15; vgl. Mt 24,30f und dazu Hartman 188; Burkhardt 25f). Dies Wort verbindet er nun mit der traditionellen Erwartung einer endzeitlichen Auferstehung (V. 14; vgl. Mt 22,31f) und zieht daraus den Schluss, dass die bis dahin schon verstorbenen Christen zunächst vom Tod erweckt werden und dann auch „mit dem Herrn sein werden allezeit" (V. 17). Ähnlich kann Paulus aufgrund einer Aussage Jesu über seine Sendung (Lk 19,10: „Des Menschen Sohn ist gekommen, zu suchen und selig zu machen, was verloren ist") im hellenistischen Kontext seine ganze Botschaft (*paraggelia,* von *paraggellein* = befehlen) in einem Lehrsatz zusammenfassen: „Das ist ein gewiss wahres und der Annahme wertes Wort, dass Christus Jesus in die Welt kam, Sünder zu retten" (1Tim 1,15; vgl. Michel, Grundfragen 86).

3.2.2.3.5 Der christliche Lehrer

Von der offensichtlich großen Bedeutung der Lehre für die urchristlichen Gemeinden her ist es verständlich, dass die Lehre sehr früh auch eine gewisse personelle Institutionalisierung erfahren hat. Bereits der Missionsbefehl des Auferstandenen betont nach der Überlieferung des Matthäusevangeliums in auffallender Weise das lehrhafte Moment in dem den Aposteln übergebenen Auftrag („Macht zu Jüngern alle Völker … und lehret sie halten alles, was ich euch befohlen habe", Mt 28,19f). Aber schon vorher werden sie als Lehrer angesprochen. Wenn in der Rede gegen die Pharisäer die Jünger davor gewarnt werden, sich Lehrer nennen zu lassen (Mt 23,10), so ist offensichtlich vorausgesetzt, dass sie Lehrer sind. Sie sollen sich nur nicht als solche im Sinne eines Ehrentitels anreden lassen und sich damit als „Herren" aufspielen – wie ja auch die bei jüdischen Schriftgelehrten übliche Anrede „Rabbi" eigentlich „Herr" bedeutet (Riesner 266ff). Vielmehr sollen die Jünger ihr Lehren als Dienst verstehen („Der größte unter euch soll euer Diener sein", V. 11).

So legen dann auch in der frühen Gemeinde in Jerusalem die Apostel sogar das Schwergewicht ihrer Arbeit auf den „Dienst" am Wort im Sinne der Bewahrung und Weitergabe der Lehre. Auch der Völkermissionar Paulus versteht seine Berufung als Missionar zugleich als Berufung zum „Lehrer der Völker" (1Tim 2,7; 2Tim 1,11; an der erstgenannten Stelle sogar mit besonderer Betonung gegenüber den vorher genannten Funktionen als Verkündiger und Apostel).

Neben den Aposteln gab es dann in den Gemeinden auch bald andere Gemeindeglieder, die in besonderer Weise mit Lehraufgaben betraut wurden. So ist zuerst in Antiochien neben Propheten auch von Lehrern die Rede (Apg 13,1), ebenso später in den paulinischen Gemeinden (vgl. die *didaskaloi* in 1Kor 12,28; Eph 4,11; 2Tim 4,3; vgl. auch Röm 12,7 *ho didaskoon*). An einen Lehrer ist wohl auch gedacht bei dem, der „im Wort unterrichtet" (*katächoumenos ton logon*; Gal 6,6; vgl. Oepke 150; Brockhaus 98.101-103). Ebenso dürften auch im Hebräerbrief in den *hägoumenoi*, die „euch das Wort Gottes gesagt haben" (13,7.24), Lehrer zu sehen sein (vgl. V. 9 die Warnung vor „fremden Lehren"; Michel, Hebräerbrief 335: „Der ursprünglich profane Begriff hebt die Autorität des Lehramtes hervor"). Die Bischöfe sollen „geschickt sein zur Lehre" (*didaktikoi*; 1Tim 3,2; Gleiches wird auch von Timotheus als „Knecht des Herrn" erwartet, 2Tim 2,24). Bei den in den Pastoralbriefen erwähnten Ältesten wird ebenfalls Lehrtätigkeit vorausgesetzt (1Tim 5,17; Tit 1,5.9). Dabei wird Timotheus dazu ermahnt, nicht voreilig jemanden mit solchem Dienst zu betrauen (1Tim 5,22). Angesichts der großen Verantwortung, die ein christlicher Lehrer hat, warnt auch Jakobus davor, sich leichtfertig nach dem Lehramt zu drängen (Jak 3,1).

Allerdings ist das Lehren keineswegs beschränkt auf bestimmte Funktionsträger. Den Adressaten des Hebräerbriefs wird vorgehalten, dass sie alle (!) eigentlich schon längst selbst Lehrer (*didaskaloi*) sein müssten, aber es leider noch nicht sind (Hebr 5,12). In den Gottesdiensten in Korinth werden einzelnen Gemeindegliedern je und dann vom Geist Gottes neben Liedern, Offenbarungsworten und Glossolalien auch Worte der Lehre (*didachai*) gegeben (1Kor 14,26, wobei nicht deutlich wird, woran Paulus inhaltlich denkt, vgl. Brockhaus 149). Entsprechend ist dabei von Lernen (*manthanein*) die Rede. Die Offenbarungen sollen geordnet vorgetragen werden, „damit alle lernen und alle ermahnt werden" (V. 31). Noch weiter geht eine Aussage des Paulus bereits im ersten Brief an die Thessalonicher: Er brauche sie eigentlich nicht zu brüderlicher Liebe zu ermahnen, „denn ihr seid selbst von Gott gelehrt" (1Thess 4,9). Ähnliche Aussagen finden sich auch bei Johannes: Jesus verheißt, dass er nach seinem Weggang den Heiligen Geist senden werde, und der „wird euch alles lehren" (Joh 14,26a; vgl. auch 6,45 mit Bezug auf Jes 54,13: „Wer vom Vater hört und lernt, kommt zu mir"). So heißt es im ersten Johannesbrief: „Ihr bedürft nicht, dass euch jemand lehre", denn sie sind bereits belehrt durch die Salbung mit dem Heiligen Geist, den sie empfangen haben (1Joh 2,27). Allerdings bewahrt gerade der Kontext bei Johannes vor einem spiritualistischen Missverständnis solcher Aussagen im Sinne einer bloßen Unmittelbarkeit. Denn an der genannten Stelle des Evangeliums fährt Jesus fort: „… und wird euch erinnern an alles, was ich euch gesagt habe" (Joh 14,26b). Und im 2. Johannesbrief heißt es: „Wer weitergeht und bleibt nicht in der Lehre Christi, der hat Gott nicht" (2Joh 9). Dabei ist in der Auseinandersetzung mit der vorher erwähnten doketischen Irrlehre (V. 7) sicher nicht ein unmittelbares Reden des erhöhten Herrn gemeint (Schnackenburg 314f), sondern die historische Überlieferung von Christus (vgl. 1Joh 1,3: „Was wir gesehen und gehört haben, das verkündigen wir euch"). Ähnlich dürfte auch bei Paulus die Unterweisung durch den Geist nicht ohne Vermittlung zu denken sein: Das Liebesgebot gehört zu der ethischen Überlieferung, die sie von Paulus empfangen haben. Der Geist aber hat es ihnen verinnerlicht und „lehrt" sie nun die eigenständige Anwendung des Gebots (1Thess 4,9).

Gerade angesichts der Bedeutung der Arbeit der Lehrer in den urchristlichen Gemeinden bestand natürlich die Gefahr eines Missbrauchs dieser Stellung ihrerseits und falscher Abhängigkeit bei den von ihnen Unterrichteten. Neben der erwähnten Warnung Jesu in Mt 23,10 sind hier vor allem entsprechende Äußerungen des Paulus wichtig. Angesichts der Spaltungen in der korinthischen Gemeinde, die sich z. T. auf bestimmte Lehrer berufen (Apollos, Petrus und auch Paulus selbst; 1Kor 1,12), beschreibt Paulus die

Funktion des Lehrers als die eines „Haushalters über die Geheimnisse Gottes“ (4,1). Er hat also nicht autonom Eigenes zu vermitteln und so sich zum Herrn über den Glauben anderer zu machen (2Kor 1,24). Bei einem Haushalter ist primär nicht seine Originalität gefragt, vielmehr hat er das Empfangene (1Kor 4,7) in Treue zu verwalten (V. 2). Das gilt, nach der Regel „Nicht über das hinaus, was geschrieben steht!“ (*mä hyper ha gegraptai*, V. 6), zunächst im Blick auf die Heilige Schrift (vgl. Schlatter z. St. 153ff), aber eben auch gegenüber der unüberholbar grundlegenden apostolischen Jesus-Überlieferung (15,1f). Darin dient der Lehrer der Gemeinde ihr als „Gehilfe der Freude“ (2Kor 1,24).

Literatur:

J. T. Beck, Erklärung des Briefes Pauli an die Epheser, Gütersloh 1891; A. Bengel, Gnomon Novi Testamenti, ND der 3. Aufl. von 1783, Berlin 1860; U. Brockhaus, Charisma und Amt. Die paulinische Charismenlehre auf dem Hintergrund der frühchristlichen Gemeindefunktionen, Wuppertal [2]1987; H. Burkhardt, Wie geschichtlich sind die Evangelien?, Gießen 1979; G. Friedrich, Art. *euaggelizomai*, in: ThWNT II, 705-735; B. Gerhardsson, Die Anfänge der Evangelientradition, Wuppertal 1977; E. Haenchen, Die Apostelgeschichte, Göttingen [4]1961; L. Hartman, Prophecy Interpreted, Uppsala 1966; E. Lohse, Der Brief an die Kolosser, Göttingen 1968; I. H. Marshall, The Pastoral Epistles, Edinburgh 1999; W. Michaelis, Art. *hodos*, in: ThWNT V, 42-118; O. Michel, Um lautere und reine Lehre, in: ders., Dienst am Wort. Gesammelte Aufsätze, Neukirchen 1986; ders., Grundfragen der Pastoralbriefe, in: Auf dem Grunde der Apostel und Propheten, Festgabe für Th. Wurm, hg. von M. Loeser, Stuttgart 1948, 83-99; ders., Der Brief an die Römer, Göttingen [3]1963; L. Newbigin, The Gospel in a Pluralist Society, Grand Rapids/Cambridge UK 1989; A. Oepke, Der Brief des Paulus an die Galater, Berlin 1964; K. H. Rengstorf, Art. *didaskoo*, in: ThWNT II, 138-168; R. Riesner, Jesus als Lehrer, Tübingen [3]1988; A. Schlatter, Erläuterungen zum Neuen Testament. Die Briefe an die Galater, Epheser, Kolosser und Philemon, Stuttgart 1963; ders., Paulus der Bote Jesu, Stuttgart [3]1962; ders., Die Kirche der Griechen, Stuttgart 1936; R. Schnackenburg, Die Johannesbriefe, Freiburg [3]1965; J. Schniewind, Theologie und Seelsorge, in: ders., Zur Erneuerung des Christenstandes, hg. von H.-J. Kraus und O. Michel, Göttingen 1966, 58-64; G. Stählin, Die Apostelgeschichte, Göttingen [4]1970; A. Zimmermann, Die urchristlichen Lehrer, Tübingen 1984.

3.2.3 Christliche Lehre im Kontext gegenwärtiger Fragestellungen

3.2.3.1 Verbreitete Vorbehalte gegenüber der Lehre

Heute hat, unter dem Einfluss sog. postmodernen Denkens, das Fragen nach Wahrheit und Lehre als Vermittlung erkannter Wahrheit generell eine schlechte Konjunktur. Es ist geradezu gesellschaftlich anstößig geworden und gilt weithin als anmaßend, von etwas als Wahrheit überzeugt zu sein.

Der Wahrheitspluralismus ist zur verbreitetsten Weltanschauung geworden (Hempelmann 32), die allerdings paradoxerweise selbst mit unbedingtem Geltungsanspruch auftritt (Hempelmann 33).

Aber auch christliche Frömmigkeit ist heute oft vorwiegend praktisch orientiert. Man sucht dann eine an allgemeinen Lebensfragen ausgerichtete, vor allem das Gefühl ansprechende Verkündigung. Soweit man über die Pflege der eigenen Frömmigkeit hinaus missionarisch engagiert ist, interessiert vor allem die pragmatische „Wie"-Frage, d. h die Frage, *wie* Außenstehende, Nichtglaubende zu erreichen sind, „wie" Gemeinde wachsen und das Evangelium wirksam vermittelt werden kann. Nun ist das zweifellos gut und notwendig. Problematisch wird es aber, wenn darüber die Frage, *was* wir eigentlich zu kommunizieren haben, die Frage nach den Inhalten und ihrer Wahrheit, mithin alles, was man gemeinhin „Lehre" nennt, in den Hintergrund tritt und als bloße, selbstverständlich lebensferne „Theorie" gilt. Eine solche Einstellung ist zwar keineswegs, wie gelegentlich behauptet wird, charakteristisch gerade für „den" Pietismus oder „die" evangelikale Bewegung. Manche bedeutende, aus Pietismus und Erweckung hervorgegangene Theologen wie Spener und Francke, Tholuck und Beck, Kähler, Schlatter und Heim, oder auch die Geschichte der aus diesen Frömmigkeitsbewegungen herausgewachsenen und von ihr getragenen theologischen Ausbildungsstätten sprechen deutlich dagegen. Und doch bleibt jene weithin zu beobachtende pragmatische Tendenz und das Desinteresse an allem als bloße Theorie missverstandenen „Theologischen" auch unter solchen Christen eine nicht zu leugnende Tatsache. Die Gründe können sehr unterschiedlich sein: Einerseits (aber immer seltener), dass man sich von einer unglaubwürdigen, zeitfremden Orthodoxie abgestoßen fühlt, andererseits (und immer mehr), dass eine dem modernen säkularen Denken und Leben angepasste und sich von der glaubenden Gemeinde entfernende Theologie Misstrauen weckt und kurzschlüssig Distanz zur Theologie überhaupt fördert; schließlich aber auch eine gewisse Anpassung an einen pragmatischen, auf Erfahrung und Gefühl setzenden Zeitgeist.

Ebenso ist aber auch innerhalb der Theologie, spätestens seit der Aufklärung, die Tendenz zu beobachten, dass man sich von traditioneller „Lehre" und ihrem Anspruch auf objektive, verbindliche Wahrheit befreien möchte und stattdessen auf jedermann zugängliche religiöse Erfahrung setzt. Insbesondere die alles erkennbare geschichtliche Wirken Gottes ausschließende Erkenntniskritik I. Kants, des „Philosophen des Protestantismus", wirkte hier nach, und fand seit der Gefühlstheologie Schleiermachers bis heute immer neue Anwendung (vgl. z. B. Ritschl III, 378: „Im strengen Sinn genommen ist der Inhalt der Bücher des N.T. überhaupt nicht Lehre“, verstanden als Vermittlung wahrer Sachverhalte, sondern, etwa in der Christologie, nur Ausdruck von Wertschätzung aufgrund persönlicher Erfahrung, also nicht Seinsurteil, sondern Werturteil).

3.2.3.2 Möglichkeit und Unverzichtbarkeit von Lehre

3.2.3.2.1 Geschichtliche Offenbarung als Ermöglichungsgrund von Lehre

Im Unterschied zu anderen Religionen (der Islam als nachbiblische Religion ist hier in gewisser Weise ein Sonderfall), die ihren Wurzelgrund in allgemeinen, zeitlos möglichen religiösen Erfahrungen haben, gründet die biblische Religion des Alten wie des Neuen Bundes in geschichtlicher Offenbarung. Sie hat ihren Grund darin, dass Gott nach biblischem Zeugnis in einer für Menschen wahrnehmbaren Weise in der Geschichte eingegriffen hat, im Wort wie in der Tat. Deshalb ist die Weitergabe solcher Offenbarung ihr wesentliches, unverzichtbares Merkmal. Die Bibel selbst ist der von Gott durch Vermittlung von dazu berufenen Menschen gegebene Niederschlag solcher Überlieferungen. Aus ihnen entsteht und nährt sich der Glaube von Juden und Christen immer neu. Charakteristisch für das Neue Testament ist dabei, dass das Offenbarungsgeschehen sich hier ganz auf Person und Geschick Jesu Christi konzentriert als die eschatologische Offenbarung Gottes. In Christus hat Gott in letztgültiger und unüberholbarer Weise zum Heil des Menschen eingegriffen und darin zu erkennen gegeben, wer er selbst letztlich ist. Von dieser Offenbarung, ihrer Vermittlung und gläubigen Annahme hängt das ewige Geschick jedes Menschen ab. Deshalb ist die Bewahrung und Weitergabe des Zeugnisses von jenem Eingreifen Gottes in Verkündigung und Lehre vornehmste Aufgabe der christlichen Gemeinde. In christlicher Lehre geht es also zunächst um die Bewahrung der ursprünglichen Überlieferung von der geschichtlichen Offenbarung in Christus und dann um immer neue Anleitung zu ihrem Verstehen.

Der Begriff der Überlieferung oder Tradition wird im Protestantismus oft pauschal negativ gewertet, einmal unter Berufung auf Jesu Kritik an den „Überlieferungen der Ältesten“ (Mt 15,2), zum andern auf die in der katholischen Kirche neben der Schrift entstandene und – zwar nicht theoretisch, aber zumindest zur Zeit der Reformation doch oft faktisch – über ihr stehende kirchliche Tradition. Entsprechend wird der Traditionsbegriff in den Pastoralbriefen des Neuen Testaments in protestantischer Exegese gern als Zeichen eines sog. Frühkatholizismus gewertet. Tatsächlich aber dient die Tradition im Neuen Testament (der Intention nach an sich – wenn auch, wie Jesus zeigt, nicht in Wahrheit – auch die Überlieferung der pharisäischen Lehrer) gerade nicht der Ergänzung oder gar Überbietung der ursprünglichen Heilsbotschaft, sondern umgekehrt ihrer Bewahrung und Geltendmachung. Auch alle spätere kirchliche Überlieferung hat nur die Aufgabe, diese Kontinuität zur biblischen Offenbarung zu wahren. Dabei hat sie in der Heiligen Schrift als maßgebender Überlieferung ihr bleibendes Kriterium.

3.2.3.2.2 Die Entfremdung des natürlichen Menschen von Gott und die Verborgenheit der Offenbarung als Grund für die Unverzichtbarkeit der Lehre

Offenbarung ist ein nicht nur inneres subjektives Geschehen, sondern kommt auf den Menschen von außen zu und ist darin wahrnehmbar („Was wir gesehen und gehört haben, das verkündigen wir euch“, 1Joh 1,3). Dies führt allerdings beim Menschen nicht notwendig auch zur gläubigen Erkenntnis. Er kann sich ihr auch verweigern. Das geschieht vor allem da, wo Gott sich in einer Weise dem Menschen zeigt, die seinen natürlichen Vorstellungen und Wünschen direkt zuwiderläuft, wie etwa in seiner höchsten Offenbarung, im Kreuz Jesu („Denn das Wort vom Kreuz ist eine Torheit denen, die verloren gehen“, 1Kor 1,18; vgl. 2,14). Wo ein Mensch trotzdem gläubig wird, also trotz des von der Sünde gesteuerten Widerstandes gegen die Erkenntnis der Wahrheit, ist dies immer ein Wunder (2,12).

Mit dem Christwerden ist ein grundlegender Anfang in der Erkenntnis Gottes gegeben. Nicht nur in seinem sittlichen Verhalten, sondern auch in seinem Denken ist „ein Neues geworden“ (2Kor 5,17). Aber dieser Anfang bedarf eines ständig fortgehenden Erneuerungsprozesses: Deshalb schreibt Paulus den Christen in Rom: „Stellt euch nicht dieser Welt gleich, sondern lasst euch umgestalten in der Erneuerung eures Sinnes, damit ihr zu prüfen vermögt, was Gottes Wille ist, das Gute und Wohlgefällige und Vollkommene“ (Röm 12,2). Dies aber vollzieht sich so, dass wir uns immer neu der überlieferten biblischen Wahrheit stellen und uns so in unserem Verhalten wie eben auch im Denken umprägen lassen. Das aber bedeutet nicht nur, dieses oder jenes biblische Wissen sich anzueignen, sondern „von der Bibel auch das Denken selber neu zu lernen“ (Lindner 38). Eine solche

Reinigung des natürlichen Denkens durch ein an der Bibel genährtes und an ihr ausgerichtetes Denken ist wesentlicher Bestandteil der lebenslang währenden Heiligung des Christen (vgl. Schlatter 46-56: „Heiligung des Gedankenlaufs").

Eine solche Heiligung des Denkens hat sich nicht zuletzt auch in der Abwehr von in der Gemeinde entstehender oder von außen in sie eindringender falscher, den geschichtlichen Ursprüngen christlichen Glaubens nicht entsprechender Irrlehre zu bewähren, wie seit der neutestamentlichen Zeit bis heute immer wieder deutlich wird. Dabei ist ihr sicher auch mit vernünftiger Argumentation zu begegnen (1Petr 3,15). Aber sofern christlicher Glaube nicht aus Vernunftgründen entstanden ist, kann die Vernünftigkeit einer Lehre nicht letztes Kriterium ihrer Wahrheit sein, sondern die Treue zum nicht hinterfragbaren geschichtlichen Ursprung, in dem, „was dem Evangelium in seiner antihäretischen Gestalt entspricht" (Michel, Grundfragen 87). Falsche Lehre, „Irrlehre", ist nicht nur „intellektuelle oder dogmatische Abweichung von der orthodox (rechtgläubig)-kirchlichen Überzeugung, sondern … Verführung" (*planä*, Eph 4,14; Michel, Zeugnis 73f). Entsprechend ist auch die „gesunde" Lehre nicht einfach beliebig verfügbarer intellektueller Besitz. Vielmehr gilt: „Die Lauterkeit und Reinheit kirchlicher Lehre ist immer geschenkt, ist kein erlerntes oder erworbenes Gut des Menschen; streben nach lauterer und reiner Lehre heißt, um die Erkenntnis Gottes bitten, um das Verständnis der Heiligen Schrift ringen, sich frei machen von eigenen und fremden Wünschen und Gedanken, hinhören auf das Wort der Eltern und Lehrer, aber darüber hinaus wieder merken auf das, was Gott selbst sagt, sich überraschen lassen von dem Gott, der Größeres und Wichtigeres zu sagen hat, als was wir meinen, das er sagen müsste, sicher und fest (*certitudo*) glauben und vertreten, was Gott selbst zu sagen hat, und endlich willig leiden" (Michel, Lehre 73).

3.2.3.2.3 Wege und Gestalten der Lehre

a) *Mitverantwortung jedes Christen für die christliche Lehre heute:* Wenn, nach einem Wort des 1. Petrusbriefes, alle Christen Glieder des Gottesvolks des Neuen Bundes sind und damit zu dieser „königlichen Priesterschaft" gehören (1Petr 2,9), und wenn, nach biblischem Verständnis des Priestertums, Verantwortung für die Lehre zu den besonderen Aufgaben des Priesters gehört, dann hat jeder Christ, wenn auch in je nach Begabung und persönlicher Führung unterschiedlichem Maße teil an solcher Verantwortung. Sie kann er aber nur wahrnehmen, wenn er sich selbst um biblische Wahrheitserkenntnis müht. Das kann grundlegend in konsequentem eigenem Umgang mit der Heiligen Schrift geschehen. Dabei geht es weder um bloße bibelkundliche Wissensaneignung noch um unkontrollierbare Erbaulichkeit. Vielmehr kommt es darauf an, dass man, in aufrichtiger Bemühung um das Verstehen des biblischen Wortes, durch das Gelesene sein eigenes Leben und Denken prägen lässt, sodass es immer neu zum glaubenden Gehorsam gegenüber der biblischen Wahrheit kommt. Die Bibel ist zwar „kein müheloser Besitz" (Schlatter, Erlebtes 74), aber die Mühe, die sie dem aufmerksamen Leser abverlangt, wird reich belohnt durch die Schätze, die sich ihm beim Eindringen in das Verständnis der Schrift zunehmend auftun, im einzelnen Wort wie in den großen Zusammenhängen der Bibel als ganzer (vgl. auch Burkhardt 46f).

b) *Die Verantwortung der Lehrer der Gemeinde:* Bei Beauftragung zu einem besonderen Dienst in der Gemeinde sollte neben Verkündigung und Seelsorge der Auftrag der Lehre nicht, wie es häufig der Fall ist, vernachlässigt werden. Bei der „Zurüstung der Heiligen zum Dienst" (Eph 4,12) geht es nicht zuletzt um Lehre als tiefer gehende Einführung in die christliche Wahrheit, zur Stärkung des eigenen Glaubens wie zur Befähigung dazu, „Antwort zu geben, wenn wir nach dem Grund unserer Hoffnung gefragt werden" (1Petr 3,15). Ein erfreuliches Zeichen ist es, dass neuerdings einführende Information über den christlichen Glauben in sog. Glaubenskursen vermehrt auch als Mittel der Mission entdeckt wird in einer Gesellschaft, in der in einem großen Traditionsabbruch zunehmend auch die elementarsten Kenntnisse dessen, was christlicher Glaube ist, verloren zu gehen drohen.

Voraussetzung dafür ist allerdings, dass die Verantwortlichen selbst Lernende bleiben, und zwar lebenslang. Es ist ein grundlegender, aber, so scheint es, leider weitverbreiteter Irrtum, dass mit dem Absolvieren eines theologischen Studiums das Bemühen um eigene Vertiefung christlicher Erkenntnis aufhören könnte und es nur noch um das Anwenden des Gelernten und die dazu förderlichen Methoden gehe. Man ist im Studium sicher mit gewissen Formeln und Sätzen christlicher Lehre vertraut geworden – aber weiß man auch wirklich, was sie bedeuten? Unser Erkennen ist Stückwerk und wird, sagt Paulus, erst in der Ewigkeit vollendet werden (1Kor 13,12). Das heißt aber nicht, dass wir, im Blick auf solche künftige

Erkenntnis, jetzt unsere Hände in den Schoß legen dürften. Wir dürfen es nicht – um unserer selbst willen, vor allem aber um der Menschen willen, denen wir dienen sollen. Bei aller Hingabe an die vielfältigen Aufgaben der Gemeindearbeit sollte, was übrigens bei allen Berufen mehr oder weniger selbstverständlich ist und von klugen Arbeitgebern auch gefördert wird, je verantwortungsvoller die anvertrauten Aufgaben sind, umso mehr die eigene Fortbildung ihren Raum haben und Zeit sein oder immer wieder geschaffen werden etwa zur Lektüre eines (vielleicht schmalen, aber inhaltlich weiterführenden) theologischen Buches, und zwar nicht etwa nur eines praktisch-theologischen! Oder zum Bezug und wenigstens teilweiser Lektüre einer guten theologischen Zeitschrift. Dabei kann das Gespräch im kleinen Kreis von Kollegen solche Lektüre zusätzlich fruchtbar machen.

c) *Wissenschaftliche Theologie als Gestalt biblischer Lehre:* Theologie hat nach lange herrschender Auffassung ihren eigentlichen Ort vor allem an der Universität und versteht sich von daher selbstverständlich ausschließlich als Wissenschaft. Kriterien ihrer Wissenschaftlichkeit sind dabei die gleichen wie in den anderen Wissenschaften: eine säkulare, alle Vorurteile kritisch infrage stellende, von allen Sachkundigen überprüfbare Methodik, und auch im Blick auf Lehrende und Lernende keine anderen Voraussetzungen als nur für die wissenschaftliche Arbeit erforderliche.

Ganz so selbstverständlich ist diese Verortung der Theologie allerdings nicht erst heute keineswegs mehr. Kein Geringerer als der große Philosoph I. Kant hatte bereits 1798 in seiner Schrift „Streit der Fakultäten" der Theologie ihr Wohn- und Arbeitsrecht an der Universität bestritten (Kant 300ff). Denn jede Wissenschaft müsse in ihrer Arbeit frei sein von allen vorwissenschaftlichen Bindungen, wie es bei der Kirche die Bindung an Schrift und Bekenntnis darstelle. Diese Bedenken galten bei Kant auch etwa der Rechtswissenschaft, die ja mit den staatlich vorgegebenen Gesetzen ebenfalls an von ihr nicht hinterfragbare Ordnungen gebunden ist. Allerdings sind diese Ordnungen grundsätzlich für jedermann einsichtig und nachvollziehbar, was bei der kirchlichen Bindung an Schrift und Bekenntnis nicht der Fall ist.

Um trotzdem an der Universität bleiben und den Anspruch auf Wissenschaftlichkeit weiter erheben zu können, hat die Theologie sich deshalb weithin von allen jenen Bindungen frei zu machen und sich den säkularistischen Bedingungen der Universität anzupassen versucht. Dabei ist sie allerdings in einen gewissen Widerspruch mit sich selbst geraten. Denn in den für sie nun einmal grundlegenden biblischen Urkunden ist Lehre eben nicht Ergebnis frei schwebender Vernunft, sondern gebunden im Gehorsam des Glaubens (vgl. oben zum autoritativen Charakter biblischer Lehre). „Das Phänomen Theologie im strengen Sinn des Wortes ist ein ausschließlich christliches Phänomen" (Ratzinger 48). Objektiv wie subjektiv setzt Theologie „einen neuen Anfang voraus, der nicht Produkt unserer eigenen Reflexion ist, sondern aus der Begegnung mit einem Wort kommt, das uns immer vorangeht … Weil es Theologie nicht ohne Glaube gibt, gibt es sie nicht ohne Bekehrung" (Ratzinger 49). Sie ist deshalb primär auch nicht Teil des allgemeinen Bildungsauftrags, sondern steht unter einem Auftrag eigenen Rechts, der speziell nur der Kirche gegeben ist. Während in den übrigen Wissenschaften grundsätzlich keine bisherige Erkenntnis unhinterfragbar Gültigkeit hat, geht die Theologie von der nicht hinterfragbaren Wahrheit der geschichtlichen Offenbarung Gottes aus und würde sich mit der Infragestellung dieser Voraussetzung selbst aufheben. Sie könnte nur noch als Religionswissenschaft überleben (vgl. zum Wissenschaftsbegriff aus christlicher Sicht auch Ethik II/2, Exkurs 12, S. 234-240).

Innerhalb der Theologie wurde die Erkenntnis vom kirchlichen Charakter der Theologie Anfang der 30er-Jahre des vergangenen Jahrhunderts erstmals bei K. Barth neu herausgestellt. Nachdem er zunächst 1927 einen ersten Band einer „Christliche(n) Dogmatik im Entwurf" vorgelegt hatte, begann er 1932 seine Dogmatik noch einmal von vorne unter dem für den Neuansatz bezeichnenden Titel „Kirchliche Dogmatik". An ihrem Anfang steht mit allem Nachdruck die These: „Theologie ist eine Funktion der Kirche" (Barth 1).Vor allem der Kirchenkampf schärfte dann in der Auseinandersetzung mit den weithin von sog. „Deutschen Christen" beherrschten Fakultäten den Blick dafür, dass Theologie eigentlich Aufgabe der Kirche selbst sei. Der Neutestamentler H. Schlier, damals Dozent an der von der Bekennenden Kirche eingerichteten Theologischen Schule in Wuppertal (später „Kirchliche Hochschule"), formulierte 1935 in einem Vortrag auf einem „Gemeindetag unter dem Wort" zugespitzt: „Es wird wohl kein verständiger Christ bestreiten wollen, dass die Fürsorge für das Wort Gottes unter den Menschen *allein* (Hervorhebung von Schlier) der Kirche anvertraut ist" (Schlier 3). Und er fährt fort: „Wenn aber der Kirche allein die Fürsorge für das Wort Gottes in Menschen Mund von Gott anvertraut ist, dann heißt das natürlich … dass sie vor allem auch für die Unterweisung verantwortlich gemacht wird, durch die die künftigen Hirten und Lehrer der Gemeinden herangebildet werden“ (Schlier 3f; vgl. auch J. Schniewind 57, der vom Verkündigungscharakter theologischer Wissenschaft und von Theologie als Charisma sprach; ähnlich H. J. Iwand 228, der Theologie als Beruf im Sinne einer geistlichen Berufung zu ihr verstehen konnte). Im Zusammenhang mit solchen Erwägungen entstanden damals Kirchliche Hochschulen, in denen die Kirche ihrer Verantwortung für die theologische Lehre wenigstens ein Stück weit gerecht zu werden versuchte (vgl. Haacker 356ff). Nicht lange nach dem Kriege allerdings drehte die Stimmung wieder. Kirchliche Hochschulen wurden entweder wieder aufgegeben oder doch dem zunehmend herrschenden Pluralismus mehr oder weniger angeglichen. So stellt sich heute die Frage, ob die Kirche sich nicht neu auf ihre Verantwortung für die Theologie besinnen sollte. Immer wieder ins Feld geführte finanzielle Gesichtspunkte dürfen hier für die Kirche keine ausschlaggebende Rolle spielen, sie stellen nur die Frage nach der verantwortlichen Gewichtung der kirchlichen Aufgaben.

Sofern dieser Weg außerhalb der staatlichen Universität gegangen wird, stellt sich natürlich die Frage nach der Wissenschaftlichkeit der hier betriebenen Theologie. Neuerdings in einigen Bundesländern bereits gegebene staatliche Anerkennung einiger von Freikirchen und innerkirchlichen Gemeinschaftswerken getragenen Hochschulen zeigt, dass einsichtige Politiker und ebenso einsichtige Vertreter der Wissenschaft offenbar durchaus bereit sind, ein Verständnis von Wissenschaft anzuerkennen, das die inhaltliche Bindung an grundlegende Bekenntnisse nicht ausschließt (zur Frage der Kriterien von Wissenschaftlichkeit aus theologischer Sicht vgl. Bd. II/2, Exkurs 12, 234-240). Wobei allerdings beim gegenwärtigen inneren Zustand der meisten deutschen Landeskirchen leider sehr fraglich ist, wieweit Schrift und Bekenntnis in ihnen noch wirklich Geltung haben. Dann aber kann man natürlich kaum erwarten, dass sie solche Bindung im Bereich der theologischen Lehre und Ausbildung institutionell ermöglichen und einfordern. Das würde vielmehr eine innere Erneuerung und eine ihr entsprechende Neubesinnung auf den Lehrauftrag der Kirche voraussetzen. Es wäre aber zu hoffen, dass die genannten freien Ausbildungsstätten eines Tages vielleicht doch auch von den Kirchen wenigstens als herausfordernde Ergänzung zur Ausbildung an der Universität ernst genommen und als Chance wahrgenommen werden.

Literatur:

K. Barth, Kirchliche Dogmatik, 1. Bd.: Die Lehre vom Wort Gottes, Zürich [8]1964; H. Burkhardt, Die Bibel verstehen, in: JETh 19/2005, 35-48; K. Haacker, Warum und wozu (noch) Kirchliche Hochschulen?, in: Thbeitr 33/2002, 356-362; H. Hempelmann, Nach der Zeit des Christentums, Gießen 2009; H. J. Iwand, Theologie als Beruf, in: Nachgelassene Werke Bd. 1, München 1962, 228-274; I. Kant, Der Streit der Fakultäten, in: ders., Werke, hg. von W. Weischedel, Bd. 9, Darmstadt 1975, 265-393; H. Lindner, Theologie als biblische Lehre, in: ders., Biblisch. Gesammelte Aufsätze, Gießen 2006, 37-45; O. Michel, Um lautere und reine Lehre, ZThK 1936, 289-315 (zit. nach: ders., Dienst am Wort. Gesammelte Aufsätze, Neukirchen 1986, 72-91); ders., Das Zeugnis des Neuen Testaments von der Gemeinde, Gießen [2]1983; ders., Grundfragen der Pastoralbriefe, in: Festgabe für Landesbischof D. Theophil Wurm, Stuttgart 1948, 83-99; J. Ratzinger, Wesen und Auftrag der Theologie, Einsiedeln/Freiburg 1993; A. Ritschl, Die christliche Lehre von der Rechtfertigung und Versöhnung, 3. Bd.: Die positive Entwicklung der Lehre, Bonn 1888; H. Schlier, Die Verantwortung der Kirche für den theologischen Unterricht, Wuppertal-Barmen 1935 (ND in: ders., Der Geist und die Kirche, hg. von V. Kubina und K. Lehmann, Freiburg 1980, 241-250); A. Schlatter, Der Dienst des Christen, BFChTh, Gütersloh 1897 (ND hg. von W. Neuer, Gießen 1991); ders., Erlebtes, Berlin [4]1925; J. Schniewind, Der Verkündigungscharakter der theologischen Wissenschaft, in: ders., Zur Erneuerung des Christenstandes, Göttingen 1966.

3.3 Die letzte Bewährung christlicher Zeugenschaft im Martyrium

3.3.1 Christliche Zeugenschaft im Neuen Testament

Nicht nur die Erfahrung zeigt, dass das christliche Zeugnis keineswegs nur auf dankbare Annahme stößt, vielmehr immer wieder auch auf leidenschaftliche Abwehr. Von Anfang an hat Jesus die Sendung seiner Jünger zum Zeugnis verbunden mit dem Hinweis auf den Widerstand, auf den ihr Zeugnis stoßen wird, ja die Feindschaft, die sich gegen sie selbst wenden wird und mit der sie nüchternerweise rechnen müssen (Mt 5,10-12; 10,16-25; 13,21; 23,34; 24,9). Das Motiv nicht nur des eigenen Leidens Jesu, sondern auch das seiner Jünger ist „einer der vier Grundgedanken Jesu" (Michel, Grundzüge 18f). Jünger zu werden bedeutet, das Kreuz auf sich zu nehmen und damit die Bereitschaft, um Jesu willen sein Leben zu verlieren (Mt 16,25). „Der Hass gegen Jesus bringt notwendig den Hass gegen die Jünger mit sich; das Leid, das man Jesus antut, zieht notwendig das Leid, das man dem Jünger antut, nach sich" (Michel, Prophet 24; vgl. Joh 7,7; 15,18-26 und dazu V. 27: „Ihr werdet meine Zeugen sein"; vgl. 1Joh 3,13).

So ist die lukanische Apostelgeschichte nicht nur die erste Missionsgeschichte, sondern durchgehend zugleich eine erste Geschichte christlichen

Martyriums: Petrus und Johannes müssen sich wegen ihrer Verkündigung des auferstandenen Jesus vor dem Hohen Rat verantworten (Apg 4–5); Stephanus wird wegen angeblicher Lästerung angeklagt und hingerichtet (Apg 6–7); danach kommt es zu einer ersten allgemeinen Verfolgung der Gemeinde (Apg 8); Paulus wird aktiv zum Christenverfolger (Apg 9,1f), nach seiner Bekehrung vor Damaskus aber selbst zum Verfolgten (Apg 9,23-25); Herodes Agrippa geht gezielt gegen die Führung der Gemeinde in Jerusalem vor: Jakobus wird enthauptet, Petrus verhaftet, kommt aber auf wunderbare Weise frei (Apg 12); nach anfänglichem Erfolg der Missionspredigt im kleinasiatischen Antiochia werden die Apostel Paulus und Barnabas aus der Stadt vertrieben (Apg 13); in Ikonion kommt es zu einem „Sturm" gegen die Apostel (Apg 14,5) und in Lystra sogar zur Steinigung des Paulus (Apg 14,19; vgl. 2Kor 11,25); in Philippi werden Paulus und Silas vor die Stadtrichter geschleppt (Apg 16,19-21), auf deren Anweisung öffentlich geschlagen und ins Gefängnis geworfen (Apg 16, 22-24); in Thessalonich wird gegen beide ein Aufruhr angezettelt (Apg 17,5); sie fliehen nach Beröa (V. 10), werden aber auch dort wieder vertrieben (V. 13); in Athen erfährt die Verkündigung des Paulus den beißenden Spott der dortigen Philosophen (Apg 17,32); in Korinth kommt es vonseiten der Juden zu einer Empörung gegen Paulus und zur Anklage vor dem Statthalter Gallio, die von diesem allerdings abgewiesen wird (Apg 18,12-15); in Ephesus organisiert der Goldschmied Demetrius gegen die für ihn geschäftsschädigende Wirkung der Verkündigung des Apostels einen die ganze Stadt erfassenden großen Aufruhr (Apg 19,23-40); vermutlich in Korinth entkommt Paulus einem von Juden geplanten Anschlag durch kurzfristige Änderung seiner Reisepläne (Apg 20,3); in Jerusalem wird Paulus wieder verhaftet (Apg 21,27), kann sich in einer Rede vor dem Volk öffentlich verantworten (Apg 22,1-21); drohende Geißelung kann er nur durch Verweis auf seine römische Bürgerschaft abwenden (V. 25); es folgt die Verantwortung vor dem Hohen Rat (Apg 23,1-11); ein Mordanschlag wird durch Verlegung nach Cäsarea verhindert (Apg 23,12-35); dort verantwortet Paulus sich vor dem Statthalter Felix (Apg 24); vor dessen Nachfolger Festus legt er Berufung auf den Kaiser ein (Apg 25); danach verantwortet Paulus sich auch vor König Agrippa II. (Apg 26); schließlich folgt die Reise als Gefangener nach Rom (Apg 27-28). Dass Zeugnisschaft für Jesus grundsätzlich mit Leiden um dieses Zeugnisses willen verbunden ist, kommt nach dem Bericht des Lukas bereits auf der Rückreise von der ersten Missionsreise in

Reden des Apostels an die Jünger in Lystra, Ikonion und Antiochien (in Pisidien) zum Ausdruck, in denen er sie ermahnt, im Glauben zu verharren angesichts dessen, dass „wir durch viel Trübsal in das Reich Gottes eingehen müssen" (14,22).

Diese Erfahrung spiegelt sich dann auch in der neutestamentlichen Briefliteratur und der prophetischen Schrift der Johannes-Offenbarung. Den Thessalonichern schreibt Paulus dankbar aus Korinth, er habe von ihnen gehört, sie seien seinem Beispiel und dem des Herrn gefolgt, indem sie „unter vielen Trübsalen", aber doch „mit Freuden im heiligen Geist", das Wort Gottes angenommen hätten (1Thess 1,6; vgl. 2,14). Er selbst habe ja, bevor er zu ihnen kam, in Philippi viel erlitten und doch den Freimut zur Verkündigung des Evangeliums bei ihnen bekommen (2,2). Nach seiner eigenen Vertreibung aus Thessalonich hat er nun Timotheus zu ihnen geschickt, sie im Glauben zu stärken, „damit nicht jemand (in seiner Glaubensgewissheit) erschüttert würde in diesen Trübsalen" (3,3). Denn, fügt er hinzu, „schon als wir bei euch waren, sagten wir es euch im voraus, dass wir Trübsale haben würden" (V. 4; vgl. V. 7 die für die endzeitliche Not immer wieder verwendeten Stichworte *anangkä* = Bedrängnis und *thlipsis* = Trübsal). Im zweiten Brief an die Thessalonicher dankt Paulus eingangs Gott für ihre Geduld (*hypomonä*) und ihren Glauben angesichts von Verfolgung (*dioogmos*) und Trübsal, die sie erleiden (2Thess 1,4). Im ersten Brief an die Korinther beschreibt der Apostel in der Auseinandersetzung mit den sich über ihn erhebenden Schwarmgeistern seine eigene Erfahrung und seine dem Geist Christi entsprechende Reaktion: „Wir sind Narren um Christi willen … Man schilt uns, so segnen wir; man verfolgt uns, so ertragen wir es, man schmäht uns, so reden wir (freundlich) zu" (1Kor 4,10.12; vgl. auch 2Kor 4,11: „immerdar in den Tod gegeben um Jesu willen" und die Listen der Leiden des Apostels in 6,4f und 11,23-25). Die Briefe nach Philippi, Ephesus und Kolossä sowie an Philemon und den zweiten an Timotheus schreibt er als Gefangener um des Evangeliums willen (Phil 1,7.12-14; Eph 6,20; Kol 4,3.18; Phlm 1.9.13; 2Tim 4,6.16f). Seinen Schüler und Mitarbeiter Timotheus ermahnt er, sich nicht zu schämen „des Zeugnisses (*martyrion*) von unserem Herrn und meiner, der ich sein Gebundener bin", vielmehr: „Leide mit mir für das Evangelium nach der Kraft Gottes" (2Tim 1,8), denn „dulden wir, so werden wir auch (mit Christus) herrschen" (2,12). Tatsächlich ist er ihm, Paulus, ja bereits „nachgefolgt in … meinen Verfolgungen (*dioogmoi*), meinen Leiden (*pathämata*) in Antiochien (in Pisidien), Ikonion und Lystra“ (3,10f). Zusammenfassend stellt der Apostel generalisierend fest, dass „alle, die gottesfürchtig (*eusebоos*) leben wollen in Christus Jesus, Verfolgung leiden müssen“ (*diooch-thäsontai*, V. 12; vgl. Apg 14,22).

Im ersten Brief des Petrus geht es, wo von Leiden von Christen die Rede ist, zunächst mehr um Leiden, das Christen widerfährt, obgleich (oder auch weil?) sie an sich Gutes tun bzw. „um der Gerechtigkeit willen“ (1Petr 2,20f; 3,14). Dabei wird dazu aufgefordert, solches Unrecht ohne Gegenwehr zu ertragen, dem Vorbild Christi am Kreuz folgend (2,21-23). Später spricht der Brief aber doch auch ausdrücklich von Leiden, das Christen „um des Namens Christi willen“ widerfährt (4,14), und das der Betroffene „als Christ“ (*hoos christianos*) auf sich nehmen, sich dessen nicht schämen und darin Gott ehren soll (V. 16).

Der Hebräerbrief erinnert seine Adressaten an Leid, das ihnen früher widerfahren ist (10,32), mahnt weiter zur Geduld (V. 36) und fordert dazu auf, solcher, die um ihres Glaubens willen „Gebundene“ sind und Trübsal leiden (in praktischer Hilfe?, so Michel 330 z. St.), zu gedenken (13,3).

In der Offenbarung des Johannes schließlich ist Ermahnung zur Geduld in gegenwärtigen und kommenden Trübsalen geradezu wie ein Thema des ganzen Buches an den Anfang gestellt, wenn Johannes sich den Lesern vorstellt als „Mitgenossse in der Trübsal und am Reich und im Ausharren (*hypomonä*) bei Jesus“ (1,9; vgl. Burkhardt).

Wo möglich, dürfen Christen versuchen, der Verfolgung durch Flucht zu entgehen (Mt 24,16-18; vgl. Apg 9,23-25 u. ö.). Nirgends aber ist, wo es um Verfolgung um Jesu willen geht, gewaltsamer Widerstand erlaubt. Selbst auf dem Höhepunkt der Verfolgung unter dem Antichristen gilt allein die Ermahnung: „Hier ist Geduld und Glaube der Heiligen“ (Off 13,10).

3.3.2 Christliches Martyrium in der Geschichte der Kirche

Solche Erfahrung setzt sich dann die ganze Geschichte der Kirche hindurch fort bis heute. Dies galt in besonderer Weise für die ersten Jahrhunderte bis zur konstantinischen Wende. Der Kirchenvater Tertullian (ca. 160–220) brachte es auf die bekannte Formel: „Das Blut der Christen ist Same (der wachsenden Kirche)“ (*semen est sanguis Christianorum*, Apol 50,13; vgl. die von A. Hamman herausgegebene Sammlung von Texten aus dieser

Zeit). Dann trat der Gedanke des Martyriums lange Zeit im Bewusstsein des normalen Christen zurück, denn es ereignete sich mehr nur in eher seltenen missionarischen und räumlich entfernteren Aktionen. In gewisser Weise lebte es wieder auf in der Reformationszeit, allerdings in der sehr irritierenden Gestalt innerkirchlicher konfessioneller Auseinandersetzungen, zunächst mit einigen evangelischen Märtyrern, dann sogar innerprotestantisch in der Verfolgung der sog. Schwärmer, später der Ausrottung bzw. Vertreibung der Hugenotten im katholischen Frankreich (vgl. die nicht zufällig in der Zeit der Christentumsfeindschaft des Dritten Reiches entstandene Darstellung von J. Chambon) und dem furchtbaren (allerdings von rein politischen Interessen überlagerten) Dreißigjährigen Krieg. Im Zusammenhang der Missionsbewegung des 18. bis 20. Jahrhunderts verloren wieder viele Missionare ihr Leben, allerdings mehr als Folge ungewohnter klimatischer Bedingungen denn durch Feindschaft gegen ihre Botschaft. In einer Phase scheinbar unweigerlich voranschreitender Verbürgerlichung christlicher Frömmigkeit zumindest im „christlichen" Europa gewann das Märtyrertum schließlich völlig unerwartet im 20. Jahrhundert rein zahlenmäßig ein alle früheren Verfolgungen sogar noch übertreffendes Ausmaß unter den christentumsfeindlichen Ideologien des Kommunismus und des Nationalsozialismus, neuerdings aber auch als Antwort auf den einstigen Kolonialismus christlicher Völker vor allem in vorherrschend islamischen Ländern. Aber auch in den einst christlichen Ländern des Abendlands kündigt sich mit der zunehmenden Unduldsamkeit einer modernen *political correctness* gegenüber dogmatischen wie ethischen Wahrheitsansprüchen christlicher Kirchen eine ähnliche Entwicklung an (Beyerhaus 201).

3.3.3 Martyrium als Thema christlicher Ethik

3.3.3.1 Zur Definition christlicher Märtyrerschaft

H. Moll nennt in Anlehnung an eine Definition von Papst Benedikt XIV. (1675–1740) drei noch heute in der katholischen Lehre grundsätzlich gültige Kriterien christlicher Märtyrerschaft:

1. die Tatsache des gewaltsamen Todes, 2. das Motiv des Glaubens- und Kirchenhasses aufseiten der Verfolger, 3. aufseiten des Opfers die bewusste

innere Annahme des Martyriums (Moll 120). Hinter dieser Definition steht der Wunsch, rechtlich handhabbare Kriterien für eine kanonische Anerkennung der Märtyrerschaft zu haben.

Das Bedürfnis einer solchen rechtlichen Festlegung besteht auf evangelischer Seite nicht. Allein grundlegend sollte nur ein Kriterium sein: dass das (wie immer näher zu beschreibende) Martyrium um Christi bzw. um des Evangeliums willen erlitten wird.

Sicher setzt das Martyrium, im Sinn des Jesuswortes von Mt 16,24f, grundsätzlich auch die Bereitschaft zum Einsatz des Lebens voraus, d. h. die Bereitschaft, es gegebenenfalls um Jesu willen zu verlieren. Das Leiden um Jesu willen, von dem das Neue Testament so vielfältig spricht, ist aber nicht so eng nur im Sinne des Todesleidens zu verstehen, sondern umfasst ein weites Spektrum von Möglichkeiten, um der Treue zu Jesus willen Nachteile in Kauf zu nehmen, allerdings in der letzten Konsequenz eben doch bis hin auch zum Verlust des Lebens.

3.3.3.2 Zur christlichen Reaktion auf Verfolgung um des Evangeliums willen

Es ist das Natürlichste von der Welt, dass menschliches Selbsterhaltungsstreben sich gegen von anderen zugefügtes Leid wehrt. Solche Reaktion kann von defensiver Abwehr bis zu gewalttätiger Aggression reichen. Umso erstaunlicher ist es, dass die Christenheit im Neuen Testament diesen Weg konsequent nicht geht. Ihre Antwort ist vielmehr, nach dem Vorbild Jesu, vergebende Feindesliebe (Lk 23,46: „Vater, vergib ihnen, denn sie wissen nicht, was sie tun“; vgl. Apg 7,59: „Herr, behalte ihnen diese Sünde nicht“) und „Geduld und Glaube der Heiligen“ (Off 13,10; 14,12; vgl. 2Thess 1,4;1Kor 4,12; Hebr 10,36). Darin erweist sich christliches Martyrium als spezifisch christlich. Ebenso charakteristisch ist die Begründung dieser Haltung: Der Märtyrer wird zwar gestärkt durch die Hoffnung auf die kommende Herrlichkeit (2Kor 4,17; 2Tim 2,12), hat den eigentlichen Grund seines Verhaltens aber in der im Glauben angenommenen Liebe Gottes in Christus.

In nachbiblischer Zeit hat die Christenheit diesen im Neuen Testament vorgezeichneten Weg leider immer wieder verlassen und gemeint, das Zeugnis des Evangeliums durch Gewalt unterstützen zu dürfen, wie es etwa in den Kreuzzügen des Mittelalters geschah. Aber das genuin christliche Verhalten leuchtete selbst hier auf z. B. in der Person des Franz von

Assisi, der mitten in den blutigen kriegerischen Auseinandersetzungen des 5. Kreuzzugs, ohne den Schutz weltlicher Macht und in völliger Wehrlosigkeit, vor den Sultan von Ägypten trat und ihm das Evangelium verkündigte. Auch heute wird alles darauf ankommen, dass Christen sich angesichts der Angriffe etwa von Muslimen nicht dazu verleiten lassen, Gleiches mit Gleichem, Hass mit Hass und Gewalt mit Gewalt zu beantworten, sondern Böses mit Gutem zu überwinden (Röm 12,21) – oder eben das ihnen auferlegte Leiden geduldig zu tragen.

Wo geschehendes Unrecht von der für seine Bekämpfung zuständigen staatlichen Ordnungsmacht nicht geahndet oder gar selbst verübt wird, kann der u. U. sogar gewaltsame Widerstand gegen sie im Rahmen allgemeinethischer Verantwortung zwar ethisch gerechtfertigt, ja sogar in hohem Maße achtenswürdig sein (vgl. Ethik II/1, 216ff). Ein in diesem Zusammenhang erlittener Schaden bis hin zum Verlust des Lebens ist aber nicht als Martyrium im christlichen Sinn zu verstehen. Dies gilt vielmehr grundsätzlich nur vom prinzipiell gewaltfreien Leiden um des Evangeliums willen.

Literatur:

P. Beyerhaus, Mission und Evangelisation unter den Bedingungen der europäischen Neuzeit, in: ThBeitr 24/1993, 183-202; H. Burkhardt, Ausharren bei Jesus. Überlegungen zum theologischen Verständnis der Johannesoffenbarung, in: ThBeitr 17/1986, 234-247; J. Chambon, Der Französische Protestantismus. Sein Weg bis zur Französischen Revolution, Zürich [5]1943; A. Hamman (Hg), Das Heldentum der frühen Märtyrer, mit Einführung von H. Daniel-Rops, Aschaffenburg 1958; O. Michel, Grundzüge urchristlicher Eschatologie, in: ders., Dienst am Wort, Neukirchen 1986, 16-28; ders., Prophet und Märtyrer, BFChTh Bd. 37/2, Gütersloh 1932; ders., Der Brief an die Hebräer, Göttingen [5]1960; H. Moll, Die Ökumene der Märtyrer, in: P. Beyerhaus (Hg), Weltweite Gemeinschaft im Leiden für Christus, Nürnberg 2007, 107-129; ders., (Hg), Zeugen für Christus. Das deutsche Martyrologium des 20. Jahrhunderts, 2 Bde., Paderborn [5]2010; Tertullian, Apologeticum, lat.-dt. hg. von C. Becker, München [2]1961.

4. Christlicher Dienst *(diakonia)*

4.1 Das Wort Diakonie

4.1.1 Zur allgemeinen Begriffsgeschichte

Bei dem vom griech. Wort *diakonia* hergeleiteten Fremdwort *Diakonie* denkt man heute üblicherweise primär an eine aus der christlichen Gemeinde heraus geleistete praktische Hilfeleistung an Menschen, die solcher Hilfe bedürftig sind.

Tatsächlich dürfte eine solche praktische Tätigkeit, und zwar insbesondere der Tischdienst, der ursprüngliche „Sitz im Leben" des Wortes gewesen sein (vgl. zum profangriechischen Sprachgebrauch Beyer 81f). Eine etymologische Ableitung des Wortes allerdings scheint nicht mehr möglich zu sein. Die alte Herleitung von *konos* (= Staub; also: *dia-koneoo* = durch den Staub gehen) ist als fantasievolle Volksetymologie abzulehnen (vgl. schon Cremer 297). Auch die Herleitung von *di-äkoo* (= hingelangen, Botendienst leisten, Siegert 178) vermag nicht zu überzeugen: Eine Entwicklung von der speziellen Bedeutung „Tischdienst" zur allgemeineren, auf die verschiedensten Tätigkeiten übertragbaren Bedeutung „dienen", also z. B. auch als Bote, ist naheliegender als die von „hingelangen" zum Tischdienst. Gelegentlich wechseln sich die Begriffe *diakonos* und *doulos* ab (z. B. Mt 20,26.28 *diakonos* bzw. *diakonäthänai* und V. 27 *doulos*; vgl. 22,3f.6.8.10 *douloi* und V. 13 *diakonoi*). Ein Unterschied zwischen beiden Begriffen mag darin liegen, dass bei *doulos* der Akzent in der Regel mehr auf der Beschreibung einer Beziehung liegt (eines Untergeordneten zu einem ihm Übergeordneten, ggfs. im Sinne des Sklavenverhältnisses), bei *diakonos* mehr auf einer – dieser Beziehung entsprechenden – konkreten Tätigkeit (vgl. auch Cremer 297).

4.1.2 Der Dienstgedanke im Neuen Testament

a) Die ursprüngliche Verwendung des Wortes *diakonein* im Sinne des Tischdienstes, also des Bedienens bei einer Mahlzeit, findet sich im Neuen Testament an verschiedenen Stellen, so der Sache nach vor allem in den Evangelien (Mt 8,15; 25,44; Lk 10,40; 12,37; 17,8; Joh 2,5.9; am Ende der

Geschichte von der Versuchung Jesu Mk 1,13 = Mt 4,11 dürfte vom Kontext Mt 4,2f her ebenfalls im engeren Sinn an Versorgung mit Nahrung zu denken sein, vgl. Luz 17, auch wenn anderorts vom Dienst der Engel in der Regel auch in einem weiteren Sinn die Rede ist). Ausdrücklich vom „Tischdienst" (*diakonia tais trapezais*) spricht Lukas in Apg 6,2 (vgl. Lk 22,27; Brandt 21). Um solche Versorgung mit lebensnotwendiger Nahrung geht es auch bei Hilfsaktionen wie bei der Gabe (*diakonia*) der antiochenischen Gemeinde für die „Brüder in Judäa" angesichts einer angekündigten weltweiten Hungersnot (Apg 11,28-30; 12,25), vor allem aber wohl auch bei der großen Sammelaktion (*diakonia*) des Apostels Paulus „für die Armen (der Gemeinde) in Jerusalem" (1Kor 16,15; 2Kor 8,4.19; 9,1.12f; ohne den Begriff *diakonia* Gal 2,10; Röm 15,13; vgl. Bruce 802).

In Jesu Gleichnis vom Jüngsten Gericht werden die sog. „Werke der Barmherzigkeit" unter dem Begriff *diakonein* zusammengefasst (Mt 25,44, Beyer 85). Dabei treten neben das Speisen von Hungrigen und das Tränken von Durstigen auch das Beherbergen von Fremden, das Kleiden von Nackten sowie das Besuchen von Kranken und Gefangenen (V. 35f). Vergleichbare Listen gibt es schon im Alten Testament (Jes 58,7) und im zeitgenössischen Judentum (Billerbeck 558ff), aber auch in altägyptischen Texten, in denen solche Taten als im Totengericht relevante gute Handlungen aufgezählt sind, die der kosmischen Ordnung der Gerechtigkeit (*ma'at)* entsprechen (Haslinger 27). Es handelt sich also eigentlich um Forderungen allgemeiner Ethik. Dass sie später im Ethos der christlichen Kirchen eine so zentrale Rolle spielen, macht sie zwar nicht zu spezifisch, wohl aber zu charakteristisch christlichen Verhaltensweisen.

An anderen Stellen der Evangelien ist zwar deutlich, dass es sich bei *diakonein* um praktische Hilfeleistung handelt, nicht aber, worin genau sie bestand: Bei den Frauen, die „Jesus von Galiläa gefolgt waren und ihm dienten" (Mt 27,55 = Mk 15,45) ist nach Lk 8,2 wohl eher an finanzielle Unterstützung gedacht („aus ihrem Vermögen").

Worin der „Dienst" des entlaufenen und durch das Zeugnis des Paulus bekehrten Sklaven Onesimus bestand, ist nicht näher erkennbar (Phlm 13). Lohse (281) verweist dazu als Parallele auf Johannes Markus, der für Paulus ein „Gehilfe" *(hypäretäs)* war (Apg 13,6), und auf Epaphras, den Paulus einen „Diener für meinen Mangel" *(leitourgos täs chreias mou)* nennt (Phil 2,25), offenbar weil er die Zuwendungen der Philipper für den Lebensunterhalt des Apostels überbracht hat.

b) Eine allgemeinere Bedeutung des Wortes ist dort gegeben, wo auch Verkündigung und Lehre als „Dienst am Wort“ unter den Begriff *diakonia* fallen (zunächst im Blick auf die Arbeit der Apostel selbst: Apg 6,4; vgl. Apg 1,17.24; 20,24; 21,19; 1Kor 3,5; 2Kor 3,3.6.7-9; 5,18; 6,3f; 11,8.23; Röm 11,13; Kol 1,23.25; Eph 3,7; 6,21; 1Tim 1,12; dann auch die ihrer Mitarbeiter: Kol 1,7; 4,7; 1Tim 4,6; 2Tim 4,5.11).

c) Prinzipiell aber wird von jedem Gemeindeglied Dienst innerhalb der Gemeinde zu ihrem Aufbau erwartet: „Dient einander, ein jeder mit der Gabe, die er empfangen hat“ (1Petr 4,10; vgl. 1Kor 12,7-11; Gal 5,13; Eph 4,12b; Hebr 6,10; Off 2,19). Wobei in 1Petr 4,11 die Fülle der Gaben wieder in zwei Gruppen geteilt werden: Dienst mit dem Wort („wenn jemand redet“) wie mit der Tat („wenn jemand dient“ – „Dienst“ also wieder im engeren Sinne der praktischen Hilfeleistung, vgl. Beyer, 86; Schelkle 119f; vgl. Michel 299 zu Röm 12,7: „es gibt neben dem prophetischen Wort eine spezifische Diakonie“).

Hinter dieser Erwartung steht zunächst eine Aussage Jesu über sich selbst, dann aber auch über seine Jünger. Die Evangelien des Matthäus und des Markus berichten, dass unmittelbar nach der dritten Leidensverkündigung und kurz vor Jesu Einzug in Jerusalem, mit dem die Passionsgeschichte beginnt, ein Gespräch Jesu mit seinen Jüngern stattfand, in dem es um die Frage einer besonderen Vorzugsstellung im Reiche Gottes ging (Mt 20,20-28; Mk 10,35-45; vgl. ähnliche Aussagen Jesu im Kontext der Abendmahlsüberlieferung Lk 22,24-27 und der Fußwaschung Joh 13,12-17). Jesus stellt den Jüngern zunächst das im Leben der Völker zu beobachtende Machtstreben der politischen Führer vor Augen: „Ihr wisst: die Fürsten halten ihre Völker nieder, und die Mächtigen tun ihnen Gewalt“ (Mt 20,25; Mk 10,42). Diesem Verhalten stellt Jesus antithetisch das Verhalten gegenüber, das er von seinen Jüngern erwartet: „So soll es nicht sein unter euch; sondern wer groß sein will unter euch, der sei euer Diener (*diakonos*), und wer der Erste sein will unter euch, sei euer Knecht (*doulos*)“ (Mt 20,26f; Mk 10,43f; vgl. Lk 22,26). An diese Jüngerunterweisung schließt Jesus ein Wort über seine eigene Sendung an: „Ebenso ist des Menschen Sohn nicht gekommen, dass er sich dienen lasse (*diakonäthänai*), sondern dass er diene (*diakonäsai*) und gebe sein Leben zu einer Erlösung für viele“ (Mt 20,28 = Mk 10,45). Lukas überliefert das Jesuswort: „Denn welcher ist größer: der zu Tische sitzt oder der da dient (*diakonoon*)? Ist es nicht der,

der zu Tische sitzt? Ich aber bin unter euch wie ein Diener" (*hoos ho diakonoon,* Lk 22,27). Ganz ähnlich sagt Jesus bei Johannes nach der Fußwaschung: „Wenn nun ich, euer Herr und Meister, euch die Füße gewaschen habe, so sollt auch ihr euch untereinander die Füße waschen. Ein Beispiel habe ich euch gegeben, dass ihr tut, wie ich euch getan habe. Wahrlich, wahrlich, ich sage euch: Der Knecht (*doulos*) ist nicht größer als sein Herr (*kyrios*), noch der Apostel größer als der, der ihn gesandt hat" (Joh 13,14-16). In allen diesen für die Evangelienüberlieferung zentralen Worten wird, entsprechend dem Vorbild Jesu, Dienstbereitschaft aneinander zum wichtigsten Charakteristikum der Existenz des Jüngers erhoben. Dabei besteht der Dienst Jesu einerseits in der Hingabe seines Lebens „zur Erlösung für viele" (Mt 20,28), andererseits in seinen Heilungen als Zeichen der kommenden Überwindung auch leiblichen Leids. Im Dienst des Jüngers entsprechen dem einerseits die Verkündigung des rettenden Evangeliums, andererseits von der Liebe zum leidenden Menschen bestimmte Heilungen im Namen Jesu sowie Taten praktischer Hilfe (Mt 10,6-8; Joh 13,34f).

An diese Grundaussage spezifisch christlicher Ethik knüpft auch Paulus an, indem er ebenfalls die Jüngeranweisung christologisch in der dienenden Selbsthingabe Jesu verankert. In der Paraklese gegen Ende des Römerbriefs ermahnt er die Christen in Rom: „Darum nehmt einander an, gleichwie uns Christus angenommen hat zu Gottes Lob" (15,7), und konkretisiert diese unsere Annahme mit den Worten: „Denn ich sage: Christus ist ein Diener (*diakonos*) geworden der Beschneidung (d. h. der Juden) um der Wahrhaftigkeit Gottes willen, zu bestätigen die Verheißungen, die den Vätern gegeben sind" (V. 8). Dazu verweist O. Michel in seinem Kommentar z. St. auf Mk 10,45: „„… um diese Wahrheit (Gottes) herauszustellen, muss er (der Christus) den Opfergang des Gottesknechts (*diakonos = äbäd*) in das Judentum hinein antreten (Mt 15,24)" (Michel 359). Und im Philipperbrief begründet Paulus die Aufforderung „In Demut achte einer den andern höher als sich selbst" (2,3b) mit dem Hinweis auf Christus, der, „sich selbst entäußerte und Knechtsgestalt (*morphän doulou*) annahm" (V. 7).

Fazit: Das Wort *diakonia* ist im Neuen Testament in seiner Bedeutung weiter gefasst als unser von ihm abgeleitetes Fremdwort Diakonie. Es kann ganz verschiedene Arten von „Dienst" bezeichnen, so insbesondere auch den „Dienst am Wort". Im weitesten Sinn ist *Dienst* ein Grundkennzeichen christlicher Existenz überhaupt. Insofern kann „Dienst" geradezu zum

„Ziel der Gnade“ erklärt werden (Schlatter, Dienst 21). Er war also nicht nur bestimmten „Ämtern“ vorbehalten, wie die häufige Übersetzung von *diakonia* mit „Amt“ in der Lutherbibel annehmen lassen könnte, sondern grundsätzlich Sache jedes Christen. Er war „nicht ihrer Wahl und Willkür überlassen; er war nicht ein Zusatz zu ihrem Christentum, sondern ein Teil desselben, die Frucht ihres Anteils an Gott“ (Schlatter, Dienstpflicht 123). Bewegende und gestaltende Kraft des Dienstes ist die Liebe (ebd.). Im engeren Wortgebrauch aber, wie er mit unserem Wort Diakonie zum Terminus technicus geworden ist, meint das Wort die durch den Glauben an Christus motivierte selbstlose praktische Hilfeleistung für solcher Hilfe bedürftige Menschen.

Literatur:

H. W. Beyer, Art. *diakoneoo* etc., in: ThWNT II, 81-93; F. F. Bruce, Art. Kollekte, in: GBL 802f; P. Billerbeck, Kommentar zum Neuen Testament aus Talmud und Midrasch, Bd. IV,1, München 1928; H. Cremer, Art. *diakonos* etc, in: Biblisch-theologisches Wörterbuch der Neutestamentlichen Gräzität, Gotha [9]1902, 297-300; H. Haslinger, Diakonie. Grundlagen für die soziale Arbeit der Kirche, Paderborn 2009; U. Luz, Biblische Grundlagen der Diakonie, in: G. Ruddat/G. K. Schäfer (Hg), Diakonisches Kompendium, Göttingen 2005, 17-35; O. Michel, Der Brief an die Römer, Göttingen [3]1963; K. H. Schelkle, Die Petrusbriefe. Der Judasbrief, Freiburg [2]1964; A. Schlatter, Der Dienst des Christen, BFChTh 1, Gütersloh 1897; ND zuletzt in: Der Dienst des Christen. Beiträge zu einer Theologie der Liebe, hg. von W. Neuer, Gießen 1991; ders., Die Dienstpflicht des Christen in der apostolischen Gemeinde, in: Der Dienst des Christen, hg. von W. Neuer, Gießen 1991, 122-135; F. Siegert, Prophetie und Diakonie, in: ThBeitr 22/1991, 174-194.

4.2 Auftrag und Horizont christlicher Diakonie

a) Sofern Diakonie praktische Hilfeleistung für solcher Hilfe bedürftige Menschen ist, ist eben dieser der Hilfe bedürftige Mensch Gegenstand diakonischen Handelns, und zwar ganzheitlich in leiblicher (wie Armut und Krankheit) und seelischer Not (wie Schwermut oder Abhängigkeit), sowie in seinem Leiden an gestörten sozialen Beziehungen (wie unversöhnten Verhältnissen oder Erfahrung von Diskriminierung). *Auftrag* der Diakonie ist Erhaltung gefährdeten menschlichen Lebens (vgl. Mk 3,4; Bockmühl 343).

Solche dem Mitmenschen dienende Liebe bewährt sich zunächst im Miteinander der Christen in der Gemeinde. Sie bleibt aber an der Grenze der Gemeinde nicht stehen.

Kennzeichen christlicher Diakonie ist *erstens*, dass sie sich vorbehaltlos jedem bedrängten Menschen zuwendet, wo immer der Christ ihm begegnet, unabhängig davon, ob Freund oder Feind, ob sympathisch oder unsympathisch, ob in der Lage, die Hilfe in irgendeiner Weise zu vergelten oder nicht, im eigenen Land wie (dank moderner Kommunikations- und Transportmöglichkeiten) weltweit (Lk 10,29-36).

Kennzeichen christlicher Diakonie ist *zweitens*, dass sie ihr Ziel nicht nur darin hat, in aktueller Notsituation zu helfen, wobei der Mensch u. U. passiv und auf Hilfe angewiesen bleibt, sondern möglichst nachhaltig zu helfen, d. h., dass er in seiner leiblichen wie seelischen Verfassung und in seinen sozialen Beziehungen so wiederhergestellt wird, dass er sein Leben wieder aktiv gestalten kann, möglicherweise sogar selbst zum Helfer für andere wird (Bockmühl 334; in diesem Sinn spricht Bockmühl auch vom „ärztlichen Ethos" des Neuen Testaments, ebd. 270; vgl. 100-102). In diesem Zusammenhang kann auch das Zeugnis von Christus dadurch besondere Bedeutung gewinnen, dass es zu einer Erneuerung der Beziehung nicht nur zu Gott, sondern von da aus zu einer das ganze Leben erfassenden Veränderung führt.

b) Das letzte Ziel, der *Horizont* innerhalb dessen alles diakonische Handeln geschieht, ist, wie für alles christliche Leben und Handeln, das Reich Gottes, das vollendete Sichtbarwerden seiner Herrschaft über alles Gottwidrige. „Er (Christus) muss herrschen, bis er alle Feinde unter seine Füße lege" (1Kor 15,25). Dazu gehört auch alles, was menschliches Leben zerstört: „Der letzte Feind ist der Tod" (V. 26). Entsprechend heißt es in der biblischen Schau des neuen Jerusalem: „Und Gott wird abwischen alle Tränen von ihren Augen, und der Tod wird nicht mehr sein, noch Leid noch Geschrei noch Schmerz wird mehr sein" (Off 21,4). Das ist die letzte Vollendung der Herrschaft Gottes. Sie ist Werk Gottes allein.

Begonnen aber hat diese Realisierung der Herrschaft Gottes längst mit dem Kommen Jesu: „Dazu ist erschienen der Sohn Gottes, dass er die Werke des Teufels zerstöre" (1Joh 3,8; vgl. Bd. I, Teil III,1). Doch es kommt jetzt nicht als Werk Gottes allein, vielmehr wirkt Gott durch uns als seine Mitarbeiter. Im Dienst derer, die „zuerst nach dem Reich Gottes und seiner Gerechtigkeit trachten" (Mt 6,33), wird anfangsweise, „partikular", „zeichenhaft" (Bockmühl, Atheismus 159; vgl. Turre 67) jetzt schon etwas sichtbar von der unsichtbaren Realität Gottes und seiner Herrschaft. Die

Menschen sollen ihre „guten Werke sehen“ (Mt 5,16) und deshalb ihren „Vater im Himmel preisen“ (Bockmühl, Atheismus 147). In eben diesem „Preisen“ aber erkennen sie seine Herrschaft auch für sich an: nicht eine bedrückende Herrschaft wie die der Herren dieser Welt (oder manchmal auch der „verdeckten Herrschaft der Helfer“, Turre 66; vgl. Bockmühl, Leben 342), sondern die Herrschaft seiner freien und befreienden Liebe. „Der Dienende sieht … seinen Platz in dem größeren Ringen Gottes um die Erhaltung und Wiederherstellung der Menschheit, für das die christliche Diakonie zugleich Zeugnis ablegt“ (Bockmühl, Leben 341).

Literatur:

K. Bockmühl, Atheismus in der Christenheit – Anfechtung und Überwindung, Teil 1: Die Unwirklichkeit Gottes in Theologie und Kirche, Wuppertal [2]1985; ders., Leben nach dem Willen Gottes. Schriften zur Materialethik, BWA II,3, hg. von R. Mayer, Gießen 2006; R. Turre, Grundlegung und Gestaltung der Diakonie, Neukirchen 1991.

4.3 Motivation zur Diakonie

Normalerweise lebt jeder Mensch zunächst vor allem für sich. Wenn er eine Familie hat, dann auch in seiner Familie und für sie. Letzteres entspringt einem natürlichen Gesellungstrieb, speziell dem Mutter- bzw. Vaterinstinkt. Im eigenen Interesse lebt jeder heute auch in dem Betrieb, in dem er arbeitet, und, ebenfalls durchaus auch im eigenen Interesse, für ihn. Gleiches gilt dafür, dass jedermann, wenn überhaupt, an einem möglichst konfliktlosen Kontakt zum privaten Umfeld der Nachbarschaft interessiert zu sein pflegt. Vielleicht kommen auch gewisse soziale Kontakte im Zusammenhang mit einem Hobby zustande, oder etwa mit einem Interesse an der Lokalpolitik. Damit aber hört für viele die soziale Umwelt auf. Menschen in Not geraten dabei kaum in den Blick; sie stören eher das eigene Wohlbefinden.

Eine solche vom Eigeninteresse bestimmte Einstellung wird verstärkt durch eine gerade heute verbreitete „geistige Großwetterlage“ (Bockmühl, Mit Christus 327), nach der Selbstverwirklichung das Lebensziel des Menschen ist.

Systematisierend könnte man drei verschiedene Arten des Verhältnisses des Menschen zum Mitmenschen unterscheiden:

a) das normale, von der Schöpfung her vorgezeichnete und im biblischen Gebot der Nächstenliebe beschriebene Verhältnis der „Gleichstellung“ des Mitmenschen („wie dich selbst“),

b) das heute besonders populäre Verhältnis – zu dem aber der Mensch biblisch gesehen schon seit dem Sündenfall neigt – der prinzipiellen „Zurückstellung“ des Mitmenschen gegenüber dem vorrangigen Interesse der Selbstverwirklichung, und

c) das letzterem antithetisch entgegengesetzte spezifisch christliche Verhältnis einer „Bevorzugung“ des Mitmenschen gegenüber dem eigenen Lebensinteresse (Bockmühl, Mit Christus 329f).

Das letztgenannte Verhältnis zum Mitmenschen erfordert allerdings nicht nur, wie das erste, ein durch die soziale Anlage des Menschen ermögliches Hinausgehn über eigene Interessen, sondern möglicherweise ein ihnen sogar direkt zuwiderlaufendes Handeln, mithin Selbstverleugnung (vgl. Bockmühl, Atheismus 155). Solche Bereitschaft zu selbstloser Hilfe aber bedarf einer Motivation, die uns von Natur nicht gegeben ist, einer neuartigen Motivation, die uns nur von außen zukommen kann.

Eben dies geschieht im christlichen Glauben. In der Begegnung mit Christus erfährt der Glaubende, ohne Grund, ja sogar gegen gute Gründe geliebt zu sein. „Als wir noch Feinde (Gottes) waren“ (Röm 5,10), wandte Christus uns seine unsere Sünde vergebende, uns mit Gott versöhnende Liebe zu. Diese von Gründen, die in uns zu finden wären, freie Liebe zu uns macht uns unsererseits frei, auch Menschen vorbehaltlos zu lieben, die uns nicht „nahe stehen“, uns eigentlich „gar nicht liegen“, ja uns vielleicht sogar abstoßen, die wir am liebsten gar nicht wahrnehmen möchten, für die uns aber die uns widerfahrene Liebe Gottes nun doch die Augen öffnet als, wie wir, von Gott Geliebten, und uns bereit macht, ihnen zu helfen, wie uns geholfen wurde. „Der Dienende darf das Zu-Hilfe-Kommen Gottes, die Diakonie Gottes selbst zuerst in Anspruch nehmen.“ (Bockmühl, Mit Christus 340). Dies aber geschieht nicht nur am Anfang des Christseins, sondern auch im weiteren Leben als Christ, das ein ständiges Leben aus den Quellen des Evangeliums und der stets neu empfangenen Motivation und Leitung durch den Geist Gottes ist (Bockmühl, ebd.).

Literatur:

K. Bockmühl, Atheismus in der Christenheit – Anfechtung und Überwindung, Teil 1: Die Unwirklichkeit Gottes in Theologie und Kirche, Gießen, [2]1985; ders., Mit Christus dienen, in: Leben nach dem Willen Gottes. Schriften zur Materialethik, BWA II,3, hg. von R. Mayer, Gießen 2006, 324-343.

4.4 Diakonie und Gemeinde

Als christliche Arbeit ist Diakonie von Anfang an, d. h. seit neutestamentlicher Zeit, aber auch noch in der vorkonstantinischen Alten Kirche, ganz selbstverständlich primär in der christlichen Gemeinde verortet, d. h. genauer: in konkreten Ortsgemeinden. Sie findet zunächst unter den Christen aneinander statt und bleibt, auch wo sie praktisch die Grenzen der Gemeinde überschreitet, in dieser doch verwurzelt (vgl. Uhlhorn I, 26.51ff).

Als nach der konstantinischen Wende der römische Staat die Verantwortung für die Fürsorge für Arme und Kranke der kirchlichen Hierarchie übertrug, wurden die Ortsgemeinden weithin diakonisch passiv, bestenfalls zu Almosenspendern gemacht (Uhlhorn I, 237f). Wo es später zu neuen diakonischen Initiativen kam (vgl. 4.5), wurden sie in der Regel schnell zu freien Werken zwar innerhalb ihrer Kirche, entwickelten aber weithin, ähnlich wie die Missionswerke, ein eigenständiges Leben neben den Gemeinden – wenn es gut ging, diese über ihre Arbeit informierend und, soweit nötig, um finanzielle Unterstützung bittend. Wegen der fachliche Qualifikation erfordernden, gemeindeübergreifenden Zielsetzung solcher diakonischen Werke war dieser Weg einerseits unvermeidlich. Problematisch war andererseits aber doch, dass die Gemeinde und ihre Glieder selbst dabei weithin diakonisch passiv blieben und sich nur bedienen ließen.

Solche distanzierte Situation zwischen Diakonie und Gemeinde stellt eine doppelte Herausforderung an beide dar, an diakonische Werke und an Gemeinden.

a) An diakonische Werke: Auch dort, wo sie, etwa wie Diakonissenhäuser wegen des Lohnverzichts der Diakonissen, finanziell nicht auf Spenden angewiesen sind, sollten sie doch, ganz unabhängig von solchen möglichen Abhängigkeiten, möglichst regelmäßig engen Kontakt zu Gemeinden suchen, um sie so in ihre Arbeit mit hineinzunehmen: durch schriftliche Informationen wie durch direkte persönliche Berichte in Gemeinden, aber auch zentral bei Jahresfesten und ähnlichen Anlässen, und so auch jungen Christen in den Gemeinden einen Anstoß geben, sich zum Dienst – sei es in einem sozialen Beruf, sei es aufgrund einer Berufung zum außerordentlichen Dienst etwa in der Lebensform als Diakonisse – anregen zu lassen. Wicherns Losung: „Die Liebe gehört uns wie der Glaube“ sollte konkret auch bedeuten können: Die Liebe zu bestimmten diakonischen Werken gehört uns wie die zu bestimmten missionarischen Werken.

b) An die Gemeinden: In ihnen müsste die Bedeutung der Diakonie im christlichen Leben und ihre eigene Verantwortung für sie neu entdeckt werden („Re-Diakonisierung der Gemeinde“, Helbich 80). Gemeinden sollten sich nicht allein auf die diakonischen Werke oder die soziale Tätigkeit des Staates bzw. der Kommunen verlassen, sondern angesichts örtlicher sozialer Probleme innerhalb und außerhalb der eigenen Gemeinde selbst Initiativen entwickeln wie Besuchsdienste bei Alten und Kranken, Nachbarschaftshilfe, Begegnungen für Alleinstehende oder für Migranten, Familienhilfe etwa bei Berufstätigkeit von Eltern durch Beaufsichtigen von kleinen Kindern, Hilfe bei Schularbeiten (Laepple 42), oder Unterstützung von Resozialisierungs-, Rehabilitations- und Reintegrationsprozessen (vgl. Strohm 79). Solche Hilfen sollten, soweit sie nicht sowieso schon spontan in privater Initiative geschehen, in der Gemeinde koordiniert und durch fachliche Information gefördert werden, sei es von einem vollzeitlichen oder einem ehrenamtlichen Mitarbeiter.

Literatur:

E. Beyreuther, Geschichte der Diakonie und Inneren Mission in der Neuzeit, Berlin 1962; P. Helbich/H. Seibert/F. Thiele, Die soziale Arbeit der Kirche. Ein Diakonie-Lexikon, Gütersloh 1982; U. Laepple, Diakonie – im Dienst des barmherzigen Gottes, in: M. Diener u. a. (Hg), Grundbegriffe des Glaubens, Gießen 2011, 34-46; Th. Strohm, Diakonie in der modernen Gesellschaft, in: G. Ruddat/G. K. Schäfer, Diakonisches Kompendium, Göttingen 2005, 68-87; G. Uhlhorn, Christliche Liebestätigkeit, Bd. I, Stuttgart 1882.

4.5 Christliche Diakonie und allgemeine soziale Verantwortung

In der Geschichte der christlichen Diakonie mochte es manchmal so aussehen, als kümmerten sich nur Christen um die Benachteiligten der Gesellschaft, insbesondere die Armen und Kranken. So gab es im Römischen

Reich der ersten Jahrhunderte n. Chr. tatsächlich von staatlicher Seite her kaum wirkliches Interesse an den Notleidenden (vgl. Uhlhorn I, 3-39), während es umgekehrt auch Nichtchristen auffiel, dass Christen sich in selbstloser Weise Notleidender annahmen. Von einer Pest-Epedemie in Alexandria etwa wird berichtet: „Da wurde auch die allseitige Dienstbereitschaft (*spoudä*) und Frömmigkeit der Christen allen Heiden in deutlichen Zeichen offenbar. Denn sie waren die einzigen, die in den so großen Drangsalen ihr Mitgefühl und ihre Nächstenliebe (*to philanthroopon*) durch die Tat kundgaben. Die einen widmeten sich Tag für Tag der Pflege der Sterbenden und ihrer Bestattung – es waren Tausende, um die sich niemand annehmen wollte – , andere sammelten die von Hunger Gequälten aus der ganzen Stadt an einem Orte und teilten Brot unter sie aus. Ihr Tun sprach sich bei allen Menschen herum, und man pries den Gott der Christen, und bekannte, dass diese allein die wahrhaft Frommen und Gottesfürchtigen seien, da ihre Werke dies bewiesen“ (Eusebius HE IX 8,13; vgl. Uhlhorn I, 183). Aber nicht nur in den Anfängen der Kirche, auch in späteren Zeiten gingen immer wieder entscheidende Impulse zu sozialem Handeln von Christen aus (vgl. karitativ tätige Orden des Mittelalters, Uhlhorn II, 172ff; vgl. seit dem 16. Jh. Krankenpflege durch katholische diakonische Gemeinschaften wie die der Barmherzigen Schwestern, Uhlhorn III, 210ff, oder evangelischerseits seit dem 19. Jh. durch Diakonissen, Uhlhorn III, 365ff; E. Beyreuther 59ff; vgl. die Arbeit von W. Wilberforce für die Sklavenbefreiung, dazu Lean).

Allerdings kam es aber auch immer wieder zu Versuchen vonseiten des Staates, solche Bemühungen nicht nur zu unterstützen, sondern sie auch in die eigene Verantwortung zu nehmen. So kann man nach der konstantinischen Wende zu Anfang des 4. Jahrhunderts zunächst zwar geradezu von einer Klerikalisierung der sozialen Fürsorge sprechen (vgl. Uhlhorn I,219f). Im ausgehenden Mittelalter und in der Reformationszeit aber kam es zu einer gewissen „Laifizierung“, d. h. einer zunehmenden Übernahme der diakonischen Verantwortung durch Berufsgenossenschaften und städtische Obrigkeiten (Uhlhorn II, 198.215.394f), beide natürlich christlich geprägt, aber eben unabhängig von der kirchlichen Hierarchie. Schließlich ist seit der Aufklärung bis heute nun doch eine zunehmende Säkularisierung wahrzunehmen, d. h. eine soziale Gesetzgebung und Fürsorge des pluralistischen säkularen Staates mit grundsätzlich für jedermann nachvollziehbarer, humanistischer Begründung und universaler, d. h. alle Staatsbürger umfassender Zielsetzung (vgl. Uhlhorn III, 272.306.309).

Angesichts solcher Entwicklung ist theologisch zu bedenken: Vieles von dem, was ursprünglich zwar von christlicher Erkenntnis her angeregt wurde, war doch keineswegs spezifisch christlich, sondern durchaus allgemeinmenschlich zu begründen und kann deshalb auch in einer weltanschaulich pluralistischen Gesellschaft allgemeine Zustimmung finden. So gründet die Erkenntnis der unantastbaren gleichen Würde jedes menschlichen Lebens aus christlicher Sicht zwar in der biblischen Erkenntnis der Gottebenbildlichkeit des Menschen. Als von der Schöpfung her gegebene Tatsache aber ist die Erkenntnis der menschlichen Würde zugleich auch grundsätzlich jedermann zugänglich. Aus diesem Wissen wächst dem säkularen Staat als Gestaltwerdung menschlicher Sozialität in dem Schutz der menschlichen Würde in Gerechtigkeit und Freiheit seine vornehmste Aufgabe zu. Er hat dafür zu sorgen, dass nicht Glieder oder auch ganze Schichten der Gesellschaft in menschenunwürdige Verarmung geraten. Wo dies doch geschieht oder zumindest eine solche Entwicklung sich anbahnt, muss er versuchen, den betroffenen Menschen neue Chancen zu einer menschwürdigen Teilhabe am gesellschaftlichen Leben zu eröffnen. Dass dies gut und nötig ist, ist grundsätzlich jedermann einsichtig. Dazu bedarf es keiner spezifisch christlichen Erkenntnis und Motivation (vgl. 2.2).

Wo allerdings unter dem Einfluss bestimmter zeitgeistiger Tendenzen auch die Kriterien des Allgemeinmenschlichen undeutlich werden, kann es wieder neu zum Auftrag auch christlicher Diakonie gehören, im Namen der Menschlichkeit öffentlich ihre Stimme gegen solche gesellschaftliche Entwicklungen zu erheben, etwa für soziale Gerechtigkeit angesichts einer einseitig die Freiheit des Marktes betonenden und ausnutzenden Wirtschaftstheorie und -praxis (vgl. 2009 das Wort des Rates der EKD zur Finanz- und Wirtschaftskrise „Wie ein Riss in einer hohen Mauer" und die gleichzeitige Enzyklika CARITAS IN VERITATE von Papst Benedikt XVI.; zu theologischer Analyse und Kritik vgl. H. Burkhardt 125ff). Es geht dabei nicht mehr nur um Dienst an einzelnen Notleidenden, sondern darüber hinaus auch um einen Dienst im Sinne sog. Gesellschaftsdiakonie (vgl. die Forderung von „Wichern zwei", d. h. Engagement der Kirchen nicht nur in der praktischen Sozialarbeit, sondern auch in der Sozialpolitik, Gerstenmaier 524ff; Wendland 467f). Zur Wahrnehmung solcher gesellschaftsdiakonischen Verantwortung vonseiten der christlichen Kirchen kann auch das Engagement in der Diskussion um Fragen nicht nur der Wirtschaft, sondern auch um alle anderen Probleme der gesellschaftlichen

Entwicklung gehören wie Fragen des Lebensschutzes und der Sexualethik (Genderproblem), bis hin zu Fragen allgemeiner Bildung, Wissenschaft und Kunst. So kann auch eine von Christen vorgetragene allgemeine Ethik einen wichtigen gesellschaftsdiakonischen Beitrag darstellen.

Glaubwürdig sind ein solcher Einspruch bzw. solche Anregungen aber nur, wenn sie durch entsprechendes eigenes Verhalten unterstützt werden. Das kann, nach *allgemeinen* ethischen Kriterien, innerhalb der bestehenden Institutionen geschehen, nicht zuletzt in denen der Kirchen und ihrer diakonischen Werke selbst. Es kann aber auch, aus *spezifisch christlicher* Motivation und nach *spezifisch christlichen* Maßstäben, geschehen als tathafter Widerspruch gegen gegenwärtiges Unrecht, wie etwa in Initiativen, die nur durch teilweisen oder (wie im Mönchtum und in der Diakonissenbewegung) durch grundsätzlichen persönlichen Einkommens- und Besitzverzicht möglich sind. So etwa, wenn nach der Benedikt-Regel Kap. 53 die Klöster angewiesen sind, jedermann (umsonst) Gastrecht zu gewähren; oder wenn nach Kap. 57 im Kloster hergestellte Waren zu einem günstigeren Preis abzugeben sind als sonst möglich. In solchen, Selbstlosigkeit voraussetzenden Initiativen wird in besonderer Weise etwas deutlich von der gegenwärtigen Realität des Reiches Gottes (Burkhardt 137-143; vgl. CARITAS IN VERITATE Art. 6: „Die Liebe geht über die Gerechtigkeit hinaus"; Art. 34: „Das Geschenk (der Hoffnung) übertrifft seinem Wesen nach den Verdienst, sein Gesetz ist das Übermaß. Es kommt uns in unserer Seele zuvor als Zeichen der Gegenwart Gottes in uns"; Art. 37: Nötig sind „Werke, die vom Geist des Schenkens geprägt sind", bzw. von der „Logik des Geschenks ohne Gegenleistung"; vgl. auch DEUS CARITAS EST Art. 19-39).

Für solche christlichen Initiativen bleibt auch in einem modernen Sozialstaat noch genug Raum. Immer wieder entstehen neue Missstände, die nach spontaner Hilfe rufen. Selbstlose christliche Liebe sollte sensibel machen für das Erkennen solcher neu entstehenden Notstände und mit ihren – wenn auch bescheidenen – Mitteln versuchen, zumindest vorläufig und unbürokratisch zu helfen, wo Menschen in Not sind – zugleich damit aber auch die Aufmerksamkeit der in der Gesellschaft Verantwortlichen auf solche Notstände zu lenken.

Das gilt erst recht für Länder, in denen das Sozialsystem noch nicht so entwickelt ist wie bei uns und entsprechend viele große Lücken hat. Hier tut sich für Christen, die in Ländern mit relativ hohem Wohlstand und weitentwickeltem Sozialsystem leben, ein großes, noch viel zu wenig wahrgenommenes Betätigungsfeld für grenzüberschreitende diakonische Hilfe auf. Missionare können, aufgrund ihrer Kenntnis der örtlichen Verhältnisse, wesentlich helfen, in ihren Heimatkirchen die Augen für die hier herrschenden Probleme zu öffnen und zu entsprechenden Hilfsaktionen anregen (Balz 231).

Bei solcher Hilfe dürfen allerdings die Kriterien und Maßstäbe solchen spezifisch christlichen Handelns nicht zum Gesetz für jedermann erhoben werden. Sie sind Zeichen des Widerspruchs, antithetisches Handeln gegen eine von der Sünde korrumpierte Welt. Solche vom Glauben motivierte Versichtbarungen des im Glauben an Christus gegenwärtigen Reiches Gottes jetzt schon sind deshalb nur partikulare Zeichen auf eine erst noch ausstehende universale, endzeitliche Vollendung hin (Lk 4,25-27; Off 21,4; oben 2.2).

Gegenwärtig ist allerdings eher eine gegenläufige Entwicklung zu beobachten, indem traditionelle diakonische Initiativen, die parallel zu bereits bestehenden staatlichen bzw. kommunalen oder auch gewinnorientierten privaten Institutionen arbeiten (z. B. in Krankenhäusern, Alten- und Pflegeheimen), sich zu von diesen kaum mehr unterscheidbaren Konkurrenzunternehmen entwickeln (vgl. Gohde 82). Dabei besteht leicht die Neigung, das diakonische „Unternehmen“ widerstandslos den Gesetzen des Marktes zu unterwerfen. Selbstverständlich müssen diakonische Einrichtungen auf hohe, wenn möglich vorbildliche fachliche Standards und einen ausgeglichenen Haushalt achten. Wo aber unter dem Druck wirtschaftlicher Rentabilität Zwänge entstehen („Ökonomisierung personennaher Dienstleistungen“, Krolzik 125), die dazu führen, dass Hilfsbedürftige nicht mehr wirklich als Menschen wahrgenommen und behandelt werden (vgl. das moderne, vom Gesetzgeber auferlegte Zeitmanagement in Pflegeheimen und ambulanter Altenpflege), sollte christliche Liebe andere, menschlichere Wege suchen und finden. Dafür ist es wichtig, dass die leitenden Persönlichkeiten und möglichst viele Mitarbeiter bewusst christlich eingestellt sind und so das gemeinsame Leben und Arbeiten erkennbar christlich geprägt werden kann.

Wo dagegen eine diakonische Einrichtung zu einem Unternehmen wird, das von anderen säkularen Unternehmen nicht mehr unterscheidbar wird, stellt sich ernsthaft die Frage ihres Existenzrechts unter christlichem Firmenschild.

Literatur:

Benediktusregel, lt./dt. hg. von B. Steidle, Beuron 1975; Benedikt XVI., Enzyklika DEUS CARITAS EST, Bonn 2005; ders., Enzyklika CARITAS IN VERITATE, Bonn 2009; E. Beyreuther, Geschichte der Diakonie und Inneren Mission in der Neuzeit, Berlin 1962; H. Burkhardt, Gibt es eine spezifisch christliche Wirtschaftsethik?, in: W. Lachmann u. a. (Hg), Die Krise der Weltwirtschaft, Münster 2011, 125-143; Eusebius, Kirchengeschichte, gr. Text hg. von E. Schwartz, Leipzig 1914, dt. Übersetzung, hg. von H. Kraft, Darmstadt 1967; E. Gerstenmaier, „Wichern zwei". Zum Verhältnis von Diakonie und Sozialpolitik, in: H. Krimm (Hg), Das diakonische Amt der Kirche, Stuttgart 1953, 499-546; J. Gohde, Zukunft der Diakoniewissenschaft, in: H.-St. Haas/U. Krolzik (Hg), Diakonie unternehmen, Stuttgart 2007, 77-87; G. Lean, Wilberforce. Lehrstück christlicher Sozialreform, TuD 3, Gießen 1974; U. Krolzig, Führung in europäisch arbeitenden Sozialunternehmen, in: H.-St. Haas/U. Krolzik (Hg), Diakonie unternehmen, Stuttgart 2007, 121-140; G. Uhlhorn, Christliche Liebestätigkeit, Bd. I-III, Stuttgart 1882-1890; H.-D. Wendland, Die dienende Kirche und das Diakonenamt, in: H. Krimm (Hg), Das diakonische Amt der Kirche, Stuttgart 1953, 443-476.

4.6 Diakonie und Mission

Nachdem einigen Werken der Mission lange Zeit zum Vorwurf gemacht werden konnte, dass sie einseitig nur auf Mission im Sinne der Hinführung zum Christwerden ausgerichtet waren („Mission als Vermittlung des Heils"; vgl. dazu Bosch 461ff), ohne der sozialen Situation der Menschen Beachtung zu schenken, besteht in der neueren Missionstheologie die Neigung dazu, Mission in sozialdiakonischem und sozialpolitischem Engagement aufgehen zu lassen („Mission als Frage nach der Gerechtigkeit", Bosch 470ff; „Mission als Befreiung", dazu Bosch 509ff; zur in Bangkok 1973 vertretenen Auffassung, die Durchsetzung sozialer Gerechtigkeit sei als „Heil heute" zu verstehen, vgl. Bockmühl 128). Demgegenüber ist festzuhalten, dass beide Aufträge, der der Mission und der der Diakonie, zwar nicht zu trennen, wohl aber zu unterscheiden sind („Die zwei Mandate", Bosch 473ff).

a) Die *Einheit* beider Aufträge ist
1. gegeben in der Person des Auftraggebers: in der rettenden Liebe Jesu.

2. gegeben in der Person des Beauftragten: Er ist als ganzer Mensch Christ geworden und in den Dienst Gottes gestellt. Die Erfahrung des Heils in der Vergebung der Sünde und dem Frieden mit Gott, der ihm im Christwerden widerfuhr, drängt ihn wohl zunächst dazu, diese Erfahrung auch anderen zu

vermitteln. Sie macht ihn aber ebenso sensibel für ihre äußere Not und drängt dazu, ihnen in ihr zu helfen.

3. gegeben in der Person dessen, dem der christliche Dienst gilt: Er ist im Blick auf sein gegenwärtiges Leben auf die liebende Zuwendung von Menschen angewiesen. Aber wirklich ganzheitlich geholfen ist ihm nur, wenn auch seine Beziehung zu Gott heil wird – und das geschieht durch das Evangelium.

b) Beide Aufträge sind aber auch zu *unterscheiden*: Die Erfahrung des Heils ist letztlich unabhängig von der äußeren Situation des Menschen. Obgleich der Schächer am Kreuz hängen bleibt und stirbt, gilt ihm doch der Zuspruch Jesu: „Heute wirst du mit mir im Paradiese sein" (Lk 23,43). Die Hilfe dagegen, die christliche Liebe in der Diakonie geben kann, ist als gegenwärtige leiblich-seelische Lebenshilfe vergänglich. Selbst der von Jesus aus dem Tod erweckte Lazarus muss eines Tages doch noch wie jeder andere Mensch sterben, hat aber nichtsdestoweniger als Glaubender Anteil am ewigen Leben („Wer an mich glaubt, der wird leben, ob er gleich stürbe", Joh 11,25). Was die Bibel von der zeitlichen Begrenztheit des Lebens des einzelnen Menschen sagt, gilt ähnlich auch von der Welt als ganzer (vgl. 2Petr 3,10; Off 21,1).

Ein weiterer kennzeichnender Unterschied zwischen Mission und Diakonie besteht darin, dass die Kirche als Träger des missionarischen Zeugnisses unvertretbar ist, während sie in der Diakonie mit nichtchristlichen Kräften zusammenarbeiten kann (Balz 233).

Das Tatzeugnis ist für die Mission in doppelter, positiver wie negativer Weise relevant: Liebevolle Zuwendung zum leidenden Menschen kann das Wortzeugnis bekräftigen. Umgekehrt kann liebloses Übersehen menschlicher Not gegenüber dem Wortzeugnis verschließen.

Ebenso ist das missionarische Wortzeugnis in doppelter Weise für das Tatzeugnis der Christen von Bedeutung: Ohne das Wortzeugnis bleibt das Zeugnis der Liebe stumm. Es lässt den, der diese Liebe an sich erfährt, an dem Menschen hängen bleiben, der sie ihm gibt und versperrt ihm damit den Zugang zu dem „Einen, was not ist" (Lk 10,42). Eben darin wird deutlich, dass das Tatzeugnis erst durch das Wortzeugnis zu dem Ziel kommt, dem Notleidenden wirklich grundlegend zu helfen, nämlich auch in seiner Beziehung zu Gott.

Dabei ist darauf zu achten, dass der Vorrang des Wortzeugnisses nicht etwa dazu verführen sollte, das Tatzeugnis der Diakonie zum bloßen Mittel der Mission zu nutzen. Die Liebe darf nicht verzweckt werden (Wendland 447). Das könnte als allerdings problematische Ausnutzung der Situation notleidender Menschen verstanden werden. Wirklich christliche Liebe hat ausschließlich das Interesse des Menschen im Blick, dem sie sich zuwendet, damit ihm in seiner ihn bedrängenden Not geholfen wird, unabhängig von seiner jetzigen oder möglichen zukünftigen Stellung zum christlichen Glauben. Die erklärte Einstellung des Dienenden sollte nicht sein: Ich helfe dir, *damit* du auch glaubst wie ich, sondern: Ich helfe dir, *weil* die im Glauben erfahrene Liebe Christi mich dazu drängt, meinerseits auch dich vorbehaltlos zu lieben. Damit ist nicht etwa über den andern gesagt, dass er sonst gar nicht liebenswert wäre (er ist es als von Gott geliebtes Geschöpf auf jeden Fall), sondern nur über den Christen, dass er ohne die selbst erfahrene Liebe Christi gar nicht in der Lage wäre, wirklich zu lieben, d. h. so, dass er das Interesse des anderen über sein eigenes stellt.

Andererseits kann die Tat der Liebe den, der sie erfährt, doch auch öffnen zu dankbarem Staunen und zu Rückfragen, die allerdings eine zeugnishafte Antwort erfordern und eben auch erlauben (1Petr 3,15b).

Die eine Liebe Christi gibt also beide Aufträge: Mission und Diakonie. Mission wird durch Herausforderungen des konkreten Lebens immer auch mit diakonischem Handeln verbunden sein, ebenso Diakonie, bei aller nötigen Zurückhaltung, mit missionarischem Zeugnis. Aber beide Aufträge setzen doch unterschiedliche Akzente. Deshalb sollten auch die sie jeweils tragenden Personen und Institutionen diese unterschiedlichen Akzente in ihrer Zielsetzung und damit auch in der praktischen Arbeit klar zum Ausdruck bringen.

Literatur:

H. Balz, Der Anfang des Glaubens. Theologie der Mission und der jungen Kirchen, Erlangen 2010; K. Bockmühl, Was heißt heute Mission? Entscheidungsfragen der neueren Missionstheologie, 2. Aufl. hg. von H. Egelkraut, BWA I,3, Gießen 2000; D. J. Bosch, Mission im Wandel. Paradigmenwechsel in der Missionstheologie, dt. hg. von M. Reppenhagen, Gießen 2011; H.-D. Wendland, Die dienende Kirche und das Diakonenamt, in: H. Krimm (Hg), Das diakonische Amt der Kirche, Stuttgart 1953, 443-476.

Stichwortregister

Namenregister

Bibelstellenregister